市场营销实务

范　忠　主　审
董　媛　张馨予　主　编
雷锋刚　王永倩　副主编

北京理工大学出版社
BEIJING INSTITUTE OF TECHNOLOGY PRESS

图书在版编目（CIP）数据

市场营销实务/董媛，张馨予主编．—北京：北京理工大学出版社，2022.1重印

ISBN 978－7－5682－2956－2

Ⅰ．①市…　Ⅱ．①董…　②张…　Ⅲ．①市场营销学－高等学校－教材　Ⅳ．①F713.50

中国版本图书馆CIP数据核字（2016）第201493号

出版发行／北京理工大学出版社有限责任公司
社　　址／北京市海淀区中关村南大街5号
邮　　编／100081
电　　话／（010）68914775（总编室）
（010）82562903（教材售后服务热线）
（010）68944723（其他图书服务热线）
网　　址／http：//www.bitpress.com.cn
经　　销／全国各地新华书店
印　　刷／三河市华骏印务包装有限公司
开　　本／787毫米×1092毫米　1/16
印　　张／17
字　　数／400千字
版　　次／2022年1月第1版第8次印刷
定　　价／43.00元

责任编辑／李慧智
文案编辑／李慧智
责任校对／周瑞红
责任印制／李志强

图书出现印装质量问题，请拨打售后服务热线，本社负责调换

前　言

市场营销学是一门建立在经济科学、行为经济学和现代管理理论基础上的综合性应用学科。它是研究企业市场营销活动的理论、原则、方法及其一般规律的学科，研究企业如何适应市场、引导市场、创造市场的学问，是企业经营之道和生财之路，是解决企业生存和发展的“良方”。市场营销学在我国的传播和实践已经有近 30 年的历程，随着我国社会主义市场经济的不断推进和深化，加之经济国际化不断深入和拓展，其运用的领域和作用的空间正在不断扩大，得到国内越来越多的企业，还包括非盈利组织的重视和运用。但从总体来看，仍有为数不少的企业还没有真正掌握市场营销的精髓，将推销理解为营销、广告等同于营销，未能对市场营销组合策略加以有效应用，企业营销手段单一、不成熟。因而，对于从事市场营销教学工作者来说，也深感市场营销学的传播和推广仍然任重道远，我们也感到了编写这部教材所承担的这份责任感和义务。

本书在编写时，立足于高等职业教育培养目标，突出了学生职业能力的培养，在认真总结本课程教学实践的基础上，充分吸收了学科理论研究和营销实践的新成果、新经验和新材料，形成了由市场营销管理哲学、市场营销战略、市场营销环境、市场分析、市场细分与目标市场选择、产品策略、价格策略、分销渠道策略、促销策略、市场营销组合、市场营销组织与控制、服务市场营销、网络营销、国际市场营销等内容构成的市场营销学体系。菲利普·科特勒说过，市场营销学是一门艺术和科学的学科，它既有惯例的模式，又需要创造性的灵感。我们希望能激发学生的灵感，使他们能迸发创造力的思想火花。这才是教材编写所能达到的最高境界，也是本书编写所追求的目标。

市场营销学是一门应用性和实践性很强的学科，能够将理论与实践建立充分和密切的联系，通过实践场景让学生从中加深对相关理论的理解，最终让他们用理论解释实践，这是让学生吸收知识、培养能力的有效途径。因此，我们在《市场营销实务》这部教材的编写上力求兼顾理论与实务，使两者能够完美地融合与相得益彰：理论先进、适用，解释现实指导实践；实务涵盖现实贴近实践，加深理论理解，提高学生的悟性，培养学生的能力。

本书在体系结构上，保持了市场营销学体系的基本构架，在内容上进行了整合和提炼，既突出市场营销学的广泛实用性，又体现它的持续发展性。本书吸收了顾客价值理论、竞合战略理论、整合营销传播理论的最新成果，将国际市场营销、服务营销、社会责任与营销道德作为独立的三章内容，并在最后一章专门介绍了当代营销的新领域，包括绿色营销、关系营销、网络营销、体验营销、水平营销、文化营销等理论。

与以往的教材相比，本教材具有以下特点：

第一，在理论上，兼顾知识的系统性、前瞻性和实用性。突出经典市场营销理论之外，吸收市场营销学理论的最新成果，保持体系的完整、新颖，内容上的丰富而实用，让学生感受到市场营销学理论的经典价值与创新魅力。第二，在实务上，突出现实性、可操作性和应用性，注重案例及相关材料的新颖性、国际性和本土化，更多地反映 20 世纪末期以来国内外市场营销的最新实践。根据各章内容，针对性地穿插足够数量、典型意义的案例和相关知识介绍。第三，注重体现知识的拓展性、案例的生动性、学习的自主性。在引入新的理论、案例、材料，甚至是课后练习等，培养学生的创造激情和创造能力。在导入正式内容前给出“案例导入”，以便引起学生对本章的兴趣和关注，各章内容中穿插“案例”“材料”等增加内容的可读性，在对应的理论与实践之间构建桥梁。第四，在培养学生的能力上，每章安排了“案例分析”“思考与应用”和“课外阅读”等练习和实践，突出了知识应用的能力的培养。第五，在学习方法上，为学生提高学习能力提供指导。其中包括每章重点与难点介绍与解答，应掌握的知识点和培养的能力，学习的方法和技巧，与其他章节的联系和对其所关心问题的解答等。

本书反映了编者对于市场营销学的理解和对市场营销学教学的体会，从计划编写到最后交稿，历时一年半时间，几经修改、打磨，汇聚了整个团队的智慧和心血。本书由董媛、张馨予担任主编，雷锋刚、王永倩担任副主编，参加编写的人员及分工为：董媛负责编写任务单元8、9，张馨予负责编写任务单元10、11，王永倩负责编写任务单元1、2、3，雷锋刚负责编写任务单元4、5、6，田睿、许朝辉、席瑶负责编写任务单元7。全书由董媛总定稿。

本书的编写还借鉴了国内外营销学者的研究成果，除注明出处的部分外，限于体例未能一一列出。就此，向众多市场营销学者和师友表示衷心的谢意！本书在编写过程中，得到了陕西财经职业技术学院范忠副院长的鼎力相助。在此，谨向关心和支持本书编写和出版的各界同人表示诚挚的谢意。

编　者

目 录

项目一

市场营销认知能力培养

培养目标

通过本项目的学习，使学生能够分析各种不同企业营销理念的优劣及在不同企业的表现，并能运用现代营销观念指导市场营销实践。

任务单元1　认知市场营销——营销是什么

任务解读

市场营销活动作为一种基本经济活动对宏观、微观经济发展都具有重要作用。通过本单元的学习，可以使学生正确运用它所提出的原理、方法和技巧，可以使企业实现以最小的人力、物力、财力，获取最大的经济和社会效益。

知识目标

- 理解市场、市场营销的基本概念和基本功能。
- 认识市场营销学的研究对象及市场营销观念的演变过程。
- 掌握现代市场营销观念的重点。
- 了解市场营销管理的基本任务。

能力目标

- 使学生能判断市场的类型，运用市场及市场营销的知识分析实际问题。
- 使学生学会确定企业市场营销管理的任务。
- 使学生学会运用市场营销观念进行企业的市场营销活动。

案例导读

海尔的现代化营销观念

海尔的前身是一家生产普通家电产品，亏损额达147万元，濒临倒闭的集体小厂。1985年，海尔股份有限公司成立，开始引进德国先进技术和设备，生产电冰箱产品。经过十几年的艰苦奋斗，现已发展成为以家电为主导产业，涉及房地产开发、商贸、金融等多领域的集团公司。

海尔集团从生产我国第一代四星级电冰箱“琴岛-利勃海尔”开始，根据市场需求信息，按照消费者的需求和欲望，相继开发生产了上百个系列、近千种规模的“海尔”牌电冰箱、洗衣机、空调、电冰柜、电脑、程式微波炉等高科技、高附加值系列产品。在十几年的发展中，海尔集团在资源调配、生产管理、科学技术、组织结构、市场营销等多个方面进行改革，完成了向现代化体制的转型。经过实施多元化经营，海尔集团已有99个紧密层企业，直属企业28个，形成一种多经济成分、多元化的开放式发展态势。

1990年，海尔集团实施“先难后易”的出口战略，相继将产品打入欧美等发达国家和地区，开始了创世界名牌的奋斗之路。先后在亚洲、欧洲、美洲、澳洲100多个国家和地区进行了商标注册，国外商标注册证拥有量达到400件。在国际上通过了国际ISO9001、美国UL、德国VDE和G5、加拿大CSA和CB、中东SSA、欧共体TUV、日本S-MARK等十几项质量认证，为产品出口打下了基础。

（资料来源：http://baike.baidu.com/view/4949.htm）

点析：

海尔集团获得的骄人业绩取决于其所制定的现代化市场营销观念。市场经济需要市场营销，但要真正树立市场观念，掌握市场营销真谛，中国企业要走的路还很长。

1.1 市场营销基本概念认知

1.1.1 市场认识

1. 市场的概念

市场的概念有狭义与广义之分。

（1）狭义市场

狭义市场是指商品买卖的场所，即买卖双方聚集在一起交换货物和劳务的实际场所。这里所强调的是交易的场所或地点，如遍布于城乡的集贸市场、商业区、购物中心等。这些市场通常是在交通方便、人烟稠密之地。

（2）广义市场

广义市场是指一定时间、地点、条件下商品交换关系的总和，即把市场当作商品交换的总体。这是马克思主义政治经济学的观点，即从一定的经济关系来说明市场的性质。市场上所有的买卖活动，都涉及直接参与者和间接参与者的利益，在物与物的关系背后存在着人与人的关系。所以市场是商品生产者、中间商及消费者交换关系的总和。

（3）市场营销学中的市场

美国营销学家菲利普·科特勒把市场定义为“市场是指某种产品的所有实际的和潜在的购买者的集合”。据此，可以把市场的含义概括为“市场是指具有现实或潜在的需求购买欲望和有货币支付能力的个人或组织”。简单地说，就是现实或潜在需求的集合。

2. 市场的构成要素

市场的构成包括人口、购买力、购买欲望三个要素，可表示为：市场=人口+购买力+

购买欲望。

①人口。

需求是人的本能，对物质及精神产品的需要是维持人类生存的基本条件。因此哪里有人，哪里就有需求，就会形成市场。人口的多少决定着市场需求量的大小；人口的状况影响着市场需求的内容与结构。

②购买力。

购买力是人们支付货币购买商品或劳务的实际能力。有支付能力的需求才是有意义的市场。因此在人口状况既定的条件下，购买力就成为决定市场容量的重要因素。市场的大小，直接取决于购买力的高低。购买力要受到多种因素的影响，如收入水平的高低、供应人口的多少、消费结构等。

③购买欲望。

这是指消费者购买商品的愿望、要求和动机。购买欲望是把消费者的潜在购买力变为现实购买力的重要条件。人口再多，购买力水平再高，如果对某种商品缺乏强烈的购买动机或欲望，商品买卖仍然不能发生，市场也不可能现实地存在。

市场的这三个因素是相互制约、缺一不可的，只有三者结合起来才能构成现实的市场，才能决定市场的规模和容量。

如果有人口、有购买力而无购买欲望，或是有人口和购买欲望而无购买力，对卖主来说，都形不成现实的有效市场，只能是潜在市场。

值得注意的是，市场除了有购买力和购买欲望的现实购买者外，还包括暂时没有购买力，或是暂时没有购买欲望的潜在购买者。

3. 市场的特征

(1) 开放性

市场经济体制下的市场是充分开放的，即向所有的商品生产者、经营者和购买者开放，向各种产权形式的企业开放，向全部社会资源要素开放，向各个行业、地区和国家开放。任何所有制性质、任何规模和形式的企业都可自由参与市场活动。

(2) 多元性

现代市场是一个多元化的完备体系。不仅可供交换的商品种类越来越多，而且参与市场交换活动的主体，交换方式、交换手段也是多元的。

(3) 自主性

企业是经济活动的主体。作为独立的利益主体单位，企业拥有法定的自主权力，包括有权根据市场需求自主调整投资方向和生产经营活动，调整产品结构，自主设置内部管理机构，自主决定利益分配方式等。

(4) 竞争性

平等进入，公平竞争，是市场运作的基本原则。所有进入市场的单位和个人，在交易过程中，其机会和地位是均等的。在平等参与的基础上，各企业凭借自己的实力，全方位展开竞争，通过公平竞争，实现优胜劣汰。

4. 市场流程

(1) 简单的市场流程（促销、沟通）（如图1－1所示）

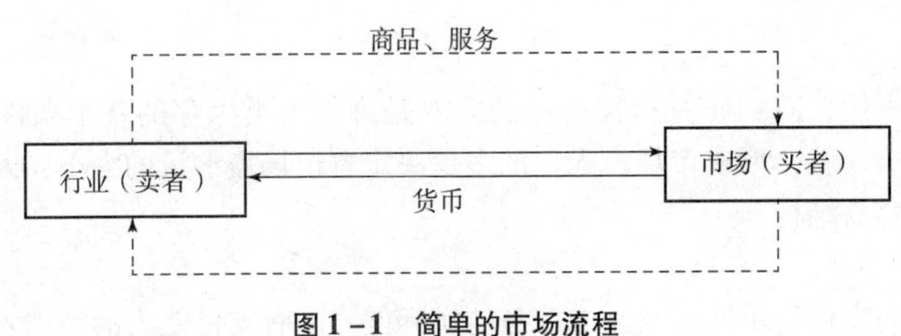

图 1-1 简单的市场流程

（2）现代交换经济中的市场流程（如图 1-2 所示）

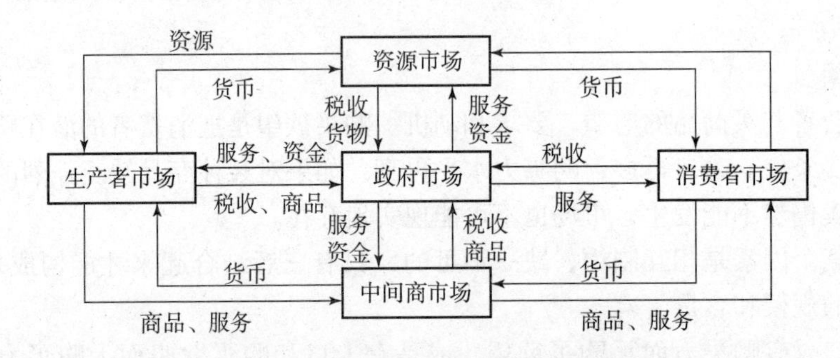

图 1-2 现代交换经济中的市场流程

1.1.2 市场营销的认识

1. 市场营销的概念

营销资料

市场营销不是"什么"?

菲利普·科特勒：市场营销不是推销。

杰伊·康拉德·莱文森（Jay Conrad Levinson）：营销不仅不是推销，还不是其他很多东西，如：

● 营销不是广告。千万不要以为广告就是营销。营销的方法有上百种，广告只是其中之一，还有其他多种方法。如果你正在做广告，那你也只是在做广告——因为你只做了你应该做的1%。

● 营销不是直接邮寄广告。有些企业认为直接邮寄广告就能获得他们需要的全部业务。邮寄订单的企业或许适合使用这种方法，但大多数企业需要大量其他类型的营销手段来支持直接邮寄广告，这样才能获得成功。

● 营销不是电话推销。企业的营销，包括能进行详细产品介绍的电话推销，很少能获得成功，但你可以通过广告和直接邮寄广告的方式来提高产品的影响力从而使电话反馈大大增加。所以，营销不仅仅是电话推销。

● 营销不是作秀。没有什么行业像娱乐业那样需要作秀，而娱乐业也有适合它自身的营销措施。你应该把营销当成是销售、创造希望和激发动机的工作。营销者不是在搞娱乐活动——也就是说营销并不意味着要去取悦他人。

● 营销不是用来展示幽默的舞台。如果你在营销过程中使用幽默手段，那人们将只会记住你所讲的笑话，而对于你想借此引起人们注意的产品或服务印象不深。如果你采用幽默的手法进行营销，那么在一开始的一两次，它会让你的营销活动显得很有趣，但几次以后，幽默的作用将会逐渐下降，而与此同时它却阻碍了营销获得成功所不可或缺的观念——不断重复的作用的发挥。

- 营销不是为了将吸引顾客的方式做得如何巧妙。你并不会希望潜在的顾客只是记住营销措施中的闪光点，实际上，你希望他们能记住你所提供的产品或服务。过多考虑如何使营销手段更巧妙、更吸引人的做法对营销并没有什么益处，它会像吸血鬼一样把顾客对产品或服务的注意力消磨干净。

- 营销不是创造奇迹。营销人员因为期望在营销中创造奇迹而浪费的钱，远比因为其他任何错误想法而浪费的钱要多得多。本来期望创造奇迹，而实际上却给营销带来很多问题。在美国，如果你的做法得当，营销会是你最佳的投资方式，而要做得得当，就需要计划和耐心。

美国著名的营销学者菲利浦·科特勒对市场营销的核心定义进行了如下的描述："市场营销是个人或集体通过创造，提供并同他人交换有价值的产品，以满足其需求和欲望的一种社会和管理的过程。"

市场营销的核心定义告诉了我们以下几个基本要点：

①市场营销的核心功能是交换。

交换是以提供某物作为回报而与他人换取所需要物品的行为。因为，交换活动存在于市场经济条件下的一切社会经济生活中。

②市场交换活动的基本动因是满足交换双方的需求和欲望。

用市场营销的视角观察市场交换活动，顾客购买的是对某种需求和欲望的"满足"，企业产出的是能使顾客的这种需求和欲望的"满足"的方法或手段。

③市场营销活动的价值实现手段是创造产品与价值。

"市场营销意味着企业应先开市场后开工厂"，整合各种可利用资源，创造出能使顾客的需求和欲望得到"满足"的方法或手段。

④市场营销活动是一个社会管理过程，而不是某一个阶段。

市场营销活动包括决策的过程和贯彻实施该决策的过程，需要全部工作的协调平衡才能达到目标。

2. 市场营销的有关核心概念（如图1－3所示）

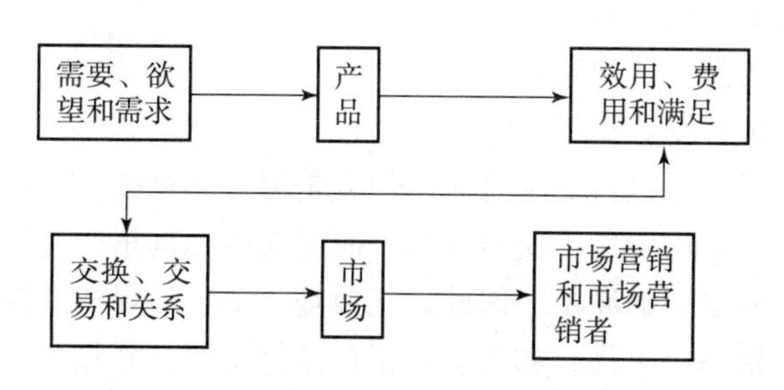

图1－3　市场营销核心概念的运用

（1）需要、欲望和需求

需要和欲望是市场营销活动的起点。

需要（Needs）是指没有得到某些基本满足的感受状态，是人类与生俱来的。如人们为了维持生存，需要食品、空气、水、衣服和住房，这些是人类的生理需要，除此之外，人类还有安全需要、归属需要、受人尊重的需要以及自我实现的需要。需要存在于人类自身生理和社会之中，市场营销者可以用不同的方式去满足，但是不能凭空创造。

欲望（Wants）是指想得到能够满足基本需要的具体产品的愿望。欲望受个人所处的文化及社会环境的影响，如为满足“解渴”的生理需要，人们可能选择喝水、茶、果汁等。市场营销者无法创造需要，但可能影响欲望、开发及销售特定的产品和服务来满足欲望。

需求（Demands）是指人们有能力购买并且愿意购买某个具体产品的欲望。需求实际上也就是对某特定产品及服务的市场需求。市场营销者总是通过各种营销手段来影响需求，并根据对需求的预测结果决定是否进入某一产品市场。

从上述概念可以知道：人类的需要可以通过不同方式来满足；欲望是需要的一种，是明确了具体满足物或满足方式的一种需要；需求是一种特定的欲望。需要的基本性质是存在于营销活动之前，无法靠营销活动创造，但市场营销者连同社会上的其他因素可以影响人们的欲望，进而经过营销努力，使欲望转化为需求。

（2）产品

产品是指能够满足人的需要和欲望的任何东西。产品的价值不在于拥有它，而在于它给我们带来的对欲望的满足。产品从形态上可以分为有形产品和无形产品，如人们购买冰箱不是为了观赏，而是用以冷藏和保存食品；当我们心情烦闷时，为满足轻松解脱的需要，可以去旅游，也可以去听音乐会。市场营销者必须清醒地认识到，其创造的产品不管形态如何，如果不能满足人们的需要和欲望，就必然会失败。

（3）交换和交易

交换是指从他人处取得所需之物，而以其某种东西作为回报的行为。一般来说，人们对满足需求或欲望之物的取得可以通过各种不同的方式，如自行生产、强制取得、乞讨和交换。其中，市场营销活动产生于交换方式。

交换的发生，必须具备五个条件：

①至少有交换双方；

②每一方都拥有被对方认为有价值的东西；

③每一方都能沟通信息和传递货物；

④每一方都可以自由接受或拒绝对方的产品；

⑤每一方都认为与另一方进行交易是适当的或是称心如意的。

具备了上述条件，就有可能发生交换行为，而交换能否真正产生，取决于买卖双方能否通过交换而获得比交换前更多的满足。因此，交换是一个包括寻找交换对象和谈判等内容的创造价值的过程，而不是一个事件。如果双方正在进行谈判，并趋于达成协议，这意味着他们正在进行交换。当双方通过谈判达成协议，交易便产生。

交易是交换活动的基本单元，是由双方之间的价值交换所构成的行为，交易的形式通常包括货币交易以及以物易物、以服务易服务等非货币形式。

（4）价值和满意

消费者通常都面临一大批能满足其某一需要的商品，消费者在这些不同商品之间进行选择时，一般都是依据商品所能提供的最大价值而做出购买决定的。这里所谓的价值（Value）就是消费者付出与所得之间的比率。一般来说，消费者在获得利益的同时也需要承担成本。消费者所获得的利益包括功能利益和情感利益，而成本则包括金钱、时间、精力以及体力，因此，价值可用以下公式来表达：

$$价值=\frac{利益}{成本}=\frac{功能利益+情感利益}{金钱成本+时间成本+精力成本+体力成本}$$

企业可以通过以下方法来提高购买者所得价值：

①增加利益；

②降低成本；

③增加利益同时降低成本；

④利益增加幅度比成本增加幅度大；

⑤成本降低幅度比利益降低幅度大。

满意是指人们通过对一种产品的可感知效果与他的期望相比较后，所形成的愉悦或失望的感觉状态。当可感知效果与期望相符合时，顾客就会满意；当效果低于期望时，顾客就会失望。如果某企业的产品能够给目标购买者带来价值并使其满意，那么，该企业的产品就是成功的。

3. 市场营销的任务

我们对市场营销的研究主要是从企业的角度来研究，企业市场营销的主要任务有以下几项（附图1－4）：

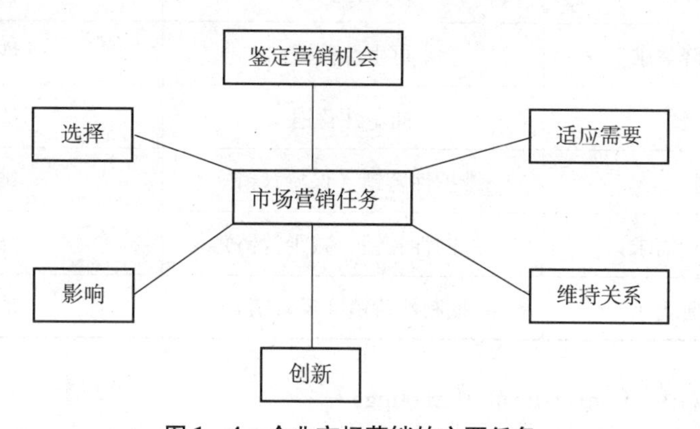

图1－4　企业市场营销的主要任务

①选择鉴定市场营销机会。这是指运用市场研究的方法，通过对市场宏观环境和微观环境的分析，来识别目前为满足的需要和欲望，估量和确定需求量的大小，选择本企业最好的为它服务的目标市场，即为企业选择营销机会。

②适应需要。这是指企业要考虑怎么样根据自己企业的资源适应目标市场的需要。

③选择适当的产品、适当的价格、适当的渠道，为目标市场服务。

④通过广告、人员推销、营业推广等手段，来影响目标市场中顾客的需要。

⑤维持企业与顾客及社会公众的良好关系。

⑥创新。这就是指新的技术、新的构想、新的产品、新的促销方式、新的渠道、新的价

格、新的市场研究方法以及新的营销组织方式等。

思考：
根据对市场营销定义的理解绘制一个关于市场营销描述性定义示意图。

1.1.3 市场营销管理的任务

1. 市场营销管理（marketing management）

市场营销管理是指为了实现企业目标，创造、建立和保持与目标市场之间的互利交换的关系，而对设计方案进行分析、计划、执行和控制。市场营销管理的任务，就是为促进企业目标的实现而调节需求的水平、时机和性质。市场营销管理的实质是需求管理。

2. 市场营销管理的任务

市场营销管理的实质是需求管理。

在目标市场上，可能没有需求、需求很小或超量需求。市场营销管理就是要对付这些不同的需求情况。市场营销管理的任务可具体归纳为以下八项（如表1－1所示）。

表1－1 市场营销管理的任务

市场需求状态	市场营销类型	改变后的市场需求状态
负需求	扭转性营销（改变性营销）	正需求
无需求	刺激性营销	有需求
潜在需求	开发性营销	实际需求
退却需求（下降需求）	再生性营销	恢复需求
不规则需求	同步性营销	适应需求
充分需求	维护性营销（保持营销）	维持需求
过度需求（过量需求）	抑制性营销（减少营销）	降低需求
无益需求（有害需求）	抵制性营销（反营销）	消灭需求

（1）扭转性营销（Conversional Marketing）

负需求：全部或大部分潜在购买者对某种产品或劳务不仅不喜欢，没有需求，甚至有厌恶情绪。

例如：素食主义者对所有肉类有负需求。

处方：调查研究，寻找产生负需求的原因，对症下药。

案例：雀巢速溶咖啡新上市时，遭遇阻力。

（2）刺激性营销（Stimulating Marketing）

无需求：市场上对某种产品或劳务既无负需求，也无正需求，漠不关心，没有兴趣。

例如：新产品上市之初，消费者不了解，因而没有需求。

处方：设法引起消费者的兴趣，刺激需求。

（3）开发性营销（Developmental Marketing）

潜在需求：多数消费者对市场上现实不存在的某种产品或劳务的强烈需求。

处方：调查潜在需求，提供能满足潜在需求的产品或劳务，变潜在需求为现实需求。

（4）再生性（恢复性）营销（Remarketing）

退却需求（下降需求）：市场对一个或几个产品的需求呈下降趋势的情况。

处方：设法使已经冷淡的兴趣得以恢复。

案例："金龟"车的小型定位。

恢复性营销实施的前提：处于衰退期的产品或劳务有出现新生命周期的可能性。

（5）同步性营销（Synchromarketing）

不规则需求：在不同时间、不同季节需求量不同，需求与供给不同步。

处方：调节需求与供给的矛盾，使二者达到同步

（6）维护性（保持）营销（Maintenance Marketing）

充分需求：当前的需求量在时间上同预期需求已达到一致。

处方：密切注视消费者偏好的变化和竞争状况，不断提高产品质量，尽可能维持现有需求水平。

（7）抑制性（减少）营销（Demarketing）

过量（度）需求：需求量超过了卖方所能供给或所愿供给的水平。

处方：提高价格、减少服务项目或供给网点、劝导节约等。

（8）抵制性（反）营销（Countermarketing）

有害需求（无意需求）：对社会或购买者的长期利益或短期利益有害的需求。

处方：采取抵制措施，宣传其危害性，劝说消费者放弃。

课堂研讨：

1. 请列举出生活中的实例，说明其需求是企业创造出来的，实施的是创造性营销。
2. 请列举出生活中的实例，说明其需求是顾客拉动的，企业只是被动地适应其需求。

3. 市场营销管理过程

所谓市场营销管理过程，是企业为实现企业的任务和目标而发现、分析、选择和利用市场机会的管理过程。具体地说，市场营销管理过程包括如下步骤：

（1）发现和评价市场营销机会

在现代市场经济条件下，企业为了生存和发展，首先必须寻找和评价市场机会。所谓市场机会就是市场上未被满足和未被很好满足的顾客需求。市场是动态的市场，市场需求不断变化，要求企业不断挖掘市场机会，并分析其是否符合企业的任务和目标，企业是否具备利用这一机会的人力、财力和物力等资源条件，迅速将市场机会转变为企业机会。

（2）发现和评价市场营销机会

纵观现代市场营销发展史，企业界经历了大量市场营销、产品差异市场营销和目标市场营销三个阶段。目标市场营销（STP 营销）由三个步骤组成：市场细分、目标市场确定、市场定位。

①市场细分。所谓市场细分，就是企业根据市场需求的多样性和购买行为的差异性，把整体市场划分为若干个具有某种相似特征的顾客群（称之为细分市场或子市场），以便选择

确定自己的目标市场。经过市场细分的子市场之间消费者具有较为明显的差异性，而在同一子市场之内的消费者则具有相对的类似性。所以，市场细分是一个同中求异、异中求同的过程。

②确定目标市场。在市场细分的基础上，企业根据自身优势，从细分市场中选择一个或若干个子市场作为自己的目标市场，并针对目标市场的特点展开营销活动，以期在满足顾客需求的同时，获取更大的利润。

③市场定位。所谓市场定位，是指企业在选定的目标市场上，根据自身的优劣势和竞争对手的情况，为本企业产品确定一个位置，树立一个鲜明的形象，以实现企业既定的营销目标。

(3) 进行市场营销组合和决定市场营销预算

市场营销组合是现代市场营销理论的一个重要概念。通过市场细分确定目标市场之后，要确定与目标市场相适应的营销组合。所谓市场营销组合是指企业对于各种可以控制的营销因素和策略的综合运用，是产品（Product）策略、价格（Price）策略、促销（Promotion）策略、分销渠道（Place）策略的组合体，也称4PS组合。

营销资料

6PS组合和4CS组合

6PS组合：是指4PS + 2PS，即在产品（Product）、价格（Price）、促销（Promotion）、分销渠道（Place）的基础上加上权力（Power）和公共关系（Public Relations）等因素的把握与运用，实现保持一定的市场占有率和新的市场开发的目的。4CS：是对4PS营销理论的挑战，包括顾客的需要和欲望（Customer）、成本（Cost）、便利（Convenience）和沟通（Communication），完全从消费者需求出发。

(4) 管理市场营销活动

管理市场营销活动，即执行和控制市场营销计划，是整个市场营销管理过程中极其关键和重要的步骤。

①执行计划。执行计划包括组织、协调、激励和信息沟通。企业要贯彻执行市场营销计划，有效进行各种市场营销活动，必须建立和发展市场营销组织。在工作中，要与企业各个部门之间相互协调关系，集中一切人、财、物力，千方百计地满足目标顾客的需要，充分调动工作人员的积极性，并保持信息的流畅。

②控制计划。为了确保执行有效，必须对执行过程进行控制，控制的主要手段是财务分析和市场营销调研。营销控制主要有四种形式：年度计划控制、盈利能力控制、效率控制和战略控制。

1.2 营销观念演变与发展认知

1.2.1 市场营销观念认知

市场营销观念又叫营销观念，它是指企业从事市场营销活动及管理的指导思想或根本看法和根本态度。就是企业在开展市场营销活动的过程中，在处理企业、顾客和社会三者利益方面所持的态度和指导思想。它是一种经营态度，是一种企业思维方式，是企业家经营企业所依据的经营哲学。它在企业营销活动中起支配和指导作用，故称“企业思维方式”，也称“企业哲学”，也可叫“市场营销管理哲学”。

1.2.2　市场营销观念的演变与发展

1. 传统观念

传统观念建立在以生产者为导向的基础上，市场处于一种供不应求或由供不应求趋向供求平衡的状态之下，而且购买者总体呈现出的是一种无差别的需求。

(1) 生产观念

生产观念是以生产为中心的企业经营指导思想。它是一种最陈旧、最古老的指导思想，也是指导企业经营行为时间最长久的一种观念。

20 世纪 20 年代以前，资本主义经济和技术发展还相对落后，社会产品供应不足。企业一般生产品种比较单一的产品。市场需求是被动的、静态的，没有多大选择的余地，企业销售不过是将生产的产品从工厂分配、运送到市场。这时是以“生产观念”（Production Concept）作为企业的指导思想，表现为“我生产什么，就卖什么”。

营销案例

汽车大王的经营观

福特汽车公司的创始人和老板老福特去参观屠宰场，看见一整头猪被分解成各个部分，分别出售给不同的消费群体。受此影响的碰撞，在福特的脑海中产生了灵感：为什么不能把汽车的制造反过来，将汽车的生产像屠宰场的挂钩流水线一样，把零部件逐一安装起来，就可组装成整车？福特把他的想法付诸实践，由原来单件小批量的生产转变成大批量生产，大大提高了工人的劳动生产率，使汽车价格降到每辆 300 美元，极快地积累了财富。甚至，亨利福特说：不论顾客需要什么类型的车，但我们只提供黑色 T 型车。

当时汽车供不应求，生产者也十分有限，清一色的黑色汽车自然也能卖得出去。应当说福特公司以此为指导思想还是相当成功的，由于采用了流水线生产技术，使汽车生产成本大幅度降低，产量迅速提高，从而使汽车价格大幅降低，汽车得以开进千家万户。

（资料来源：http：//www. tianya. cn/publicforum/Content/No01/1/333683. shtml）

(2) 产品观念

这种观念认为顾客最喜欢品质可靠、性能优、有特色的产品，并愿意花较多的钱买质量上乘的产品。为此，企业应致力于不断改进产品。换言之，只要企业生产出优质产品，顾客必然会找上门，正所谓“酒香不怕巷子深”。

产品观念是从生产观念中派生出的一种，产品观念和生产观念有许多相同之处，都产生在供不应求的“卖方市场”形势下，都是以生产为中心，都忽视市场的存在和多样化的需求。正因为如此，许多人将二者合而为一，但二者有较为明显的差别。相比于上一阶段，社会生活水平已有了较大幅度的提高，消费者已不再仅仅满足于产品的基本功能，而是开始追求产品在功能、质量和特点等方面的差异性。因此，如何比其他竞争对手在上述方面为消费者提供更优质的产品就成了企业的当务之急。在产品供给不太紧张或稍微宽裕的情况下，这种观念常常成为一些企业经营的指导思想。在 20 世纪 30 年代以前，不少西方企业广泛奉行这一观念。

但是，持此营销理念的企业过分强调质量在营销中的地位，从而淡化了消费者其他需要，导致“市场营销近视”，即不适当地把注意力放在产品上，而不是放在市场需求上，缺乏远见，只看到自己的产品质量好，看不到市场需求在变化，致使企业经营陷入困境。

思考：

如何克服"营销近视症"？

营销案例

"秘密武器"为何不能长盛不衰

库尔斯公司是美国一家啤酒酿造公司，地处科罗拉多的山沟里。该公司生产的啤酒是用纯净的落基山泉水酿制，公司只生产一种品质的啤酒，且只有一家酿造厂生产这种啤酒，啤酒只在西部11个州销售，其中多数州是美国人烟最稀少的地区。它没有设立分厂，22年没有扩大过规模，同时，每一桶酒都要销往900英里①以外的地方。啤酒质量很好，除了一些名演员像保罗·纽曼和伊斯特伍德外，从福特总统到亨利·基辛格，无不对库尔斯啤酒称道叫好。每年大约有30万库尔斯的崇拜者来啤酒厂游玩，人们一直称库尔斯有"秘密武器"。

到1970年该啤酒公司异常繁荣，1969年比1968年产量增长19%，在全国啤酒行业中名列第四。在西部11个州市，库尔斯市场占有率达30%，在加利福尼亚州，到1973年为止，它占有了41%的市场，比啤酒行业产量最大的安休斯－布希的18%还多。这与来自那些知名的和不知名的人士对库尔斯产品的狂热追求与爱好，与环境清洁的形象及味道清淡适口的啤酒形象是分不开的。到20世纪70年代中叶，啤酒的消费趋势发生了很大变化，啤酒行业最热门的产品是凉爽型啤酒或低热量啤酒和高级名牌啤酒，这种啤酒的销售量几乎占到啤酒总销量的10%，而其中全国发展最快的米勒公司啤酒占到30%，并且这个比例还在上升，其他有发展的啤酒是高级名牌啤酒，安休斯－布希的米歇洛布牌啤酒竞争力很强。每年只以3%的速度增长，但几乎所有的增长均来自两种产品：凉爽或低热量啤酒和高级名牌啤酒，而这些库尔斯一种也不生产，只是一味地依赖于它的那一种啤酒，因循守旧。此外，研究表明，每十个饮用凉爽啤酒的新消费者中有四个是从库尔斯那里来的。西部市场也不再只属于库尔斯了，那里满是实力雄厚、根基牢靠的竞争对手，库尔斯公司不得不承认："酿造我们能酿造的最好啤酒已经不够了。"1978年，库尔斯公司的利润下降到5.48亿美元，比利润最高的1976年减少将近29%，就是退到1975年，利润也比这个数字高。

问题就在于对一个变化不定的和更有扩张性的市场，库尔斯一味采取长期观望的态度，而无所领悟，保守主义政策根深蒂固，错误地认为一种啤酒及一种形象的魅力会长盛不衰，从而否认于任何大胆进取的甚至于惯常的市场营销努力的必要性，最终使库尔斯这个历史悠久、令人肃然起敬的啤酒商不回头地走到这样一个历史时刻。

（资料来源：http：//www.docin.com/p－110206837.html）

（2）销售观念（推销观念）

它是生产观念的延伸和发展。

20世纪20年代末期，资本主义市场趋势发生了重大变化，特别是1929年开始的经济危机，由于社会产品数量增加，花色品种增多，市场许多商品开始供过于求，企业之间的竞争加剧。这时不少企业逐渐用"销售观念"（Selling Concept）作为企业经营的指导思想，表现为"我卖什么，人们就买什么""我怎样卖出去"。尽管这时的市场基本上还是卖方市场，

① 1英里＝1.609 344千米

但是有的企业为了争取顾客，开始重视应用推销术和广告术大肆兜售产品，以压倒竞争者。

2. 现代观念

现代观念建立在以消费者为导向的基础上，市场处于一种供过于求的状态下，买方市场已经形成，而且购买者总体呈现出的是一种差异性的需求。

（1）市场营销观念

它是商品经济发展史上的一种全新的经营思想。是20世纪50年代初开始到60年代末这一时期的指导性观念。第二次世界大战后，科学技术迅速发展，物质财富极大丰富，产品更新换代的年限越来越短。军工产品大量转向民用。生产和消费的矛盾在市场上日需激烈。企业要想发展必须要在市场上争取顾客，想方设法地考虑满足消费者的需求。这种市场格局，使得先进的企业逐渐用营销观念（Marketing Concept）取代推销观念，表现为“顾客需要什么就卖什么”，“能卖什么就生产什么”。许多大公司的口号是：“哪里有消费者需要哪里就有我们的机会。”

营销故事

卖给布什的斧子

美国有家商学院为学生设立了一个天才销售奖，要想获得这个奖项，就要把一个旧式的砍木头的斧子，销售给现任的美国总统。

这是一件很难的事，克林顿总统没有这样的爱好。但在布什总统刚刚上任的时候，一位学生经过精心策划，向他发出了一封信，信中这样写道：“尊敬的布什总统，祝贺你成为美国的新一任总统。我非常热爱你，也很热爱你的家乡。我曾经到过你的家乡，参观过你的庄园，那里美丽的风景给我留下了难忘的印象。但是我发现庄园里的一些树上有很多粗大的枯树枝，我建议您把这些枯树枝砍掉，不要让它们影响庄园里美丽的风景。现在市场上所卖的那些斧子都是轻便型的，不太适合您，正好我有一把祖传的比较大的斧子，非常适合您使用，而我只收您15美金，希望它能够帮助您。”布什看到这封信以后，立刻让秘书给这位学生寄去15美金。于是一次几乎不可能的销售实现了，一个空置了许多年的天才销售奖项终于有了得主。

（资料来源：http：//www. gmw. cn/content/2005 –03/27/content_ 200817. htm）

在市场营销观念指导下的营销活动具有如下四项基本特征：

①市场中心。以目标市场消费者的潜在需求为中心，并集中企业的一切资源占领目标市场是企业成功的关键。

②顾客导向。市场营销观念下企业活动则以顾客需求为导向。

③营销协调。要满足顾客的需要并实现企业的营销目标，就必须综合运用各种营销手段，使企业的营销活动形成一个有机的整体。

④赢利能力。在市场为中心的营销理念的引导下，企业追求利润的目标尽管没有根本改变，但开始注重企业的长远利益，企业追求利润的手段应该建立在满足消费者需求的基础上。

市场营销观念虽然抓住了“顾客”这个市场核心，但仍存在不足之处，其片面注重顾客的短期需求和眼前利益，忽视社会其他利益的存在。

这里希望大家注意，在企业营销管理实践中，营销观念与推销观念往往容易混淆，有的企业认为只要十分重视产品推销，就是贯彻了营销观念，这是一种误解。表1－2表明营销观念与推销观念的区别。

表 1-2 营销观念与推销观念的区别

观念类别	出发点	工作中心	方法和手段	目的
推销观念	目标市场	产品	推销和促销	销售产品从而获利
营销观念	现有产品	顾客需求	整体营销	满足顾客需求而获利

从本质上说，市场营销观念是一种以顾客需要和欲望为中心的哲学。

思考：

杜拉克先生说："市场营销就是推销，就是把产品卖掉，变成现金。"而他又说："营销的真正内涵是使销售成为多余。"通过所学知识进行分析。

（2）社会市场营销观念

社会市场营销观念也称"营销战略观念"。所谓社会市场营销观念，就是企业的生产经营，不仅要满足消费者的需要和欲望，而且要符合消费者自身和社会的长远利益，要正确处理消费者需要、消费者利益、企业利益和社会长远利益之间的矛盾。这显然有别于单纯的市场营销，它增加了两个考虑因素：一个是消费者的潜在需要，即不仅要考虑消费者已存在的欲望，同时要兼顾他们的需要和利益。营销人员应当发掘这些潜在的需要，而不仅仅是迎合已存在的需要。另一个考虑因素是社会和个人的长远利益。不能只满足眼前的、一时的生理上或心理上的某种需要，还必须考虑到个人和社会的长期福利，如是否有利于消费者的身心健康，是否有利于社会的发展和进步，是否可防止资源浪费和环境污染等。

以"社会市场营销观念"为指导思想的营销活动的特点是：

①消费者利益和社会利益并重，成为企业经营活动的双层中心。

②全面、完整地运用营销手段是企业成功的关键。

③重视追求企业的长远利益和社会的全面进步。

（3）大市场营销观念

大市场营销是美国西北大学营销学教授菲力普·科特勒在 1984 年提出的。菲力普·科特勒给大市场营销的定义是：企业为了成功地进入特定市场，并在那里从事业务经营，在策略上协调地使用经济的、心理的、政治的和公共关系的等手段，以争取外国或当地各有关方面的合作和支持。

所谓特定市场是指进入屏障极高的封闭型或保护型市场。

在一般市场上，进入屏障主要来自顾客、资本、原材料、经销商、竞争者、信誉等因素。而在大市场营销条件下，市场进入屏障还包括歧视性法律规定、垄断协定、社会偏见和文化偏见、不友好的分销渠道、拒绝合作的态度，等等。

目前我国仍处于社会主义市场经济初级阶段，由于社会生产力发展程度及市场发展趋势、经济体制改革的状况及广大居民收入状况等因素的制约，我国企业经营哲学仍处于以推销观念为主、多种观念并存的阶段。

大市场营销表现为营销的可持续发展性，它是生态的、社会的、大市场的、整体营销观念的综合体现，与传统观念相比，在营销目的、出发点、着重点以及组织、策略与手段上更加完善，其特征可概括为五个方面：

①营销的目的性。优先考虑社会发展和长期福利，主动实现目标顾客需求和利益的持续满足，从而达到企业长期利润的最大化。营销的目的升华到国家与社会、消费者与公众、企业与职工利益的三位一体。

②营销的均衡性。遵循由目标、环境、条件和策略构成生态模型的均衡理论，不少企业已逐步摈弃片面的生产中心论和被动的市场中心论，以“适应外部生态环境求生存，发挥企业内在优势谋发展”的思路，通过营销战略、营销策略的制定和优化，最终达成营销目标、内部条件与市场环境的动态平衡。

③营销的主动性。冲破企业外部环境不可控的界限，面对目标市场积极去影响、主动去适应，借助社会的、文化的、心理的、传媒的等手段转变消费观念、创造新的需求、开发潜在市场。运用经济的、政治的、权力的、公关的、合作的等手段渗透和冲破封闭市场。敢于冲破企业外部环境不可控的思维定式，需求拉动与营销推动并举，面对多维度、多变量、多层次、多结构的市场积极去影响，主动去发掘潜在需求，实现目标顾客特殊需求和利益的持续满足。创造消费需求，赢得市场先机已是众多企业不懈追求的目标。

④营销的共生性。共生营销由美国市场学家艾德勒提出，指由两个及两个以上企业联合建立利益共同体开发一个市场机会，充分发挥各盟员的优势开发规模效应的营销方略。摈弃瓜分利益者是冤家、一味彼此对抗的陈旧观念，其宗旨在于解决相关企业之间的矛盾，通过企业、供应商、经销商等成员之间联合结盟，借助产、供、销的整个价值让渡系统的合力，减少无益竞争，谋求利益“双赢”甚至“群赢”，增强适应能力，巩固市场地位，实施多元化经营以减弱市场风险，开拓有利的市场。其形式有：水平一体化，即在某一特定营销活动内容上的企业合作；垂直一体化，即在生产经营不同阶段上的企业合作进行前向、后向一体化经营；交叉一体化，即和业务范围完全不同的企业合作进行多元化经营。面对复杂的竞争结构，企业应实行竞争与协作并举、进攻与防御并重的方针规划可持续发展战略。全球性的竞争催生了“营销网络”概念，企业寻找“战略伙伴”或“同盟者”去获取一个更广泛、更有效的市场占有，谋求共同发展已成为一种时髦。摈弃同行是冤家、一味竞争的陈腐观念，寻找相关企业间的合作、联盟，借助聚集效应实现营销高效率。

⑤营销的整合性。营销是企业的龙头职能，将各层面、各环节、各部门的职能纳入统一营销管理系统形成一种合力。同时从过程和手段体系上优化营销战略和策略组合进行整体营销。

⑥营销的全员性。当代世界最著名的管理大师彼得·德鲁克指出：“市场营销是如此的基本，以至不能把它看成是一个单独的功能。从它的最终结果，也就是从顾客的观点看，市场营销是整个企业的活动。”营销不是一个人的工作，也非一个部门的职责，它是企业的灵魂，是全员性的活动。“如果你不直接为顾客提供服务，就向那些为顾客提供服务的人提供服务”，这是企业内各部门遵循的准则，也是提出全员性营销的基础。企业除健全高效的市场部、销售部、公关部等核心营销组织外，必须建立与相关职能部门的协调机制，取得诸如政策、资金、技术、质量、服务全方位的支持；生成以市场因素为约束条件的目标连锁体系，使总目标和分层目标都能与外部环境相联系，让各层组织体不同程度地接触市场信号，同外界发生更多的关系，以增强适应环境变化的敏感性；组建诸如营销－研发、生产－营销等联合机构，形成以目标任务为导向，单独完成产品的开发、设计、研制、生产、销售、服务全过程的快速反应联队，将各层面、各环节、各部门的职能纳入统一营销管理系统，形成

一种合力。

1.2.3 现代市场营销观念的重点

美国营销学家科特勒对市场营销观念的解释是：以一种整体营销活动为基础的顾客导向，目的在于通过满足顾客的需要并使其满意以实现盈利目标。这一解释包含了三个重点：即顾客导向、整体营销和顾客满意。

1. *顾客导向*

市场营销观点要求经营者重视顾客的需求，把了解顾客的需要、欲望和行为作为营销活动的起点，发展能满足顾客需要的产品及服务并以积极的方式说服顾客购买这些产品和服务。有时甚至采用种种有效的营销手段去实现需求，以便实现企业的营销目标。

实现顾客导向应注意以下五点：

①认识顾客需求，了解顾客的基本需求。如：蚊帐，具有防蚊的功能，如有其他灭蚊方式就不一定选择蚊帐了。

②实行市场细分（参见第五章目标市场策略）。

③产品与促销的差异化——整个营销组合的差异。

④进行顾客研究——为什么？买什么？在哪儿买？怎样买？谁去买？

⑤优化资源配置。

以上五点构成顾客购买之真谛，它们之间互相联系，互相制约。全面理解并实行才是真正的顾客导向。

2. *整体营销——手段*

要求企业既进行外部市场营销，又进行内部市场营销。整体营销主要包括两个方面：

①职能部门的配合。营销、人事、生产、财务、研究发展等紧密配合，取得理想的整体效应。

②营销机能的配合。产品、促销、定价、分销渠道等四大因素的整体效应。

3. *顾客满意*

企业的长期利益建立在顾客满意的基础上。为使顾客满意，应注意以下四个方面：

（1）帮助而非取悦

采取适当措施给顾客以实际的帮助，从而获得顾客的满意——必须有针对性。

（2）应用营销矩阵

从两个方面考察企业满足顾客的程度：一是职工行为重视个人及企业利益的程度。二是职工行为重视顾客利益的程度。这就是职工行为要导向顾客满意，同时也要导向企业利益。

（3）进行市场研究

要调查竞争者所为、顾客对企业和产品的印象、顾客对市场的观感等。

(4) 社会利益与企业利益的统一

由于企业资源和社会资源都是有限的，在利用资源的方式上，应力求使企业利益与社会利益融合起来。这样，企业和社会才能和谐地发展。

以上四个方面表明，顾客满意不是由某一因素简单产生，也不可能简单地获得。

能力评估

评估项目一：案例分析

宝洁公司和一次性尿布

宝洁（P&G）公司以其寻求和明确表达顾客潜在需求的优良传统，被誉为在面向市场方面做得最好的美国公司之一。其婴儿尿布的开发就是一个例子。1956 年，该公司开发部主任维克·米尔斯在照看其出生不久的孙子时，深切感受到一篮篮脏尿布给家庭主妇带来的烦恼。洗尿布的责任给了他灵感。于是，米尔斯就让手下几个最有才华的人研究开发一次性尿布。

一次性尿布的想法并不新鲜。事实上，当时美国市场上已经有好几种牌子了。但市场调研显示：多年来这种尿布只占美国市场的 1%。原因首先是价格太高；其次是父母们认为这种尿布不好用，只适合在旅行或不便于正常换尿布时使用。调研结果还表明，一次性尿布的市场潜力巨大。美国和世界许多国家正处于战后婴儿出生高峰期，将婴儿数量乘以每日平均需换尿布次数，可以得出一个大得惊人的潜在销量。

宝洁公司产品开发人员用了一年的时间，力图研制出一种既好用又对父母有吸引力的产品。产品的最初样品是在塑料裤衩里装上一块打了褶的吸水垫子。但 1958 年夏天现场试验结果，除了父母们的否定意见和婴儿身上的痱子以外，一无所获。于是又回到图纸阶段。

1959 年 3 月，宝洁公司重新设计了它的一次性尿布，并在实验室生产了 37 000 个，样子相似于现在的产品，拿到纽约州去做现场试验。这一次，有 2/3 的试用者认为该产品胜过布尿布。行了！然而，接踵而来的问题是如何降低成本和提高新产品质量。为此要进行的工序革新，比产品本身的开发难度更大。一位工程师说它是“公司遇到的最复杂的工作”，生产方法和设备必须从头搞起。不过，到 1961 年 12 月，这个项目进入了能通过验收的生产工序和产品试销阶段。

公司选择地处美国最中部的城市皮奥里亚试销这个后来被定名为“娇娃”（Pampers）的产品。发现皮奥里亚的妈妈们喜欢用“娇娃”，但不喜欢 10 美分一片尿布的价格。因此，价格必须降下来。降多少呢？在 6 个地方进行的试销进一步表明，定价为 6 美分一片，就能使这类新产品畅销，使其销售量达到零售商的要求。宝洁公司的几位制造工程师找到了解决办法，用来进一步降低成本，并把生产能力提高到使公司能以该价格在全国销售娇娃尿布的水平。

娇娃尿布终于成功推出，直至今天仍然是宝洁公司的拳头产品之一。它表明，企业对市场真正需求的把握需要通过直接的市场调研来论证。通过潜在用户的反映来指导和改进新产品开发工作。企业各职能部门必须通力合作，不断进行产品试用和调整定价。最后，公司做成了一桩全赢的生意：一种减轻了每个做父母的最头疼的一件家务的产品，一个为宝洁公司带来收入和利润的重要新财源。

（资料来源：吴健安．市场营销学．高等教育出版社．2002.）

思考：

1. 宝洁公司开发一次性尿布的决策是在什么基础上进行的？
2. 其开发过程是否体现了现代市场营销的哪些基本精神？

评估项目二：营销实践练习

以某一企业为背景，通过调查，分析其市场营销观念是否符合现代市场经济的发展要求，并进一步说明树立正确的市场营销观念对于企业开展市场营销活动的重要性。

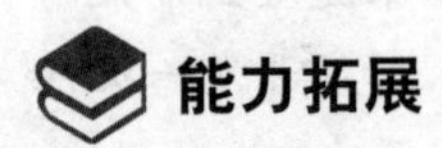

一分钟自我推销演练

1. 实训内容

一分钟自我推销演练，演练内容：

①问候：

②我是谁（包括姓名、来自哪里、个人兴趣爱好、专长、家庭情况、对学习市场营销的课程的认识和学习期望等）。

2. 实训目的

①便于授课教师迅速掌握全班学生情况，以便以后有针对性地、因人制宜地组织开展营销活动；

②加深学生之间的相互了解；

③可以锻炼学生们上台发言的胆量和口头表达能力，而这种胆量和说话能力正是从事市场营销专业的学生所必不可少的。

3. 实训步骤

学生应按授课教师要求，精心写好一份一分钟自我推销介绍词，然后利用课余时间，反复演练，达到内容熟练、神情自然时，再安排课堂时间让学生登上讲台进行一分钟自我推销演练。具体步骤如下：

①上台问候。跑步上台，站稳后先对所有人问好，然后再介绍。注意展现热情，面带微笑。

②正式内容演练，即自我推销介绍。注意音量、站姿、介绍顺序、肢体动作等。

③致谢回座。对所有人说谢谢后才能按教师示意回到座位。

4. 实训具体要求

①上讲台自我推销介绍神态、举止。(55 分)

其中声音大小 10 分、热情展现 7 分、面带微笑 10 分、站姿 8 分、肢体语言 5 分、语言表达 10 分、服装得体 5 分。

②自我推销介绍词内容新颖、独特，顺序自然。(35 分)

③时间掌控。(10 分)

5. 注意事项

①精心进行一分钟自我推销介绍词准备。特别是要求学生干部督促学生反复演练，登上讲台时能达到内容熟练、神情自然。

②注意课堂纪律掌控，控制笑声，确保自我推销介绍不受环境气氛影响，能自然顺利进行。

③上台演练必须指定顺序，一个接一个进行。自我推销介绍者提前在旁边准备，上台前向教师举手示意“报告，某某号学生准备完毕，请指示”，听到教师“开始”指令后，跑步上台。结束时，听到教师“时间到，停”指令后，向所有人说“谢谢”后才能按教师示意从讲台的另一侧回到座位。

④准备好计时工具，从演练人上台问好后开始计时，达到50秒时，给予举牌提醒，“还有10秒”，学生准备结束，时间到，停止演练，讲不足一分钟者须站足一分钟。

市场营销分析能力培养

培养目标

通过本项目的学习，使学生能够运用一定的方法，按照基本流程对背景行业及其竞争者进行分析，撰写市场调查策划方案，实施顾客调查，撰写市场调研报告。

任务单元2　市场营销调查与预测能力培养——寻找市场机会

任务解读

通过本单元的学习，希望学生掌握分析背景行业及其竞争者的方法和流程，掌握市场调研的方案和调查问卷的设计方法，以及营销调研的基本方法。

知识目标

- 认识市场调研的重要性。
- 了解市场营销信息系统的作用。
- 掌握市场调研的基本方法、基本步骤及调查问卷的设计。
- 了解市场需求预测的基本步骤。

能力目标

- 使学生通过使用所学的知识能够建立简单的市场营销信息系统。
- 使学生掌握并能运用调查方法，学会处理专题调查项目。
- 使学生学会设计调查问卷。

案例导读

信息就是金钱

最初，古川久好只是一家公司里的小职员，工作很辛苦，薪水却不高，而这些是远远不能让他满足的。为此，他总是异想天开地琢磨着想个办法赚大钱。

一天，古川久好从报纸上看到一条介绍美国商店情况的专题报道，其中有一段提到了自动售货机。上面说，当时美国各地都大量采用自动售货机来销售货品，这种售货机不需要雇人看守，一天24小时可随时供应商品，而且在任何地方都可以营业。它给人们带来了方便。可以预料，随着时代的进步，这种新的售货方法会越来越普及，必将被广大的商业企业所采用，消费者也会很快地接受这种方式。这将是一个非常有前途的新兴产业。

看完这则报道之后，古川久好觉得自己的机会来了。他知道，现在日本还没有一家公司经营这个项目。虽然这有很大的冒险性，如果能够抓住这个机会钻一个冷门，一定会成功的。

古川久好向朋友和亲戚借钱购买自动售货机，他筹到了30万日元，这一笔钱对于一个小职员来说已经算是一个巨额数字了。他用这笔钱买下20台售货机，分别设置在酒吧、剧院、车站等公共场所，然后在里面放入日用百货、饮料、酒类、报纸杂志等商品，就此开始了他的新型产业。

这的确是个很新鲜的东西，这里的人们还是第一次见到公共场所的自动售货机，感到很好奇，只需往里投入硬币，售货机就会送出你需要的商品。顾客可按照需要从不同的售货机里买到不同的商品，非常方便。古川久好的这一举措，果然给他带来了大量的财富。第一个月他就赚到了100多万日元。

初战告捷，古川久好非常高兴，更增强了信心。他于是再把每个月赚的钱投资于售货机上，扩大经营的规模。在不到半年的时间里，古川不仅连本带利还清了借款，还净赚了近2 000万日元。他终于开创了自己的事业，得到了属于自己的财富。

（资料来源：刘振民. 哈弗市场营销学. 南海出版社. 2010.）

点析：

一个有用的信息造就了一名富翁。美国前总统卡特在1979年发表了一篇题为《照亮了道路》的讲话中说："信息就像我们呼吸的空气一样，是一种资源。精确的信息，如同我们身体所需要的氧气。凡事预则立不预则废，前期的调查勘探是十分重要的。

2.1　市场营销调查能力培养

2.1.1　市场调查基本概念认知

1. 市场调查的概念

所谓市场调查，就是运用科学的方法，有系统、有计划、有组织地搜集、记录、整理、分析有关市场的信息资料，并客观地测定及评价，从而了解市场发展变化的现状和趋势，为市场预测以及各项经营决策提供科学依据的过程。

2. 市场调查的作用

①市场调查对于整个营销活动的开展发挥着重要的作用。

②有利于企业能够及时客观地了解市场环境，积极地把握市场机会。

③市场调查是市场营销工作的基础，它为制定营销计划、营销策略以及战略提供科学依据。

④随着市场调查意识的深入，能够完善企业的管理制度，提高整体经营的管理水平。

营销案例

家乐福败走香港

2000年9月18日，世界第二大超市集团“家乐福”位于香港杏花村、荃湾、屯门及元朗的四所大型超市全部停业，撤离香港。法资家乐福集团，在全球共有5 200多间分店，遍布26个国家及地区，全球的年销售额达363亿美元，盈利达7.6亿美元，员工逾24万人。家乐福在我国的台湾、深圳、北京、上海的大型连锁超市，生意均蒸蒸日上，为何独独兵败香港？家乐福倒闭的责任可从两方面来分析：

1. 从其自身看

第一，家乐福的“一站式购物”（让顾客一次购足所需物品）不适合香港地窄人稠的购物环境。家乐福的购物理念建基于地方宽敞，与香港寸土寸金的社会环境背道而驰，显然资源运用不当。这一点反映了家乐福在适应香港社会环境方面的不足。

第二，香港没有物业，而本身需要数万至10万平方英尺的面积经营，背负庞大租金的包袱，同时受租约限制，做成声势时租约已满，竞争对手觊觎它的铺位，会以更高租金夺取；家乐福原先的优势是货品包罗万象，但对手迅速模仿，这项优势逐渐失去。除了已开的4间分店外，家乐福还在将军澳新都城和马鞍山新港城中心租用了逾30万平方英尺的楼面，却一直未能开业，这也给它带来沉重的经济负担。

2. 从外部看

第一，是在1996年它进军香港的时候，正好遇上香港历史上租金最贵时期，经营成本高昂，这对于以低价取胜的家乐福来说，是一个沉重的压力，并且在这期间又不幸遭遇亚洲金融风暴，香港经济也大受打击，家乐福受这几年通货紧缩影响，一直无盈利。

第二，是由于香港本地超市集团百佳、惠康、华润、苹果速销等掀起的减价战，给家乐福经营以重创。作为国际知名的超市集团，家乐福没有主动参与这场长达两年的减价大战，但几家本地超市集团的竞相削价，终于使家乐福难以承受，在进军香港的中途铩羽而归。

因此，企业要想取得市场竞争的胜利必须要对目标市场进行认真的调研，以取得有价值的信息，制定正确的营销策略。

（资料来源：http://www.100guanli.com/HP/20100512/DetailD1037611.shtml）

3. 市场调查的内容

（1）市场营销宏观环境调查

市场营销宏观环境是指影响企业行为和市场营销活动的各种重要因素。所以对宏观环境变化及其趋势的分析，是寻求市场机会的重要途径。其调查的主要内容有：人口环境调查，经济环境调查，政治、法律环境调查，科技环境调查，社会文化环境调查等。（详见任务单元3）

（2）消费者需求的调查

消费者需求调查是市场营销调查的核心内容。因此我们所做的许多工作都是围绕它开展的。目的就是用来了解市场需求的规模。调查的主要内容包括：

调查了解消费者的购买心理及其行为，重点要调查、掌握：消费者需要购买什么产品（What）？为什么需要这种产品（Why）？谁需要并且会参与购买行为（Who）？通过何种方式可以获得这一产品（How）？什么时候、什么地点可以购买到这种产品（When、

Where)？

此外，还需要调查掌握消费者的购买动机，以及消费者在购买中所担任的各种角色。在消费者的购买过程中，需要通过市场调查掌握消费者从产生需求到购买决策的发生，在“思维黑箱”中消费者的心理活动时怎么样的。消费者都是普通的人，所以在购买过程表现或理智，或感情用事，或简单，或复杂，或随意，或深思熟虑。这些也都是营销人员需要掌握的基本情况。(详见任务单元4)

(3) 竞争者的调查

①市场结构。

a. 完全竞争。

完全竞争也称为完全独占，是一种极端的市场竞争状况。是由许多提供相同产品、服务的企业构成。其特征有：企业的商品、服务基本上都是同质的、无差别的；买者卖者众多，每个买者与卖者在市场中的份额极少，没有力量改变商品的市场价格；市场信息是畅通的；买者、卖者是可以自由进入或推出的。

在现实生活中，绝对符合这种结构的行业很少见。只有农产品市场接近这种结构。

b. 垄断竞争。

在市场中既有垄断又有竞争。现实中多数行业都处于这种市场结构。比较典型的是餐饮业、零售业。其特征有：企业的产品存在一定的差异性，购买者对这种差异有不同的偏好；企业在竞争中会采用一些营销策略、手段、价格、服务、品牌等竞争；一个企业的行动对其他同行业企业的影响比较小。

c. 寡头垄断。

寡头垄断就是整个市场已经被少数几家企业所垄断，几家大型企业生产、销售额占该行业极大部分，竞争集中在这几家企业之间。其特征有：少数企业拥有很大的市场占有率；当中任意一家企业都会对市场和别的企业产生较大的影响；这种行业对于后来者来说形成了进入壁垒，新的企业想要进入很困难。

寡头垄断市场可以分为两种形式：一种是无差别的寡头垄断，少数几家的产品是同质的、无差别的，这种情况下价格较为稳定。例如，石油产业。另一种是差别寡头垄断，各家的产品之间在质量、性能、品牌等方面是有差别的。例如，汽车行业。

d. 完全垄断。

完全垄断也称之为完全独占，是指在一定的市场中，某一商品是由一家企业决定其品种、产量、价格。这种竞争结构也是一种极端的形式，在现实也很少见。其特征有：政府特许、公共支出；生产需要较大规模；一些技术专有权。这种形势会造成生产不足、分配不公，对消费者是不利的。因此，政府应该根据情况采取相应的措施。

②寻找真正的竞争者。

企业总是面临众多的竞争对手。但是企业所掌握的信息是有限的，因此企业需要确认一个合适的竞争对手，但是应该不仅仅将那些类似价格、提供类似产品和服务、相同顾客的企业视为竞争者，同时要避免被潜在的竞争者打败。

③竞争手段。

选择好了竞争对手，企业就应该根据自身的行业特性、产品特性、发展目标和市场竞争情况，制定措施和方案。

a. 价格。

价格是非常敏感的竞争手段。一般情况下，较低的销售价格对消费者具有吸引力。价格这种竞争手段有时可以带来市场份额的提高，但有时也会引发残酷的价格战。所以这种敏感的手段使用时要注意企业的成本核算、行业内其他竞争对手的价格动向。

b. 产品。

产品用以满足人们的某种欲望和需求。这是企业最基本的竞争手段。产品的含义有三个层次：核心产品是顾客真正购买的利益，即产品的使用价值；形式产品，即核心产品的实现的形式，向市场提供的实体和劳务的外观、品牌、包装；附加产品，即产品包含的附加服务和利益。所以要针对不同层次的消费者提供适合其需求的产品。

c. 服务。

随着经济的发展，市场的日益完善，企业间的竞争日趋激烈，只向消费者单纯地提供产品已经无法获得优势的竞争地位。服务化经营是企业适应消费需求发展、提高顾客忠诚度和满意度的要求。所以在消费者的购买行为中，要十分注重售后行为。在产品整个生命周期中提供服务，比传统的“一锤子买卖”带来的利润要高得多。

d. 渠道。

这是竞争中的最直接的手段，如果企业具备畅通的渠道，则会占有绝对的优势。

e. 促销。

这是竞争中最快的手段。促销的基本特征是：时效性、刺激性、直接性。通过促销组和策略的使用，可以改变一些顾客的态度，引导潜在消费者做出购买行为。促销还可以树立产品形象，满足消费者对物美价廉的期望，企业也可以通过促销活动传递给消费者关心、友善和忠诚的信息。

f. 品牌。

品牌是一种标示、名称、符号和设计，是用来识别企业的产品和服务的。随着经济的发展，人们收入和消费水平的提高，消费者的选择面越来越大。产品同质化严重，这时许多消费者就会以品牌来进行区别。所以也向企业提出了新的课题，产品不但需要有良好的质量，还要依靠品牌形象。一个好的品牌可以帮助企业提升自身的竞争优势，减少企业成本。

④竞争对手的反应模式。

通过对竞争对手的选择、调查、了解，对其竞争手段的掌握，目的是需要了解竞争对手可能做出的反应，就是确定竞争对手的反应模式。

一般竞争对手面对竞争会产生不同的态度，有：主动参与竞争，就是竞争者会主动地采取竞争手段争取有利的市场地位和经济利益，扩大市场占有率，取得企业的竞争优势。采取这种态度的企业往往是市场领先者。还有尽量避免竞争，这种态度的企业在面临竞争时，首先考虑的是生存，而不直接参与竞争展开正面交锋，维持企业现状。一些竞争优势不太明显的企业多采用此态度。合作竞争，是指两个或以上的企业为了共同增强企业的竞争优势，于是实行资源互补，联合起来共同开发、利用市场机会。

（4）营销系统调查

这一系统的调查包括：产品调查、价格调查、分销渠道调查、促销调查以及售后服务调查。

①产品调查。

围绕着企业所生产产品的基本内容所做的调查，即为产品调查。内容包括对企业生产能力的调查，产品的性能、用途的调查，产品质量调查，产品的生命周期的调查，以及产品组合的调查等。

②价格调查。

这是研究市场产品价格变动情况，以便对消费者购买数量多少和不同产品的价格需求进行弹性分析。主要调查内容有：制约企业价格的有关因素、竞争者品牌及替代产品的价格水平、市场供求趋势以及对产品价格的影响、新产品的定价策略、处在不同产品生命周期的价格情况、消费者对企业价格策略的反应。

③分销渠道调查。

这是市场营销策略中很重要的一环，它直接影响了企业产品、服务能否从生产环节及时输送到消费者手中，也影响了企业的盈利状况。所以，分销渠道调查的重点是：分销渠道现状调查，中间商的销售、经营能力、资信能力调查，用户、消费者对各类型中间商的印象和评价以及整个分销渠道策略实施过程中的控制与调整。

④促销活动调查。

促销的最终目的是企业将产品或服务的有关信息传递给消费者，并引起他们的注意、兴趣。调查的内容有：目前的促销方式能否为消费者接受、信任，广告的选择是否有针对性，广告费用和效果的测定，广告时间的选择，各种攻关活动和宣传措施对销量的影响，各种营业推广措施对产品销量的影响。

⑤售后服务调查。

产品的售后服务也是一种重要的促销手段，是产品中的一种。这方面的调查内容有：消费者需要获得哪些方面的服务、服务网点的分布、服务的质量如何。

4. 市场营销调查的方法

企业收集原始数据的方法有四种，即调查法，观察法、实验调查法和专家调查法。

（1）调查法

企业借助调查可以获得较为广泛的数据，并且对许多问题的研究都具有实用性。主要的调查方法有以下五种：

①入户访问。

入户访问是由访问员进入经抽样选定的消费者家庭中，与受访者直接面谈，收集有关信息的一种调查方法。

②街头拦截访问。

街头拦截访问由访问员在街头某个计划好的地点临时拦住街上行人展开调查。这种调查通常也使用事先精心设计好的问卷作为访问工具，当场询问，当场记录。

③定点访问。

定点访问是在受访者接受访问比较方便的地方选择一个不受干扰的场所，经过筛选，请受访者进入调查地点进行调查访问。调查大多采用问卷作为主要工具，在产品实体测试、品牌包装、价格等测试中则需要增加一些辅助工具和设施。

④电话访问。

电话访问需采用精心设计的问卷进行，提问要简单明了，便于回答，不会引起读音上的歧义，内容也不可太多。访问的时机要从受访者的特点出发选择受访者认为合适的时机，以提高调查效率。

⑤邮寄调查。

邮寄调查是指将调查问卷寄给受访者，请受访者按问卷说明信上的要求逐项填写后再寄回调查部门或专业调查公司的一种调查方法。

（2）观察法

观察法就是调查者亲临调查现场或利用观察器材，客观地观察调查对象并忠实地记录其人、其事或其物的状态、过程或结果，收集第一手市场信息的一种实地调查方法。

观察法通常是观察处于自然状态下的被调查对象，而且是在调查对象不知不觉的情况下进行的，因此所获得的第一手资料是最接近平时状态的，真实性、准确性都很好。

营销故事

经理捡纸条

在澳大利亚昆士兰州，许多远道而来的顾客，特别是生怕忘事的家庭主妇，在到商店购物前总喜欢把准备购买的商品名字写在纸条上，买完东西后则随手丢弃。一家大百货公司的采购经理注意到这一现象后，除了自己经常捡这类纸条外，还悄悄发动其他管理人员也行动起来。他以此作为重要依据，编制了一套扩大经营的独家经验，结果可想而知：许多妇女从前要跑很远的路才能购买到的商品，现在到附近分店同样也能买到。

（资料来源：http://www.bokee.net/company/note_viewNote/74987.html）

（3）实验调查法

实验调查法是指调查人员根据调查目的，事先选定某一个或几个销售因素，人为地改变或控制这些因素，来观察它们对营销活动中其他因素的影响过程和影响效果，搜集第一手信息的方法。实验调查法的优点是比较科学，所得到的信息能比较客观地反映实际情况。实验调查法可以在实验室进行，也可以在销售现场进行。

（4）专家调查法

专家调查是以在某个研究领域或某个问题上有理论造诣、有专门知识或特长、有丰富实践经验的学者、管理者或经营者作为调查对象，收集所需信息的调查方法。

专家调查按照不同的具体形式，有三种方式：

第一，头脑风暴法。这种专家调查采用小组座谈会的形式，邀请6～12名专家参加。参加头脑风暴法座谈会的专家只能公开发表各自的意见或设想，不对其他专家的主张进行讨论，也不能进行私下的交谈，不提出任何集体或权威的意见，以免阻碍个人的思考。

第二，专家会议法。与头脑风暴法一样，这种调查方法也是以小组座谈会的形式进行的，利用专家群体的专业特长和经验收集具有创造性的信息。

第三，德尔菲法。德尔菲法是头脑风暴法和专家会议法的发展。这种方法由请专家坐在一起面对面地交谈讨论改为背对背地征询意见。

除此之外，经常采用的还有第二手资料的调查方法——案头调查。案头调查是一种间接调查方法，主要用来搜集企业内部和外部经他人搜集、记录和整理所积累起来的现成的二手信息。这些信息以文献型信息为主，具体形式有印刷型信息、视听型信息、计算机信息库和计算机网络信息等。

案头调查有许多好处，既能节省时间，又能节省费用，而且调查的保密性强，实施起来也比较容易。

5. 市场调查的程序

市场调查工作，有不同的阶段和步骤。一般情况市场调查的过程可以划分为：调查计划准备阶段、调查组织与实施阶段以及调查结果的处理三个阶段。

（1）调查计划准备阶段

好的开端等于成功的一半。为了保证市场调查工作的质量，必须周到地做好一切准备工作。这个阶段的主要工作是：

①明确问题与目标。企业需要明确进行调查项目的目的，像要解决什么问题。因此，需要把解决的问题设定到一定的限度内。

②确定资料的收集范围和方法。围绕这调查项目，展开调查的范围（地域范围、调查对象的范围等），同时确定此次调查所使用的调查方法，有收集一手资料的专家调查法、观察法、调查法和实验调查法。还有搜集二手资料的案头调查法。

③调查表的设计和抽样方案的制定。调查表应该简单明了、主体突出，抽样方式和样本量的控制要以统计分析为前提。

④制定调查计划。为了更好地开展和控制调查项目，必须事先设计好各个环节上的工作内容。例如，时间的安排、经费的运用、人力的统筹等。

（2）调查的组织与实施阶段

这个阶段是整个市场调查过程中最关键的阶段，对于调查项目能否及时、准确、经济地完成起着重要的作用。这个阶段的主要工作是组织调查人员，按照既定的方案，系统地搜集信息资料和数据。

①调查人员的选聘和培训。首先必须认真挑选一些条件优秀的调查人员，这是做好整个工作的载体。然后对所招聘的人员进行培训，使他们理解所要调查的项目的目的，掌握调查的相关知识、技术，同时还需要培养调查员的耐心、责任感。

②实地调查。派出调研人员，按规定的时间、地点和方法收集资料。

（3）总结阶段

也就是对所搜集到的资料进行整理、分析，获得结论，反馈给决策层。这个阶段的主要任务有：

①资料的整理与分析。对所收集到的资料“去粗取精、去伪存真、由表及里”，使之条理化、清晰化，便于归档、查找、使用，方便后来的工作。

②撰写调查报告，这是调查的最终成果的反映，需要对决策者关心的问题提出结论性的建议。正规的市场调查报告包括：引言、摘要、正文、附件四个部分。其中基本内容是调查的目的、调查对象的基本情况、调查问题的客观事实材料、调查分析的说明以及调查的结论和建议等。

（4）追踪调查阶段

市场调查的最后一个阶段是追踪调查阶段。提出市场调查报告并不意味着市场调查的终结，一般还需要做进一步的追踪调查。其内容一般有三个方面：

①对调查报告中所提出的关键问题组织进一步深入连续的调查；

②对调查报告中所提出的调查结论和建议的采用率、转引率和对实际工作的使用价值的调查，同时检验调查结论和建议的正确程度与可行情况；

③了解调查报告中所提出的调查结论在实际执行中是否被曲解。

2.1.2 市场调查问卷设计及调查报告写作能力

1. 市场营销调查的问卷设计

问卷也称为调查表，它是调查人员根据调查的目的和要求设计的，由一系列问题、说明组成的调查表格，也是一种搜集调查资料的常用工具。

1. 问卷的格式

一份完整的调查问卷通常包括标题、问卷说明、被调查者基本情况、调查内容、编码、调查者情况等内容。

（1）问卷的标题

问卷的标题是概括说明调查的研究主题，使被调查者对所要回答什么方面的问题有一个大致的了解。确定标题应简明扼要，易于引起回答者的兴趣。

（2）问卷说明

问卷说明旨在向被调查者说明调查的目的、意义。有些问卷还有填表须知，交表时间、地点及其他事项说明等。问卷说明一般放在问卷开头，通过它可以使被调查者了解调查目的，消除顾虑，并按一定的要求填写问卷。

（3）被调查者基本情况

这是指被调查者的一些主要特征，如在消费者调查中，消费者的性别、年龄、民族、家庭人口、婚姻状况、文化程度、职业、单位、收入、所在地区，等等。又如，在企业调查中，企业名称、地址、所有制性质、主管部门、职工人数、商品销售额（或产品销售量）等情况。通过这些项目，便于对调查资料进行统计分组、分析。在实际调查中，列入哪些项目，列入多少项目，应根据调查目的、调查要求而定，并非多多益善。

（4）调查的主题内容

调查的主题内容是调查者所要了解的基本内容，也是调查问卷中最重要的部分。它主要是以提问的形式提供给被调查者，这部分内容设计的好坏直接影响整个调查的价值。主题内容主要包括以下几个方面：其一，对人们的行为进行调查；其二，对人们的行为后果进行调查；其三，对人们的态度、意见、感觉、偏好等进行调查。

（5）编码

编码是将问卷中的调查项目变成数字的工作过程，以便分类整理，易于进行计算机处理和统计分析。

（6）作业证明的记载

在调查表的最后，附上调查员的姓名、访问日期、时间等，以明确调查人员完成任务的性质。如有必要，还可写上被调查者的姓名、单位或家庭住址、电话等，以便于审核和进一步追踪调查。但对于一些涉及被调查者隐私的问卷，上述内容则不宜列入。

2. 问卷设计步骤

（1）确定所要搜集的信息

根据调查问卷需要确定调查主题的范围和调查项目，将所需要的问卷资料一一列出，分析哪些是主要资料，哪些是次要资料，哪些是调查的必备资料，哪些是可要可不要的资料，并分析哪些资料需要通过问卷来取得，需要向谁调查等，对必要资料加以收集。同时，要分析调查对象的各种特征。在此阶段，应充分征求有关各类人员的意见，以了解问卷中可能出现的问题，力求使问卷切合实际，能够充分满足各方面分析研究的需要。

（2）决定问卷调查方式

因问卷调查方式不同，问卷内容的繁杂及问卷设计方式必有不同。应在问卷方式上做适当的问卷内容安排。

（3）决定问题内容

在决定问题内容时，应考虑以下几项原则：

①目的性原则；

②可接受性原则；

③顺序性原则；

④简明性原则；

⑤匹配性原则。

（4）决定问题形式

问卷的语句由若干个问题所构成，问题是问卷的核心。在进行问卷设计时，必须对问题的类别和提问方法仔细考虑，否则会使整个问卷产生很大的偏差，导致市场调查的失败。因此，在设计问卷时，应对问题有较清楚的了解，并善于根据调查目的和具体情况选择适当的询问方式。

（5）决定问题先后顺序

①第一个问题必须有趣且容易答复；

②重要问题放在重要地方；

③容易问题在前，慢慢引入比较难答的问题；

④问题要一气呵成，且应注意问题前后的连贯性；

⑤私人问题和易引起对方感觉困难的问题应最后提出。

（6）决定检验可靠性问题

为加强被访问者答题的可靠性，在访问结束时不妨将问题中的重要者再重新提问。

（7）决定问卷版面布局

①问卷形式及体裁的设计，对搜集资料成效关系很大，故应力求合理；

②纸质及印刷精美，留足填充空白处易于填写；

③日后处理作业方便。

（8）试查

一般来说，所有设计出来的问卷都存在一些问题，因此需要将初步设计出来的问卷在小范围内进行试验性调查。

（9）修订及定稿

将要调查的问卷付之于印刷，将必要的调查手册编辑成册，以供相关人员参考。

（10）问卷设计的注意事项

①问卷中问句的表达要简明易懂、意思明确，不能模棱两可，避免用“通常”“大概”等词句。如问“你常去超市吗?”这个“常”很容易使人摸不清如何理解、回答。

②调查问句要保持客观性，避免有诱导性的含义，应让被调查者自己按照自己真实情况去选择。

③调查的问句要有亲切感，提问方式避免生硬，要考虑到答卷人的自尊。

④调查问卷时间要控制在15分钟左右，所以问卷应简短，意思明确。否则会使被调查者因时间过长而引起厌烦，从而敷衍答卷，影响问卷调查的效果。

⑤问卷题目的排版要精细、清晰、使用优质纸张、装订好，避免缺页。

2. 调查报告写作能力

（1）调研报告的功能

市场调研报告有三个最基本的功能：传播调查结果、作为参考文件和增加工作的可信度。

①市场调研报告必须能传播研究的内容。

市场调研报告最重要的功能就是全面而精确地描述调研项目的有关结果。这就是说，它必须向读者详细地沟通如下内容：调研内容、主要背景信息、调研方法概述、用图表展示调研结果、调研结果的概括、结论、建议。

②调研报告必须充当参考文件的角色。

当调研报告向有关决策者分发时，它作为重要的决策参考文件就被赋予了“生命”。大部分的调研报告包含了若干项内容和大量的信息，对决策者而言，要全部记住这些信息几乎是不可能的。因此调研者会发现决策者和其他进行第二手数据研究者，会时时翻阅调研报告，寻找有关资料。报告中的有关结论也可能作为随后进行的调研工作的基础。

③调研报告必须建立和加强调研工作的可信度。

调研报告的这项角色是至关重要的。市场调研报告必须向读者沟通研究工作进行的精度和控制程度。注意的限度和选择性认知会阻碍这项工作的进行。通常，决策者和管理人员跳过研究方法不读，而直接进入结果、结论和建议部分。管理者对调研报告质量的评价，是决定是否采用调研结果的最基础的因素。

（2）调研报告的组成

有些时候，各企业的政策或其他因素形成了调研报告格式的各自惯例，即使如此，调研报告不论其格式或外观有何规则，其基本内容几乎是不变的。调研报告必须具备良好的结构，能够及时、相关、简明地向管理决策层提供信息。撰写调研报告的一个要点是要牢牢记住中、高层管理们的时间是有限的，要避免过长的内容和不准确的数据。通常包括以下几个基本点：

①目录；

②调研目的；

③调研方法的简明阐述；

④扼要的结果；

⑤结论和建议；

⑥详细介绍；

⑦详细分析和结果；

⑧详细的结论；

⑨详细的方法论；

⑩局限性；

⑪附录（如有必要）。

2.2　市场需求预测能力培养

2.2.1　市场需求预测基本概念认知

1. 市场需求预测概念

预测，是对某一目前还不明确的事物，根据历史和现在的已知情况，估计和推测未来可能出现的趋势。在取得一手、二手资料后，再运用定性分析和定量分析的方法，对市场未来的情况做出估计。它是企业营销管理不可缺少的重要环节，对于企业准确把握市场前景，不断寻求发展机会，具有很重要的意义。

市场预测，从最终结果来说，就是预测市场需求量；从企业的角度而言，则是预测市场销售量。但不论是市场需求还是销售，又都是具体的，一定地区、一定时间的需求或销售。市场预测的主要内容是市场需求预测。

2. 市场需求预测的内容

（1）产品

市场需求预测是对某一企业产品需求量的预测。由于产品的范围比较广泛，同一种产品因其规格、档次的不同，需求量亦不相同。如空调分为柜机、分体机、窗机等，企业在进行消费需求预测时，应先确定需要预测产品的类别。

（2）总量

它反映了市场需求的大小。它也可以用货币金额来表示。如某企业的婴儿奶粉的销售量占全国婴儿奶粉销售总量的25%。

（3）消费者群体

市场需求预测既可以针对整个市场，也可以针对某个细分的市场。如进行房产开发，不仅要确定整个房产市场的需求量，还要依据不同的收入水平、住宿习惯确定细分市场，开发出不同规格的房型，满足不同消费者的需求。

（4）地理区域

企业的营销活动受区域范围的影响。一般来说，不同的区域，产品销售额的预测结果也不相同。如羊肉泡馍在陕西为一道名吃，在海南却没有市场。

（5）时间

企业进行市场预测必然要规定一定的时期。如五年内、三年内或一年内计划。一般而言，时间越长，对环境和条件的预测就越不准确。

（6）市场营销环境

市场需求受许多不可控因素的影响。因此，企业在进行市场预测时要将这些不可控因素考虑进去。

（7）企业的营销方案

除了受不可控因素的影响外，市场预测还受可控因素如产品、定价、促销活动及销售渠道的影响。因此，市场预测必须考虑企业未来营销组合策略的变化。

（8）实际购买

市场的需求量最终要靠购买行为表现出来。只有进行最终购买的需求才是真正的需求。

3. 市场预测的基本原理

（1）连续性原理，也称为连贯性原理

连续性原理，也称为连贯性原理，是指客观事物的发展变化过程的连续性。所有的事物都有它的历史、现在和未来，现在的情况是过去发展而来，是过去的延续；而将来则是过去和现在发展起来的，是过去的继续。这种继续会有变化，但变化是有根据的，发展是连续的，即在一定客观条件下，事物的发展不会一下变得面目全非，而是与过去、现在的情况有相似之处，不会根本不同。所以，连贯性原理就可以在了解事物过去和现在的基础上，来预测其未来。

（2）类推性原理

类推性原理是指客观事物之间存在着某种相类似的变化和发展过程，据此根据已知事物的发展变化去类推未知事物的变化发展。事物之间之所以能够由某个已知事物类推到未知事物——要预测的事物，是因为事物之间具有某种相似性。相思程度越高，利用类推原理预测的效果越好；反之，事物之间没有或很少有相似之处——相似程度很低，类推性原理的使用效果就不好。所以，在实际预测中，要明确预测对象与已知事物之间的相似程度，这是我们正确预测的基础。

（3）相关性原理

任何事物都不可能孤立存在，都是与环境各种事物相互制约、相互影响的，一个事物的发展，必然会影响到其他有关事物的变化。这种影响和制约表现为因果关系，人们据此可推出未知事物的结果。所以在预测中，须深入研究预测对象与相关事物之间的关系，同时还需全面了解分析所处的环境，找出各种主要影响因素，并据此建立相关的预测数学模型，推断、估计出结果。

4. 市场需求预测的分类

（1）目前需求的估计

市场需求的变化复杂多变，作为市场活动的主体——企业要想准确地了解和掌握其产品在市场上的情况，就可以对正在发生的需求加以分析。我们可以通过对某产品的历史销售量的上升或下降的原因来分析目前需求量的大小，可以了解产品在一定时间、地点内的需求状态，从而为企业的经营决策、未来的需求预测提供依据。可根据内容不同，分为总的市场潜量的估计和区域市场潜量的估计。市场潜量是在一定的环境下，通过企业营销策划的促进，某产品需求量所达到的最大极限，也就是最高的市场需求量。

（2）对未来需求的预测

企业在掌握历史需求、目前需求的基础上，可以对未来的市场需求进行预测。结合相关历史资料、现实材料，以及参照以往的经验教训，结合科学的预测方法，对影响因素进行综合分析，推测出未来需求的变化趋势及其状态。

未来需求预测是对企业销售情况的预测、估计。比如：如果能了解到同行业某产品的市场需求量，结合企业历史销售资料，加上企业预计的产量，就可以测出企业的销售额。

（3）生产者需求的预测

主要了解的是生产者（需求的目的是为了流通、销售）对生产资料的需求。因为生产购买具有大量性、波动性、购买专业性、条理性。所以在了解生产者需求是注重了解：宏观经济政策、行业规模、消费品的新需求以及生产者内部的组织因素、个人因素等。

（4）消费者购买行为的预测

主要是对消费者购买的动机、方式、心理的调查分析，预测消费者对商品的要求，来决定商品的生产趋势。其中调查的核心是消费者的购买决策做出情况。

营销故事 **日本汽车横扫欧美市场**

美国汽车制造一度在世界上占霸主地位，而日本汽车工业则是20世纪50年代学习美国发展而来的，但是时隔30年，日本汽车制造业突飞猛进，充斥欧美市场及世界各地，为此美国与日本之间出现了汽车摩擦。

在20世纪60年代，当时有两个因素影响汽车工业：一是第三世界的石油生产被工业发达国家所控制，石油价格低廉；二是轿车制造业发展很快，豪华车、大型车盛行。但是擅长市场调查和预测的日本汽车制造商，首先通过表面经济繁荣，看到产油国与跨国公司之间暗中正酝酿和发展着的斗争，以及发达国家消耗能量的增加，预见到石油价格会很快上涨。因此，必须改产耗油小的轿车来适应能源短缺的环境。其次，随汽车数增多，马路上车流量增多，停车场的收费会提高，因此，只有造小型车才能适应拥挤的马路和停车场。再次，日本制造商分析了发达国家家庭成员的用车情况。主妇上超级市场，主人上班，孩子上学，一个家庭只有一辆汽车显然不能满足需要。这样，小巧玲珑的轿车得到了消费者的宠爱。于是日本在调研的基础之上做出正确的决策。在20世纪70年代世界石油危机中日本物美价廉的小型节油轿车横扫欧美市场，市场占有率不断提高，而欧美各国生产的传统豪华车因耗油大，成本高，使销路大受影响。

（资料来源：百度文库）

2.2.2　市场需求预测步骤

1. 确定预测目标

预测目标明确，预测工作才能做到有的放矢。预测目标的确定应根据经营管理的需要，服从决策的要求。确定预测目标就是要明确要预测什么、要达到什么目标。只有目标明确，才能使预测结论符合目标要求。

2. 收集、整理资料

进行市场预测，必须占有充分的资料。预测所需的资料可以分为两类：一类是关于预测对象本身的历史资料，另一类是现实资料。在市场预测中一般可以利用各种调查方式获取的第一手资料，也可以利用各种渠道获取的第二资料。收集资料时一定要注意广泛性、适用性，资料搜集不全面、不系统，会严重影响预测质量。但也不是说资料越多越好，漫无目的地搜集资料一会浪费时间、人力和资金，二会因为资料过多，缺乏重点，反而给预测工作带来麻烦，降低预测质量。

3. 选择预测方法

进行市场需求预测的方法很多，但是各种方法都有各自的范围和局限性。因此企业应根据自身的环境条件以及资料的内容和特点选择合适的预测方法。如果掌握的资料不完善，预算费用小，可较多地采用调查预测法。如果掌握的资料完备，经费充裕，准确度要求高，可运用一定的数学模型。

4. 建立预测模型

在将所收集的资料进行分析整理之后，可寻找各种经济变量间的数量模型，提出理论假设，尽力预测模型。

5. 分析评价

在该阶段就是分析通过预测模型预测的结果与实际情况出入的原因，分析其对未来发展的影响，对预测的可靠性做出评价。

6. 修正预测结果

如果发现模型与现实不符，应立即根据客观情况予以修正。如果是模型有误，改进模型，若是预测方法不当，则改进方法。

能力评估

评估项目一：案例分析

“小天鹅”的市场信息管理

建立以市场为核心的管理体系

公司主要机构设置是紧紧围绕市场设立的。技术部根据市场调查反馈的需求信息，研究开发新产品；制造部根据营销计划制定自己的制造计划；政治部、行政部根据经营计划，确定人力资源计划；计财部根据经营计划安排财务计划；而证券部不断通过资本运营为公司筹集资金；等等。这种机构设置使企业在市场竞争中保持灵活的应变能力、快速的反应能力和旺盛的战斗力。

质量管理上实行国际通用的ISO9001质量管理体系。从产品设计开始到售后服务，都以文件化形式对产品设计到销售的全过程实行动态化严格控制，从而保证了产品的质量。

营销管理实行定期报告制度和严格的考核制度。营销人员必须每周、每月把市场情况反馈到总部，由总部通过计算机网络进行归纳、整理、分析，使总部了解全国各地销售、库存、回笼等情况。总部通过严格的考核制度对市场营销人员进行控制，使营销机构始终处于有序的运行状态中。

依靠市场信息，制定营销策略

建立广泛的市场信息反馈体系，在比较中不断发现企业的危机。公司营销部门专门成立市场调查部，有一批固定的高素质的人员活跃于全国各地，不时走访不同地区的用户和客户，了解、分析消费趋势，收集竞争对手的新品开发和产品销售状况，研究市场发展走势，并把这些信息每天反馈到总部。总部每天派高层领导轮流值班，及时分析处理反馈回来的信息，利用公司固定的早晚例会的时间将信息传达给全体管理人员，让人人心中有市场，人人知道公司所面临的竞争环境。除此之外，公司每月挑选一些管理人员到市场上短期调研，调查了解市场和消费需求情况。根据市场反馈的信息，公司加快了新产品的开发速度，提高了产品质量和售后服务质量。如：公司根据信息反馈了解到，部分地区家庭因电压不稳定影响了洗衣机的寿命，于是在产品中增加了高低压保护装置，彻底解决了这一问题；有用户反映因卫生间潮湿洗衣机外壳生锈，于是公司开发出永不生锈的铝合金箱体洗衣机，受到消费者的欢迎。

有目的、有针对性地在国外设立信息窗口，及时了解国外最新市场信息，了解世界最新技术水平。定期从国外购买最新上市的洗衣机，定期收集样本，调查国际同行技术发展动态。如：1996 年公司从国外购买了一批最新推出的洗衣机样机并及时组织力量进行测试，不仅了解了国外洗衣机技术水平的现状，同时也为公司设计开发新产品开阔了思路。又如：公司最新开发的具有国际先进水平的立体水流技术就是在了解了国际市场信息的基础上，独立研究开发出来的。通过国外信息的反馈，公司在设计新产品时可以避开别人的专利技术，从而加快了公司技术开发的步伐。

灵活有效的营销手段

控制市场的制高点，坚持“名品进名店”。“小天鹅”在全国各地有信誉的商场销售自己的产品，不管商场如何变化，他们都始终向大商场供货。也正是这样，使“小天鹅”始终保持着40%的全自动洗衣机的市场占有率，一直处于领先地位。

针对市场消费情况始终领先市场一步。科学地平衡产品的销售，既要超前开发一些新产品，也要努力延长老产品的生命周期。率先推出“12345”规范化服务举措。即上门服务自带一双鞋、离去说两句礼貌的话，带好三块用作垫机、擦机、擦手的布，做到四不准（不准吃喝用户、不准乱收用户礼品、不准乱收费、不准顶撞用户），五年免费保修。

（资料来源：案例根据《经济管理》1998 年第 5 期《‘小天鹅’：名品进名店》改编，原作者 吕宁）

思考：

1. “小天鹅”的营销管理有何特点？有何借鉴之处？
2. “小天鹅”建立市场信息的反馈体系有何作用？
3. “小天鹅”为什么要坚持“名品进名店”？
4. “小天鹅”的营销手段是怎样的？对企业参与市场竞争有何意义？

评估项目二：营销实践练习

市场调研策划

1. 实训目的

通过实训，使学生了解市场调研的全过程，并掌握市场调研方案策划、问卷设计及策划方案撰写等三大环节的具体程序、技巧和方法。

2. 实训主要内容

①市场调研策划方案的具体框架内容、策划的步骤。

②市场调研方案的策划、调研过程的管理、执行及撰写调研报告的格式内容。

3. 实训准备

了解团队项目情况。

4. 实训操作步骤

①阅读案例资料；
②调研策划；
③调查目的；
④调查内容；

⑤调查对象及抽样；

⑥调查方法；

⑦调查日程安排；

⑧调查经费预算；

⑨附调查问卷及相关表格；

⑩调研报告的撰写格式；

⑪全班进行分组讨论，以组为单位完成实训任务。

5. 实训总结

要求每组学生完成1 500～2 500字的实训报告，老师批阅实训报告，并在下一次实训课上进行讲评和总结。

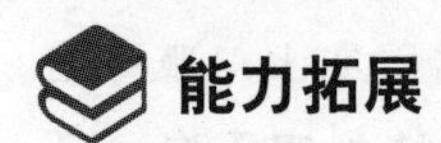

能力拓展

头脑风暴法

你和你的伙伴试图在社区中心地带开设一家社区服务中心。困扰你们的问题是，这个城市已经有了很多功能类似的大小商店或服务点，假设你们拥有足够的资源，你们所面对的挑战是要决定什么样的经营形式与内容将是最可能成功的，既具有生命力、受消费者欢迎，又能为投资者带来足够的经济回报。

组成3～4个人的小组，运用头脑风暴法来确定你们将开办的服务中心类型。步骤如下：

①小组集体花5～10分钟时间，来形成你们认为最可能获得成功的服务中心的类型。每位小组成员都要尽可能地富有创新性和创造力，对于任何提议都不能加以批评。

②指定一位小组成员把所提出的各种方案写下来。

③再用10～15分钟时间讨论各个方案的优点与不足。作为集体，确定一个使所有成员意见一致的最可能成功的方案。

④在做出你们的决策之后，对头脑风暴法的优点与不足进行讨论。

任务单元3　市场营销环境分析能力培养——营销的基本前提

任务解读

认识与分析营销环境成为营销管理的基础和重要内容，通过本单元的学习使学生能够在对环境的认识和分析过程中不断地发现机会和识别威胁，以选择达到企业营销目标的最佳途径。

知识目标

- 掌握微观环境和宏观环境的主要内容。
- 了解市场营销活动与市场营销环境之间的关系。
- 了解企业对于营销环境的变化所采取的对策及SWOT分析法。
- 认识企业的营销道德和社会责任心。

能力目标

- 使学生正确认识市场营销环境、具有趋利避害地开展营销活动的能力。
- 使学生掌握和运用 SWOT 分析法来分析企业营销环境。
- 使学生在企业营销活动中能用正确的营销道德要求自己，树立一定的社会责任心。

案例导读

传染性非典型肺炎冲击波

非典，对中国和世界人民来说，都是一场灾难，也是一场严峻的考验。面对这样的突发事件，诸多企业又是如何表现的呢？

2003 年 2 月 11 日，广州市政府组织新闻发布会通报了广东省疫情情况。与此同时，政府和专家给出了一些预防病毒感染的建议措施，在这些建议中勤洗手是关键的措施之一。莱曼赫斯公司立即对这一信息做出反应，迅速挖掘市场，在《广州日报》头版推出平面广告“预防流行性疾病，用威露士消毒药水”，随后又在《南方都市报》等媒体上连续推出通栏广告。在迅速扩大了品牌知名度之后，威露士开始利用事件建立品牌美誉度。通过新闻媒介《南方都市报》向社会各界，包括学校、机关等人群密集地区无偿派送“威露士”消毒产品总计 37 吨，价值 100 万元。结合事件中与企业相关的市场诉求点进行企业的产品宣传，同时又使得公司一贯秉承的“关心大众，无私奉献”的企业精神在这次事件营销中得到了很好的诠释。莱曼赫斯公司在这种突发事件中展现了企业深厚的营销功力。事实上，威露士品牌形象得到了迅速提升，在许多消费者心中确立了消毒水第一品牌的位置。

江苏恒顺：快速的醋

非典期间，政府和专家给出了一些预防病毒感染的建议措施，在这些建议中包括：可用食用醋熏蒸消毒空气。随即，抢购白醋进入高潮。

2 月 11 日下午 4 时止，江苏镇江恒顺醋业向广州等地区发货量已达千吨以上，收到货款上百万元。到 14 日，其累积发货量已达 10 多万箱。而与此同时，赫赫有名的山西老陈醋的发货量只有 2 万箱。在非典型肺炎这样的突发事件面前，恒顺醋业显示了其快速反应的优势。这种优势的取得一方面与其销售网络直接相关，另一方面也离不开其生产及运作上的快速反应能力，大批量的食醋在极短的时间内生产出来并及时运达广东。

迎接“后非典时期”新机遇

到 2003 年 6 月初，在中央政府和全国各界共同努力下，“非典”疫情得到有效控制，企业界逐渐把认识外部环境变化、寻求挽回损失、继续发展重新提到首要议事日程。

不可否认，“非典”给中国经济带来了较为广泛的影响，但不可能从根本上改变中国的增长模式，中国经济增长的基本面因素依然强劲。因此，如果把危机解读为“危险中的机会”，则“非典”事件可能是一次行业重新洗牌的机会。“后非典时期”的市场机遇将进一步考验企业的营销智慧。

案例思考题

1. 从莱曼赫斯公司和恒顺醋业两例中，可以给企业什么启示？
2. 试以威露士为例，对“后非典时期”的外部环境变化趋势进行分析。

（资料来源：百度文库）

3.1 市场营销环境基本认知

3.1.1 市场营销环境概念认知

1. 市场营销环境的概念

市场营销环境是指制约和影响企业营销活动的各种条件和因素。它对企业的生存和发展有着极为重要的影响作用。它既涉及外部环境，也涉及内部条件，外部环境形成企业营销的机会和威胁，内部条件显示企业的优势和劣势。企业依托于动态变化的营销环境而生存与发展，它的营销行为既要受到自身条件的限制又要受到外部条件的限制与制约。企业只有能动地、充分地使营销活动与营销环境相适应，才能使营销活动产生最佳的效果，从而达到企业的营销目标。

2. 市场营销环境的内容

根据营销环境对企业市场营销活动发生影响的方式和程度，可将市场营销环境大致上分成两大类：直接营销环境和间接营销环境。

（1）宏观环境

宏观环境因素包括：人口环境、经济环境、自然环境、科学技术环境、政治法律环境、社会文化环境等，如图 3－1 所示。这些因素不仅会直接影响企业的营销活动，而且还直接对企业营销环境中的微观环境因素产生影响，从而影响企业的市场营销活动，对其产生限制和促进作用。

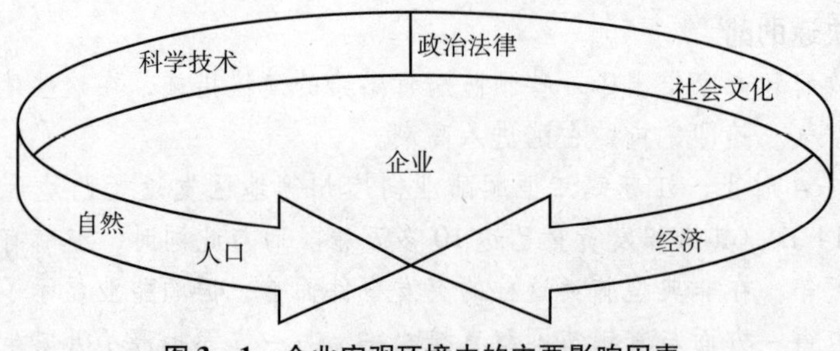

图 3－1 企业宏观环境中的主要影响因素

（2）微观环境

微观环境因素包括：企业内部环境、供应商、营销中介、顾客、竞争者、公众等，如图 3－2 所示。这些因素与企业市场营销活动有着十分密切的联系，并对企业产生直接的影响。微观环境与宏观环境之间的关系是：微观环境与宏观环境不是并列的，而是主次的关系；微观环境虽然影响企业的营销活动，同时会受到宏观环境的制约；宏观环境又以微观环境为载体去影响企业的营销活动。企业微观环境中的主要影响因素如图 3－2 所示。

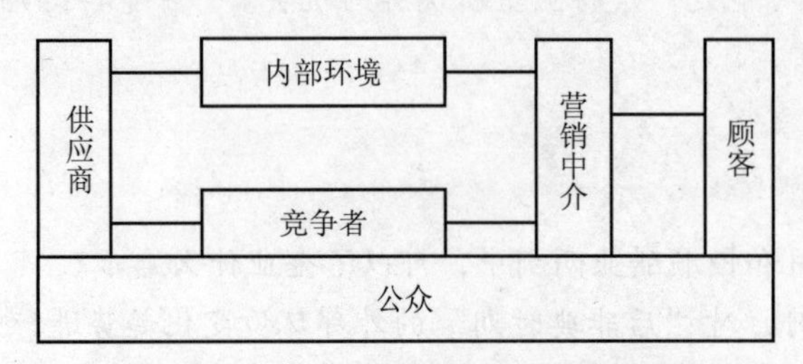

图 3－2 企业微观环境中的主要影响因素

3.1.2 市场营销环境特征认知

1. 客观性

客观性是营销环境的首要特征。营销环境的存在不以营销者的意志为转移。主观地臆断某些环境因素及其发展趋势，往往造成企业盲目决策，导致在市场竞争中的惨败。

2. 动态性

动态性是营销环境的基本特征。任何环境因素都不是静止的、一成不变的。相反，它们始终处于变化、甚至是急剧的变化之中。例如，顾客的消费需求偏好和行为特点在变，宏观产业结构在调整等。企业必须密切关注营销环境的变化趋势，以便随时发现市场机会和监视可能受到的威胁。

3. 复杂性

营销环境包括影响企业市场营销能力的一切宏观和微观因素，这些因素涉及多方面、多层次，而且彼此相互作用和联系，既蕴含着机会，也潜伏着威胁，共同作用于企业的营销决策。

4. 不可控性

相对于企业内部管理机能，如企业对自身的人、财、物等资源的分配使用来说，营销环境是企业无法控制的外部影响力量，例如，无论是直接营销环境中的消费者需求特点，还是间接环境中的人口数量，都不可能由企业来决定。

3.2 宏观营销环境分析能力

宏观营销环境指那些作用于直接营销环境，并因而造成市场机会或环境威胁的主要社会力量，包括人口、自然、经济、科学技术、政治法律和社会文化等企业不可控制的宏观因素。企业及其直接环境都受到这些社会力量的制约和影响。

3.2.1 人口环境

所谓人口环境就是指一定时期一定区域的人口状况，是市场营销的基本要素。市场是人的市场，人的数量决定市场的潜量，人的构成分布变化则影响着市场的格局，人口分析，就是要分析一个国家或地区的人口总量；分析人口的地理分布、年龄结构、性别等因素，以便企业根据自身条件，选择适合的目标市场。

1. 世界人口数量迅速增长

随着世界科学技术进步、生产力发展和人民生活条件改善，世界人口平均寿命延长，死亡率下降，全球人口尤其是发展中国家的人口持续增长。然而世界人口的增长极端不平衡。发达国家的人口出生率下降，人口甚至出现负增长，导致这些国家市场需求呈缓慢增长，有的甚至开始萎缩。世界人口的过度膨胀给有限的地球资源带来巨大的压力，由此，可持续发展战略的研究为市场营销提出了新的课题。

营销资料

1950 年，世界人口为 25 亿，1960 年为 30 亿，1970 年为 37 亿，1980 年为 45 亿，1990 年为 50 亿。目前世界总人口已经超过 60 亿，并将在 2025 年达到 79 亿以上，2050 年将可能突破100亿大关。20世纪的最后20年中，世界人口居然增长了近18亿。世界人口的迅速增长意味着人类需求的增长和世界市场的扩大。东亚地区被人们誉为“最有潜力的市场”，除了因为该地区近年来经济发展迅速外，也因为它的人口数量庞大且增长较快，使得该地区的市场需求日益扩大。

2. 人口结构

（1）年龄结构

不同年龄的消费者对商品的需求不同。分析一定时期内人口的年龄结构，有助于企业发现好的市场机会。人口结构老化也是我国目前人口结构的一个明显趋势。至2014年年底，我国65岁以上老年人口已占总人口的10.1%，达到13 755万；再加上人口自然增长率下降，我国人口老龄化速度将更快。老年人用品的需求不断扩大，如养老保险、医疗保健用品、营养食品等，将为许多企业提供生存与发展的机会。

（2）性别结构

男性用品市场和女性用品市场的出现是性别结构在市场上的反映。性别的差异除了使男女在消费需求上表现出明显的不同外，在购买习惯与购买行为上也表现出较大的区别。比如，由于女性具有喜欢打扮、操持家务、抚育孩子等特点，她们喜欢购买服装、化妆品、家庭日用品及儿童用品等。而男性则是烟酒、汽车等商品的购买主力军。企业因此可以根据产品的性别属性制定不同的营销策略。

（3）家庭结构

家庭的数量及规模直接影响许多消费品的市场需求。目前，我国的家庭结构正由过去的“大家庭”逐步转向以“三位一体”为主的小家庭。在沿海地区及大中城市，“丁克”(Dink）家庭及单身贵族的数量也日渐增多。家庭规模小型化，给经营小型家具、小型生活用品、小型公寓的企业带来了无限商机。

（4）社会结构

根据资料统计，至2014年年底，城镇人口、乡村人口分别占总人口的54.77%和45.23%。这一社会结构决定了企业在国内市场中的市场定位，如果产品以薄利多销为主，应以农民为主要营销对象，市场开拓的重点应放在农村，反之则应该把市场营销重心放在城市。

（5）民族结构

我国是一个幅员辽阔的多民族国家，民族不同，生活方式、文化传统、生活禁忌均不相同。因此，企业在营销的过程中，应注意目标市场消费者的民族特点，重点开发适合各民族特性、受其欢迎的商品。

2. 家庭结构和人数

家庭结构。主要是指家庭规模、家庭数量、家庭的人员构成、婚育年龄、离婚率等。例如家庭规模小型化和家庭总数增加，意味着以家庭为消费对象的家具、住房等商品需求增加。又如独生子女家庭增多，为一些高档儿童用品提供了特殊的市场机会。

4. 人口的分布

人口的地理分布指人口在不同的地理区域的密集程度。由于各区域的自然条件、经济发展水平、市场开放程度以及社会文化传统和社会经济与人口政策等因素的不同，不同区域的人口具有不同的需求特点和消费习惯。例如在我国，不同区域的食品消费结构和口味就有很大差异，俗话说“南甜北咸，东辣西酸”，也因此形成了如粤菜、川菜、鲁菜、徽菜等著名菜系。

人口密度是反映人口分布状况的重要指标。人口的地理分布往往不均匀，各区域的人口密度大小不一。人口密度越大，意味着该地区人口越稠密、市场需求越集中。准确地了解这一指标有益于营销者制订有效的营销计划。

3.2.2 经济环境

经济环境是指影响企业营销活动的一个国家或地区的宏观经济状况，主要包括收入因素、消费因素、储蓄和信贷因素等，它是影响企业营销活动的主要环境因素。

1. 消费者收入因素

消费者收入是指消费者个人从各种来源所得的货币收入，通常包括个人工资、奖金、退休金、其他劳动收入、红利、租金、馈赠等。消费者的购买力来自消费者收入，所以消费者收入是影响社会购买力、市场规模大小以及消费者支出多少和支出模式的一个重要的因素。

（1）国民收入

国民收入指一个国家物质生产部门的劳动者在一定时期内所创造价值的总和。人均国民收入等于一年国民收入总额除以总人口，大体上反映一个国家的经济发展水平。一般来说，人均收入增长，对消费品的需求和购买力就增大，反之就缩小。

（2）个人收入

个人收入指个人在一定时期内通过各种来源所获得收入的总和。包括了薪资、租金收入、股利股息、社会福利收入、失业救济金、保险，等等。个人收入大体上反映了市场购买力水平。

（3）个人可支配收入

个人可支配收入指个人收入中扣除各种税款（所得税等）和非税性负担（如工会会费、养老保险、医疗保险等）后的余额。它是消费者个人可以用于消费或储蓄的部分，个人可支配收入形成了实际的购买力。

（4）个人可任意支配收入

个人可任意支配收入指可支配的个人收入减去消费者用于购买生活必需品的固定支出（如房租、保险费、分期付款、抵押借款）所剩下的那部分个人收入。个人可任意支配收入是影响市场消费需求比较活跃的因素，它通常对高档品、奢侈品的需求影响比较大。

2. 消费者支出模式

消费者支出模式指消费者各种消费支出的比例关系，也就是常说的消费结构。社会经济的发展、产业结构的转变和收入水平的变化等因素直接影响了社会消费支出模式，而消费者个人收入则是单个消费者或家庭消费结构的决定性因素。

对这个问题的分析要涉及“恩格尔定律”。德国经济学家和统计学家恩斯特·恩格尔（Ernest Engl）1857 年在对英国、法国、德国、比利时不同收入家庭的调查基础上，发现了关于家庭收入变化与各种支出之间比例关系的规律性，提出了著名的恩格尔定律并得到其追随者的不断补充修正。目前该定律已成为分析消费结构的重要工具。该定律指出：随着家庭收入增加，用于购买食品的支出占家庭收入的比重就会下降；用于住房和家庭日常开支的费用比例保持不变；而用于服装、娱乐、保健和教育等其他方面及储蓄的支出比重会上升。其中，食品支出占家庭收入的比重被称作恩格尔系数。恩格尔系数是衡量一个国家、一个地区、一个城市、一个家庭的生活水平高低的标准。恩格尔系数越小表明生活越富裕，越大则生活水平越低。企业从恩格尔系数可以了解市场的消费水平和变化趋势。

营销资料

恩格尔系数：食物消费支出占总收入的比例。

显然，恩格尔系数越高生活水平越低；反之，恩格尔系数越低，生活水平越高。西方经济学家常用恩格尔系数来反映个人消费结构的变化。表3-1为恩格尔系数与富裕程度关系。

表3-1 恩格尔系数与富裕程度关系

恩格尔系数	富裕程度
59%以上	绝对贫困
50%~59%	勉强度日
40%~50%	小康水平
20%~40%	富裕社会
20%以下	非常富裕

3. 消费者储蓄和信贷

消费者的购买力还受到储蓄和信贷的直接影响，当收入一定时，储蓄越多，现实消费量越小，但潜在消费量越大；反之，储蓄越小，现实消费量越大，但潜在消费量越小。企业营销人员应当全面了解消费者的储蓄情况，尤其是要了解消费者储蓄目的的差异。近年来，我国居民储蓄额和储蓄增长率较大，显然会影响企业目标的实现，但另一方面，企业若能调动消费者的潜在需求，就可开发新的目标市场。

我国目前兴起的个人消费信贷，就是消费者凭信用借款以购买商品，然后按期归还。消费信贷是个人可以提前支取未来收入，提前消费，因此，个人消费信贷对购买力也有很大的影响，企业营销者应关注这一趋势的变化，及时抓住市场机会。

3.2.3 政治法律环境

1. 国家政策法规的不断完善

党和国家的方针政策规定了国民经济的发展方向和发展速度，它的正确与否决定了社会生产力的发展状况，而社会生产力的发展正是人民消费能力的基础。因此，党和国家的方针政策也关系到社会购买力的提高和市场消费需求的增长。改革开放以来，尤其是党的十五大之后，由于政策的正确、得力，社会主义市场经济得到长足的发展，我国城乡居民的消费水平提高显著。

市场经济是法制经济，我国政府非常重视法制建设，法令、法规、条例特别是有关经济的立法不断出台。国家立法的目的不外乎这样三种：

①维护企业的合法权益，避免不正当竞争，保证良好的市场秩序。例如，《公司法》《反不正当竞争法》《税收法》《广告法》《商标法》《价格法》等，都为市场经济保持健康稳定的发展提供了可靠的保障。

②保护消费者的合法权益不受侵害。我国对消费者利益的保护立法非常重视，推出了从规定产品的品质、技术标准，到免受不法经营者欺骗等一系列保障措施。1994 年 1 月 1 日我国施行了《消费者权益保护法》，明确地指出国家保护消费者的合法权益不受侵害，保障消费者合法行使其知晓权、选择权、评价权、公平交易权、索赔权等合法权利。

③保护社会利益，防止环境污染。例如，从保护自然环境、防止公害的立场出发，通过《环境保护法》及相关条例，严格限制经济活动的外部性，协调人类与环境的共同发展。随着社会对可持续发展观的进一步认同，企业的经营活动越来越不可回避其应有的社会责任。

2. 公众利益集团的发展

公众利益集团指代表一定公众利益的民间社团组织，如消费者协会、老年协会、旅游者俱乐部、环境保护组织等。这些利益集团不是官方组织，不具强制性，但因为是某个群体的利益代言人，所以颇具影响力和号召力。例如，某类消费者利益集团，往往对其群体的消费需求有引导或抑制的作用，构成对企业的营销行为和市场地位的压力。企业在做出营销决策时，必须认真考虑这种政治动向。

3.2.4　自然环境

1. 自然资源趋于短缺

许多国家和地区目前已面临水、石油、煤以及其他自然资源缺乏的危机，这种危机及其影响还将进一步扩大。上述现象的出现，既有自然资源分布不均匀的原因，又有人为的因素，如对资源的不合理开发和利用。

自然资源短缺的影响表现在：一方面它会造成原材料和能源短缺、涨价，导致企业生产成本增加，给企业营销带来威胁；另一方面，它又会促进人们设法寻求替代品，研究开发节省能源和原材料的新技术，这又会给企业带来新的机会。

2. 环境污染日益严重

随着全球工业化和城市化的发展，环境污染程度日益增加。公众对这个问题越来越关心，纷纷指责环境污染的制造者。这对那些造成污染的行业和企业来说是一种环境威胁，它们在社会舆论的压力和政府的干预下，不得不采取措施控制污染；另一方面，这也给研究与开发控制污染、减少污染的行业和企业带来新的市场机会。

3. 许多国家对自然资源管理的干预日益加强

随着科技进步和经济发展，许多国家对自然资源加强了管理。例如我国为了保护长江、黄河，关停了沿线的许多污染厂。

可持续发展理论被世界各国广泛接受，该理论认为：人类应当跳出单纯追求经济增长、忽视生态环境保护的传统发展模式，通过正确处理产业结构调整与发展的关系，使社会发展既能满足当代人的需求，又不对后人需求构成威胁。环境问题已逐渐引起世界各国的重视。

3.2.5　科学技术环境

当代科学技术发展异常迅速，科学技术成果转化为产品的周期缩短，产品更新换代加快，特别是以电子技术、生物工程为基础的技术革命，日新月异，极大地改变着人类生活的方式和生产方式，对企业的营销活动产生着极其重要的影响。

1. 新技术是一种“创造性的破坏因素”

每一种新技术都会给某些企业带来新的市场机会，产生新的行业，同时，也会给某个行业和某些企业造成威胁。例如激光唱盘技术的出现，夺走了磁带市场，给磁带制造商以“毁灭性打击”。新技术也会带动一大批新产业，比如，激光技术不仅可用于唱片、军事工业，而且在激光加工、激光测量、激光通讯、医用激光等方面广泛应用。

2. 新技术引起企业经营管理的改善

技术是管理改革或管理革命的动力，它向管理提出了新课题、新要求，又为企业改善经营管理、提高管理效率提供了物质基础。例如计算机和网络通信在企业经营管理中的运用，大大提高了信息处理、传递的科学性、时效性，效率大大提高。条形码技术的运用，使零售商结账作业迅速提高，大大提高了效率，缩短了顾客等候收款的时间，提高了服务质量。

3. 新技术促进了产业进步，生产成本降低、生产效率大幅度提高

新技术是当代经济的火车头，也深刻地改变了传统产业的技术面貌。如半导体、集成电路的迅速发展取代了电子管，提高了工业产品的产量、质量，降低了成本，提高了竞争力。又如生物技术正在为古老的农业发展带来勃勃生机。

企业应密切关注当代科技的发展动向，注意市场对新技术和新产品的需求，积极利用技术发展给企业带来的营销机会；同时，应积极采取措施防止新技术造成的威胁。

3.2.6 社会文化环境

社会文化环境一般是指在一种社会形态下，已经形成的价值观念、宗教信仰、道德规范、审美观念以及世代相传的风俗习惯等被社会所公认的各种行为规范，文化作为一种适合本民族、本地区、本阶层的是非观念，强烈影响着消费者的购买行为，使生活在同一社会文化环境下的各成员的个性具有相同的方面，它是影响购买行为的重要方面。

1. 价值观念

价值观念就是人们对社会生活中各种事物的态度和看法，不同的文化背景下，人们的价值观念具有很大的差别，消费者对商品的需求和购买行为深受价值观念的影响。如美国“二战”后年轻人追求自由和享受，家庭观念淡漠，个人主义盛行，这种社会风尚下，个人消费水平大大提高。

营销故事

蒋雯丽代言化妆品广告遭质疑，网友认为有悖伦理

蒋雯丽代言上海某化妆品，广告中她扮演一位母亲和5岁左右的可爱男孩进行对话，孩子称：“等爸爸老了”“要娶你”。不少网友认为该广告涉嫌乱伦难以接受，而蒋雯丽在电话采访中解释说广告只是想表现母子之爱，希望网友宽容对待。

2. 宗教信仰

宗教信仰是影响人们消费行为的重要因素之一。某些国家和地区的宗教组织对教徒购买产品也有重大影响，一种新产品出现，宗教组织有时会提出限制，禁止使用，认为该商品与宗教信仰相冲突。相反，有的新产品出现，得到宗教组织的赞同与支持，它就会号召教徒购

买使用，起到一种特殊的推广作用。所以，企业可以把影响较大的宗教组织作为自己的重要公共关系对象，与此同时，在经销活动中也要针对宗教组织设计适当方案，以避免由于宗教矛盾和冲突给企业营销活动带来的损失。

3. 审美观念

审美观念通常指人们对商品的好坏、美丑、善恶的评价，不同的国家、民族、宗教、阶层和个人，往往有不同的审美标准。人们消费行为归根结底不外乎是维护每个社会成员的身心健康和不断追求日趋完善的生活。人们购买商品的过程，实际上是一次审美活动，这个审美活动的全过程完全由消费者的审美观念来支配。

4. 生活习惯

不同国家和地区的人们都有自己的风俗和生活习惯，不同的生活习惯具有不同的需求，研究风俗和生活习惯，不但有利于组织好消费品的生产和销售，而且有利于正确、主动地引导健康的消费。例如用白象来做商品的商标在我们国内是无可非议的。我国生产的白象牌电池出口到东南亚也很受欢迎。但在英美市场却遇到挫折，其原因不是产品质量不好，而是白象一词在西方习惯比喻愚蠢的东西，给人以厌恶感，用它作为商标出口自然不会受到欢迎。

营销故事　**文化差异对人的行为的影响**

同样的一件事，不同国家的人其行为方式则大相径庭。有三个女孩分别来自美国、日本及中国，她们头戴鲜艳的帽子，身穿漂亮的裙子，一同去郊外旅游，她们来到山顶悬崖边，欣赏大自然所带来的乐趣，感受到自然界的魅力，心灵得到了升华。正在玩得高兴之时，一阵大风吹来，美国女孩赶紧用双手捂住帽子，而日本女孩则双手按住裙子，中国女孩则一只手按住裙子，一只手捂住帽子，既不让别人看见“隐私”，也不让帽子丢失，真是两全其美。这就是文化的差异，导致人的行为的差异，而且这种差异的影响是根深蒂固的。

3.3　微观营销环境分析能力

3.3.1　企业

微观环境的第一个因素是企业，就是企业的内部环境。企业的市场营销活动不是企业某个职能部门的孤立行为，是企业在高层管理部门的领导下，通力合作，为实现企业总目标整体实力的体现，包括决策、财务、采购、生产、人事、研发等部门。它是企业内部各部门科学分工与密切协作的组织行为。如果仅仅依靠企业分管具体销售部门的努力是不可能把营销工作做好。因为市场营销工作需要高层管理部门这个领导核心的支持和认可，同时市场营销部门所需要利用的资金及其合理分配都需要财务部门的大力配合，还有产品的开发与设计需要研发部门、生产部门的集中工作等，所有这些部门都同市场营销部门的计划密切联系。因此，企业内部环境的协调，就是市场营销部门在制订和执行营销计划时，必须考虑其他相关部门的意见，同时要处理好各部门之间的关系。

企业内部资源状况，以及各部门之间的分工是否合理，直接决定了企业的市场营销管理决策，是企业经营成败的关键。

3.3.2 供应商

供应商是向企业及其竞争者供应原材料、部件、能源、劳动力等资源的企业和个人。供应商是能对企业的经营活动产生巨大影响的力量之一。其提供资源的价格往往直接影响企业的成本，其供货的质量和时间的稳定性直接影响了企业服务于目标市场的能力。所以，企业应选择那些能保证质量，交货期准确和成本低的供应商，并且避免对某一家供应商过分依赖，不至于受该供应商突然提价或限制供应的控制。

对于供应商，传统的做法是选择几家供应商，按不同比重分别从他们那进货，并使他们互相竞争，从而迫使他们利用价格折扣和优质服务来尽量提高自己的供货比重。这样做，虽然能使企业节约进货成本，但也隐藏着很大的风险，如供货质量参差不齐，过度的价格竞争使供应商负担过重放弃合作等。认识到这点后，越来越多的企业开始把供应商视为合作伙伴，设法帮助他们提高供货质量和及时性。

1992 年，菲利普·科特勒提出了整体市场营销（Total Marketing）的观点。他认为，从长远利益出发，企业的市场营销活动应囊括构成其内外环境的所有重要行为者。“供应商市场营销”即是其中很重要的内容。因这种市场营销活动与产品流动的方向相反，故也称为“反向市场营销”。“供应商市场营销”主要包括两个方面：其一，为选择优秀的供应商严格确定资格标准，如技术水平、财务状况、创新能力和质量观念等；其二，积极争取那些业绩卓越的供应商，与他们建立良好的合作关系。

3.3.3 市场营销中介

市场营销中介是帮助制造商将其产品促销、销售、分销给最终买主的那些服务机构。他们包括中间商、实体分配单位（货物服务机构）、营销服务机构和金融机构等。

1. 中间商

中间商是协助企业寻找顾客或直接与顾客进行交易的商业组织和个人。中间商分为两类：代理中间商和商人中间商。代理中间商指专门协助达成交易，推销产品，但不拥有商品所有权的中间商，如经纪人、代理人和制造商代表等。商人中间商指从事商品购销活动，并对所经营的商品拥有所有权的中间商，包括批发商、零售商。

除非企业完全依靠自己建立的销售渠道，否则中间商对企业产品从生产领域成功地流向消费领域有至关重要的影响。中间商是联系生产者和消费者的桥梁，他们直接和消费者打交道，协调生产厂商与消费者之间所存在的数量、地点、时间、品种以及持有方式之间的矛盾。因此，他们的工作效率和服务质量就直接影响到企业产品的销售状况。

2. 物流机构

物流机构是帮助企业储存、运输产品的专业组织，包括仓储公司和运输公司。企业从成本、运送速度、安全性和方便性等因素选择合适的实体分配单位。实体分配单位的作用在于使市场营销渠道中的物流畅通无阻，为企业创造时间和空间效益。近年来，随着仓储和运输手段的现代化，实体分配单位的功能越发明显和重要。

3. 营销服务机构

营销服务机构包括市场调研公司、财务公司、广告公司、各种广告媒体和营销咨询公司等，他们提供的专业服务是企业营销活动不可缺少的。尽管有些企业自己设有相关的部门或配备了专业人员，但大部分企业还是与专业的营销服务机构以合同委托的方式获得这些服务。企业往往比较各服务机构的服务特色、质量和价格，来选择最适合自己的有效服务。

4. 金融机构

金融机构包括银行、信贷公司、保险公司等为企业营销活动提供融资或保险服务的各种机构。在现代社会里，几乎每一个企业都与金融机构有一定的联系和业务往来。企业的信贷来源、银行的贷款利率和保险公司的保费变动无一不对企业市场营销活动产生直接的影响。

在市场经济得以发展的今天，企业通过各种市场营销中介来进行市场营销过程中的各种活动，正是社会分工的要求，是营销活动也是社会发展的标志之一。

供应商和营销中介都是企业向消费者提供产品或服务价值过程中不可缺少的支持力量，是价值让渡系统中主要的组成部分。企业不能仅仅把它们视为营销渠道成员，更要视为伙伴，追求整个价值让渡系统业绩的最大化。

3.3.4　顾客

市场营销微观环境中的第四种力量就是顾客，即目标顾客。这是企业的服务对象，是企业的上帝，是企业的“商业伙伴”，是企业产品的直接购买者或使用者。企业与市场营销渠道中的各种力量保持密切关系的目的就是为了有效地向其目标顾客提供产品和服务。顾客的需求正是企业营销努力的起点和核心。因此，认真分析目标顾客需求的特点和变化趋势是企业极其重要的基础工作。

市场营销学根据购买者和购买目的来对企业的目标顾客进行分类。包括：

（1）消费者市场。消费者市场由为了个人消费而购买的个人和家庭构成。

（2）生产者市场。生产者市场由为了加工生产来获取利润而购买的个人和企业构成。

（3）中间商市场。中间商市场由为了转卖来获取利润而购买的批发商和零售商构成。

（4）政府市场。政府市场由为了履行政府职责而进行购买的各级政府机构构成。

（5）国际市场。国际市场由国外的购买者构成，包括国外的消费者、生产者、中间商和政府机构。

每种市场类型在消费需求和消费方式上都具有鲜明的特色。企业的目标顾客可以是以上五种市场中的一种或几种。也就是说，一个企业的营销对象可以不仅包括广大的消费者，也包括各类组织机构。企业必须分别了解不同类型目标市场的需求特点和购买行为。

3.3.5　竞争者

企业很少能单独占领某一市场，因而企业的市场营销活动常常会受到各类竞争者的影响，一个企业要想获得成功，就必须比竞争对手做得更好，在消费者心里留下比竞争者更有优势的印象，让顾客满意最大化。一般来讲，企业面临四个层次的竞争对手。

1. 品牌竞争者

最直接而明显的竞争者，指产品相同、规格、型号也相同，但品牌不同的竞争者。如长虹公司将 TCL、康佳视为其主要的品牌竞争者，其原因就是提供的产品价格相似、档次相同、类型一样。

2. 行业竞争者

较品牌竞争者深一层次的竞争者，指生产同种产品但规格、型号、式样不同的竞争者。

如长虹公司可将所有的电视机生产厂商视为产品的品种竞争者。

3. 形式竞争者

更深层次的竞争者，指提供能够满足同种需求的不同产品的竞争者。如长虹公司的品类竞争者，不仅应包括所有的电视机生产厂商，还应该包括电影业、VCD、DVD 制造业等，因为这些行业都是满足消费者娱乐的需要。

4. 愿望竞争者

这是最深层次的竞争者，指提供不同产品以满足不同需求的竞争者，即与自己争夺同一顾客购买力的竞争者。如长虹公司可以将经营耐用消费品的公司、旅游业、房屋装修等企业视为自己的主要潜在需求竞争者。

在这四个层次的竞争中，品牌竞争是最常见、最外在的。但一个成功的企业不应该仅仅满足于品牌层次的竞争，也应该关注其他层次的竞争者。因此，企业在营销活动过程中，仅考虑消费者的需求是不够的，还要考虑在同一目标市场内竞争者的数量、竞争地位及其营销策略，找到能与竞争对手抗衡的最佳营销策略，力求扬长避短，发挥优势。

3.3.6 公众

公众指对企业实现其市场营销目标的能力有着实际或潜在影响的群体。公众可能有助于增强一个企业实现目标的能力，也有可能妨碍这种能力。企业的主要公众包括以下六类：

1. 政府公众

政府公众是指有关政府部门。企业营销的成败在一定程度上取决于政府的支持。因此，企业在制订营销计划时，必须考虑各级政府的方针与政策，妥善处理好与各级政府部门的关系。

2. 媒体公众

媒体公众是指电视台、电台、报纸、杂志、网络等大众传播媒体。这些媒体公众对企业声誉的正反面宣传具有举足轻重的作用。

3. 金融公众

金融公众是指可能影响企业获得资金能力的银行、保险公司、投资公司以及证券公司等。

4. 群众公众

群众公众是指各种保证消费者权益的组织、环境保护组织、少数民族组织、未成年人保护组织等。他们是企业必须重视的力量，因为他们在社会中具有相当的影响力。

5. 社区公众

社区公众是指企业所在地附近的居民和社区组织。企业在营销活动中要避免同周围的公众利益发生冲突，应指派专人负责处理社区关系，并努力为公益事业做出应有的贡献。

6. 一般公众

企业的“公众形象”是一个企业在一般公众心目中的形象，它对企业的经营发展是至关重要的。企业必须了解一般公众对它的产品和活动的态度，争取在公众心目中建立良好的企业形象。这对于企业营销是非常有帮助的。

7. 企业内部公众

一个公司的公众包括它的员工、经理、志愿者和董事会。当员工对自己的企业感觉良好时，他们的积极态度也会影响到外部公众。

有时候公众的态度会直接影响企业营销的成功，因此，成功地处理好与各类公众的关系格外重要。目前，许多企业建立了公共关系部门，专门筹划与各类公众的良好关系，为企业建设宽舒的营销环境。

3.4　市场营销环境分析与诊断

在进行环境分析的时候，由于构成环境的因素很多，涉及的范围很广，在有限的时间和费用的条件下，不可能对全部因素进行调查，企业可以根据分析的目的，选择对企业影响较大因素进行调查和分析。对营销环境分析的方法主要有以下几种：

3.4.1　环境“稳定程度－复杂程度”分析

这一分析方法把环境归纳为两个方面，即“简单－复杂”和“静态－动态”（见图3－3）。其中，“简单－复杂”表明了企业营销面临环境因素的多寡程度，以及这些因素质的相似性程度，“静态－动态”表明企业营销环境各因素变化的剧烈程度，一个企业环境因素随着企业发展并没有发生多大变化，我们称之为静态，反之则是动态的。

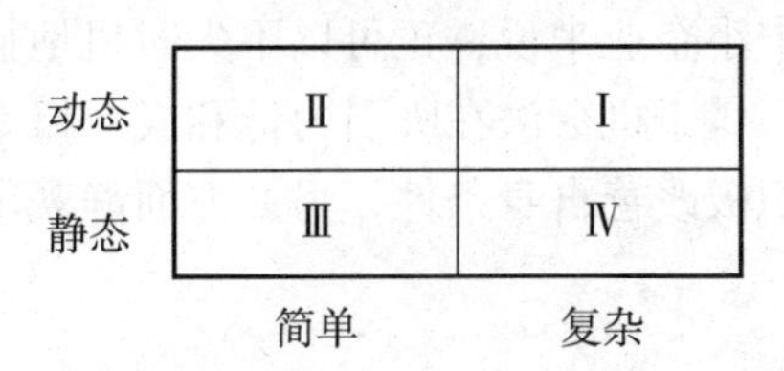

图3－3　“稳定程度－复杂程度”矩阵

由上述二维组合可以得出四种企业营销环境：

1. 第Ⅰ象限是“动态－复杂”环境

这一环境的特点是：环境的组成因素数量多，且相互间关联性小，环境组成因素处于连续不断变化之中。处于这种环境中的企业，营销决策中的不确性最大，风险最大。应该指出，在营销实践中，营销人员在环境分析中往往会着眼于“动态－静态”因素上，而对于“简单－复杂”因素则往往会忽视。

2. 第Ⅱ象限是“动态－简单”环境

这一环境的特点是：环境的组成因素数量少，且互相之间差别不大，环境处在连续不断变化的过程之中。处于这种环境的企业，决策时遇到的不确定性中等偏高。

3. 第Ⅲ象限是“静态－简单”环境

这一环境的特点是：环境的组成因素数量少，这些环境组成因素之间差别不大，环境的组成因素基本保持不变。对于这种环境中的企业，营销决策时遇到的不确定性最小，即风险程度最低。

4. 第Ⅳ象限是“静态－复杂”环境

这一环境的特点是：环境的组成因素数量多，这些因素之间互不相同，环境的组成因素基本保持不变，处在这样环境的企业，决策中遇到的不确定性程度中等偏低。

3.4.2 环境机会分析

不同的环境条件和机会，能给企业带来不同的潜在利润，从而形成不同的潜在吸引力。同时，企业利用各种环境机会，能够战胜竞争对手取得成功的可能性也是不同的。我们利用“机会潜在利润－企业成功概率”组成分析矩阵，可以进行以下分析（见图3－4）。

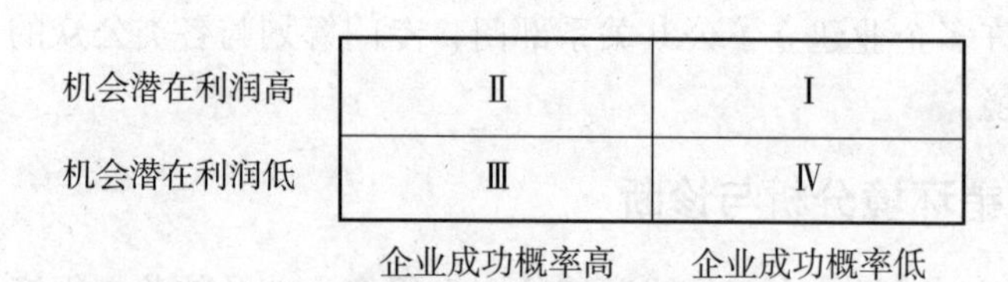

图3－4 “机会潜在利润－企业成功概率”矩阵

①第Ⅰ象限的环境机会，属于机会潜在利润高和成功概率低的环境条件，企业应设法改善自身的不利条件，使第Ⅰ象限的环境机会逐步移到第Ⅱ象限而成为有利的环境机会。

②第Ⅱ象限的环境机会，属于机会潜在利润和企业成功概率都高的状态，企业在这一市场条件下应全力去发展。

③第Ⅲ象限的环境机会，属于机会潜在吸引力低和成功概率高的环境机会，大企业对于这种环境往往不予重视，对中小企业来说，正可以不失时机地捕捉这样的机会。

④第Ⅳ象限的环境机会，属于机会潜在吸引力低和成功概率低的环境条件，对这样的环境状态，企业一般是一方面积极改善自身条件，另一方面静观市场变化趋势，随时准备利用其转瞬即逝的机会。

3.4.3 环境威胁分析

对于环境的分析，不仅要分析机会，也必须关注环境给市场营销活动带来的威胁（见图3－5）中，对于第Ⅱ象限的威胁，企业应处于高度警惕状态，并制定相应的措施，尽量避免损失或者使损失降低到最小，因为它的潜在严重性和出现的概率均很高。对于第Ⅰ、Ⅲ象限的威胁，企业也不应该掉以轻心，要给予充分的重视，制定好应变方案。对于第Ⅳ象限的威胁，企业一般应注意其变化，若有向其他象限转移趋势时应制定对策。

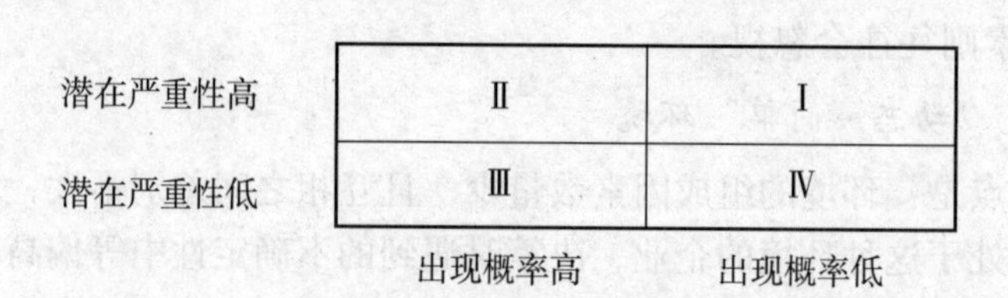

图3－5 环境威胁分析矩阵

一般来说，企业对环境威胁可选用以下几种对策。

1. 反攻策略

反攻策略即试着限制或扭转不利因素的发展，通过法律诉讼等方式，促使政府通过某种法令或政策等保护自身合法权益不受侵犯，改变环境的威胁。

营销故事

感恩节是美国的一个传统节日，这一天美国人要吃一种叫克兰梅的酸果食品。1959 年 11 月 9 日，美国卫生教育福利部长弗莱明突然宣布，当年克兰梅作物由于除草剂的污染，在实验室用老鼠做试验发现了致癌病变，虽然还不能证明在人身上是否也会有危害，但是他劝告公众自己酌情处理。

弗莱明的公告发布以后，立即在社会上引起了强烈反响，克兰梅食品货架前顿时门庭冷落。生产加工克兰梅食品的企业大受其害。尤其是美国海洋浪花公司，这是一家专门生产克兰梅果汁果酱的企业面临巨大的威胁。该公司认为，必须澄清事实，否则公司和整个行业都有可能破产。为此，他们制定了反攻策略。

首先，公司专门调查了整个过程，发现这是一个误解。于是召开记者招待会，公布调查的全部情况，请有关官员，卫生、食品方面的专家、学者等发表权威性意见，以消除弗莱明公告造成的不良影响。

其次，打电报给弗莱明，要求他立即采取措施，挽回影响；致电艾森豪威尔总统，请他督使政府改正错误。

再次，当时四年一度的美国大选即将开始，两位年轻的政客——肯尼迪和尼克松的竞选即将开始。海洋浪花公司通过一系列工作，在一次两人与公众见面的电视镜头中，肯尼迪吃了四份克兰梅果酱，尼克松喝了一杯克兰梅果汁。

通过一系列反攻措施，克兰梅又在感恩节前夕回到货架上。

2. 减轻策略

减轻策略即通过改变营销策略，以减轻环境威胁的程度。由于环境因素对企业营销形成一定的威胁，并且这一威胁后果不可避免，此时，减轻策略就是对付威胁的策略之一。

营销故事

美国的李维·施特劳斯公司于 20 世纪 70 年代末花费了 1 200 万美元，想通过奥运会把列维服装作为“美国的国服”，并做了大量的广告宣传。后来美国因苏联出兵阿富汗而拒绝参加在莫斯科举行的 1980 年夏季奥运会，这对于该公司来说造成了一种环境威胁。该公司经过研究后即改变营销策略，即把广告改变为“圣诞节礼物”，使威胁转化为有利的营销机会。

3. 合作策略

企业通过各种合作手段（如联合、合作、合并、参与等），由更多的社会组织组成联合体，充分利用资金、技术、设备，取长补短，分散风险，共同保护自身利益。

4. 转移策略

当受到威胁程度严重的企业，因无条件继续经营原来业务时，可采取逐步转移原来业务或调整业务范围，以减轻环境对企业的威胁。

近些年来，国内不少企业盲目走多元化发展的道路，导致资金紧张和管理失控，造成经营困难，有的公司以“壮士断腕”的决心果断压缩战线，关、停、并、转一批企业，使企业止住“出血点”，从困境中走出来。

3.4.4 企业内外环境对照法

企业内外情况是相互联系的，将外部环境所提供的有利条件（机会）和不利条件（威胁）与企业内部条件形成的优势与劣势结合起来分析，有利于制定出正确的经营战略（见表3－2）。

表3－2 SWOT方格分析法（企业内外环境对照法）

企业内部因素 / 企业外部因素	长处（S）	弱点（W）
机会（O）	SO战略	WO战略
威胁（T）	ST战略	WT战略

SWOT方格分析法是取“长处”（Strong）、“弱点”（Weak）、“机会”（Opportunity）、“威胁”（Threat）的第一个字母构成。“SWOT”方格分析法形成了四种可以选择的战略：

SO战略：利用企业内部的长处去抓住外部机会；

WO战略：利用外部机会来改进企业内部弱点；

ST战略：利用企业长处去避免或减轻外来的威胁；

WT战略：直接克服内部弱点和避免外来的威胁。

营销拓展

沃尔玛（Wal－Mart）SWOT分析案例

1. 优势（Strengths）

①沃尔玛是著名的零售业品牌，它以物美价廉、货物繁多和一站式购物而闻名。

②沃尔玛的销售额在近年内有明显增长，并且在全球化的范围内进行扩张。（例如，它收购了英国的零售商ASDA）

③沃尔玛的一个核心竞争力是由先进的信息技术所支持的国际化物流系统。例如，在该系统支持下，每一件商品在全国范围内的每一间卖场的运输、销售、储存等物流信息都可以清晰地看到。信息技术同时也加强了沃尔玛高效的采购过程。

④沃尔玛的一个焦点战略是人力资源的开发和管理。优秀的人才是沃尔玛在商业上成功的关键因素，为此沃尔玛投入时间和金钱对优秀员工进行培训并建立忠诚度。

2. 劣势（Weaknesses）

①沃尔玛建立了世界上最大的食品零售帝国。尽管它在信息技术上拥有优势，但因为其巨大的业务拓展，这可能导致对某些领域的控制力不够强。

②因为沃尔玛的商品涵盖了服装、食品等多个部门，它可能在适应性上比起更加专注于某一领域的竞争对手存在劣势。

③该公司是全球化的，但是目前只开拓了少数几个国家的市场。

3. 机会（Opportunities）

①采取收购、合并或者战略联盟的方式与其他国际零售商合作，专注于欧洲或者大中华区等特定市场。

②沃尔玛的卖场当前只开设在少数几个国家内。因此，拓展市场（如中国、印度）可以带来大量的机会。

③沃尔玛可以通过新的商场地点和商场形式来获得市场开发的机会。更接近消费者的商场和建立在购物中心内部的商店可以使过去仅仅是大型超市的经营方式变得多样化。

④沃尔玛的机会存在于对现有大型超市战略的坚持。

4. 威胁（Threats）

①沃尔玛在零售业的领头羊地位使其成为所有竞争对手的赶超目标。

②沃尔玛的全球化战略使其可能在其业务国家遇到政治上的问题。

③多种消费品的成本趋向下降，原因是制造成本的降低。造成制造成本降低的主要原因是生产外包向了世界上的低成本地区。这导致了价格竞争，并在一些领域内造成了通货紧缩。恶性价格竞争是一个威胁。

能力评估

评估项目一：案例分析

西尔斯百货公司在西班牙折戟而归

西尔斯百货公司是一家历史悠久的美国零售企业。1981 年公司营业额高达 274 亿美元，税后净利 6.5 亿美元，取得的成就令全世界零售同行惊叹不已。西尔斯公司 1942 年开始进入拉丁美洲市场，经过 20 多年努力经营，到 20 世纪 60 年代，公司已经开设了 100 多家百货商店，公司决策人员对拉丁美洲市场充满信心。

西班牙作为欧洲最具拉丁意识的国家，经济环境和拉丁美洲有很大的相似性，公司决定投资进入西班牙，再建立其零售王国的另一块属地。经过一番调查研究，公司投资 1 327 万美元在西班牙第二大城市巴塞罗那开设了一家百货公司，并广泛与当地制造商合作，生产西尔斯公司自有品牌的商品，通过百货商店进行销售。但是事情的进展并非如最初设想的那样顺利。公司经营人员访问制造商时，发现他们对西尔斯公司几乎一无所知，他们不约而同地反问：西尔斯公司？西尔斯公司是干什么的？公司在当地的知名度不高，是营销人员的第一个困扰，但是他们认为凭借公司在拉丁美洲地区 20 多年的营销经验足以克服这些困难。

西班牙对进口商品有重重限制，目的在鼓励国外企业更多地采购当地制造商的产品。但糟糕的是，当地制造商一片混乱，小规模的制造商比比皆是。例如，一家商业指南提供的名单中，家具制造商多达 11 000 家。制造商数目众多导致公司必须管理 1 500 家供应商。商标也是一个大问题，在西班牙没有中间商品牌，制造商以能够推出自己标识的产品为荣。公司的一位主管说："要让西班牙人制造中间商品牌的商品就像偷他的孩子一样困难。"而西尔斯公司一向以出售自己品牌的商品为特色，"Sears"的商标代表着质量和信誉。公司营销人员面临这样的问题：如果坚持公司的传统做法，将丧失与供应商合作的机会。

西班牙的制造商对自己的产品并无统一的规格编号。以女用衬衫为例，有的厂商使用 35、36、37 作为规格，有的使用 1、2、3，还有的使用 A、B、C，花样百出，但顾客却不以为怪。另外，西班牙人的服饰和拉丁美洲比较，显得要保守得多。公司的设计人员不得不重新考虑这一因素。西班牙风土人情迥异，营销环境复杂，公司不得不适应当地的商业习惯。购货方面，西班牙制造商没有原料库存，以致延期交货时常发生。销售方面，西班牙顾客认为信用制度是一种十分可耻的行为，意味着购买者不能付款。公司必须尽力消除这一积习已久的社会观念，鼓励客户运用分期付款购买商品。但是要消除当地顾客的疑虑还需要相当长的时间。当公司人员致力于改变西班牙的营销环境时，巴塞罗那的居民正对西尔斯公司的百货大楼迷惑不解，他们奇怪为什么西尔斯用玻璃橱窗，而不用他们传统的木箱子来摆设商品。

（资料来源：中国教学案例网）

思考：

1. 西尔斯公司的决策人员认为积累了20多年在拉丁美洲国家营销的经验，就能在西班牙经营成功。你如何看待这一观点？
2. 你认为西尔斯公司应如何解决在西班牙遇到的问题？
3. 从这个案例中你可以得出哪些结论？

评估项目二：营销实践练习

设想你受聘于一家家电经销企业，目前中国的家电经销市场竞争异常激烈，为了打开市场销路，建立新的营销方式，总经理要求你对目前我国家电业的市场和你所在城市的家电市场进行一个全面的分析，请你列出分析的内容提纲和将采用的工作方法。

能力拓展

营销游戏

目的：沟通配合能力，活跃气氛。

游戏规则：当场选六名员工，三男三女，男生背女生，男生当“瞎子”，用纱巾蒙住眼睛，女生扮“瘸子”，为“瞎子”指引路，绕过路障，达到终点，最早到达者为赢。其中路障设置可摆放椅子，须绕行；气球，须踩破；鲜花，须拾起，递给女生。

任务单元4　消费者行为分析能力培养——认识我们的上帝

任务解读

通过本单元的学习，使学生能够对消费者需求进行深入细致的研究，从消费者变化多端、错综复杂的购买动机与行为中找出规律性。

知识目标

- 掌握消费者购买行为的类型。
- 理解影响市场购买行为的主要因素。
- 了解消费者的购买动机。
- 了解生产者购买行为的类型。

能力目标

- 使学生学会分析购买者行为的各种心理特征。
- 使学生掌握消费者的购买决策程序和原则。
- 使学生懂得如何通过对消费者行为的研究，在营销活动中满足消费者的潜在需求。

案例导读

日本资生堂的客户关系管理

从1996年2月起，日本资生堂积极导入与POS（产品销售点信息管理系统）互相联动的顾客管理体系“SCOPE2”，以强化对零售业的支援。从资生堂的转变可以看到名牌产品的竞争实力，将由制造及研究实力转变成信息实力的必然趋势。1989年资生堂曾实施过这套系统。经改革过的新品种，其效率比过去提升，无论是各零售店所能管理的会员数或是可登录的产品数量，都比过去扩张2倍之多，处理速度也比过去高出2~5倍。资生堂之所以积极导入这项系统，在于各品牌化妆品的价格竞争战越来越激烈，资生堂希望通过强化信息管理，使所有销售店显出特色。

位于东京江东区的一家资生堂化妆品专卖店，运用这套系统对顾客进行了有效分析。例如，对过去一年间消费的金额达到3万日元以上者进行检索，发现其中有259人属于会员。进入1996年来，其中未曾来店购物者，经检索之后有37人。将这些人的住址印出来后，可立即完成广告传单。一旦有新的产品出现，立即可以找出对于那一类产品有偏好的品牌忠诚者。另外，还可寄生日卡，以进一步掌握会员的有关信息。整体而言，SCOPE2具有两大机能：一是通过POS机可以使下单及接单者之间进行网络连线，进而对产品进行管理；二是什么顾客在什么时候购买了什么产品，一切均可以纳入资料库里进行管理，而后再以POS的资料为基础，可以进行更精密的产品需求预测。因此，各家零售店除了设有基本的POS收银机之外，还设有对顾客进行管理的电脑系统以及印表机。产品的销售信息再与POS的收银机相连接，储存到个人电脑网络里，零售店通过通信网络，将下单的信息传到资生堂设于各地的物流中心。资生堂通过这套系统来配送产品及对于未来的产品需求进行预测。

目前，该公司通过这套系统所管理的会员数高达1万人，涵盖了9家公司3万项产品。另外，该公司每个月一次，将自己所收集到的信息反馈给零售店。今后通过内部网络连线，彼此可以接收到各种信息，使得总公司对于各销售店的支援效果及能力得以进一步提高。

（资料来源：http://www. zx1818. com/UswerHtml/zixin -14a/CA20101110160306122. html）

点析：

当今，如何以最有效的方法，了解顾客的需求，进而根据顾客的需求，以最短的时限、最低的成本开发出顾客真正所需的产品，成为一项产品研究开发成功与否的关键。现代信息技术对于企业市场营销管理的重要作用，由此便可略见一斑。

随着电子商务的出现与应用，使得当今世界的顶尖公司面临着不断加大的竞争压力。为了处于竞争的前沿，各大公司越来越关注他们的客户，并将其作为一种保护未来竞争优势的途径。在过去的几年中，新的理念（如“客户对象”，“客户资产管理”和“1:1市场”）已经引起了很多公司的注意，他们发现在业务增长中客户是至关重要的成功因素。每个客户的价值及建立与这些客户的个人关系的价值都使得客户关系方面的管理成为全球会议室中的第一话题。公司为了保证领先地位，必须致力于有效的客户管理。

4.1 消费者市场分析能力

4.1.1 消费者市场基本概念认知

1. 消费者市场

消费者市场又称最终消费者市场、消费品市场或生活资料市场，是指个人或家庭为满足生活需求而购买或租用商品的市场。消费者市场是市场体系的基础，是起决定作用的市场。

2. 消费者市场的特点

①普遍性、广泛性。消费者市场上购买者人数众多，市场范围广阔，可挖掘的潜力极大。

②小型化。这是指消费者市场是以个人或家庭作为基本购买单位，因此每次交易量、交易额相对较少，一般都是零星购买，但是购买的频率却比较高。

③分散性。因为消费者分布地域广泛，从城市到农村，消费者无处不在。

④多变性、流动性。消费者的需求是纷繁复杂的，因此消费者市场必然呈现多变性，使购买力在不同的商品之间不断发生转移。同时，人口的流动性也很大，对消费品的需求就产生着流动性，消费者市场也随之有了流动性的特点。

⑤替代性、互补性。这是因为消费品的专用性不强，大多数的商品可以互换使用，所以有较强的替代性。而有些产品在使用时必须与另一产品结合起来，例如，DVD 影碟机必须要有碟片与之配套，因而具有互补性。

⑥非营利性。消费者购买商品是为了满足自己日常生活的需要，而不是用来获取利润的。

⑦非专业性。虽然消费者越来越理性，但是消费者对自己所购买的商品都缺乏专门知识，不像生产者对自己所需要的产品十分清楚，因而是非专业购买。

3. 消费者购买行为

消费者行为泛指受消费主体思想意识和观念的支配，有目的地购买、消费、享用各种消费对象的活动，包括物质产品、精神产品和劳务等。在营销学中，消费者行为研究是指研究消费者怎样把自己有限的收入用于购买各种不同的消费品。

随着经济的发展、市场规模的不断扩大、市场信息量的不断增多，营销人员失去了和消费者直接接触的机会，但是为了掌握市场的基本情况，营销人员有必要问自己“5W1H”，这 5W1H 对于消费者而言又构成 6 个“O”。

Who	企业目标顾客是谁	Occupants	购买者、参与者（是个人或者组织）
What	知道什么，购买什么	Objects	购买的对象
Why	为何购买	Objectives	购买的目的
When	何时购买	Occasions	购买时间、时机
Where	何地购买	Outlets	购买的地点、地理情况
How	怎样购买	Operations	购买行动

通过这 6 个问题的提出，营销人员能对消费者的需求情况做个基本的了解。

下来通过图示来了解消费者行为模式（如图 4 - 1 所示）：

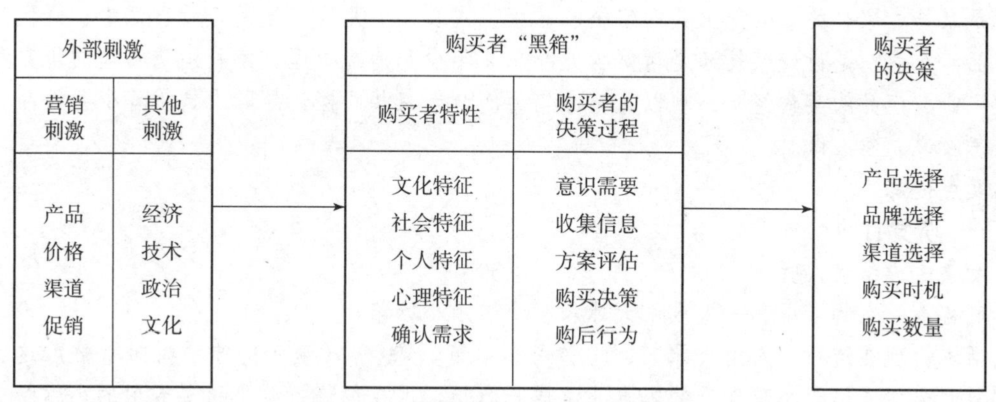

图4－1 营销刺激与消费者反应模式

上图就是消费者购买行为模式。营销刺激、其他刺激进入消费者意识后，消费者的特性、决策过程导致了购买决策。这时营销人员所要做的工作就是：了解在外部刺激到购买决策的做出之前，消费者的意识如何发生的改变。所以，购买者的特性，购买者的决策过程都对结果具有重要的影响作用。

4.1.2 消费者购买行为影响因素分析能力

1. 心理特征

对于普通消费者而言，心理因素是会支配其购买行为，影响消费者购买决策的心理因素有：动机、感觉、学习以及态度。

（1）动机

人们在正常生活中，当某种需要缺乏或未被满足时，身体便会出现紧张状态。为了缓解这种紧张，满足身体需要，身体内部就会有一种推动力量从事一些能够满足自身紧张的行为。这种推动人们寻求满足需要的内在动力就是动机，动机就是一种内部驱动力。动机也是一种需要，它来引导人们满足需要，然后消除紧张。

（2）感知

消费者一般通过眼、耳、鼻、舌、身体接受外界色、形、味等刺激或环境所形成的心理上的反应，是个体对外界环境的最简单、最初的了解。前面的分析，我们了解到消费者的购买动机一旦被激发，就会产生行为，但究竟如何行动还需要看他对外界刺激物或情境的反应，就是感知的影响。例如，同去某一个商场的两个不同的消费者，他们都有购买服装的动机，但结果却不同，一个认为这个商场服装的样子好、剪裁好、时装较多，价格相对合适，会选购不少衣服；而另一个却觉得商场里的服装式样陈旧，没特色，可能会空手而归。也就是说，除在同样情景、同样刺激下的消费者，由于感知到的东西不同，购买决策和购买行为就会不同。这是因为消费者的感知在很大程度上依赖于个人的态度、知识、经验、社会文化、心理等主观影响。因此，企业应注意顾客在感知上的差别性，留意顾客对商品的感知反馈，对企业促销宣传的反应等，来制定相关的营销策略。

营销案例

少儿用品导购，“儿童”与“家长”——我们到底该拍谁的“马屁”？

国庆前夕，科龙公司推出“容声”牌儿童成长冰箱。儿童冰箱的使用者是儿童，购买者却是家长。家长关心的是少儿的安全、健康、成长，少儿的兴趣是好看、好吃、好玩。少儿用品怎么卖？是讨好家长还是讨好少儿？积多年少儿消费心理、家长消费心理的研究和成功推广此类产品的实践经验，现以儿童冰箱为例与大家共同探讨导购人员推荐少儿用品，究竟该怎么说、怎么做。

卖点提炼

一、听觉打动

受众：说给大人听

利益点：专物专用——大人用大冰箱，小孩用小冰箱

话术：现在流行大人用大冰箱，小孩用小冰箱。您看，（演示：伸手指向冰箱）这就是我们科龙公司专门为小孩生产的容声儿童成长冰箱。现在都流行给小孩买专用的小冰箱，我们这里一直卖得很火。

二、视觉引诱

受众：指给小孩看

利益点：外观可爱

话术：你看这小熊小狗多可爱呀！这是我们的小熊乐乐、企鹅冰冰、小狗奇奇、知了博士，还有很多很多。你喜欢那一个？

三、手势比画

受众：说给大人听

利益点：使用安全

话术：小孩只有用儿童冰箱才安全。您看您家里的冰箱这么高，小孩要拿上面冷藏的东西多不方便！（演示：脚尖点地，脚跟抬起，双手伸过头顶，扮成小孩踮起脚跟伸手取物的样子）垫个凳子拿还容易摔着。要是上面放的易拉罐、啤酒一不小心掉下来还容易砸到小孩。（演示：转向儿童冰箱，将手搭在冰箱上沿）儿童冰箱就这么高，您的孩子顺手就可以在里面拿东西。（演示：将手移向冰箱圆角）你看我们还专门设计成这种圆角，小孩即使撞上了也伤不着。小孩使用它您尽管放心。

（资料来源：http://www.cmmo.cn/article－7612－1.html）

(3) 学习

一般的“学习”含义是由过去的行为所引发的行为改变，也就是由于经验而引起的个人行为的改变。从市场营销的角度来看，是消费者的学习，也就是消费者在长期的购买、使用商品的基础上，不断获取、积累大量的经验，并调整后来的购买过程。消费者在购买过程中也有理性的一面。消费者的大多数行为都是学习得来的，通过学习，消费者获得了商品购买经验，并运用到未来的购买行动中。按照“刺激－反应”理论，人类的学习过程是包含驱使力、刺激物、提示物、反应和强化等因素的一连串相互作用的过程（如图4－2所示）。例如某人觉得每天洗衣服太费时间和体力，此时他就会产生一种逃避洗衣劳动的内驱力，同时产生了对洗衣机的需求。当他看到了洗衣机（刺激物），又接触到了某种品牌洗衣机的广告宣传（提示），就实施了购买行为（反应）。通过使用，他对该品牌的洗衣机满意（正强化）或不满意（负强化），将决定他将来是否继续购买同种品牌的产品。

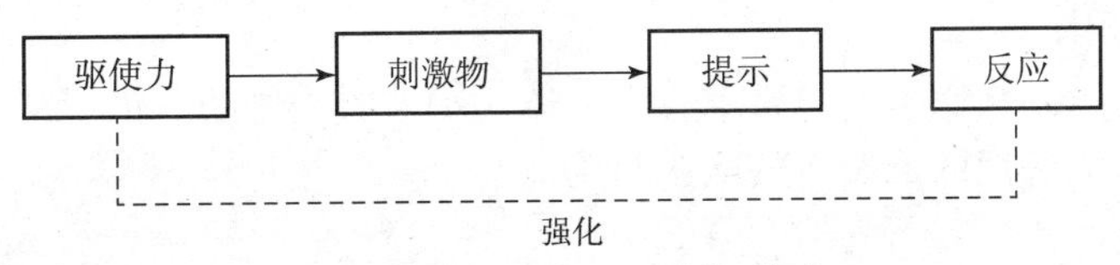

图4－2 “刺激－反应”模式

对于企业来说，要通过各种途径给消费者提供信息，通过制定合理的市场营销策略从外部对消费者产生一定影响，加强诱因、激发驱动力，促进消费者对产品的记忆、识别。企业在提供产品、传递信息的同时，也需要保证服务的质量，这样才能提高消费者对企业的忠诚度、信任度，对购买企业产品形成习惯。

（4）态度

态度就是个人对某一事物长期以来持有的好与坏的认识、评价。人们对所有的事物都会持有态度。消费者态度的形成，主要有三个方面的影响因素：一是消费者本身对某种商品和劳务的感觉；二是相关群体的影响；三是自己的经验及学习的知识。

态度的形成导致人们对某一事物的好感与厌恶，消费者对某产品有好感时，与此相关的信息容易被注意，容易产生相当一致的行为。人们没必要对每一事物都以新的方式做出解释和反应，所以态度才更难改变。一般来说，营销人员不要试图改变消费者的态度，而是要改变自己的产品以迎合消费者的态度，使企业的产品与目标市场顾客现有的态度保持一致。

（5）个性

个性是指一个人特有的心理特征，它会导致一个人对其所处的环境做出相对一致和持续不断的反应。一个人的个性会通过自信、支配、自主、顺从、交际、保守及适应等性格特征来表现。如在购买服装时，外向型的人往往会喜欢色彩鲜艳、对比强烈、款式新颖的服装，而内向型的人则一般比较喜欢深沉的色调。同时，消费者的个性，还可导致消费者在购买过程中的不同表现。外向型的消费者，一般喜欢与售货员交谈，很容易表现出对商品的态度，但也容易受外界影响；内向型的人大多沉默寡言，内心活动复杂，但不轻易表露；理智型的消费者大多喜欢对商品进行反复比较、分析和思考，最后才做出购买决定；情绪型的消费者容易冲动，购买商品往往带有浓厚的感情色彩。

2. 文化特征

文化是一个含义广泛的概念。从广义上说，是指人类在社会历史实践中所创造的物质财富和精神财富的总和。从狭义上讲，是指社会的意识形态，以及与之相适应的制度和结构。文化作为一种社会氛围和意识形态，无时无刻不在影响着人们的思想和行为，当然也影响着人们对商品的选择与购买。每一种文化，又可以分为若干亚文化群，不同的亚文化群在语言文字、价值观念、生活习惯、艺术和审美方面都有所不同。

（1）民族亚文化

各民族在自己漫长的历史发展过程中，形成了各自的风俗习惯、宗教信仰、生活方式及审美观等。这些不同的特征都将导致民族之间在需求和购买行为等方面的差异。

（2）宗教亚文化

宗教是人类社会发展到一定历史阶段的现象。世界上有许多不同的宗教，不同的宗教有不同的文化倾向和戒律，影响消费者对事物的认识方式，对现实生活的态度、行为准则及价值观念，从而影响消费需求。

（3）地域亚文化

不同的地理区域、气候、人口密度等，导致了消费者不同的风俗习惯、生活方式及爱好等，这些也必然影响各地区消费者的购买行为。

营销故事

据《美国商业》杂志报道，美国一家高尔夫球厂，为了使自己的产品打入日本市场，在商品的包装上进行了精心研究，每盒装上四只球，但销售结果却出乎意料，买者甚少，经过调查才知道，是在装盒的数字上出了问题，因为“4”在日本是表示死亡的数字，难怪日本人不买美国的高尔夫球。

3. 社会特征

（1）社会阶层

人们按照职业、收入、受教育程度、居住区域等而被划分为一定的社会阶层。社会阶层具有这样一些特点：一是处于同一社会阶层的人比处于不同阶层的人在价值观、生活方式、思维方式等方面有更强的类似性；二是当人的社会阶层发生了变化（比如工人考上了大学，个体户发展成私营企业主），其行为特征也会随之发生明显变化；三是社会阶层的行为特征受到经济、职业、教育等多种因素影响，根据不同的因素划分，构成的社会阶层会有所不同。

社会阶层对人们行为产生影响的心理基础在于人们的等级观念和身份观念，人们一般会采取同自己的等级、身份相吻合的行为。等级观和身份观又会转化为更具有指导意义的价值观、消费观、审美观，从而直接影响人们的消费特征和购买行为。

（2）相关群体

是指能够影响一个人的态度、意见和价值观念的一群人。人是社会环境的产物，一个人的消费习惯和爱好，并不是天生的，而是在社会和别人的影响下逐渐形成的。从主动的意义上讲，人们会经常向周围的人征询决策的参考意见；从被动的方面讲，人们所处的特定社会群体的行为方式、生活习惯等会不知不觉地对其产生潜移默化的作用。在现实生活中，人们每时每刻都在受相关群体的影响。不过由于同各种相关群体的关系不同，受到的影响程度不同而已。比较密切的相关群体包括：家庭成员、同事、邻居等。

相关群体对人们消费行为的影响一般表现为：第一，相关群体为每个人提供各种可供选择的消费行为或生活模式；第二，相关群体引起的消费欲望，造成人们对某种商品选择的一致化，因而影响人们对商品花色的选择；第三，是在其内部产生一种无形压力，促使其成员行为趋于一致。相关群体的凝聚力越强，内部沟通越是有效，对其成员的影响就越大。

营销故事

据《战国策》记载，春秋时代有一位卖骏马的，在集市上站了三天，谁也没有注意他的马。后来他去找名气很大的相马专家伯乐，对他说：“我有一匹骏马，想卖掉，三天也没有人问津，请你帮帮忙，在马身边转悠一下，看一看，走开后再回过头来瞧一瞧，这样就够了。”伯乐一看，确实是匹好马，因此爽快地答应并且照着办了。顿时，这匹马就变为人们抢购的对象，价格也因此被抬高了10倍。

骏马销售由滞转畅的奥妙就在于，马主人掌握了人们对商品有消费需求，辨不出优劣，怕贸然买下吃亏的心理，利用名人伯乐的权威性来推销商品，以伯乐的无声动作，引起人们对马的注意和联想：这肯定是匹好马，要不然人家伯乐根本不屑一顾。从而激发了人们的占有欲望，最终达成这笔交易。

（3）家庭

家庭是社会的细胞，也是最典型的消费单位。在消费者购买行为中，家庭的影响至关重要。因为消费者的许多购买活动都是以家庭为单位进行的。家庭对购买行为的影响主要取决于家庭的规模、家庭的生命周期及家庭购买决策方式等方面。

第一，不同规模的家庭有着不同的消费特征与购买方式。我国传统的三代或四代同堂的大家庭，消费量很大，但是家中高档耐用消费品却不一定多；现代的三口之家人数虽少，但对生活质量要求较高。家庭规模的变化，会直接影响到产品需求的类型与结构。如随着我国家庭小型化趋势的出现，家庭厨房炊具也出现小型化、精致化要求。

第二，家庭生命周期不同，其消费与购买行为也有很大的不同。西方学者把家庭生命周期分为八个阶段：

①单身阶段：已参加工作，独立生活，处于恋爱时期的年轻人。这些人没有经济负担，收入主要用来购买食品、时装、书籍、社交及娱乐品等消费方面。

②备婚阶段：已确定未婚夫妻关系并积极筹备婚礼时期。处在这一阶段的人们为构筑一个幸福的小家庭，购置房子、成套的家具、耐用消费品、时装等，这是家庭生命周期中，消费相对集中的阶段。

③新婚阶段：已经结婚，但还没有小孩。此时，家庭继续购置一些生活用品，如果经济允许，娱乐方面的支出可能会增多。

④育婴阶段（满巢1）：有三岁以下孩子的家庭。此时孩子成为家庭消费的重点。

⑤育婴阶段（满巢2）：有18岁以下孩子的家庭。这一阶段，孩子在逐步长大，家庭的主要消费仍在孩子身上。所不同的是，此阶段孩子的教育费用将成为家庭消费的重要组成部分。在中国，上大学的孩子父母要一直供其到大学毕业。

⑥未分阶段（满巢3）：有18岁以上但尚未独立生活的子女的家庭。此时子女虽已长大成人，但仍同父母住在一起。此阶段家庭的消费中心发生了变化，父母不再将全部消费放在子女身上，也开始注重本身的消费。

⑦空巢阶段：子女相继成家，独立生活。此时的老年夫妇家庭，由于经济负担减少，消费质量将提高。保健、旅游等将成为消费的重点。在中国，一些老人则毫不吝啬地将钱花在孙子身上。

⑧鳏寡阶段：夫妻一方去世，家庭重新回到单人世界，此时最需要的消费是医疗保健、生活服务和老年社交活动。

第三，家庭购买决策方式对于购买行为也有十分重要的影响作用。这主要是分析家庭在进行购买决策时，是集中决策还是分散决策，是独断决策还是协商决策，是丈夫主导型决策还是妻子主导型决策等。

4.1.3 消费者购买决策过程分析能力

消费者的购买决策是一个极为复杂的动态发展过程，存在多种可变因素和随机因素。只有进行全面分析，企业营销活动才有可能成功。通常，人们把购买决策过程分为五个阶段：

确认需求、搜集信息、评价选择、做出决定、购后行为。这是一种典型的购买决策过程。(见图4-3)

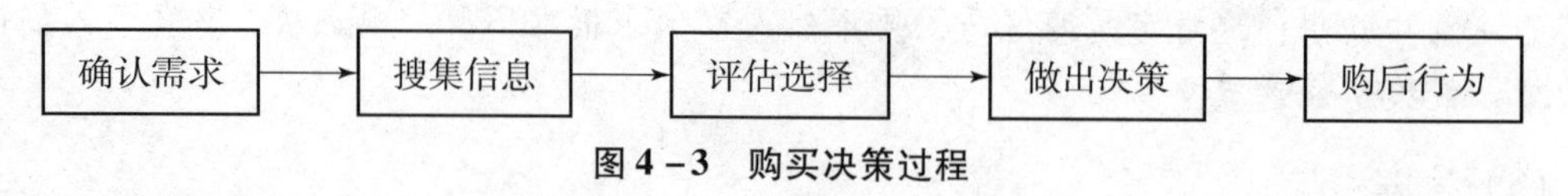

图4-3 购买决策过程

1. 确认需求

当消费者认识到了自己的某种需求时，是消费者购买决策过程的开始。这种需求，既可能是由自身生理活动所引起，也可能是受外在刺激所引起，或者是由内外两个方面因素共同作用的结果。促使消费者确认需求的原因有如下几种：

①日常消费品中的某些物品即将用完。如牙膏、洗衣粉等快要用完时，就要重新购买。

②对现有的东西不满意。如服装不合潮流，就要买更新潮的；现有电视机图像不好，要买更清晰的。

③收入的变化。收入的增减对消费者有直接的影响。当收入增加时，人们就会产生新的需要。如近几年，随着我国城镇居民收入的不断提高，越来越多的人产生了购买小轿车的愿望。

④需求环境的改变。新环境会产生新的需求。如现在人们在新购住房后一般都将过去的家具全部更换。

⑤对新产品的需求。当市场上更新一代计算机出现时，许多计算机拥有者就会产生新的购买欲望。

⑥对配套产品的需求。许多产品相关性很高，消费者购买了甲产品后，还必须买乙产品才能使用。如购买隐形眼镜，就得购买护理液等。

以上这些都可能成为唤起需求的诱因。对此，营销人员要搞清楚引起消费者需求的因素，有针对性地采取措施，唤起和强化消费者的需求，从而诱发购买动机的产生。

2. 搜集信息

消费者确认了自己的需要，形成购买动机后，便会着手进行相关信息的搜集。消费者一般会通过以下途径去收集所需要的信息：

①个人来源：包括家庭、亲友、邻居、同事、熟人；

②商业来源：包括广告、推销员、经销商、包装品、展览；

③公共来源。包括大众传媒、消费者协会、质检报告；

④经验来源。包括产品的检查、比较和使用。

一般来说，消费者得到的商品信息，大部分出自商业来源，而对消费者影响最大的是个人来源。各种来源的信息对购买决策都有相当影响，在通常情况下，商业来源主要起通知作用，个人来源主要起评价作用。作为企业来说，积极向消费者提供产品和服务的有关资料，在消费者收集信息阶段是至关重要的。

3. 评估信息

消费者在充分收集了各种信息之后，就要对信息进行评估、整理，形成不同的购买方案，然后按一定的评估标准进行评价和选择。一般来说，消费者进行评估选择的步骤是：

①比较需要购买的商品的性能、特点；

②比较品牌；

③根据自己的爱好，确定品牌选择方案。

消费者既可能只用一个评估标准为依据来挑选商品，也可能同时考虑该商品各方面的特征。例如购买房子时，购买者可能只考虑价格一个因素，也可能同时考虑价格、环境、结构、层次、内部设施等多个因素。

4. 做出决策

消费者在进行评价选择后，就形成购买意图，进而做出购买决策和实施购买。但在形成购买意图和做出购买决定之间，还会受到一些不确定因素影响，会使消费者临时改变购买决策。这些因素主要有：

（1）他人的态度。消费者在准备购买某品牌的商品时，他的家人或亲朋好友提出了反对意见，或者是更有吸引力的建议，有可能使消费者放弃购买或推迟购买。他人态度对消费者影响力的大小取决于两点：一是反对意见的强烈程度；二是他人在消费者心目中的地位。反对越强烈，或其在消费者心目中的地位越重要，对消费者购买决策的影响力就越大；反之，就比较小。

（2）意外的环境因素。在消费者准备进行购买时，一些意外的环境因素，也可能使消费者改变或放弃购买。比如失业、家庭另有急需要的开支、收入的变化等，都可能改变消费者购买意图。

（3）预期风险的大小。许多购买决定是要冒一定风险的，尤其是对某些贵重物品的购买。如果消费者认为购买之后会给其带来某些不利的影响，就有可能推迟或改变购买。因此，营销者必须设法提供确切的信息，降低消费者的预期购买风险。

5. 购后行为

消费者购买商品后，并不意味着购买行为的结束，因为真正的消费是在购买之后，只有经过消费，消费者才能真正对商品有所了解，感到满意或不满意，并进一步采取行动。（如图 4－4 所示）

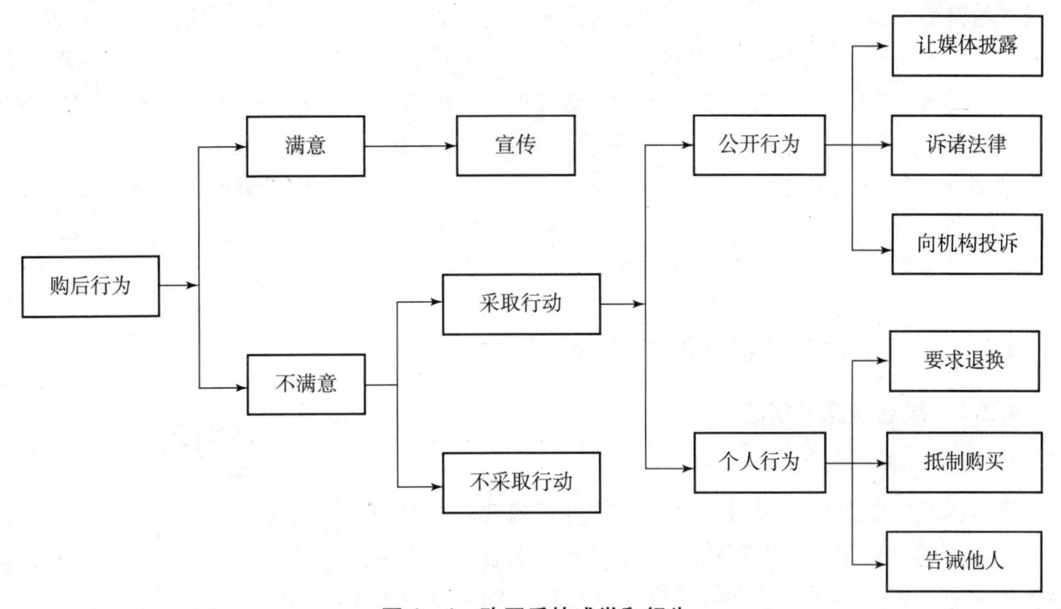

图 4－4　购买后的感觉和行为

满意或不满意是购买后的主要感觉。消费者购买后的所有行为都基于这两种感觉。

而满意还是不满意一方面取决于其所购商品是否同其预期相一致，另一方面则取决于他人对其购买商品的评价。

感到满意的消费者在行为方面会有两种情况：一种是向他人进行宣传和推荐，另一种是不进行宣传。如果消费者能对企业的产品进行宣传是最为理想的，企业应设法促使消费者这样去做。

感到不满意的消费者行为就比较复杂。首先有采取行动和不采取行动之分。一般而言，若不满意的程度较低或商品的价值不大，消费者有可能不采取任何行动；但如果不满意的程度较高或商品的价值较大，消费者一般都会采取相应的行为。

不满意的消费者所采取的一种做法是个人行为，如到商店要求对商品进行退换，将不满意的情况告诉亲戚朋友，以后再也不购买此种品牌或者该家企业生产的商品等。这种个人行为虽对企业有影响，但影响程度相对小一些。消费者的另一种做法就是将其不满意的情况诉诸公众，如果向消费者协会投诉，向新闻媒体披露，甚至告上法庭。这样的行为就会对企业造成较大的损失，企业应尽可能避免这种情况的出现。

现代市场营销观念认为稳定的市场份额比高额的利润更为重要。因此，一旦出现消费者不满意的情况，企业应妥善处理，耐心听取消费者意见并诚恳道歉，公开采取积极的改进措施，在必要的情况下，主动对消费者进行赔偿等，以取得消费者的谅解与信任，保持稳定的市场份额。

营销故事

相传明代有个商人因仰慕唐伯虎这位“江南才子”大名，特地登门请他书写一副对联，并要求既要体现生意兴隆和财源充足之意，又要语句通俗易懂。唐伯虎略加思索，便展纸挥笔写成一副：“生意如春意，财源似水流”的生意联。那商人读后却摇头说：“好倒好，只是还有点文绉绉的，读起来有点不过瘾。”唐伯虎笑了笑，当即又写了一副：“门前生意，好似夏日蚊虫，对进对出；柜里铜钱，就像冬天虱子，越抓越多”。这位商人见了这副生意联十分满意，并拱手作揖道：“唐先生不愧为饱学才子，这样的对子才真正符合买卖人的心意啊！”这家店铺自从贴上这副对联后，过路者见了，都要停步观赏，进去看看，生意也就更加兴隆了。

从消费者购买决策过程的五个阶段分析，显然，这位商店老板在引起消费者需要和诱发其购买动机方面是下足了功夫的，由于这副对联构思奇巧，通俗易懂，妙趣横生，从而引得过往行人驻足顿首，刨根究底，哑然失笑。

4.2 顾客满意与顾客让渡价值分析能力

4.2.1 顾客满意分析能力

1. 顾客满意的概念

顾客满意，指顾客通过对一个产品的可感知效果与他的期望值相比较后所形成的感受状态。如果可感知效果超过期望值，顾客就会很满意；如果可感知效果与期望值持平，顾客就会感到满意；但是如果可感知效果低于期望值，顾客就会失望，感到不满意。

顾客满意观念是指为了增进顾客满意度，组织在顾客满意理念的培育、顾客满意程度的测量、顾客满意措施的实施、效果的评估等方面开展系统的、持续的、有效的管理活动。顾客满意观念认为，经营者要使顾客在购买产品时，能获得最大满意，借以吸引顾客、获得顾客，并保持顾客。CS 是英文 Customer Satisfaction 的缩写，即顾客满意战略，是现代企业经营活动中一种重要的整体经营观念和手段。

2. 顾客满意的作用

（1）顾客满意既是企业的出发点又是落脚点

任何企业在提供产品或服务时，其目的在于使其提供的产品或服务得到顾客的认可，并让其乐于接受。这就要求企业了解顾客需要什么样的产品和服务，对产品和服务有什么样的要求——再精美的产品，顾客不需要的话，也不会得到其认可。因此，企业只有掌握了这个出发点，才能为顾客提供满意的产品或服务。同时，顾客满意的程度决定了企业赚钱的程度，决定了企业发展的思路。按常规算法，一家企业若保住 5% 的稳定顾客，那该企业的利润至少会增加 25%。因此，企业的落脚点也应在于使顾客满意，只有掌握了“顾客满意”这个原动力，企业才能得到长足的发展。

（2）顾客满意使企业获得更高的长期盈利能力

在采取各种措施做到令顾客满意的同时，企业也获得许多具有竞争力的、导致企业长期盈利的优势。减少企业的浪费。在保证顾客满意度的过程中，企业会越来越了解顾客，常常会准确地预测到顾客的需求和愿望。这样，企业就不用花更多的时间和精力去做市场研究，新产品的研制和生产也会少走不少弯路，在很大程度上减少了企业的浪费，压缩了成本。

（3）顾客满意使企业在竞争中得到更好的保护

满意的顾客不但忠诚，而且这种忠诚能够长期保持，他们不大可能转向其他产品或为了更低的价格抛弃原来的供应商。即使在企业出现困难时，这些顾客也会在一定范围对企业保持忠诚，这给企业提供了缓冲困难的时间，最大限度降低对企业产生的影响。

满意顾客不会立即选择新产品。如 IBM 进入小型电脑的市场较晚，在苹果公司开发 APPLE Ⅱ之后的 5 年后才推出第一台自己的个人电脑，然而在这段时间里，IBM 原来的顾客（主要是大公司的采购者）都在耐心等待。最终，IBM 成为这一行业的领导者，当然其中也有 IBM 的努力和苹果公司等其他计算机公司本身存在的问题等各方面原因，但不可否认，顾客忠诚也是其中重要的原因之一。

满意顾客不会很快转向低价格产品。正如满意的顾客愿意额外付出一样，他们同样不大可能仅仅由于价格低的诱惑而转向其他的供应商。不过，当价格相差很大时，顾客也不会永远保持对高价格产品的忠诚。

（4）顾客满意使企业足以应付顾客需求的变化

顾客的需求随着时代的发展在不断变化，如何抓住这一变化并去满足不断产生的新需求，是许多企业在发展中遇到的问题。顾客满意最大化对解决这一问题具有现实意义。因为，以令顾客满意为目的的企业，由于平时所做的工作能够预测到顾客需求的变化，而且满意的顾客一般也会给企业改变做法的时间。瑞士航空公司一直以来都具有较高的顾客满意度，但在适应顾客的新需求，如介绍售票的分机情况、制订常客计划、加大头等舱座位等方面都落后于竞争对手，但顾客仍乘坐它的航班，同时在这些方面提供了大量的反馈信息。

4.2.2 顾客让渡价值分析能力

1. 顾客让渡价值的概念

"顾客让渡价值"（Customer Delivered Value）指顾客总价值（Total Customer Value）与顾客总成本（Total Customer Cost）之间的差额。

顾客总价值是指顾客购买某一产品与服务所期望获得的一组利益，它包括产品价值、服务价值、人员价值和形象价值等。

顾客总成本是指顾客为购买某一产品所耗费的时间、精神、体力以及所支付的货币资金等，因此，顾客总成本包括货币成本、时间成本、精神成本和体力成本等。

由于顾客在购买产品时，总希望把有关成本包括货币、时间、精神和体力等降到最低限度，而同时又希望从中获得更多的实际利益，以使自己的需要得到最大限度的满足，因此，顾客在选购产品时，往往从价值与成本两个方面进行比较分析，从中选择出价值最高、成本最低，即"顾客让渡价值"最大的产品作为优先选购的对象。企业为在竞争中战胜对手，吸引更多的潜在顾客，就必须向顾客提供比竞争对手具有更多"顾客让渡价值"的产品，这样，才能使自己的产品为消费者所注意，进而购买本企业的产品。

为此，企业可从两个方面改进自己的工作：一是通过改进产品、服务、人员与形象，提高产品的总价值；二是通过降低生产与销售成本，减少顾客购买产品的时间、精神与体力的耗费，从而降低货币与非货币成本。

2. "顾客让渡价值"的意义

（1）"顾客让渡价值"的多少受顾客总价值与顾客总成本两方面因素的影响。顾客总价值是产品价值（Product Value）、服务价值（Services Value）、人员价值（Personal Value）和形象价值（Image Value）等因素的函数，可表示为

$$\mathrm{TCV} = \int(Pd, S, Ps, I)$$

其中任何一项价值因素的变化都会影响顾客总价值。顾客总成本是包括货币成本（Monetary Price）、时间成本（Time Cost）、精力成本（Energy Cost）等因素的函数，即

$$\mathrm{TCC} = \int(M, T, E)$$

其中任何一项成本因素的变化均会影响顾客总成本，由此影响"顾客让渡价值"的大小。同时，顾客总价值与总成本的各个构成因素的变化及其影响作用不是各自独立的，而是相互作用、相互影响的。某一项价值因素的变化不仅影响其他相关价值因素的增减，从而影响顾客总成本的大小，而且还影响"顾客让渡价值"的大小；反之，亦然。因此，企业在制定各项市场营销决策时，应综合考虑构成顾客总价值与总成本的各项因素之间的这种相互关系，从而用较低的生产与市场营销费用为顾客提供具有更多的"顾客让渡价值"的产品。

（2）不同的顾客群对产品价值的期望与对各项成本的重视程度是不同的。企业应根据不同顾客群的需求特点，有针对性地设计和增加顾客总价值，降低顾客总成本，以提高产品的实用价值。例如，对于工作繁忙的消费者而言，时间成本是最为重要的因素，企业应尽量缩短消费者从产生需求到具体实施购买，以及产品投入使用和产品维修的时间，最大限度地满足和适应其求速求便的心理要求。总之，企业应根据不同细分市场顾客的不同需要，努力提供实用价值强的产品，这样才能增加其购买的实际利益，减少其购买成本，使顾客的需要

获得最大限度的满足。

（3）企业为了争取顾客，战胜竞争对手，巩固或提高企业产品的市场占有率，往往采取“顾客让渡价值”最大化策略。追求“顾客让渡价值”最大化的结果却往往会导致成本增加、利润减少。因此，在市场营销实践中，企业应掌握一个合理的度的界线，而不应片面追求“顾客让渡价值”最大化，以确保实行“顾客让渡价值”所带来的利益超过因此而增加的成本费用。换言之，企业“顾客让渡价值”的大小应以能够达到实现企业经营目标的经济效益为原则。

顾客让渡价值理论认为，顾客购买产品所获得的不仅仅是产品具有的功能和质量，顾客购买时所付出的也不仅仅是购买价款。顾客购买产品时的挑选过程是顾客追求最大让渡价值的过程，只有那些能够提供比竞争对手更大的顾客让渡价值的企业，才能吸引顾客，并保留住顾客。

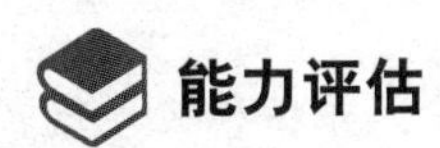

评估项目一：案例分析

延伸信誉攻心为本——烟台南大街购物城营销案例

烟台南大街购物城是当地一家开发商新建的一个房地产项目，产品均为投资型商铺，即将商铺卖给投资者，再由投资者自己经营商铺或是将商铺租出去，地点在新兴商业区与传统商业区的交接地带（传统商业区即南大街），在项目完成之后开发商敏感地意识到自己在销售方面专业性差的缺陷，及时聘请专业公司——山东最后企业策划咨询有限公司（以下简称最后企划）进行销售，取得了非常好的效果，在短短一个月的时间内，“产品”全部售罄，并且价格翻番。

1. 调查

摸底调查，结果令人担忧：不仅整个房地产市场行情低落，几个已经落成的超大规模的商场连续数年启动不成正在搁浅之中，当地的商业竞争已达到了“白热化”程度，可想而知，欲在此时进行商铺预售，其难度非同一般！

★第二轮调查的目的是根据市场情况对项目重新进行概念包装。调查发现：当地有一个比较特别的现象，就是年轻女性（商场的主力消费群）的服装消费并不十分注重名牌，所以当地的大型商场内的品牌服装销售未见高潮，但她们却非常强调个性化、新潮化，买衣服时偏偏喜欢到街头小店，因而，零散在街道两旁的时装店生意非常好。通过这一发现，最后企划立刻对街头的时装店面进行了调查，发现这些时装店，并没有很明显的集中性区域，购买需要跑很多地方。通过访谈，了解到年轻的女性很乐意在一个比较集中的购物区域购置衣物。于是最后企划提出将南大街购物城设计成一个全市最集中、最能领导时装潮流的最大的服装购物城。同时提出“走百家不如到此一家”的口号。

★几轮的市场调研完成之后，一套包括客群分析、销售方式、报价系统、广告设计等完整内容的策划方案也随即成形。

2. 策略

定名为南大街购物城；借用银行信誉；为现场促销人员设计能够离消费者更近的桌子，

开展“攻心战”。

项目定位确定了之后，项目如何命名又是一个关键问题。本项目正处于新兴商业区与传统商业区的交接地带，所谓传统的商业区，指的是当地最主要的交通要道“南大街”，“南大街”作为传统商业区和最主要的交通要道，已有数十年的历史，犹如北京的王府井、上海的南京路，具有独特的文化和商业价值。

经过多方面的探讨，最后企划决定采用南大街购物城为名，以利用“南大街”本身所具有的传统文化和商业因素来带动销售，对销售产生积极的影响。

在前期的调研过程中，最后企划发现当地市民在思想上极为保守，对期房的概念始终持有疑虑，因而，有开发商曾经试图进行过期房预售，但都因无人问津而告失败。而南大街购物城的商业网点房本身就是期房，加上开发商的私营性质，百姓对其的疑虑更是达到了无以复加的地步。企业形象是期房销售的基础，必须在短时间内解决开发商的信誉问题，尽快树立企业形象。

正在这时，最后企划获得了一个至关重要的有用信息：某银行即将进驻！并在积极地进行业务拓展。

于是，最后企划决定利用这一时机，来一个“草船借箭”！创建一个形象“借用”法！这一形象“借用”法可以说非常大胆，但经过充分分析之后，认为有非常可行的操作性。因为第一，此银行刚刚进驻，在知名度、信誉、实力等方面需要进行有效宣传，第二，因为第一个理由，此家银行非常愿意为开发商的按揭业务提供方便，也想以此扩大在当地的影响力；第三，银行的形象是最让人放心的，有银行提供担保，开发商的信誉当然毋庸置疑了。几经挫折，最后企划首先说服了银行在开盘期间为南大街购物城提供按揭咨询等相关服务，并专门提供咨询电话及咨询人员。考虑到银行本身也有宣传自身服务的需要，更为了能最大限度地“借用”银行的形象，最后企划甚至以高于广告的频度，“替”银行准备了一系列介绍其业务范畴、项目按揭情况及其发展前景的软文，字里行间却透露着该银行对南大街购物城极大的支持和信任……

仅有软文及广告上的按揭电话与银行名称是远远不够的，最后企划经过公关，要求租用银行的营业大厅作为销售现场，通过一番包装和运作，达到了让人觉得南大街购物城是由银行介入开发的，开发商是和银行一起的感觉。事实证明，形象的“借用”对保证后来销售过程的畅通无阻起到了至关重要的作用。

一般而言，现场包装就是为客户布置一个“造梦”的地方，其每一个细节均应极其完美，务必使客户置身其内有一种美妙绝伦的感觉。以至于国内大部分楼盘的现场包装都趋于高档、奢华……其实，真正的现场包装应根据具体情况具体对待。展现“个性”、拉近与客户的关系有时在现场包装中更为重要，南大街购物城的现场包装就是以此为原则，不仅以极低的成本营造了一个极具营销力的销售现场，也更为销售过程中售楼人员对客户展开“攻心战”起到了关键的作用。

如前所述，由于考虑到形象“借用”问题，南大街购物城的销售现场选在了银行的营业大厅内。最后企划发现，营业大厅的装修和环境已经很高档了，加上无孔不入的监视设备及四处巡回的保安人员，令大多置身其内的客户感觉极其紧张和拘谨，一般情况是办过事情就走，而不愿逗留长时间。

所以，南大街购物城的现场包装的第一原则，首先应致力于如何令客户放松心态，延长滞留时间，以轻松愉悦的心情进行咨询，也就是说，现场包装的基础应考虑在银行营业大厅内创造出一个尽管无实物隔断、但在客户心理上却有着明显心理隔断的“个性”环境。即：要让客户踏进大厅之后，首先感到紧张和拘谨，但一旦踏入那条看不见的“心理隔断”之后，迅速获得一种自由和放松的快感，立即在心理上对热情的售楼人员产生某种程度上的“依赖”和信任，以便延长咨询时间，更深入地了解楼盘情况。

为了在这样的环境内，强化客户在心理上对售楼人员的“依赖”和信任程度，最后企划甚至在选择办公桌上费尽苦心，特意选择了一种不宽的办公桌，令坐在两端的客户和售楼人员，在拉近彼此空间上的距离的同时，也拉近心理上的距离。这种空间上的“攻心战”，在后来的销售过程中起到了关键作用，80%的成交客户都与售楼人员私下成了朋友。

3. 广告

市场调查中大量证据也证明，由于传统文化的渗透及保守心态作祟，尽管新兴的商业区已开始取代传统商业区，但“南大街”本身特殊的商业历史地位对当地人仍起着千丝万缕的影响，换句话说：“南大街”对他们来讲，本身就是一个“聚宝盆”。卖“南大街”也就是卖“聚宝盆”。

于是，最后企划决定以《卖南大街》作为第一期广告的标题，这样做还有另外的一个好处是，如果在客户还不知道这是商铺销售的广告，突然喊出“卖南大街”，足以吓人一大跳，广告的震撼力和冲击力毋庸置疑。在设计中，将“卖南大街”的字号放至特大，以求产生视觉冲击效果。同时，考虑到地方上的某些规定，还特意在“南大街”三字下加了小字号的“商业网点旺铺”，并配发了“就像北京的王府井、上海的南京路、广州的北京路一样，最著名最火旺的商业街正是南大街……”等文字。

第一期广告上发布了，当天下午4点，销售现场传来捷报：整个销售现场人满为患，买楼的人接踵不断地蜂拥而至，到晚上8点，现场仍然人流如织，成交额突破千万元大关……

4. 虚拟

利用春节这个“天时”进行“虚拟营运”，让第一批业主挣钱，使商铺升值。

受制于商场竞争日趋激烈的大环境影响，最后企划明白无论广告如何对市场具有煽动性和震撼性，在客观上仍无法消除客户对商铺投资前景的疑虑，因为他们明白，一旦南大街购物城将来开业不旺，他们所购买的商铺租不出去，现在的投资就等于付诸东流了。何况，启动一个商场的确是一件极为复杂、艰难的工作。

基于最后企划的“无缺陷营销”理论，任何一种风险和动摇都有可能使整个项目功败垂成，更何况“对投资前景没有信心”这一大缺陷呢？通过与发展商的精心筹划和运作，也由于发展商有了足够的启动资金，在能够充分确保工程按期进行的前提下，决定提前启动一次南大街购物城用实际行动为客户购买的商铺升值。

通过对其他商场的调查发现，一月初至二月底正好赶上春节前市场旺季，对服装经营业户尤其是好时候，据统计，一年中40%的收益都来自春节前这两个月过年新装的销售，如果哪个商场将一年中这段时间的经营权单独出租，租户肯定会趋之若鹜。

此时购物城一二层已经完工，经与工程部反复研究之后，在保证安全的前提下，决定在1月6日至农历小年之间，为客户搞一次40天的“虚拟营运”，让他们亲身感受一下购买“南大街”得到升值的享受。

为了防止招商环节出现意外，最后企划提前创作了“您一年的收入，可能全有赖于这

40 天的收益""我们要让每一个试租者都赚钱"等系列招商广告，并在租户的选择上制定了详细的规定，以保证商场经营的质量。

"虚拟营运"的主要目的最终还是为了商铺的销售。为了能以"虚拟营运"吸引更多的业主，在全款、分期、按揭等多种付款方式的基础上，对那些有疑虑的业户，单独设置了一种付款方式，并承诺：如果对"虚拟营运"的结果不满意，可随时退款。

★伴随着猛烈的广告攻势及促销活动，大批的租户和购物者蜂拥而来，40 天的经营极为火爆，每天的客流量高达 10 余万人次，部分租户一天收入便高达 10 万余元。那些原来有疑虑的业户至此也没有疑虑，高高兴兴付清了尾数；甚至大批租户也纷纷变成了业主……

★这次"虚拟营运"的成功，为"南大街"的二期销售及开业后成为当地商界的新焦点，创造了条件。

★"虚拟营运"结束后，出现了罕见的轰动效果：在近一个月的销售过程中，销售现场一直人流如潮，销售热线应接不暇，连续出现排队"抢购"商铺的火爆场面，并创下当地房产日成交量最高纪录，原定销售额仅用 3 天便超额完成，仅用 15 天，一期计划内销售的 1 万多平方米的商铺便告售罄，以至于外地的客户也纷纷加入"抢购"热潮。甚至有人将这一现象编成了顺口溜："×地方又一怪，卖房子就像抢白菜！"

思考

1. 试分析南大街潜在客户的购买心理和购买动机。
2. 本案最大的营销亮点在哪里？

评估项目二：营销实践练习

实践练习的目的和要求：

通过在实践中的锻炼，学会站在企业的立场去分析企业在发展过程中，哪些宏观环境和微观环境影响企业的发展。同时，要学会分析消费者在购买过程中的心理因素以及个体特性，以激发需求、促进销售。理解生产者市场的基本内容和特点。要求学生必须熟练掌握理论知识，在此基础上，结合老师的指导，认真、细致地完成实践训练。

实践练习内容：

1. 选择一家本地的企业或公司（最好是一家生活资料生产厂商），定义其行业范围是什么？使用机会－威胁矩阵法分析这个企业的情况。

2. 如果你现在是这家公司的采购经理，具体列举你的工作职权。你会做出什么样的决策？

3. 具体列举影响你购买行为的主要环境因素有哪些。

4. 结合所选择企业的产品，说明应向产品的最终消费者传递什么信息，能够诱导消费者的购买行为的发生。

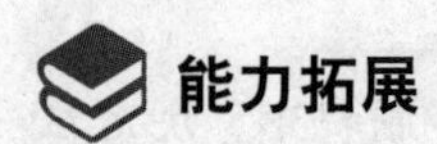

能力拓展

1. 团队游戏——赢得客户形式：人数不限

类型：团队建设

时间：教师可自行确定

材料：（教师用）小绒毛玩具、乒乓球、小塑料方块各 1 个，将以上材料装在一只不透明的包里

场地：室内外约 6 平方米的空间

活动目的：

- 让学员体会团队共同合作完成任务时的合作精神；
- 让学员体会团队是如何选择计划方案以及如何发挥所有人的长处的；
- 让学员感受团队的创造力。

操作程序：

①将学员分成小组，每组不少于 8 人，以 10 ~ 12 人为最佳。

②让学员站成 1 个大圆圈，选其中的 1 个学员作为起点。

③教师说明：我们每个小组是一个公司，现在我们公司来一位“客户”（即绒毛玩具、乒乓球等）。它要在我们公司的各个部门都看一看，我们大家一定要接待好这个客户，不能让客户掉到地下，一旦掉到地下，客户就会很生气，同时游戏结束。

④“客户”巡回规则如下：

a. “客户”必须经过每个团队成员的手游戏才算完成；

b. 每个团队成员不能将“客户”传到相邻的学员手中；

c. 讲师将“客户”交给第一位学员，同时开始计时；

d. 最后到拿“客户”的学员将“客户”拿给讲师，游戏计时结束；

e. 3 个或 3 个以上学员不能同时接触客户；

f. 学员的目标是求速度最快化。

⑤讲师用一个“客户”让学员做一个练习，熟悉游戏规则。真正开始后，讲师会依次将 3 个“客户”从包中拿出来递给第一位学员，所有“客户”都被最后一位客户传回讲师手中时游戏结束。

⑥此游戏可根据需要进行 3 ~ 4 次，每一次开始前让小组自行决定用多少时间。讲师只需问“是否可以更快”即可。

有关讨论：

刚才的活动中，哪些方面你们对自己感到满意？

刚才的活动中，哪些方面觉得需要改进？

这活动让你们有什么体会？

2. 情景模拟

营销员小李曾遇到过这样一位女性，进到商店来，不吭一声，也不说一句话，看不出她喜欢什么，不喜欢什么。老板问她，她还用一种轻蔑的眼神瞥过来。但小李仔细观察，发现她在一件漂亮的衣服面前停留时间较长，而且有一种爱不释手的感觉。小李想这女士一定看中了这件衣服，但怎样让她掏钱购买呢？看她的神情，此时她的心理一定是这样想的：说好，又怕你抬价；说不好，又怕被别人买去。

假如你是营销员小李，你将运用什么方法打动她，促成这笔生意？模拟开始……

模拟要点：

面对这种顾客，如果我是营销员小李：首先赞美她（眼光、气质、身材等），消除其防

备心理，拉近距离，取得好感。

然后向她详细分析该产品的特色、市场需求、价格行情，并可承诺，如果她发现同种商品有比其价格还低的可退款，这样应该可以消除她“说好，又怕你抬价；说不好，又怕被别人买去”的心理，促成这笔生意。

“市场开发分析”技能培养

任务单元5　市场细分、目标市场与市场定位能力
——我的机会在哪里

任务解读

通过本单元的学习，使学生能够根据地理因素、人口因素、心理因素、行为因素细分市场，能评估细分市场，分析背景企业主要目标市场，确定背景企业产品的定位及企业定位策略。

知识目标

- 掌握市场细分的概念及其作用。
- 理解市场细分的不同水平和有效性标准。
- 了解目标市场选择的方法和市场覆盖战略。
- 理解市场定位的步骤以及策略。

能力目标

- 使学生学会在实践中运用STP战略。能够根据不同的目标市场需求，制定出相应的市场营销策略，为企业决策提供参考。
- 使学生对产品进行分析，能够判断出它的市场细分标准、所属目标市场及企业所采用的市场定位策略。

案例导读

汇源果汁的果蔬汁饮料市场开发

在碳酸饮料横行的20世纪90年代初期，汇源公司就开始专注于各种果蔬汁饮料市场的开发。虽然当时国内已经有一些小型企业开始零星生产和销售果汁饮料，但大部分由于起点低、规模小而难有起色；而汇源是国内第一家大规模进入果汁饮料行业的企业，其先进的生产设备和工艺是其他小作坊式的果汁饮料厂所无法比拟的。“汇源”果汁充分满足了人们当时对于营养健康的需求，凭借其100%纯果汁专业化的“大品牌”战略和令人眼花缭乱的“新产品”开发速度，在短短几年时间就跃升为中国饮料工业十强企业，其销售收入、市场占有率、利润率等均在同行业中名列前茅，从而成为果汁饮料市场当之无愧的引领者。其产品线也先后从鲜桃汁、鲜橙汁、猕猴桃汁、苹果汁扩展到野酸枣汁、野山楂汁、果肉型鲜桃汁、葡萄汁、木瓜汁、蓝莓汁、酸梅汤等，并推出了多种形式的包装。应该说这种对果汁饮料行业进行广度市场细分的做法是汇源公司能得以在果汁饮料市场竞争初期取得领导地位的关键成功要素。

但当1999年统一集团涉足橙汁产品后一切就发生了变化，在2001年统一仅“鲜橙多”一项产品销售收入就近10亿，在第四季度，其销量已超过“汇源”。巨大的潜力和统一“鲜橙多”的成功先例吸引了众多国际和国内饮料企业的加入，可口可乐、百事可乐、康师傅、娃哈哈、农夫山泉、健力宝等纷纷杀入果汁饮料市场，一时间群雄并起、硝烟弥漫。根据中华全国商业信息中心2002年第一季度的最新统计显示，“汇源”的销量同样排在鲜橙多之后，除了西北区外，华东、华南、华中等六大区都被鲜橙多和康师傅的“每日C”抢得领先地位，可口可乐的“酷儿”也表现优异，显然“汇源”的处境已是大大不利。尽管汇源公司把这种失利归咎于可能是因为“PET包装线的缺失”和“广告投入的不足”等原因造成，但在随后花费巨资引入数条PET生产线并在广告方面投入重金加以市场反击后，其市场份额仍在下滑。显然，问题的症结并非如此简单。

反观其竞争对手，以统一“鲜橙多”为例，其通过深度市场细分的方法，选择了追求健康、美丽、个性的年轻时尚女性作为目标市场，首先选择的是500 ML、300 ML等外观精制适合随身携带的PET瓶，而卖点则直接指向消费者的心理需求：“统一鲜橙多，多喝多漂亮”。其所有的广告、公关活动及推广宣传也都围绕这一主题展开，如在一些城市开展的“统一鲜橙多TV－GIRL选拔赛”“统一鲜橙多阳光女孩”及“阳光频率统一鲜橙多闪亮DJ大挑战”等，无一不是直接针对以上群体，从而极大地提高了产品在主要消费人群中的知名度与美誉度。再看可口可乐专门针对儿童市场推出的果汁饮料“酷儿”，“酷儿”卡通形象的打造再次验证了可口可乐公司对品牌运作的专业性，相信没有哪一个儿童能抗拒“扮酷”的魔力，年轻的父母也对小“酷儿”的可爱形象大加赞赏。而“汇源”果汁饮料从市场初期的“营养、健康”诉求到现在仍然沿袭原有的功能性诉求，其包装也仍以家庭装的为主，根本没有具有明显个性特征的目标群体市场。只是运用广度（也是浅度）市场细分的方法切出“喝木瓜汁的人群”“喝野酸枣汁的人群”“喝野山楂汁的人群”“喝果肉型鲜桃汁的人群”“喝葡萄汁的人群”“喝蓝莓汁的人群”等一大堆在果汁市场竞争中后期对企业而言已不再具有细分价值的市场。即使其在后期推出了500 ML的PET瓶装的“真”系列橙汁和卡通造型瓶装系列，但也仅是简单的包装模仿，形似而神不似。

至此，我们已能看出在这场果汁饮料市场大战中，汇源公司领导地位如此轻易地被动摇的真正原因。我们说“汇源”与统一、可口可乐公司比较，他们间的经营出发点、市场细分方法的差异才是导致市场格局发生变化的关键因素。“汇源”是从企业自身的角度出发，以静态的广度市场细分方法来看待和经营果汁饮料市场；而统一、可口可乐等公司却是从消费者的角度出发，以动态市场细分的原则（随着市场竞争结构的变化而调整其市场细分的重心）来切入和经营市场。同样是“细分”，但在市场的导入期、成长期、成熟期和衰退期，不同的生命周期却有不同的表现和结果。

（资料来源：http://www.emkt.com.cn/article/56/5608.html）

点析：

在快速变化和竞争极为激烈的市场中，企业面对着市场和技术的高度不确定性。了解市场对经营成功是很关键的。目标市场营销就是企业在市场调研的基础上，识别不同消费群体的差别，有选择地确认若干个消费群体作为自己的目标市场，发挥自身优势，满足其需要。目标市场营销包括三个内容：市场细分（Segmenting）、目标市场选择（Targeting）、市场定位（Positioning），所以又被称为STP战略。

5.1 市场细分能力

市场细分的观点是美国著名市场营销学者温德尔·斯密在广泛总结了企业在市场营销实践经验的基础上，于1956年首次提出的。这一概念的提出不仅立即为理论界接受，更受到企业的普遍重视，并迅速得到利用，使企业的市场营销由大量营销进入到目标营销阶段，至今仍被广泛应用。

5.1.1 市场细分基本概念认知

1. 市场细分的概念

所谓市场细分就是从区别消费者的不同需求出发，根据消费者需求和购买行为的明显的差异性，并以此作为标准将整体市场细分为两个或更多的具有类似需求的消费者群，从而确定企业营销目标市场的过程。在理解市场细分的时候，我们应该能把握以下几个问题：

（1）市场细分的实质是细分消费者的需求。

（2）市场细分的目的是使企业选择和确定目标市场，实施有效的市场营销组合，从而以最少、最省的营销费用取得最佳的经营成果。

2. 市场细分的作用

（1）有利于发掘市场机会，形成新的富有吸引力的目标市场

企业的效益在于产品的销路，而产品是否适销对路则看它是否满足消费者需求。企业通过市场细分可以发现哪些需求已得到满足，哪些只满足了一部分，哪些仍是潜在需求。相应地可以发现哪些产品竞争激烈，哪些产品较少竞争，哪些产品亟待开发。如果企业能够满足这些消费需求，就可以把它作为自己的目标市场，这就是市场细分给予企业的营销机会。

（2）有利于巩固企业现有市场

由于顾客需求千差万别和不断变化，即顾客的需求、欲望及购买行为都呈现异质性，使

得顾客需求的满足呈现差异性。所以，没有一种产品或服务能吸引所有顾客，甚至对于那些只买同一种产品的顾客，也会因季节等因素的不同而发生变化。通过市场细分充分把握各类顾客的不同需要，并投其所好地开展营销活动，就可更好地满足消费者的需要，稳定企业的现有市场，从而提高经济效益。

营销资料

美国宝洁公司，通过市场细分，开发了去头屑的“海飞丝”、使头发柔顺的“飘柔”、营养发质的“潘婷”、超乎寻常呵护的“沙宣”，可以供不同顾客选择，使公司一直保持洗发水市场的领先地位。

（3）有利于制定最佳的营销方案

市场细分是企业制定营销战略和策略的前提条件。企业通过市场细分，选择好自己的目标市场，有利于企业研究和掌握某个特定市场的特点，有针对性地采取各种营销策略。一方面企业在市场细分的基础上针对目标市场的特点制定战略、策略，可做到“知彼知己”；另一方面，由于企业面对的是某一个或少数几个子市场，便于及时地捕捉需求信息，根据需求的变化随时调整市场营销组合策略，这就既可节省营销费用，又可扩大销售，提高市场占有率。实现企业营销目标。

（4）有利于合理配置企业资源，提高企业竞争优势

现代企业无论规模再大，都不可能占有人力、财力、物力、信息等一切资源，不可能向市场提供所有的产品，满足市场所有的消费需求。同时，任何一个企业由于资源限制和其他约束，也不可能在市场营销全过程中占有绝对优势。企业的竞争能力受客观因素的影响而存在差别，但通过有效的市场细分战略可以改变这种差别。

3. 市场细分战略在实践中的发展

一般来说，有什么样的市场条件，就会产生什么样的营销战略思想。市场细分战略作为现代市场营销理论的产物，其产生与发展经历了以下几个主要阶段：

（1）大量营销阶段（Mass Marketing）

大量市场营销处于物资短缺、供不应求的时代，经济发展的重心是速度和规模，企业市场营销的基本方式是大量营销，即大批量生产品种规格单一的产品和通过大众化的渠道推销。由于大量营销方式降低了成本和价格，在当时的市场环境下，获得了较丰厚的利润。不难看出，在大量营销的环境下，企业没有必要、也不可能重视市场需求的研究，市场细分战略不可能产生。如美国可口可乐公司曾称一直生产一种味道、一种容器的可口可乐，并希望人人都喜欢这种饮料。

（2）产品差异化营销阶段（Product Different Marketing）

“二战”结束后，随着第三次科技革命的成果广泛运用于生产，西方国家的生产力得到迅速发展，产品的产量迅速增加，市场上逐渐出现供过于求；卖方之间的竞争日趋激烈，企业的产品销量和利润开始下降。市场迫使企业转变经营观念，企业营销方式经历了从大量营销向差异化营销的转变。产品差异化营销较大量营销是一种进步。结果是使企业向市场推出了具有不同质量、外观和品种规格等与竞争者不同的产品或产品线。由于其产品差异化缺乏市场基础，因此不能大幅度地提高产品的适销率。由此可见，在产品差异化营销阶段，企业

仍没有重视市场需求的研究，市场细分战略仍无产生的基础和条件。

（3）目标营销阶段（Target Marketing）

20 世纪 50 年代以后，在科学技术革命的推动下，生产力水平大幅度地提高，生产与消费的矛盾日益尖锐，以产品差异化为中心的推销体制远远不能解决企业所面临的市场问题。企业面对买方市场的严峻形势，纷纷认识和接受市场营销观念，开始实行目标市场营销，即企业识别各个不同的购买者群，选择其中一个或几个作为目标市场，运用适当的市场营销组合，集中力量为目标市场服务，满足目标市场需求。

可见，市场营销是战后营销思想和营销策略的新发展，市场细分就是建立在这种差异性和可归类性的基础上。

5.1.2 市场细分标准、原则和程序

1. 消费者市场细分的标准

市场细分，确定标准是关键。市场细分的前提是差异性，企业要区分不同消费群体的差异性，更重要的是找到造成差异性的原因。这些原因就构成了消费者细分的依据。对消费者市场的细分所依据的标准一般来说可概括为四大类：地理环境、人口状况、消费者心理和消费者行为，每个方面又包含了一系列的细分因素。如表 5－1 所示。

表 5－1 消费者市场细分标准

标准	具体变数	举例
地理细分	地方	北方市场、南方市场
	城市规模	大城市、中等城市、小城镇
	地区人口密度	城市、郊区、乡村
	气候	热带地区市场、海洋气候市场
人口细分	年龄	婴儿市场、老年人市场
	性别	男性市场、女性市场
	婚姻状况	独身、已婚
	家庭规模	1 人、2 人、3 人家庭
	收入	500 元/月、500 ~ 1000 元/月
	职业	白领、蓝领、灰领
	教育程度	小学、初中、大学

续表

标准	具体变数	举例
心理细分	生活方式	朴素型、时髦型、享受型
	个性	创新型、冲动型、谨慎型
	态度	乐观型、悲观型
	追求利益（动机）	服务、质量、经济实惠、名望
行为细分	购买动机	基本生活、生活享受
	购买频率	每月购买、每年购买
	品牌偏好	高档品牌、中档品牌

（1）地理细分

地理细分，是指企业按照消费者所在的地理位置以及其他地理变量（包括国家、城市农村、地形气候、交通运输等）来细分消费者市场。用地理因素细分市场是一种比较传统的划分办法，人们一般习惯使用这种办法。

市场潜量和成本费用也会因市场位置不同而有所不同，企业应该选择那些本企业能最好地为之服务的、效益较高的地理市场为目标市场。例如，北京燕京啤酒集团公司的酒厂和物资供应都集中在北京、河北地区。这家公司以这些地区为目标市场，因为其成本、费用较低，效益较高。

（2）人口细分

所谓人口细分，就是企业按照人口统计变量进行市场细分。人口变量包括消费者的年龄、性别、职业、收入、教育、家庭生命周期、社会阶层、国籍、宗教、种族等。按人口因素细分市场是市场细分的一个极重要的依据和标准。用人口变量细分市场简单易行，在企业营销管理中受到普遍重视。譬如，某一市场的年龄结构对于产品需求具有基本的制约作用，因为不同年龄所需要的产品类型和消费方式可以有显著不同，最为典型的是第二次大战后的美国市场。

（3）心理细分

心理细分，是指按照消费者的生活方式、个性特点等心理变量来细分消费者市场。心理细分不能单独使用，因为差别化群体的容量无法用它来表示。它需要与人口变量一同使用。在心理因素中，又包括社会阶层、生活方式、个性等方面。

①社会阶层。

社会阶层是指在一个社会中具有相对的同质性和持久性的群体，它们是按等级排列的，每一阶层成员具有类似的价值观、兴趣爱好和行为方式。一个人的社会阶层归属不仅仅由某一变量决定，而是受到职业、收入、教育、价值观和居住区域等多种因素的制约。社会阶层的不同会直接影响到人们对汽车、衣服、家具、娱乐、读书习惯和零售商的偏好。目前有许多阶层为特定的阶层设计产品或服务，营造适合这些阶层的特色。

②生活方式。

生活方式是指消费者对自己的工作、休闲和娱乐的态度。不同的生活方式群体对产品和品牌有不同的需求。

营销人员应设法从多种角度区分不同生活方式的群体。如节俭者、奢华者、守旧者、革新者、高成就者、自我主义者、有社会意识者等，在设计产品和广告时应明确针对某一生活方式群体。再比如，保龄球馆不会向节俭者群体推广保龄球运动，名贵手表制造商应研究高成就者群体的特点以及如何开展有效的营销活动，环保产品的目标市场是社会意识强的消费者。

③个性。

这是一个人特有的心理特征，具有稳定性。个性导致对自身所处环境相对一致和连续不断的反应。比如外向的人爱穿浅色衣服和时髦的衣服，内向的人爱穿深色衣服和庄重的衣服；追随性或依赖性强的人对市场营销因素敏感度高，易于相信广告宣传，易于建立品牌信赖和渠道忠诚，独立性强的人对市场营销因素敏感度低，不轻信广告宣传。因此，营销者越来越注重给自己的产品赋予品牌个性，树立品牌形象。

(4) 行为细分

行为细分，是指企业按照消费者对产品的了解程度、态度、使用情况或反应等来细分消费者市场。特别是在消费者收入水平不断提高的条件下，行为因素越来越重要。用作行为细分的变量包括购买时机、利益、使用者地位、使用率、忠诚状况、消费者待购阶段和消费者对品牌的态度等，如表 5－2 所示。

表 5－2　行为细分变量表

购买时机	能够帮助企业促进产品的使用。例如在我国，不少公司利用春节、元宵节、中秋节、五一节等节日大做广告，借以促进产品销售
利益细分	根据顾客从产品中追求的不同利益分类，是一种很有效的细分方法。如人们都在使用牙膏，但所追求的利益却各有不同；有的是为了清洁牙齿，有的为了清新口气，有的为了预防疾病
使用者地位	按照使用者状况划分为曾经使用者、潜在使用者、初次使用者和经常使用者等四类。一般来讲，实力雄厚的大公司多对潜在使用者这类消费者群发生兴趣，它们着重吸引经常使用者
使用率	使用率市场还被划分为偶尔、一般和经常使用者。经常使用者通常只是市场的一小部分，但在总购买量中却占了很高的百分比。例如、啤酒的大量使用者为中青年人，化妆品的大量使用者为成年妇女，玩具的大量使用者为儿童，等等。企业往往把大量使用市场作为自己的目标市场
消费者待购阶段	消费者的待购过程可为知晓、认识、喜欢、偏好、确信、购买等六个阶段
品牌态度	品牌忠诚度的高低，可以用顾客重复购买次数、顾客购买挑选时间、顾客对价格的敏感程度等标准来衡量。按照消费者对品牌的忠诚程度这种行为变量来细分，可以把所有的消费者细分为四类不同的消费者群：铁杆品牌忠诚者、几种品牌忠诚者、转移的忠诚者、非忠诚者

营销案例

纳爱斯男女牙膏：如此细分有效吗？

牙膏也分男女了！最近在央视和各地方卫视，纳爱斯掀起了一场“声势浩大”的广告运动。据纳爱斯市场策划中心负责人说：“这是我们采取‘跨性别品类延伸策略’，突破性地推出了纳爱斯男女系列牙膏。”

纳爱斯男女牙膏的细分，简单来说，是按照性别标准来进行的细分，但这包含了心理的细分和行为的细分，也就是说，这里有三个变量都很重要。而真正重要的是后两个标准，一个是心理的，另外一个是行为的，也正是因为三个因素交织在一起，让企业产生了一种错觉，觉得如此细分（表面上）肯定有效，但实际上，性别的细分反映在牙膏上，效果未必那么大。

按道理说，什么都可以分男女，服装、化妆品、手表、项链、手袋，等等，甚至我们每天要吃的米饭也可以进行男女细分。前几年有一个饮料“他她水”，经历了极为短暂的辉煌，便极速衰落了、消失了。这个饮料跟牙膏的细分标准和依据极为相似，认为男女的生理特点不一样，应该可以分男女来进行细分、引导。但他她饮料失败了，很多人将其归结为产品质量问题、渠道问题、品牌问题，甚至是营销系统的问题。但从整体来看，他她水的失败是注定的，以上说的几点都不是根本原因：根本原因只有一个：就是这个男女细分是基本无效的。

细分也是有限度的，不能无限地细分下去。也就是说，细分消费群的时候，我们不能光站在产品的角度，而且更要考虑“有效细分”。什么是有效细分，科特勒的营销管理总结了有效细分的五大特点：第一，可衡量性；第二，足量性；第三，可接近性；第四，差别性；第五，行动可能性。

无论从细分的特点和标准来看，纳爱斯男女牙膏的细分都很难说是一种成功的细分；而从销售的角度来说，消费者购买的纳爱斯男女牙膏的理由，显然不是因为口腔环境不同就具有了足够的打动力，因为你根本没有说清楚男女口腔环境到底有什么不同，支撑点在哪儿。所以，消费者不会因为这个理由而分别购买男女牙膏各一只，反而会觉得不知道该不该买而放弃购买原本想买的一种。

对于细分，一定是要站在消费者角度进行思考，而不是站在企业或者产品的角度来进行考量。短期而言，企业特别是在跨国公司夹击的形势下，进行“细分”是肯定要的，也是必需的，因国内的日化企业的“品牌”很难在“面”上竞争过跨国巨头。但是，细分也可以在其他方面进行，例如地理的、利益的、行为的，等等，而不一定是“性别细分”或者产品本身进行细分。例如：区域市场的渠道强化，品牌形象提升，发掘某一个时机的、某一个场合的、甚至是某一类身份的细分市场。

但从长远来看，日化市场也终将是走向融合的一个大趋势。也就是说，某一品类必将有一个或者几个代表品牌，其他的品牌，最后将走向利基和补缺市场。因此，细分的背后，其实还是为了影响和统治核心目标市场，并不断蚕食周边市场，否则就只能被其他品牌超越和边缘化。

（资料来源：http://www.emkt.com.cn/article/504/50499-2.html）

2. 市场细分的原则

（1）可区分性

指不同的细分市场的特征可清楚地加以区分。一方面指各细分市场的消费者对同一市场营销组合方案会有差异性反应；另一方面，对于细分出来的市场，企业应当分别制定出独立的营销方案。比如女性化妆品市场可依据年龄层次和肌肤类型等变量加以区分。

（2）可衡量性

指细分的市场是可以识别和衡量的，亦即细分出来的市场不仅范围明确，而且对其容量大小也能大致做出判断。有些细分变量，如具有“依赖心理”的青年人，在实际中是很难测量的，以此为依据细分市场就不一定有意义。再如美国有 2 400 万左撇子，这个数量几乎相当于加拿大的总人口数，但是绝少有产品是针对左撇子市场的，主要问题在于很难找到和衡量这个市场。

（3）可进入性

指细分出来的市场应是企业营销活动能够抵达的，亦即是企业通过努力能够使产品进入并对顾客施加影响的市场。主要表现在三个方面：一是企业具有进入这些细分市场的资源条件和竞争能力；二是企业能够把产品信息传递给该市场的众多消费者；三是产品能够经过一定的销售渠道抵达该市场。

（4）可营利性

指细分后的市场有值得占领的价值。即细分后的市场要有适当的规模和发展潜力，以适应企业发展壮大的需要。细分后的市场规模与营销费用密切相关，如果细分市场的规模过小，市场容量太小，细分工作烦琐，成本耗费大，获利小，就不值得去细分。即细分出来的市场，其容量或规模要大到足以使企业获利。

（5）相对稳定性

指细分出来的市场必须具有相对的稳定性，以便企业可以长期有效地占领该市场。这意味着企业的营销战略与营销组合在占领该细分市场后的相当长时期内不需改变，有利于企业制定较长时期的营销战略，减少营销风险，使企业取得稳定发展。如果市场变化太快，企业还没来得及实施其营销方案，目标市场已面目全非，这样的市场细分就没有意义了。

3. 市场细分的程序

美国市场学家麦卡锡提出细分市场的一整套程序，这一程序包括七个步骤。

（1）选定产品市场范围

即确定进入什么行业，生产什么产品。

在明确企业任务、目标，对市场环境充分调查分析之后，首先从市场需求出发考虑选定一个可能的产品市场范围。例如，某一房地产公司打算在乡间建造一幢简朴的住宅，若只考虑产品特征，该公司可能认为这幢住宅的出租对象是低收入顾客，但从市场需求角度看，高收入者也可能是这幢住宅的潜在顾客。因为高收入者在住腻了高楼大厦之后，恰恰可能向往乡间的清静，从而可能成为这种住宅的顾客。

（2）列举潜在顾客的基本需求

如公司通过调查，了解潜在消费者对住宅的基本需求可能包括：遮风避雨，安全、方便、宁静，设计合理，室内陈设完备，工程质量好，等等。

（3）将需求归类，即缩小产品的市场范围

对于列举出来的基本需求，不同顾客强调的侧重点可能会存在差异。比如，经济、安全、遮风避雨是所有顾客共同强调的，但有的用户可能特别重视生活的方便，另外一类用户则对环境的安静、内部装修等有很高的要求。通过这种差异比较，不同的顾客群体即可初步被识别出来。

(4) 抽掉潜在顾客的共同要求，明确需求的决定因素

上述所列购房的共同要求固然重要，但不能作为市场细分的基础。如遮风避雨、安全是每位用户的要求，就不能作为细分市场的标准，因而应该剔除。

(5) 标识出可能的产品市场

根据潜在顾客基本需求上的差异方面，将其划分为不同的群体或子市场，并赋予每一子市场一定的名称。例如，房地产公司常把购房的顾客分为好动者、老成者、新婚者、度假者等多个子市场，并据此采用不同的营销策略。

(6) 评估产品市场细分的原因

进一步分析每一细分市场需求与购买行为特点，并分析其原因，以便在此基础上决定是否可以对这些细分出来的市场进行合并，或做进一步细分。

(7) 估计每一细分市场的规模

即在调查基础上，估计每一细分市场的顾客数量、购买频率、平均每次的购买数量等，并对细分市场上产品竞争状况及发展趋势做出分析。

5.2 目标市场选择能力

企业进行市场细分的最终目的是为了有效地选择并进入目标市场。在市场细分的基础上，企业首先要认真评估各个细分市场部分，从众多的细分子市场中选择那些有营销价值的、符合企业经营目标的子市场作为企业的目标市场，然后根据自己的营销目标和资源条件选择适当的目标市场，并决定自己在目标市场上的相应战略。

5.2.1 目标市场基本概念认知

1. 目标市场的概念

目标市场是指企业决定要进入的市场，也就是企业的目标顾客，就是通过市场细分后，企业准备以相应的产品和服务满足其需要的一个或几个子市场。

2. 选择目标市场的依据

(1) 存在尚未满足的需求

这是选择目标市场首先要考虑的因素。需求是企业生产经营的基础。企业选择的目标市场只有存在着尚未得到满足的需求，才有进入的价值。企业进入该市场既能满足消费者需求，又能使企业自身得以生存和发展。

(2) 有足够的销售量

企业选择的目标市场不仅要有需求，而且还要有足够的销售量，这是选择目标市场时不可忽视的重要标准之一。

(3) 具有一定的竞争优势

企业选择的目标市场，应该是没有完全被竞争者控制的市场。一般来说有两种可能性：一是竞争尚不激烈，有进入的余地；二是表面上完全控制，但实际上仍有缝隙可钻。

(4) 企业具备进入目标市场的能力

企业选择目标市场既要考虑外部条件，即目标市场情况，又要考虑企业自身主观条件。对一定的目标细分市场，企业须具备开发该市场经营资源和市场营销能力，同时，针对相当规模的目标市场，企业还要充分考虑其接待能力和招徕能力等。

对于企业来说，目标市场选择至关重要，它是企业决定经营方向的大事，正确的方向是取得成功的前提。

营销案例

“雅玛哈”是日本一家有名的钢琴制造公司。经过多年艰苦的努力，该公司控制了整个世界钢琴市场40%的销售量。但与此同时，市场对钢琴的需求量却以每年10%的速度下降，钢琴行业面临危机。雅玛哈公司该拿什么样的策略来对付这个严峻的现实呢？是退出钢琴行业，还是从钢琴的质量与价格上与同行进一步展开竞争？还是另找良方？

公司经过冷静思考和深入调查后发现，从莫扎特开始到现在，钢琴的结构和功能几乎没有变化，学会弹钢琴太费时间，现代人的时间又太有限，以至学弹钢琴的人越来越少。世界上已有的近4 000万架钢琴中，大部分被闲置在家庭或音乐厅，上面布满了灰尘。

雅玛哈的经理们终于认识到：此时再埋头竞争以进一步扩大钢琴市场占有率已意义不大，因为市场需求已趋饱和。生产质量再好、成本再低的钢琴也不一定能解决多大问题，因为市场需求急骤下降的原因不在于钢琴的质量和价格。那么，唯一的出路就是从根本上改变钢琴的功能。

于是，雅玛哈把数控技术和光学技术相结合，将原来的钢琴改造成为一种新型钢琴，这种新型钢琴既可作为普通钢琴供人们弹奏，同时又具有许多特殊的功能，它可以精确地区分和记录92种不同强度和速度击键方式，具有录放功能：可以把在其上演奏的乐曲准确地录制在计算机软盘的盘片上，录制的软盘又可使钢琴做无人自动弹奏，其效果和钢琴家的弹奏几乎一样。这样，人们可以把自己所喜爱的钢琴家请到家中，让他在钢琴上演奏乐曲，并把它录制下来供以后欣赏。当然也可以从专门商店购买钢琴录音盘片拿回家使用。由于把已有的老式钢琴改造成这种新型钢琴只需2 500美元，不少顾客认为值得，乐于接受雅玛哈的这项服务，光这一项就使雅玛哈再次生机勃勃。

确定目标市场，就是对企业有吸引力的、有可能成为企业目标市场的细分市场进行分析和评估，然后根据企业的市场营销战略目标和资源条件，选择企业最佳的细分市场。

（资料来源：胡宏峻.《销售与市场》1994年第10期）

5.2.2 目标市场基本模式及战略认知

1. 目标市场的选择模式

目标市场是企业打算进入的细分市场，或打算满足的具有某一需求的顾客群体。企业在选择目标市场时，首先要确定目标市场选择模式，然后用科学合理的策略应用其中。

企业在选择目标市场时有五种可供考虑的市场覆盖模式：如图5-1所示。

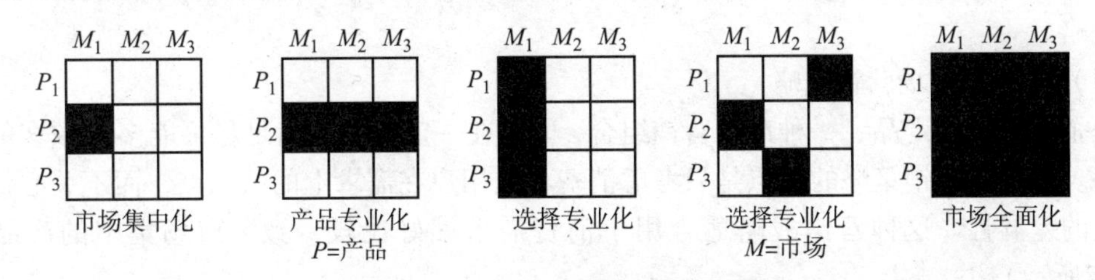

图5-1 选择目标市场的五种方案

（1）市场集中化

这是一种最简单的目标市场模式。即企业只选取一个细分市场，只生产一类产品，供应某一单一的顾客群，进行集中营销。

公司通过集中营销，有利于企业更加了解本细分市场的需要，并树立了特别的声誉，因此便可在该细分市场建立巩固的市场地位。但是，集中营销比一般情况风险更大。当细分市场可能出现不景气的情况或者某个竞争者决定进入同一个细分市场。就容易使企业陷入困境，由于这些原因，许多公司宁愿在若干个细分市场分散营销。

（2）产品专业化

企业集中生产一种产品，并向各类顾客销售这种产品。如空调生产商只生产空调，他可以同时向家庭、机关、学校、银行、餐厅、招待所等各类用户销售。

企业采取这种战略，专注于某一种或一类产品的生产，有利于形成和发展生产和技术上的优势，在特定领域树立起很高的声誉。其局限性是当该领域被一种全新的技术与产品所代替时，产品销售量有大幅度下降的危险。

（3）市场专业化

市场专业化是企业专门经营满足某一类顾客群体需要的各种产品。例如企业为大学实验室提供一系列产品，如显微镜、示波器、本生灯、化学烧瓶等。若企业专门为这个顾客群体服务，而获得良好的声誉，并成为这个顾客群体所需各种新产品的销售代理商。但如果大学实验室突然经费预算削减，就会使企业经济锐减，产生危机。

市场专业化经营的产品类型众多，能有效地分散经营风险。但由于集中于某一类顾客，当这类顾客的需求下降时，企业也会遇到收益下降的风险。

（4）选择专业化

选择专业化是指企业选取若干个具有良好的盈利潜力和结构吸引力，且符合企业的目标和资源的细分市场作为目标市场，但各细分市场彼此之间很少或根本没有任何联系，然而每个细分市场都有可能赢利。

这种模式可以有效地分散经营风险。即使某个细分市场盈利不佳，企业仍可继续在其他细分市场获取利润。一般具有较强资源和营销实力会采用这种模式。

（5）市场全面化

市场全面化是指企业生产多种产品去满足各种顾客群体的需要。实力雄厚的大型企业选用这种模式，才能收到良好效果。例如美国 IBM 公司在全球计算机市场，丰田汽车公司在全球汽车市场，等等。

2. 目标市场战略

通过了对目标市场的评估，可能会有不止一个细分市场符合企业的要求，那么，企业应该通过何种方式去满足目标市场的需要呢？一般来说，企业可以根据具体条件选择三种目标市场战略。

（1）无差异市场营销战略

是企业以一种产品、一种市场营销组合，力求在一定程度上满足尽可能多的顾客的需求的策略。无差异营销策略的特点是只考虑消费者或用户在需求上的共同点，而不关心他们在需求上的差异性。这种营销战略适合用于消费需求偏好比较一致、市场集中的产品（如图5－2所示）。

可口可乐公司在20世纪60年代以前曾以单一口味的品种、统一的价格和瓶装、同一广告主题将产品面向所有顾客，就是采取的这种策略。

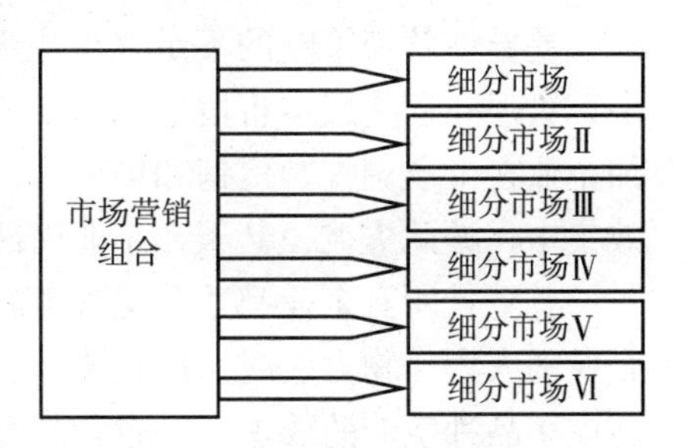

图5－2　无差异市场营销战略

无差异营销的理论基础是成本的经济性。其优点在于对单一的产品进行大批量的生产、储运和销售，减少了生产与储运成本；无差异的广告宣传和其他促销活动可以节省促销费用；不搞市场细分，可以减少企业在市场调查 、产品开发、制定各种营销组合方案等方面的营销投入。还可以节约市场调查、促销、广告等费用，有利于依靠廉价争取更多的消费者。

然而单一产品要以同样的方式广泛销售并受到所有购买者的欢迎，几乎是不可能的，因为不能满足不同消费者之间的差异需求与爱好，难以适应市场需要的发展变化，而且极易造成市场竞争激烈和市场饱和，企业一般不宜长期采用。

营销资料

20世纪70年代以前，美国三大汽车公司都坚信美国人喜欢大型豪华的小汽车，共同追求这一大的目标市场，采用无差异性市场营销战略。但是20世纪70年代能源危机发生之后，美国小轿车消费需求已经变化，消费者越来越喜欢小型、轻便、省油的小型轿车，而美国三大汽车公司都没有意识到这种变化，更没有适当地调整他们的无差异性营销战略，致使大轿车市场竞争白热化而小型轿车市场却被忽略。日本汽车公司正是在这种情况下乘虚而入的。

因此，采取无差异目标市场战略需要满足一定的条件。这些条件是：一是企业具有大规模生产线，能够进行大规模生产；二是有广泛的分销渠道，能把产品送达所有的消费者；三是产品质量好，在消费者中有广泛的影响。

（2）差异性市场营销战略

这是把整体市场划分为若干个细分市场，从中选择一个或几个细分市场作为目标，并为每个细分市场制定不同的营销方案。差异性市场营销策略充分肯定了消费者需求的异质性，并针对不同的细分市场，采取不同的营销策略，来满足不同消费者不同的偏好、需求（如图5－3所示）。比如，服装生产企业针对不同性别、不同收入水平的消费者推出不同品牌、不同价格的产品，并采用不同的广告主题来宣传这些产品，就是采用的差异性营销策略。

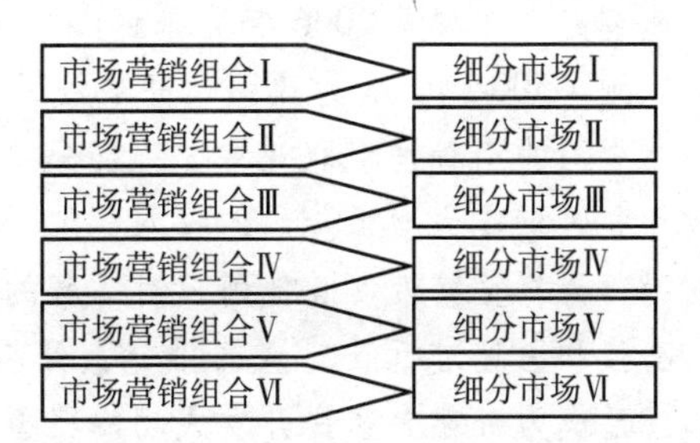

图5－3　差异性市场营销策略

差异性营销策略的优点是：小批量、多品种，生产机动灵活、针对性强，使消费者需求更好地得到满足，由此促进产品销售。例如，宝洁公司生产的洗发水就是如此，如果有头皮屑，就用海飞丝；如果想要头发柔顺，就用飘柔；如果想要营养头发，就用潘婷。宝洁公司的产品在市场上的占有量一直保持领先。另外，由于企业是在多个细分市场上经营，一定程度上可以减少经营风险；一旦企业在几个细分市场上获得成功，有助于提高企业的形象及提高市场占有率。

差异性营销策略的不足之处主要体现在两个方面：一是增加营销成本。由于产品品种多，管理和存货成本将增加；由于公司必须针对不同的细分市场发展独立的营销计划，会增加企业在市场调查、促销和渠道管理等方面的营销成本。二是可能使企业的资源配置不能有效集中，顾此失彼，甚至在企业内部出现彼此争夺资源的现象，使拳头产品难以形成优势。

并不是所有企业都适合这种策略，企业采取差异化市场营销策略必须满足以下条件：①企业的人力、物力、财力比较雄厚，能进行多品种生产；②企业的技术水平、设计能力能够适应多品种生产的要求；③企业的营销管理人员水平较高，能适应多种市场的要求；④产品销售额的提高大于营销费用增加的比例。

很多企业由于巧妙地应用了差异化的竞争战略，以及个性化的推广策略，从而扶摇直上，迅速达到发展的巅峰状态。

营销案例

奇瑞差异化营销制胜思路分析

在产品同质化严重的今天，单纯依靠产品力已无法赢得竞争的胜利，必须要打造个性的品牌、优质的服务和创新的营销力。营销创新，运用差异化营销的策略是重要的获胜手段。

2006 年在中国的汽车工业史上，留下了浓墨重彩的一笔：奇瑞率先以 30 万辆的成绩，进入中国乘用车市场品牌三强，成为继通用、大众之后第三个年产销达 30 万辆级的汽车企业。在诸多的成功要素中，差异化营销策略运用，是取得营销成功的重要法宝之一，而集中资源推进大客户销售，就是一个典型的事例。

在仔细分析市场及奇瑞产品的竞争优势之后，奇瑞做出了一个令行业瞠目的决定：成立一个 40 余人规模的大客户营销团队，全力出击出租/租赁市场府采购市场集团采购等市场。2006 年，奇瑞大客户销售 2.72 万辆，完成年度目标的 136%，占 2006 年奇瑞国内市场总销售额的 10.5%，为奇瑞销量进入“四甲”做出了贡献。

出租车作为中国公共交通的重要组成部分，与市民的生活息息相关。据统计，截至 2006 年底，全国出租车保有量 97.2 万辆，2006 年新增出租车 171 735 辆，这个市场每年还将以 20%～25% 的速度更新，市场潜力巨大。

为此，奇瑞针对不同区域，不同市场，制定了不同政策，推广不同产品。在广东、上海、南京等大城市，力推东方之子；在条件成熟的地区，如沈阳、四川力推节能环保的双燃料车型；而在传统的“老三样”出租市场，力推竞争力强的 1.3～1.6 L 排量的旗云。在部分二级城市的市场还主推 QQ 出租。正确的策略，极具竞争力的产品，使奇瑞在出租车市场迅速突起，实现了 2006 年的跨越。在捷达传统市场的东北，如沈阳，奇瑞出租车的保有量更达到 4 500 辆，成为沈阳市亮丽的风景线。

中国的消费呈现职业特征，部分消费群体具有影响和引领消费习惯、消费喜好的特点。教师和医生作为知识阶层，收入稳定，消费超前，比较早地进入私家车消费领域，而他们的消费行为将直接带动其他用户对品牌的追崇。针对教师和医生群体，奇瑞出台针对性政策，在高校和医院进行点对点的推介，开展试乘试驾等一系列活动，教师、医生购车量不断增加，已成为奇瑞大客户开发成功的典型案例。

未来的国家与国家的竞争，是品牌的竞争，是各个国家拥有世界 500 强企业数量的竞争。汽车工业作为中国的支柱产业不能没有自己的自主品牌。作为汽车工业的后来者，中国的自主品牌必须要学会在竞争中生存，在竞争中成长，要善于走差异化的发展道路。希望全社会能关心和支持他们的成长，也祝愿以奇瑞为代表的中国汽车工业自主品牌能一路走好！

（资料来源：http://www.100guanli.com/HP/20100828/DetailD1405301.shtml）

（3）密集性市场营销战略

它是在市场细分的基础上，企业集中力量推出一种或少数几种产品和市场营销组合手段，对一个或少数几个子市场加以满足的策略（如图5－4所示）。这个策略往往为小企业采用。它着眼于消费者需求的差异性，重点放在某一个或几个消费者群，遵循“与其四面出击，不如一点突破”的原则，以谋求在较小的市场上占有较大的市场份额。

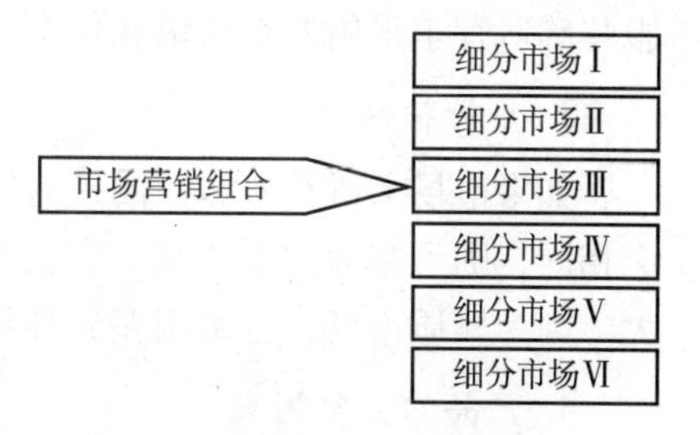

图5－4 密集性市场营销战略

这种战略，又被称为“弥隙”战略，即弥补市场空隙的意思，它一般适合于资源薄弱的小企业。小企业要在市场竞争中站稳脚跟，如果与大企业硬性抗衡，弊多于利。如果他们避开大企业竞争激烈的市场部位，选择一两个能够发挥自己技术、资源优势的小市场，往往容易成功。

采用集中性目标市场战略的优点是：①可以提高企业在一个或几个细分市场上的占有率。②可以降低成本和减少销售费用。③有利于企业创名牌，增加销售量，提高利润率。例如，日本有一家生产雨衣的小企业，在该行业根本排不上名次，后改为生产婴儿尿布，成为该领域的领头企业，市场占有率达到80%。

其不足体现在两个方面：一是市场区域相对较小，企业发展受到限制。二是潜伏着较大的经营风险，一旦目标市场突然发生变化，如消费者兴趣发生转移，或强大竞争对手的进入，或新的更有吸引力的替代品的出现，都可能使企业因没有回旋余地而陷入困境。

营销案例

瑞士有一家叫“美寿多”修鞋配钥匙公司，它以修理皮鞋与配钥匙为经营业务，经过苦心经营，这么一种不起眼的小生意，竟然成为世界性的行业。现在它在全世界27个国家建立3 200个修鞋配钥匙中心，年营业额达数十亿美元。

美寿多公司之所以能够使小行业做出大生意，主要靠其独创的经营途径。它设在世界各国的3 000多个子公司，都是安置在当地的大百货公司中，因为大百货公司是面对各阶层消费者的。当然，美寿多公司经营的成功，最主要还是他们重视修理质量和服务质量。为了保证修理质量，他们使用的材料都要经过公司认真检验后才送到各中心使用。正因为有如此严格的要求和精心的管理，做法上也不随波逐流，所以该公司大获成功。

5.2.3 目标市场选择影响因素分析

由于目标市场策略选择的多样性和企业情况的复杂性，决定了企业在具体选择目标市场策略时，要通盘考虑，权衡利弊，才能做出最佳选择。一般来说，企业选择进入目标市场策略时，必须考虑以下因素：

1. 企业的资源和能力

如果企业在人力、财力、物力、信息及管理能力等方面都有充足的实力，就可以考虑选择无差异市场营销策略；如果企业具有相当的规模、雄厚的技术、优秀的管理素质，则可以考虑实行差异性市场营销策略；反之，如果企业资源有限，实力较弱，难以开拓整个市场，就应该实行密集性营销策略。

2. 产品特点

对于同质性产品，例如面粉、食盐、火柴等产品，他们的差异性较小，产品的竞争主要表现在价格上，较适宜无差别营销策略；对于差异性较大的产品，例如家用电器、照相机、服装等适宜于采用差别营销和集中营销策略。

3. 市场特性

如果市场上所有顾客在同一时期偏好相同，购买的数量相同，并且对市场营销刺激和反应相同，则可视为同质市场，宜实行无差异目标市场战略；反之，如果市场需求的差异较大，则为异质市场，宜采用差异性目标市场战略或集中性目标市场战略。

4. 产品的生命周期

产品生命周期是产品从投入市场到退出市场的全过程。对处于产品生命周期不同阶段的产品，要采取相应的目标市场策略。处在导入期和成长期的新产品，市场营销的重点是启发和巩固消费者的偏好，最好实行无差异市场营销或针对某一特定子市场实行集中市场营销；当产品进入成熟期后，市场竞争激烈，消费者需求日益多样化，可改用差异性市场营销策略以开拓新市场，满足新需求，延长产品生命周期。

5. 竞争者状况

对竞争者要素需要从市场竞争格局与竞争者策略两个方面来考虑：

（1）从竞争格局看，如果竞争者数量很多，企业为了把目标顾客吸引到自己周围来，就应该采取差异性目标市场战略；若竞争者的数量很少，企业就可以采取无差异性目标市场战略，以满足消费者的市场需要。

（2）从竞争者策略来看，如果竞争对手采用无差异性营销战略时，企业选择差异性或集中性营销战略有利于开拓市场，提高产品竞争能力。如果竞争者采用差异性战略，则不应以无差异战略与其竞争，可以选择对等的或更深层次的细分或集中化营销战略。

6. 市场营销环境

市场营销环境影响市场的供求关系和消费者行为，由此而影响到企业对目标市场的选择。一般来说，在供小于求的卖方市场，可采用无差异目标市场策略；而在供大于求的买方市场，则适宜采用差异性或集中性目标市场策略。

5.3 市场定位能力

企业选定目标市场后，要使自己的产品在目标市场上形成竞争力，从而成功地进行目标市场营销，接下来就该考虑为自己的产品确立一个适当的市场地位。这就是目标市场产品定位。目标市场产品定位的实质是使产品在消费者心目中树立某种形象。

5.3.1 市场定位基本概念认知

1. 市场定位的概念

市场定位，也称产品定位，指企业设计出自己的产品和市场形象，并把其传递给市场，从而在目标市场内的消费者心中确立与众不同的有价值的地位，就是企业以消费者对某种产品的特征、属性的关注程度，给本企业的产品设计的市场地位。对市场定位的理解应该把握：

①市场定位的基点是竞争。

②市场定位的目的在于吸引更多目标顾客。

③市场定位的实质是设计和塑造产品的特色或个性。

营销故事

给自己定位

有这样一个真实的故事：一个乞丐在地铁出口卖铅笔。这时过来了一位富商，他向乞丐的破瓷碗里投入了几枚硬币便匆匆离去。过了一会儿，商人回来取铅笔，对乞丐说：“对不起，我忘了拿铅笔，我们都是商人。”几年后，这位商人参加一次高级酒会，一位衣冠楚楚的先生向他敬酒致谢并告知说，他就是当初卖铅笔的乞丐。生活的改变，得益于富商的那句话：你我都是商人。

设想，如果乞丐一直没能遇到这样一位商人，自己一直未能觉醒，一直就甘心做一名乞丐，也许，他的人生就少了一份成功。因此，自己要能给自己定位：你认为自己只能做乞丐，当然你就只能做乞丐；你认为自己也可以成为富商，当然你就得往这个方向去努力，从而就具备了这种可能。朋友，这对你有何启发呢？你能给自己准确定位吗？

5.3.2 市场定位步骤、标准及策略

1. 市场定位的步骤

(1) 分析产品，确定产品的主要特征和利益

这一点很重要，但也很容易被忽视。兵家有云：知己知彼，百战不殆。企业应该先了解本企业产品。描述产品通常有两种方法：一种是直接描述产品有形和无形的特征，另一种是描述产品通过这些特征能满足哪些潜在顾客的需求和兴趣，即产品利益。

(2) 确认本企业潜在的竞争优势

①竞争者做得如何？

企业要调查市场上竞争对手的产品定位如何，调查竞争者产品的形象和在市场上所处的位置，两者是否一致？原因是什么？都要做出确切的估计。

②市场需求满足得如何？

就是调查目标市场的消费者的需求是什么，需求满足程度如何。消费者对产品的特性的评价标准，还必须明确目标市场消费者认为能满足需要的最重要的特征是什么。因为市场定位成功与否，关键在于企业能否比竞争者更好地了解顾客，对市场需求与服务有深刻、独特的见解。

③企业自身能够为消费者的需求做些什么？

消费者一般都选择那些给他们带来最大价值的产品和服务。因此，赢得和保持顾客的关键是比竞争者更好地理解顾客的需要和购买过程，以及向他们提供更多的价值。通过提供比竞争者更低的价格，或者是提供更多的价值以使较高的价格显得合理。企业可以把自己的市场定位为：向目标市场提供优越的价值，从而企业可赢得竞争优势。

(3) 准确地选择相对竞争优势

相对竞争优势表明企业能够胜过竞争者的能力。这种能力既可以是现有的，也可以是潜

在的。假定企业已很幸运地发现了若干个潜在的竞争优势。现在，企业必须选择其中几个竞争优势，据以建立起市场定位战略。通常的方法是分析、比较企业与竞争者在下列七个方面相比究竟哪些是强项，哪些是弱项：

①经营管理方面。主要考察领导能力、决策水平、计划能力、组织能力以及个人应变的经验等指标。

②技术开发方面。主要分析技术资源（如专利、技术诀窍等）、技术手段、技术人员能力和资金来源是否充足等指标。

③采购方面。主要分析采购方法、存储及运输系统、供应商合作以及采购人员能力等指标。

④生产方面。主要分析生产能力、技术装备、生产过程控制以及职工素质等指标。

⑤市场营销方面。主要分析销售能力、分销网络、市场研究、服务与销售战略、广告、资金来源是否充足以及市场营销人员的能力等指标。

⑥财务方面。主要考察长期资金和短期资金的来源及资金成本、支付能力、现金流量以及财务制度与人员素质等指标。

⑦产品方面。主要考察可利用的特色、价格、质量、支付条件、包装、服务、市场占有率、信誉等指标。

总的来说，企业需要避免三种主要的市场定位错误：第一种是定位过低，即根本没有真正为企业定好位；第二种错误是过高定位，即传递给购买者的公司形象太窄；第三，企业必须避免混乱定位，给购买者一个混乱的企业形象。

（4）显示独特的竞争优势

一旦选择好市场定位，企业就必须采取切实步骤把理想的市场定位传达给目标消费者。企业所有的市场营销组合必须支持这一市场定位战略。给企业定位要求有具体的行动而不是空谈。

①建立与市场定位相一致的形象。要让目标消费群了解、熟悉企业的市场定位。企业在建立形象过程中，需要积极、主动地与消费者交流、沟通，来唤起消费者的注意、兴趣，使目标市场消费者与企业的定位产生共鸣，逐渐地把这种感情、情绪加深，要使目标用户产生一种更加强烈的感情在其中。

②巩固与市场定位相一致的形象。企业在向目标消费群体传递定位信息后，还需要强化目标顾客对定位的认识和印象。对任何一事物的认识都是有一个由表及里的过程，这就需要企业增进顾客认识，强化对企业的印象；当顾客对企业的定位观念有了进一步的认识后，就需要保持目标顾客的认识，进而使企业的市场定位观念在消费者心目中形成固定的态度，加深企业和顾客之间的感情。

2. 市场定位的标准

（1）产品属性

产品本身的属性以及由此获得的利益可使消费者体会到它的定位。要使消费者感受到产品的定位。例如，就轿车而言，德国车给人感觉高档、稳重；日本汽车经济、小巧。

（2）感觉性利益

感觉性利益：视觉，如好看、样子好、有魅力、轻便、崭新等；触觉，如轻、好拿、柔软、暖和等；听觉，如噪声小、听起来舒服等；嗅觉，如无臭、香味等；味觉，如好吃、甜、酸；其他，如无毒副作用、低脂肪等。

（3）使用的用途

为老产品找到一种新的用途，就可以对产品有一个新的定位，这也是种好办法。例如，小苏打一度被广泛用作家庭的刷牙剂、除臭剂等，现在却有不少新产品代替了上述一些功能。国外有一个厂商，把他们当作防臭剂出售，另一个企业把它作为调味汁的配料等。

（4）心理性利益

心理性利益，即提高内心的实现感和充实感，追求精神上的丰富感和满足感，保持良好的心理状态，如自尊心、威望、地位的满足，快感、安心感、轻松感等。

（5）经济性利益

经济性利益，即降低成本，省力、省能，或提高费用效率比，便宜和降价感等。

（6）社会性利益

社会性利益，即谋求对社会生活的发展和革新的贡献程度以及社会的接受程度，如绿色环保、提高消费者的福利水平、增大社会利益、增进健康等。

（7）文化利益

文化利益，即对应价值观的多样化，灵活地适应不同文化上的要求，如风俗习惯、法律等。

（8）消费者

这也是企业常常使用的一种方法，把产品指引给适当的消费群体或某个细分的子市场。例如，大宝是咱老百姓自己的化妆品，而雅诗兰黛是给档次较高的消费群使用的产品，“苗条淑女”——最怕胖的青春女孩最喜欢。企业应该根据细分的市场创建适当的形象。

3. 市场定位的策略

市场定位战略实际是一种竞争战略，即根据产品的特点及消费者对产品的知觉，确定本企业产品与竞争者之间的竞争关系，是为了使企业的产品在目标消费群心目中相对于竞争者产品而言占据清晰、特别和理想的位置而进行的安排。企业常用的市场定位方式主要有以下几种：

（1）避强定位

这是一种避开强有力的竞争对手的市场定位。其优点是能够迅速地在市场上站稳脚跟，并能在消费者或用户心目中迅速树立起一种形象。由于这种定位方式市场风险较少，成功率较高，常常为多数企业所采用。

营销案例

在 1968 年，七喜饮料公司的产品定位就是“非可乐”，因为美国当时正在热烈进行着反咖啡因运动，七喜公司就接着这个东风，成为可口可乐、百事可乐的替代产品。

这种策略的实施需具备以下条件：企业自身能够生产较高质量的产品，具有与之配备的技术、设备；企业使用低价优质方法，仍能盈利，同时还必须使消费者相信企业产品质量比较好。

（2）迎头定位

迎头定位，指一个有竞争实力但知名度不高、在市场上尚未取得一个稳定地位的产品，与一个已在市场上建立起领导者地位的产品直接对抗，以吸引消费者的关注，从而在市场上取得有利位置的定位方法。即与在市场上居支配地位的、也是最强的竞争对手“对着干”的定位方式。

这种方式风险较大，但一旦成功就会取得巨大的市场优势，因此对某些实力较强的企业有较大的吸引力。实行迎头定位，一方面要知己知彼，尤其要清醒地估计自己的实力；另一方面，还要求市场有较大的容量。

营销案例

红高粱梦断中原

随着中国加入WTO，民族企业如何创立自己的名牌产品、名牌企业，是摆在有志气的国人面前的一大问题。自古，中国就是一个自强不息的民族，不会在困难面前被吓倒。乔赢便是其中一位。

麦当劳1937年从经营小餐厅开始，经过将近20年的发展，成为一个颇具规模的快餐厅，并发展为连锁经营的快餐厅。到如今已发展成为世界性大型跨国公司。从1993年，这个洋快餐登陆北京王府井开始，它以惊人的速度席卷中国。中国几千年来的各种小吃都难以与之抗衡。看到如此景况，国人甚感不服气。这时，乔赢站出来，扛起民族快餐“红高粱”的大旗，要与洋快餐一决高下。1995年4月15日，在大洋彼岸的麦当劳建店40周年之时，“红高粱”快餐在郑州二七广场初次亮相，主打产品是羊肉烩面。“红高粱”的店址就在麦当劳的正对面，其店面装饰、员工着装等方面都酷似麦当劳。乔赢的用意很明显，就是要与麦当劳叫板。

“红高粱”从亮相后，取得了很大的成功。日营业额迅速突破万元大关。随后，以44万元资金起家的7家分店仅用了8个月的时间就滚动到了500万元。到1996年，乔赢已在北京、上海、广州等城市展开连锁。乔赢在他北京的办公室指着地球仪说：“5年内红高粱将遍布全球。”他打算于2000年在世界各地开两万家连锁店。红高粱这个中式快餐准备着在全球与麦当劳一决高下。有人慨叹，红高粱造势的效率要比央视标王高出几万倍。1997年，红高粱在全国20多个城市全面铺开，然而这些分店很快就相继夭折。乔赢去广州准备处理红高粱不景气的业务，没想到一下飞机，就看到报纸头版头条登着广州红高粱的破产，以致他住宾馆都不敢用自己的名字。眼见着连锁大厦在创建之初倒塌了。截止到1998年年底，红高粱投资兴建的各地分店相继倒闭，负债总额已高达3 600万元。对于红高粱的骤起骤落，业内人士分析，不论是叫板麦当劳的新闻炒作，还是从形式上对麦当劳的模仿，都不能支撑着“红高粱”走得更远一些。麦当劳背后的坚实软件基础——管理、技术、资本，都不是模仿能得来的。

（资料来源：百度文库）

（3）产品的重新定位

产品在目标市场上的位置确定后，经过一段时间的经营，企业可能会发现出现了某些新情况，如有新的竞争者进入了企业选定的目标市场，或者企业原来选定的产品定位与消费者心目中的该产品印象（即知觉定位）不相符等，这就促使企业不得不考虑对产品的重新定位。

产品的重新定位，也称为二次定位或再定位，是指企业变动产品特色来改变目标市场消费者对企业产品的原有印象，并对产品的新形象有一个重新认识过程。这种策略的使用通常对那些销路较少、市场反应较差的产品进行二次定位，旨在摆脱困境，重新获得增长与活力。

通常，企业在重新定位前，需要考虑两个主要因素：一是企业将自己的品牌定位从一个子市场转移到另一个子市场时的全部费用；另一个因素是企业将自己的品牌定位在新位置上的收入有多少，而收入多少又取决于该子市场上的购买者和竞争者情况，取决于在该子市场上销售价格能定多高等。

营销故事

重新定位能使柳暗花明——万宝路香烟

成立于1924年的美国菲利普·莫里斯公司，当年生产的万宝路香烟，根据其配方和口味特点，作为女士专用香烟推向市场，费了不少工夫，销售也未打开，至20世纪40年代初，曾一度被迫停产。“二战”后，美国经济出现繁荣，吸烟人数不断上升，该公司认为良机已到，把万宝路香烟装上刚刚面世的过滤嘴，重新向女子市场推出，结局仍不佳。眼见“劳龄30”的万宝路香烟，依然“养在深闺人不识”，一筹莫展的菲利普·莫里斯公司只得向芝加哥的利奥·伯内特广告公司求助，希望能找到解救良策。利奥·伯内特公司经过周密的市场调查，提出彻底改变万宝路形象，洗尽脂粉，赋予男子汉气概，使之成为男人所喜爱的香烟。该公司接受建议，积极实施，1954年新的万宝路诞生，配方依旧，包装采用当时首创的平开盒式盖，并使用象征力量的红色作烟盒的主色，在广告宣传上改由马车夫、潜水员、农夫、牛仔等人物来强调香烟的男子汉气概，最后用牛仔形象宣传万宝路香烟投放市场后，一年销量提高了3倍，从一个默默无闻的牌号一跃成为美国销量最大的10种香烟之一，1968年成为美国第二大烟，1975年，销量跃居世界第一。

5.3.3　市场定位失误

市场定位失误是指企业由于市场定位不清或失误而失去消费者信任，总的来说，企业需要避免以下几个主要的市场定位失误：

1. 企业市场定位第一大失误——定位好高骛远

有些企业由于对竞争对手在市场上的实力过高，结果将自己的产品市场定位过高，品牌创建起初时气壮如牛，最后却偃旗息鼓。

营销资料

曾是中央电视台黄金时段日用消费品广告标王的太子奶，1998年4月在全国奶制品市场上占有率仅为1.8%，而国内两支“老牌劲旅”——娃哈哈和乐百氏占有率分别达到18%、32.4%。可太子奶一上市就摆出一副要争“老大”的姿态，全然不顾娃哈哈、乐百氏早已十分雄厚的国内市场基础、投入了大量广告费用，但最终未能打开市场。相比之下，美国百事可乐公司在市场定位上就聪明得多了。面对软饮料市场巨头可口可乐公司无可动摇的霸主地位，百事可乐不是盲目地“舍得一身剐，敢把皇帝拉下马”，与之一争高低。而是明智地将自己市场定位于“老二”，以此为基础制定自己的营销和发展战略。在目标市场上专攻年轻人市场。它所开发的产品形象正与年轻人那种朝气、清新、谦逊、不认输、不屈服的性格特征产生共鸣。因此在市场上很快便成为年轻人的新宠，站稳了脚跟，从而占领了美国饮料市场30%的份额。可口可乐仍是“老大”，但市场份额却减至41%。

2. 企业市场定位第二大失误——定位笼统、模糊

企业在某个市场开展业务时不应四处出击，而应该根据自身营业条件，选择那些最具有吸引力并且能为之提供最有效服务的那部分市场。即先进行市场细分，选择目标市场，然后进行企业市场定位（STP 营销）。

营销资料

娃哈哈、乐百氏均将自己的 AD 钙奶企业市场定位于儿童消费群，只在儿童身上下功夫，都取得了成功。而太子奶不进行市场细分，将所有人群都作为自己的目标，顾客笼统对待。经营上没有针对性，没有个性特色，很难取得成功。再如某水果店店主在听取一营销教授建议之后，用红彩带将苹果两两一扎，取名叫“情侣苹果”，情侣们看上去，听起来都觉得很有意思，倍感新奇。尽管定价稍高，仍争相购买，即使遇上苹果不好销的大冷天也是如此。为此，水果店收益颇丰。精明的水果店店主在市场细分后将占市场比例很大的情侣定为目标市场，加之独具匠心的产品目标市场定位，使其经营取得了成功。

3. 企业市场定位第三大失误——品牌市场定位失误

根据调查了解，这些年，在实际操作过程中，我国企业在“品牌市场定位”方面至少存在以下三个方面的失误现象：

（1）混淆市场定位

这是最典型的失误现象，也最为普遍。即品牌特征太多，或品牌市场定位太过频繁，使购买者对品牌形象感到困惑。

（2）可疑市场定位

这种失误更可恶。也就是企业对自己产品特征、价格或宣传方面所做的一切工作不能让购买者信服，消费者认为你在吹牛或撒谎。

（3）过分市场定位

与上面两个失误现象相比，这个失误还算好些，但可能导致的后果是，白白丢失更多的市场机会。过分市场定位是指对品牌认同过于狭窄，不利于产品线延伸或品牌延伸。

4. 企业市场定位第四大失误——缺乏结合实际的市场定位

营销资料

国际乳业巨头进入中国是在 10 年之前。当时中国有几千家小型牛奶加工厂，跨国巨头们纷纷看好中国市场的广阔前景，营业额世界排名前列的“卡夫”“达能”和“帕玛拉特”等企业先后在中国建立生产基地和营销网络。时至今日，这些跨国企业在中国的发展并不顺利：2002 年，美国酸奶市场第一品牌“卡夫”在进入北京 9 年之后正式退出；2003 年，国际酸奶品牌“优诺”也黯然告别申城；今年，意大利乳品巨头“帕玛拉特”在中国的工厂全线停产……。洋品牌中国遭遇“滑铁卢”，与它们的产品企业市场定位有很大关系。上海壹言商务咨询公司首席策划师汤志庆举例分析：“帕玛拉特”由于对国内消费者不熟悉，在中国走高档路线，脱离实际消费水平，导致市场局面一直打不开——其 100 克果汁酸奶零售价为 2 元人民币，比国内普通酸奶价格高出一倍。而原本在高端市场占有一席之位的“优诺”，却选择在一个较低的价格区间与“光明”展开竞争，结果原先的市场企业市场定位变

得模糊，也由此失去了最主要的目标市场。

5. 企业市场定位第五大失误——市场定位没有特色

现代企业竞争表现为产品竞争。激烈的市场竞争中，如果你的产品毫无特色或毫无优势，竞争必然失败。因此，企业要分析自己与众不同之处和产品高人一等的地方。比如，是技术领先，还是质量更好；是价格便宜，还是服务周到等。

6. 企业市场定位第六大失误——市场定位后不能做到

企业的产品一经市场定位，就要保证产品真正能达到向用户承诺的目标，否则，即使产品在整体上优于竞争对手，但是在用户心目中还是个“不称职”的产品。当然不能满意，这样的产品市场定位失去了用户的信任，也就失去了市场。

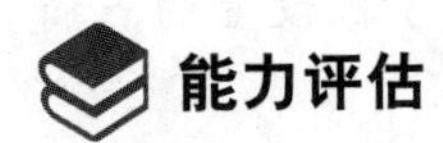

能力评估

评估项目一：案例分析

朵唯女性手机

朵唯手机定位在女性的角度，专为女性定制，打出专业女性手机的旗号。朵唯推出的系列女性手机针对女性的喜好和习惯，无论是外观还是内置功能方面都进行了针对性的设计和定制。外形时尚柔美，内置女性专属软件，比普通手机更契合女性的切实需求。特色功能：

①一键求救，自动定位。朵唯手机特设一键求救，自动定位功能，可以快速确定所在位置，危急时刻仅按一键，即刻自动发送求救讯息至亲友或警方，并告知所在位置，同时鸣笛警报，一机在手，犹如有贴身保镖随时陪伴，安全更有保障。

关于这点是朵唯手机主打的特色功能，是史无前例的独创功能。在朵唯刚推出时的广告中也是极力地予以表现。广告中舒淇拿着朵唯手机，在商场中感觉到有人跟踪危险时躲进电梯中，然后按了一下手机上的一个按键。在电梯从五楼下降到一楼的几秒钟内就出现了一群像黑客帝国中的黑衣保镖赶来保护。

在朵唯品牌上市两个月后的总结会上，朵唯手机客服部提供了一份超过 5 000 人的名单，都是在购买朵唯女性手机以后，打电话向企业咨询如何使用“一键求救、自动定位”功能的女性消费者。可见朵唯创新的一键求救功能受到了目标消费者的广泛关注，实现了它的功能性利益。

②“爱美尚家”四大主题。在手机使用上，朵唯手机提供了一系列的专为女性打造的免费资源，包括手机软件、资讯。在这些功能的设置上，朵唯手机都是站在女性消费者的角度上来看的。

首先，女性更需要他人的关爱，对恋人，丈夫的依赖性更强，更需要安全感。这是女性对“爱”的需要。其次，是女性对“美”的需要。爱美之心，人皆有之。女性在这方面要求更高，她们崇尚外在美，喜欢把自己打扮得漂漂亮亮，引人注目。再次，当今的女性已经不是传统的家庭妇女，她们是新时代的女性，关注时尚潮流，崇尚品质生活。这是对“尚”的需要。最后，是女性对“家”的需要。虽然现在的女性已经摆脱了只有家庭的局限。但是对于女性而言，家庭在她们的生活中还是具有不可替代的重要地位，和睦的家庭生活能够有效地提升女性的幸福感。

由此，朵唯手机推出了“爱美尚家”四大主题，让新时代女性准确把握健康美丽脉搏，家庭事业和谐美满。

其中“爱”包含一键防狼、星座运程、男人物语、恋爱常识和爱情测试五个菜单项，爱情让女人更滋润；“美”包含化妆指南、健美瘦身、发型设计、丽人礼仪，美丽的达人是由内而外的；“尚”包含视频聊天、随身男友、快乐消费等菜单，做新时代的时尚女王；“家”包含健康饮食、育儿常识、子女教育、教您理财四项菜单，多样化的选择，创造家庭的温馨。值得一提的是，这些资讯大多都是朵唯为女性独家定制的内置免费资源。

③“朵易”软件。朵唯 DOOV 手机专为女性贴心打造的“朵易”软件系统，更符合女性使用习惯，更懂女人心，朵唯 DOOV 手机对女性的贴心和关爱渗透在手机设置的点滴之中。

④朵唯电子报。是专为朵唯手机用户提供的一项免费增值服务。朵唯电子报关注女性生活，聚集时尚热点，以图文并茂的形式介绍最新、最前沿的资讯。其内容包括四个主题菜单：“爱·他她”、“美·颜形”、“尚·时代”、“家·天下”，周一到周四推出。

其中“爱·他她”：情感大教室，关于单身浪漫，谈婚论嫁，恋爱心经，爱情、友情、亲情的最新资讯，每周一推出；“美·颜形”：女人爱美丽，关于美容护肤，生活健康，服饰装扮，我败我秀，我爱保养的最新资讯，每周二推出；“尚·时代”：百变时尚秀，关于时尚女人，八卦趣事，星座情缘，驴行天下，时尚沙龙的最新资讯，每周三推出；“家·天下”：品居家生活，关于厨艺展示，育儿心经，当家女人，时尚家居，生活理财的最新资讯，每周四推出。

（资料来源：豆丁网）

分析

朵唯手机是如何寻找市场定位的？

评估项目二：营销实践练习

①实践练习的目的和要求：

②目的：通过实践训练，使学生明确作为营销人员如何进行市场细分以及对细分市场进行准确的定位。

③要求：在掌握本章所学基本内容——市场细分、目标市场选择及市场定位的基础上。深入思考如何帮助企业进行市场定位，选择目标市场。

④实践练习的内容：

在市场上有许多品牌的护肤品，以下给你几个护肤品的品牌：

雅芳　　资生堂　　欧珀莱　　大宝　　小护士

a. 通过实际了解来分析它们的市场细分依据。

b. 同时了解他们选择的目标市场是哪些。

c. 帮助这些护肤品进行定位。

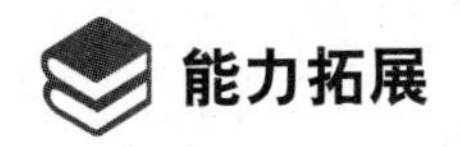

能力拓展

客户分析

1. 实训目的、要求

通过实训，要求学生学会按照地理因素、人口因素、心理因素、行为因素对背景企业市场进行细分。

2. 实训主要内容

①学会按照地理因素进行顾客细分。

②学会按照人口因素进行顾客细分。

③学会按照心理因素进行顾客细分。

④学会按照行为因素进行顾客细分。

3. 实训准备

先要求学生利用业余时间，对学校学生购买背景企业的产品情况进行调查。

4. 实训资料

上述调查所得的第一手资料。

5. 实训操作步骤

第一步：将背景企业的市场按照国家分成不同的地理区域单位。

第二步：将背景企业的市场按照地区分成不同的地理区域单位。

第三步：将背景企业的市场按照城乡分成不同的地理区域单位。

第四步：将背景企业的市场按照城市规模分成不同的地理区域单位。

第五步：将背景企业的市场按照气候分成不同的地理区域单位。

第六步：将背景企业的市场按照人口密度分成不同的地理区域单位。

第七步：将背景企业的市场按照人口年龄结构划分。

第八步：将背景企业的市场按照人口数量划分。

第九步：将背景企业的市场按照家庭生命周期划分。

第十步：将背景企业的市场按照家庭结构划分。

第十一步：将背景企业的市场按照职业划分。

第十二步：将背景企业的市场按照性别划分。

第十三步：将背景企业的市场按照收入划分。

第十四步：将背景企业的市场按照受教育程度划分。

第十五步：将背景企业的市场按照种族划分。

第十六步：将背景企业的市场按照宗教划分。

第十七步：将两种以上的细分因素组合后再划分市场。

第十八步：将背景企业的消费者按照所处社会阶层划分。

第十九步：将背景企业的消费者按照个性划分。

第二十步：将背景企业的消费者按照生活方式划分。

第二十一步：将背景企业的消费者按照进入市场的程度划分。

第二十二步：将背景企业的消费者按照使用频率的高低划分。

第二十三步：将背景企业的消费者按照对产品品牌的偏好程度划分。

6. 实训成果

顾客细分报告。

注意：市场细分是市场营销战略的基础，企业采取什么样的营销战略及具体的营销组合策略都需要以市场细分为基础。通过这一实训，也可以让学生更多地接触市场、了解市场，以便为下一步的学习及将来真正进入市场、从事营销工作打下基础。

“4PS营销策划”技能培养

培养目标

通过本项目的学习，教会学生掌握营销策划书的基本结构，使其具备营销策划的基本撰写能力。

任务单元6　产品策略运用能力培养——企业生存的基石

任务解读

产品是企业市场营销组合的首要因素。一个企业要实现自己的目标，在激烈的市场竞争中取得一席之地，必须拥有适销对路的产品。能够为背景企业选择品牌策略，决定包装定位，选择包装策略；能够在掌握新产品构思方法的基础上，为背景企业进行新产品开发创意。

知识目标

- 了解产品组合在企业发展中的重要作用。
- 掌握品牌、包装的定义及相关策略。
- 产品的各生命周期的含义、特点以及营销策略。
- 了解新产品开发的重要性、程序。

能力目标

- 对整体产品的基本含义能运用到实践中。
- 对产品的品牌、包装具有初步的策划设计能力。
- 学会在产品生命周期的不同阶段使用相应的营销策略。
- 懂得新产品开发的基本策略和程序。

案例导读

安利的产品及其开发

安利的产品具有多元性、多用性、实用性、高效性、安全性和重复性。产品主要包括家居及个人清洁剂、营养补品、厨具等共470多种，产品的原料主要采用纯天然生物制品。例如，安利的营养补品，主要是从安利公司自己的农场种植的植物中提取加工的。这些植物主要包括大豆、玉米、柠檬、大蒜、樱桃等。安利公司利用原始耕作的方式种植，禁止在农场使用农药、化肥和拖拉机等，而是用有机肥、天敌和蚯蚓。安利的产品保证不含色素、合成料、防腐剂和香精，并符合国际ISO9002标准。安利公司多次受到联合国环保组织的嘉奖。另外，安利的许多产品都是专利产品，如净水器是安利公司和美国航天局合作开发的航天飞机必备用品。

安利深知产品除了要有精良的品质外，还要经济实用，方能经得起消费市场的考验，赢得顾客的信赖与支持。安利产品配方浓缩，加水稀释后，单次使用成本低于同类产品；浓缩配方更可减少50%~70%的包装废料，节省生产塑料瓶所需的石油及运输所需的燃料。除浓缩配方外，安利产品还在很多方面体现出环保意识：

安利不仅有一套完整严密的质量管理制度，更将其切实付诸实施。安利对影响产品质量的每个因素和环节都严格管理，以降低返工率，保证合理的成本，而不只是在成品出厂时才加以检测控制。从原材料供应商的考察和选择，至原料的验收和储藏、生产用水的再处理、混料的高度准确，乃至包装材料都一丝不苟，力求做到尽善尽美。

点析：

产品因素是市场营销活动中最基本的部分，若企业不能生产出让消费者满意的产品，其他的策略、战术就无从谈起。所以产品策略也是企业在市场营销组合中最重要的因素。

（资料来源：http://www.100guanli.com/Detail.aspx? id=299951）

6.1 产品和产品组合策略运用能力

6.1.1 产品策略基本概念认知

1. 产品的概念

（1）产品的一般概念

产品有广义和狭义之分。按照人们日常的理解，产品就是具有某种特定物质形状和用途的物品，是看得见，摸得着的东西。这也是狭义的产品概念。

广义的产品概念有两个特点：首先，并不是具有物质实体的才是产品，而是凡能满足人们的某种需要的劳务都是产品，如运输，维修，咨询，保险，金融等服务；其次，对企业来说，产品不仅具有某种物理和化学性质的实物本身，而且还包括随同实物出售时所提供的服务。而现代市场营销学所研究的就是广义的产品。

（2）产品整体概念

菲利普·科特勒用五个基本层次来描述产品整体概念：即核心产品、基础产品、期望产品、附加产品、潜在产品，而国内大多数学者一般将产品分为三个层次，即核心产品、形式产品和附加产品。本书拟采用三分法加以阐述（如图6-1所示）。

①核心产品——内在质量（第一质量）

核心产品也叫实质产品，它位于整体产品的中心，指向顾客提供的产品的基本效用或利益，是埋藏在产品之内、隐藏在消费行为背后的东西，回答“购买者真正需要采购的是什么?”这一问题。每一产品实质上是为解决问题而提供的服务。

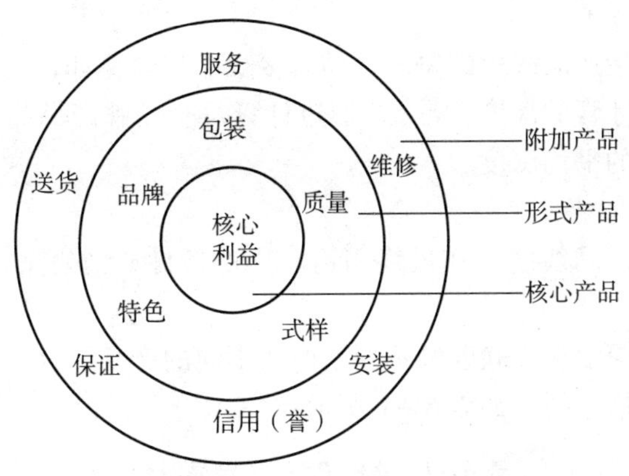

图 6-1 产品整体概念

②形式产品——外在质量

形式产品是指产品的本体，是核心产品借以实现的各种具体产品形式，即向市场提供的产品实体的外观。是消费者得以识别和选择的主要依据。形式产品一般表现为产品的形状、特点、包装、品牌等。

③附加产品——服务质量

附加产品也叫延伸产品，它是指消费者购买产品时随同产品所获得的全部附加服务与利益，从而把一个公司的产品与其他公司区别开来。包括产品的品质保证、送货上门、安装调试、维修、技术培训、融通资金等服务带来的附加价值以及由产品的品牌与文化、企业的形象、员工技能与形象带来的价值等。

营销故事

日本人的“地点产品”概念

日本兵库县的丹波村，交通很不方便，村子很穷，没有什么特产。为使村子富起来，村上的人请很有经验的井坂强毅先生做顾问。井坂先生考虑要使村子富起来，就得想办法使之商品化。井坂绞尽脑汁，突然灵机一动：如今在物质文明中生活的现代人，厌倦了大城市的喧嚣，对“原始”生活有尝试的兴趣，因而说服村上人筑屋而居。很快有消息传开，许多城里人争相来观光，体会原始生活方式的意境。随着观光人数的剧增，村子的收入增加，也盖起了漂亮的餐厅、旅馆、公路等，但观光人数反而减少了，因为它正在失去原有的特色。

2. 产品组合

（1）产品组合的概念

所谓产品组合，是指一个企业生产经营的全部产品线、产品项目的组合方式。定义中的产品线是指具有相同的使用功能，但规格、型号不同的一组类似产品项目。产品项目是指产品线中按规格、外形、价格等区分的具体产品。

（2）产品组合包括的因素

①产品组合的宽度（又称产品组合的广度）

产品组合的宽度是指一个企业所拥有的产品线的多少。产品线越多，说明产品组合的广度越宽。例如，彩虹集团显像管股份有限公司仅生产显像管，其产品组合就很窄。相反，像宝洁集团除了生产护发品外，还生产保健品、饮料、食品等，其产品组合广度就大。

②产品组合的深度

产品组合的深度是指产品线中的每一产品有多少品种。例如，佳洁士牙膏有三种规格和两种配方，那么佳洁士牙膏的深度就是6。通过计算每一品牌产品品种数目，我们就可以计算出宝洁公司产品组合的平均深度。

③产品的关联度

产品关联度是指各产品线之间在最终用途、生产条件、销售渠道等方面的相互关联的程度。

产品组合的宽度、深度和关联度的不同就构成不同的产品组合。因此，企业的产品组合也就是由这三个因素来描述的。如表6－1所示：

表6－1　案例P&G的产品组合

清洁剂	牙膏	条状肥皂	纸尿布	纸巾
象牙雪 1930	格利 1952	象牙 1879	帮宝适 1961	媚人 1928
德来夫特 1933	佳洁士 1955	柯克斯 1885	露肤 1976	粉扑 1960
汰渍 1933		洗污 1893		旗帜 1982
快乐 1950		佳美 1926		绝顶 1100's　1992
奥克雪多 1914		爵士 1952		
德希 1954		保洁净 1963		
波尔德 1965		海岸 1974		
圭尼 1966		玉兰油 1993		
伊拉 1972				

深度（纵轴）　宽度（横轴）

（资料来源：[美]菲利普·科特勒著《营销管理》（新千年版·第十版）第479页，北京，中国人民大学出版社，2001.7）

在表6－1中，产品项目共有25个，产品线有5条，产品组合平均深度为5（25/5）。

6.1.2　产品组合策略运用

通过对企业产品线中各产品项目的销售额和利润的分析，产品项目与竞争者同类产品的对比分析，为产品组合的优化提供了依据。产品组合策略，就是企业根据其经营目标和市场竞争环境，对产品组合的宽度、深度和关联度进行选择，使之形成最佳的产品组合。

通常情况下，企业采用的产品组合策略有以下几种：

(1) 扩大产品组合策略

扩大产品组合策略着眼于向顾客提供所需要的所有产品。它包括三个方面的内容：一是扩大产品组合的宽度，即在原产品组合中增加一条或几条产品线，扩大产品经营范围；二是扩大产品组合的深度，即在原有产品线内增加新的产品项目，发展系列产品，增加产品的花色品种；三是增加产品组合的关联度。这三个方面，企业可根据自己的情况，只采取一种，或者是多种。

（2）缩减产品组合策略

缩减产品组合策略是企业从产品组合中剔除那些获利小的产品线或产品项目，就是缩小产品组合的宽度和深度，集中经营那些获利最多的产品线和产品项目。这种策略通常是在经营状况不景气，或者市场环境不佳时使用。

（3）产品延伸策略

①向下延伸

又称低档产品策略，是指企业原来生产高档产品，后来决定增加低档产品。企业采取向下延伸策略的主要原因是：原有的高档产品在市场上受到竞争者的威胁，本企业产品在该市场的销售增长缓慢，企业向下延伸，以寻找新的经济增长点。

营销资料

我国著名的白酒生产企业五粮液集团，当其“五粮液”牌在高档白酒市场站稳脚跟后，便采取向下延伸策略，分别生产出了“五粮春”“五粮醇”“尖庄”等品牌，分别进入中档偏高的白酒市场、中档白酒市场和低档白酒市场，并都取得了较大的市场份额。

②向上延伸

向上延伸又称高档产品策略，企业原来生产低档产品，后来决定增加高档产品。采取向上延伸策略的原因有几个方面：一是市场上对高档产品的需求增加，高档产品销路好，利润率提高；二是企业追求高、中、低档齐备的产品线，使自己生产的产品品种更丰富，更全面，以占领更多的市场；三是利用高档产品来提高产品的形象。

③双向延伸

双向延伸是指企业原来生产中档产品，现在同时向高档和低档产品延伸。一方面增加高档产品，另一方面增加低档产品，扩大市场阵容，丰富产品类型。

（4）产品差异化策略和产品细分化策略

产品差异化策略就是在同质市场上，使本企业的产品同竞争者的产品有明显不同的特点。这些不同，可以表现在物理、化学性能上，也可以表现在产品的外观设计和包装上，还可以表现在产品的附加利益上。采用什么方法显示差别，要根据不同的产品决定。

产品组合应该遵循的原则是有利于促进销售和增加企业的总利润。企业在选择产品组合策略时，必须从企业自身和市场的实际情况出发，保证产品组合的最优化。在此，企业要考虑三个方面的因素：一是企业的生产条件，包括资金、技术、设备、原材料供应等；二是市场的需求量及其需求增长量；三是市场竞争的状况。由于上述条件不同，产品组合策略也应不同。

6.2 产品市场生命周期策略运用能力

6.2.1 产品市场生命周期基本概念认知

1. 产品市场生命周期的概念

产品市场生命周期（PLC），是指产品从投入市场到最后退出市场所经历的市场生命循环过程，也就是产品的市场生命周期（如图 6－2 所示）。也就是说，它表示的是一种新产品开发成功，投入市场后，从鲜为人知，到逐渐被消费者了解和接受，然后又被更新的产品所代替的过程。

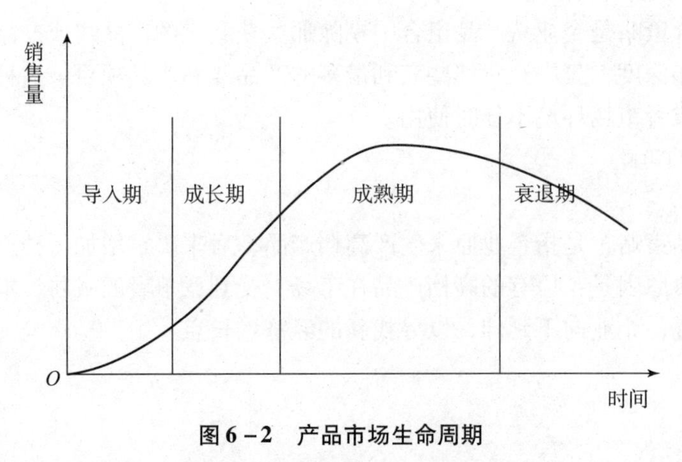

图 6－2 产品市场生命周期

产品生命周期一般以产品的销售量和所获的利润额来衡量。典型的产品市场寿命周期曲线是 S 形。根据销售增长率的变化情况，可以把它分为四个阶段：即导入期、成长期、成熟期和衰退期。

（1）投入期

新产品刚刚投入市场，人们对新产品缺乏了解，销售量少，销售增长缓慢，产品还有待于进一步完善，产品生产成本和营销费用较高，一般没有利润或只有极少利润。竞争者很少或没有。主要原因：首先，新产品虽然在开发过程中经历各种试验，但由于缺乏经验，产品还存在着一些技术问题有待解决。其次，消费者从使用、接受到再扩散总要经历一个过程，即使有些产品在技术问题解决后，销售仍然很缓慢。产品越新颖，经历的期间越长，企业需要做出更大的市场营销努力。

（2）成长期

新产品逐渐被广大消费者了解和接受，销售量迅速增长。利润也相应增加，但也因此引得新的竞争者纷纷介入。

新产品从投入期转入成长期的标志是销售量迅速增长。对于非耐用消费品来说，具有创新精神的初试者由于使用产品的满足开始重复购买，并通过消费者交叉影响使新产品迅速向市场扩散。这一阶段另一个最重要的特征是竞争者纷纷介入，当新产品盈利较高时更是如此。产品成长期，企业的营销策略要着重解决：①建立良好的分销渠道，这不仅意味着适当扩大分销点，还必须处理好同批发商和零售商的伙伴关系，使他们优先分销本企业品牌产品。②促销重点从“产品”转向品质。

（3）成熟期

成熟期的特点是产品在市场上基本饱和，虽然普及率继续有所提高，而销售量则趋于基本稳定。由于竞争日益激烈，特别是出现价格竞争，使产品差异化加剧、市场更加细分，顾客对品牌的忠实感开始建立，产品市场占有率主要取决于重复购买率的高低。维护市场占有率所需的费用仍然很高，因此少数财力不足的企业被迫退出市场。

大部分消费者已购买了此产品，销售增长趋缓，市场趋向饱和，利润在达到顶点后开始下降。由于要应付激烈的竞争，企业需要投入大量的营销费用。

(4) 衰退期

销售量显著减少，利润大幅度下降，竞争者纷纷退出，原产品被更新的产品所取代。

由于竞争势态、消费偏好、产品技术及其他环境因素的变化，导致产品销售量减少而进入衰退期，从而诱发出更新的产品问世。这时原有产品普及率迅速降低，成本回升，分销环节转向营销新品。因此，营销的策略应有计划地逐步缩短以及撤出生产线，处理存货，考虑设备工具的再利用。除了极少数为了平衡产品组合的产品外，不宜采取继续营销的策略。

营销案例 **从“维他奶”命运的变化看“狗类产品”**

狗类产品 Dogs，也称衰退类产品。它是处在低销售增长率、低市场占有率象限内的产品群。这类产品利润率低，处于保本或亏损状态，无法为企业带来收益。但实际上，有许多“狗类产品”的经历证明：削减策略并不是该类产品的唯一选择。如果策略得当，“狗类产品”也可再创辉煌。而且与开发新产品相比，其费用、风险要小得多。

1. 创造新消费观念

消费者购买的是需要，而产品可以从不同角度满足消费者的不同需要。这就要看厂家能否挖掘出该产品满足消费者某种层次需要的能力。而这些层次的需要往往与某种消费观念、消费时尚相关联。如本田摩托车刚进入美国市场时，许多美国人对摩托车非常反感，他们把摩托车与黑皮夹克、弹簧刀、犯罪等联系在一起，结果可想而知。经过研究，本田公司耗费巨资发动了一场以“骑上本田摩托车去接你最亲近的人”为主题的广告活动，改变了人们的价值观念，成功地打入美国市场。

产品重新定位

在 2002 年以前，王老吉不温不火的最根本的原因不在于市场推广，而在于品牌定位。王老吉虽然经营多年，但其品牌缺乏一个清晰明确的定位。

王老吉的“凉茶始祖”的身份、中草药配方、125 年历史等要素为其成功打造“预防上火”形象提供了有力的支撑。最终王老吉明确了自己品牌定位——“预防上火”，这一定位具有高度差异性，同时避开了同可乐等国内外饮料巨头的直接碰撞竞争，开辟了自己的生存空间，为王老吉迅速引爆凉茶市场奠定了良好的基础。

不断革新产品

产品是有限的，需求是无限的。一定时期的成功产品，虽然当时能满足消费者的需求，但绝不能停滞不前，而应通过改进产品的性能、质量、式样等措施以吸引新的消费者。

发现新用途

一种产品通常同设计者的设计思想相关，具有更多的用途和功能、通过扩大产品的使用功能，可使企业的产品重新获得活力。尼龙是杜邦公司在“二战”前发明的一种重量轻、强度高的材料，当时它被用来制作军用降落伞。大战结束后，对尼龙的大量需求随之停止，尼龙又转向非军事用途，从妇女长筒袜到轮胎芯、地毯、帐篷以及包装材料，通过不断发现尼龙的用途，尼龙成功地延长了生命周期，走出了“狗类产品”的困境。

(资料来源：凌奎才.《中国商贸》2002 年 01 期)

2. 产品市场生命周期类型

(1) 循环型

又称“循环－再循环”型或“反复型”（如图6－3所示）。这种类型的代表是处方药品，新药品推出时，企业通过大力推销，使产品销售出现第一个高峰，然后销售量下降，于是企业再次发动推销，使产品销售出现第二个高峰。一般地说，第二次高峰按需分配和持续时间都小于第一次。

(2) 流行型

流行品刚上市时只有少数人接纳，然后随着少数人的使用和消费，其他消费者也发生兴趣，纷纷模仿，进入模仿阶段。终于产品被大众广泛接受，进入全面流行阶段，最后产品缓慢衰退，因此，流行型的特征是成长缓慢，流行后保持一阶段时间，然后又缓慢下降（如图6－4所示）。

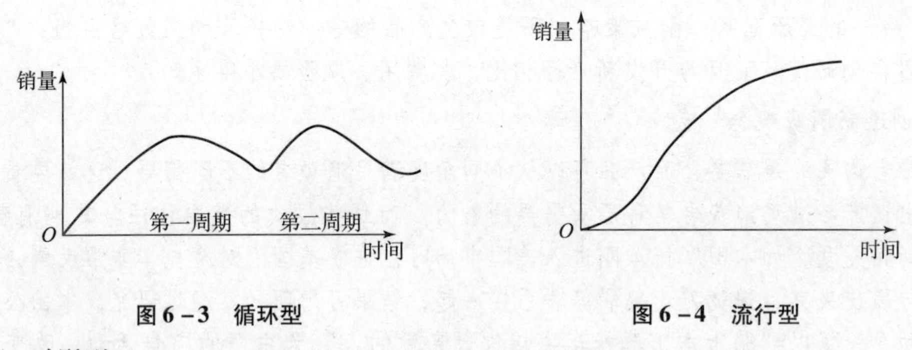

图6－3 循环型　　图6－4 流行型

(3) 时髦型

时髦型产品的生命周期是快速成长又快速衰退，其时间较短（如图6－5所示），如电子卡通玩具等。原因在于时髦品只是满足人们一时的好奇心或标新立异，并非人们的必需需求。

(4) 扇贝型

这种产品的生命周期的特点是不断延伸再延伸（如图6－6所示），原因是产品不断创新或发现新的用途、新的市场，因此有连续不断的生命周期。如尼龙的寿命周期就是呈扇贝型，因为尼龙不仅可做降落伞，而且还可做袜子、衬衫、地毯等。从而使其寿命周期一再延长。

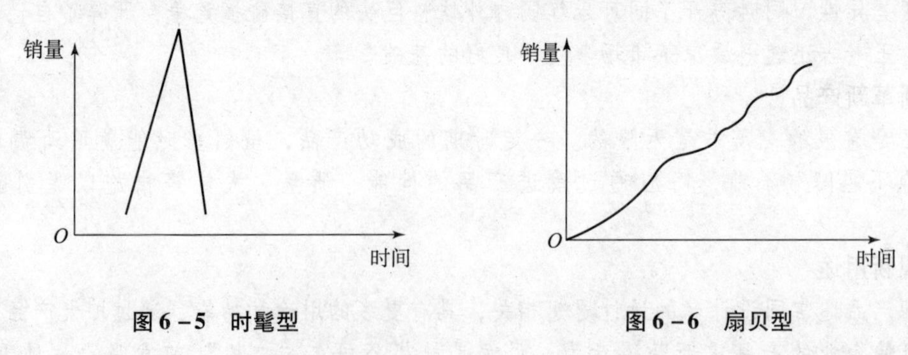

图6－5 时髦型　　图6－6 扇贝型

6.2.2 产品市场生命周期策略运用

1. 投入期的营销策略

(1) 快速撇脂策略

是指采用高价格，同时进行大量促销活动。高价格可以使企业迅速回收成本和获取利润，高促销则可以尽快提高产品知名度，吸引消费者，采用这种策略的市场条件是：大部分消费者还不了解这种新产品，已经了解这种产品的人则急于求购，并且愿意按企业所定价格购买；企业面临潜在竞争者威胁，急需建立消费者对产品的偏好，树立品牌形象。

（2）缓慢撇脂策略

是指在采用高价格的同时，进行很少的促销活动，高价格可以使企业获取利润，而低促销则降低了促销费用，使企业获得更多的利润。采用这种策略的市场条件是：大多数消费者已经知道了这种产品；同时需要购买者愿意出高价；而且潜在的竞争者威胁不大。

（3）快速渗透策略

指采用低价格和低水平的促销活动来推销新产品，以使产品迅速进入市场，取得尽可能多的市场份额。采取这种策略，目的是在导入期以最快的速度提高市场占有率，以便在以后的时期获得较多的利润。实施这一策略的条件：一是该产品市场容量很大；二是潜在顾客对该产品不了解，且对价格十分敏感；三是市场的潜在竞争较为激烈；四是产品的单位生产成本会随生产规模和销量的扩大而迅速下降。

（4）缓慢渗透策略

是指采用低价格和低水平的促销活动来推销某种新产品。低价格是鼓励消费者迅速接受新产品，促销水平低则可以节省促销费用，增加企业盈利。采用这种策略的市场条件是：市场容量很大；大多数消费者已了解了这种产品，但对价格反应敏感；存在着相当的潜在竞争者。

2. 成长期的营销策略

（1）提高产品质量

从质量、性能、式样、包装等方面努力加以改进，产品的改进可以提高产品在市场上的竞争力，满足顾客更新、更高的需求，从而促成顾客更多的购买。

（2）寻找新的市场

通过细分，找出新的、尚未得到满足的细分市场，结合企业的实际情况，组织生产和销售，方便消费者购买。

（3）扩展企业的分销网络

重新评价渠道、选择决策，巩固原有渠道，增加新的销售渠道，努力开辟新的销售渠道，使产品更迅速地、更方便地到达更多的购买者手里。

（4）改变广告宣传重点

前一阶段主要是要扩大产品的知名度，让更多的消费者了解产品。进入成长期后，广告宣传重点转向如何劝说消费者购买上来。主要目标是建立品牌偏好，争取新的顾客，以加强消费者的品牌忠诚度，树立产品的品牌形象。

（5）充分利用价格手段

应选择适当的时机调整价格，以争取更多顾客。由于生产成本开始下降，企业可以适当地降低产品的价格。初期采用高价格者，更可以大幅度地降价，以吸引更多的购买者，排挤竞争者，牺牲目前的短期利润来争取市场占有率的扩大，从而为长期获利打下基础。

3. 成熟期的营销策略

（1）市场扩张

一是通过发掘现有产品的新用途，促使消费者增加消费量，如把节日用品推广到日常使用，或为了取得更佳的使用效果，提倡加倍使用或多量使用某种产品。

二是开发产品的新市场，把现有产品扩大到其他细分市场上。如强生公司就曾把婴儿使用的洗发精和爽身粉推广到成年人市场，美国的众多饮料公司则把饮料从国内市场推广到国际市场。

（2）产品改进

通过提高产品质量，增加新的功能，改进产品款式，提供新的服务等，以吸引新的用户使用和使现有用户提高使用率。如电视机，除室内使用的外，现在又推出了可以室外使用的手提式电视机，可供野外活动时观赏电视节目，也能在汽车内使用。

（3）调整市场组合

企业的营销组合不是一成不变的，它可随着企业内外部环境的变化而做出相应的调整。产品市场生命周期到了成熟阶段后，各种内、外部条件发生了重大的变化，因而营销组合也要进行调整。企业可以通过降低价格、增加广告、改善销售渠道及提供更加完善的售后服务等方式，延长产品的成熟期，避免衰退期的早日到来。

4. 衰退期的营销策略

（1）保留策略

该策略是指企业继续把该产品留在市场内。由于其他企业先后退出了市场，它们留在市场内的顾客将由留在市场内的企业接受，因此，企业仍然有一定的销量和利润。这种策略又有几种选择：

第一，逐渐收缩。

企业逐渐放弃那些销售状况不好的细分市场，将营销力量放在销售状况最好的，具有利润的细分市场上，坚守收缩后的市场阵地。此外，剩下的消费者忠诚度较高，对价格需求弹性会比较低；而另一方面，随着“收藏热”的持续，一些有收藏价值的产品可以制定较高的价格。因此即使销售量下降，企业也能因价格高而获利。

第二，维持现状。

有的产品看起来是到了衰退期、被淘汰的阶段，但一旦条件发生变化，这些产品仍有机会东山再起，再获得发展。如杜邦公司的尼龙产品就是一例，当它在军事上的使用衰退时，该公司把它用在女性的裤袜上，然后又转向婴儿的裤袜，从而使产品出现了几个生命循环。我国的黑白电视机市场也是如此，当彩色电视机在20世纪80年代席卷大陆时，黑白电视机似乎到了生命的尽头，但到了20世纪80年代后期、进入20世纪90年代后，由于农村消费者的需要和出口的增加，黑白电视机市场又进入了一个新的鼎盛期，但是新循环的出现，往往要求市场有相当大的改变，而市场是瞬息万变的，因此应用此策略时风险极大，必须对消费者爱好和市场进行深入的研究。

（2）淘汰策略

指企业决定放弃本产品，停止生产和销售处于衰退期的老产品，把企业的资源转到新产品的开发和推广上去，以新产品取代老产品，有计划地把原有的消费者转到企业的新产品或其他产品上去，采用这种策略需要考虑以下几个问题：

第一，将产品完全抛弃，还是予以转让？通常后者较为有利，这样可以回收部分价值，减少企业的损失，也使利润不至于一下子完全消失。

第二，产品是立即淘汰还是缓慢淘汰？迅速淘汰可以使企业把全部精力用于新产品或其他的产品开发和推广，而缓慢的淘汰则可以使企业在剩余的市场上多争取一些盈利。

第三，企业是否保留一定量的零部件及服务？答案通常是肯定的，这样可以使老顾客更加信赖企业，有利于树立企业的良好形象。

第四，企业职工的感情如何？一件产品的淘汰可能会引起老职工的依依不舍之情，有时甚至会感到无限悲惨，因为要与他们亲手创造的产品永别。另一方面，产品的淘汰、生产的停止可能要涉及企业职工的去留问题。对此，企业应该认真对待，妥善处理。

6.3 品牌策略和包装策略运用能力

6.3.1 品牌策略运用能力

1. 品牌的概念

美国市场营销协会（AMA）对品牌的定义是：品牌是一个名称、术语、符号或图案设计，或者是它们的不同组合，用以识别某个或某群消费者的产品或劳务，使之与竞争对手的产品和劳务相区别。它通常包括：

（1）品牌名称

它是指品牌可以用语言称呼，即能发出声音的那一部分，一个好的名称能够极大地促成一个产品的成功，如“五粮液”“可口可乐”“Haier 海尔”“索尼”等。

（2）品牌标记

它是指品牌中可以被认知，但不能用言语称呼的部分。品牌标志常常为某种符号、象征、图案或其他特殊的设计，如太阳神中红太阳三角形所组成的标记。

（3）商标

商标是一个专门的法律术语，品牌或品牌的一部分在政府有关部门依法注册登记后，获得专用权，受到法律保护的，称为商标。经注册登记的商标有“R”标记，或“注册商标”的字样。登记注册之后，便取得了使用整个品牌或品牌中一部分的专用权，其他单位或个人要使用，则要征得商标权所有人的同意，否则就构成了侵权。所以商标是一种法律名词。

（4）厂牌

这是我国的习惯用法，包括厂牌名称和厂牌标志。如“永久牌”自行车、“凤凰牌”自行车，既是厂牌标志，又是品牌品质象征。

2. 品牌的价值

品牌价值是企业提供给客户的、符合客户实际需要的具体的产品或服务价值，是品牌名称之所以成为客户评价产品的一种有效代理物的先决条件。

品牌价值的高低取决于消费者对品牌的忠诚度、品牌知名度、品牌所代表的质量、品牌辐射力的强弱和其他资产价值，如专利、商标和商业渠道。可见，价值很高的品牌是一项极为可观的资产。

3. 品牌的作用

（1）识别产品

品牌代表着商品的质量、特色，消费者可以根据品牌，方便地认出他所需要的商品。同时，品牌还可以使消费者明确哪个厂家该对产品负责，便于监督产品质量，保护消费者自身的利益。

(2) 保证质量

企业设计品牌、创立品牌、培养品牌的目的是希望此品牌能变为名牌，于是在产品质量上下功夫，在售后服务上做努力。同时品牌代表企业形象，企业从长远发展的角度必须从产品质量上下功夫，特别是知名品牌代表了一类产品的质量档次，代表了企业的信誉。消费者之所以要购买某个品牌的产品，往往是因为这种产品有着较高的质量和良好的服务。

(3) 有利于促销，树立企业形象

这是由于品牌是商品的代表，品牌为广告宣传提供了明确具体的对象。它是塑造产品形象、提高产品知名度的基础。良好的品牌更有利于广告宣传和商品销售。通过反复地向顾客强调品牌，容易让消费者对企业产品产生深刻的识别，同时增强了消费者的品牌意识，使消费者在购买过程中能够迅速辨别出偏爱的品牌，达到促进销售的目的。

(4) 维护权益

企业产品的品牌一经注册，就取得商标的专用权，从而可防止其他企业的侵权行为。一旦发现假冒品牌或产品，则可依法追究索赔，保护企业的利益。消费者也可以利用产品的品牌来保护自己的权益，一旦发生质量问题，消费者就有据可查，通过品牌来追查有关厂家或经营者的责任。

营销案例

洋河蓝色经典：品牌成功之道

中国白酒著名企业和省级强势企业，在酿酒技术和制作规模上，几年前都不比洋河逊色多少。而大多数白酒品牌，只能成为地头蛇，无法走出根据地市场。原因之一在于产品结构不合理——中低端产品过多，降低了企业的利润率和盈利能力。

洋河充分认识到了产品结构的重要性，推出了“天之蓝”“海之蓝”和“梦之蓝”三大系列中高端产品。既保证了企业的利润，也保证了经销商和终端（特别是餐饮）的利润，形成了一个良性价值驱动链。

有了充足的利润，洋河一方面调动了营销链条中各环节的积极性，因此迅速完成全国招商和高级人才聚集的重要突破，也迅速进入了白酒的核心渠道——餐饮；另一方面也促使其有能力在央视等高端媒体上大量投放广告，赞助各种有影响力的活动，比如央视年度经济人物评选等，提高了品牌的拉动力。

“绵柔”抢占消费者心智第一空间

洋河坚持以消费者为导向的产品准则，历经数千次消费者测试，调制出了绵柔型白酒，满足了中高端消费者的心理需求和感官需求。

更为重要的是，洋河不但在技术上与消费者的真正需求接轨，而且在第一时间喊出了“开创中国绵柔型白酒”的口号，并通过高空广告的大力度传播，优先成为消费者心目中的绵柔型白酒的第一品牌和第一选择。

蓝色差异系统应用到极致

而洋河蓝色经典却以蓝色为核心，在包装、品牌名和主题诉求等方面均表现出它的与众不同，“蓝色”成为一个系统而非一个点。因为一个点很容易让人忘却，也难以形成有效的品牌区别，而系统无法被复制，更难以被超越。

强大的传播加固品牌地位

如果没有在央视高密度地投放广告，洋河很难确立其今天的品牌地位。洋河正是借助央视确定了其品牌高度，然后通过地方媒体的配合与补充，其高端品牌形象得以进一步确立和巩固。

（资料来源：韩亮.《营销界·食品营销》2011年1期）

4. 品牌设计

（1）品牌设计的原则

①容易识别，便于记忆。品牌的重要作用是有助于消费者识别商品，要使人们见到后能留下深刻的印象，起到广告宣传的作用。因此，品牌设计既要简洁明了，通俗易懂，又要新颖别致，能传递给消费者明确的信息，以利消费者准确理解。

②表达产品特色与效益。品牌设计不是凭空创造的，既要与产品实体相结合，又能反映产品的基本用途和它给消费者带来的效益。好的品牌设计要能充分显示企业或产品的特色，使消费者一接触到产品的品牌，便能知道这是一种什么样的商品。

③品牌设计要构思新颖、特色鲜明。只有在构思上勇于创新，才能够推出美观大方、风格独特的品牌设计，给消费者以美的享受。一个构思独特、造型新颖的品牌又往往能够启发消费者的联想，引起消费者的兴趣，从而激发消费者的购买欲望。

④适合国际市场文化。随着国际经济交往的增加，企业产品营销的范围不断拓展，品牌的设计要求要符合不同的民族文化。不同的国家、民族，其文化的差异、宗教信仰的差异构成了生活方式和消费方式和习惯的差异。日本人视荷花为不洁之物，英国人忌用核桃作商标，而意大利人则把菊花作为商标禁忌。

⑤品牌设计必须符合国家有关法律法规的要求。法律条文规定品牌设计不得使用下列文字、图形：与中华人民共和国的国家名称、国旗、国徽、军旗、勋章相同或相近似的，与外国的国家、名称、国旗、国徽、军旗相同或者近似的，与政府间国际组织的旗帜、徽记、名称相同或者近似的，与“红新月”“红十字”的标志、名称相同或近似的，本商品的通用名称和图形，直接表示商品的质量、主要原料、功能、用途、重量、数量及其他特点的，带有民族歧视性的，夸大宣传并带有欺骗性的，有害于社会主义道德风尚或者有其他不良影响的。

（2）品牌命名策略

①以商品的主要效用命名。这种方法就是用产品功效为品牌命名，其特点是直接反映商品的主要性能和用途，突出商品的本质特征，使消费者能望文生义，一目了然地迅速了解商品的功效，加快对商品的认知过程。如“飘柔”洗发水，以产品致力于让使用者拥有飘逸柔顺的秀发而命名。

②以数字命名。这种方法是指用数字来为品牌命名，借用人们对数字的联想效应，促进品牌的特色。“555香烟”“505神功元气袋”，运用数字命名法，可以使消费者对品牌增强差异化识别效果。

③以商品的外形命名。这种命名方法具有形象化的特点，能突出商品优美、新奇的造型，引起消费者的注意和兴趣，多用于食品、工艺类商品命名。例如：“佛手酥”“糖耳朵”等。

④以商品的制作工艺或制造过程命名。这也是一种被经常采用的命名方法，多用于具有独特制作工艺或有纪念意义研制过程的商品。例如：“二锅头”酒在制作过程中要经过两次换水蒸酒，且只取第二锅酒液的中段，酒质纯正，醇厚。

⑤以人名命名。这是以发明者、制造者或历史人物等的名字来给商品命名的办法。这种方法借助名称使特定的人与特定的商品联系起来，使商品在消费者心目中留下深刻的印象。例如“中山装”“东坡肘子”“赖汤元”“国氏全营养素”等。

⑥以地名命名。这种方法将企业产品品牌与地名联系起来，使消费者从对地域的信任，进而产生对产品的信任。“宁夏红”的酒，就是以宁夏特产枸杞为原料酿制的滋补酒，其品牌就是以突出产地来证实这种酒的正宗。

⑦以外来词命名。这种方法多用于进口商品的命名上，既可克服某些外语翻译上的困难，又能满足消费者求新、求奇、求异的心理要求。在以外来词命名时，无论直译还意译，都要注意使译音朗朗上口，又要寓意良好。如“Coca－Cola”被译成可口可乐，既谐音，又使人产生一种愉悦舒畅的感受，从而迅速得到中国消费者的认同。

⑧以美好形象替代原有名称的命名方法。这在中药的命名中极为常见。中国中药常以一些动物、植物为原料，而原来的名称会令病人产生畏惧心理。为避免产生不良的心理作用，中医常以另外的名称来代替原有名称。

⑨以色彩命名。这种方法多用于食品类。例如“黑五类”，原指黑芝麻、黑豆等五种原料。黑字突出表现原料的颜色，强调黑色制品对人体的营养功效。

⑩以动物命名。这种方法借助动物名称与特定的商品联系起来，使商品在消费者心目中留下深刻的印象。如“白猫”洗洁精，“七匹狼”男装。

⑪以植物命名。方法同上，如“牡丹”香烟，“莲花”味精，“竹叶青”酒，“田七”牙膏。

⑫以夸张命名。其特点是直接反映商品的主要性能和用途，突出商品的本质特征。如“永固”锁，“永久”自行车，“巨无霸”汉堡包。

⑬自创命名。有些品牌名是词典里没有的，它是经过创造后为品牌量身定做的新词。这些新词一方面具备了独特性，使得品牌容易识别，也比较容易注册；另一方面也具备了较强的转换性，可以包容更多的产品种类。自创命名体现了品牌命名的发展方向，是今后最常用的品牌命名方式。

5. 品牌策略

(1) 品牌化战略

企业为其产品规定品牌名称、品牌标志，并向政府有关主管部门注册登记的一切业务活动，叫作品牌化战略。

品牌策略可以起到积极的作用，但是，由于品牌的使用特别是名牌的创立需要花费不少费用，有些企业出于产品自身的特征和生产者降低成本的考虑，就不使用品牌。这主要是节约品牌包装等的费用，使产品以较低价格出售。价格低使产品具有相当的竞争力，成本低则使产品具有相当的竞争力，成本低则使企业保证一定程度的利润。

(2) 品牌所有权策略

生产企业如果决定给一个产品加上品牌，通常会面临三种品牌所有权选择：一是生产商自己的品牌；二是销售商的品牌；三是租用第三者的品牌。

一般地说，生产商都用自己的品牌，他们在生产经营过程中确立了自己的品牌，有的更被培育成为名牌。但是近些年来，国外一些大型的零售商和批发商也在致力于开发他们自己的品牌。这主要是因为这些销售商希望借此取得在产品销售上的自主权，摆脱生产商的控制。压缩进货成本，自主定价，以获取较高的利润。另外，也有一些生产商利用现有著名品牌对消费者的吸引力，采取租用著名品牌形式来销售自己的产品，特别是在企业推广产品时，或打入新市场时，这种策略更具成效。

（3）品牌统分策略

①统一品牌策略。

统一品牌策略即企业对其全部产品使用同一个品牌。采用这种策略，便于全部产品使用共同的销售渠道来推销，有利于降低新产品的推广成本，也有利于消费者接受新产品。但统一品牌策略具有一定的风险性，如果其中某一种产品营销失败，可能会影响整个企业的声誉，波及其他的产品的营销。

因此采用这种策略应注意以下几点：这种品牌在市场上已有较好的声誉；各种产品应具有相同的质量水平；产品属于同一细分市场，否则会造成损害企业的信誉和品牌的错位。

②个别品牌策略。

个别品牌，即对各种产品分别采用不同的品牌，如果企业的产品类型较多，产品线之间的关联程度较小，企业生产产品有较大差别。

这种策略的优点是可以分散经营风险，避免某种产品失败所带来的影响；同时也有利于消费者从品牌上判明产品的档次和价格差异，方便购买。

其缺点是：个别品牌策略使企业要增加品牌设计和品牌销售方面的投入，因此营销费用很高。只有当产品的单位价值比较高时，才值得企业采用。

③统一品牌和个别品牌相结合。

这种策略是指企业在各种产品的商标名称之前冠以企业名称。这种方法既可以减少或免除对每个产品促销的费用，又可以有效地防止因某个品牌出了问题而对其他产品项目产生连带影响。因为这样可以利用企业已有的声誉来对产品进行促销。如通用公司生产的各种小轿车，在每个品牌前都加上企业的名称，以表明是通用汽车公司的产品。

④品牌延伸策略。

品牌延伸策略是指企业利用已成功品牌的声誉来推出改良产品或新产品。那些著名的品牌可以使新产品容易被识别，得到消费者的认可，企业则可以节省下有关的新产品促销费用。

如金利来从领带开始，然后扩展到衬衣、皮具等领域，但这种策略也有一定的风险，容易因新产品的失败而损害原有品牌在消费者心目中的形象。

⑤多品牌策略。

该策略是指企业决定对同一类产品使用两个或两个以上的品牌名称。

这是由美国宝洁公司首创的。可以给企业带来几方面的利益：这样可以抢占更多的货架，扩大产品的销售，增加零售商对产品的依赖性；同时也能占领更多的细分市场，为提高总销售量创造条件。如与宝洁公司合资的广州宝洁公司就是运用这种策略的典型。它拥有海飞丝、飘柔、潘婷等品牌。多品牌还可以加强企业内部的竞争机制，提高经济效益。

其存在的风险：使用的品牌量过多，导致每种产品的市场份额很小，使企业资源分散，而不能集中到少数几个获利水平较高的品牌。

（4）品牌更新策略

有人认为，商品的牌子越老越好，并由此误认为品牌也是越老越好。实际上企业培育一个品牌，特别是著名品牌，需要花费不少费用。因此，一个品牌一旦确定，不宜轻易更改。但有时，企业也不得不对其产品进行修改，导致这种情况的原因有：原品牌出现了问题，倒了牌子；原品牌市场位置遇到更强有力的竞争，市场占有率下降；消费者的品牌偏好转移，原品牌陈旧过时，与产品的新特点或市场的变化不相符合。

如联想集团的联想电脑以前的品牌是“legend”，后来更新了品牌“Lenovo”。

知识拓展

海尔的名牌是如何创出来的

“海尔”品牌是我国家电企业——海尔集团经过多年不懈的追求和奋斗创建起来的，它凝结着海尔人的智慧与勤劳。海尔集团的经营策略是：要么不干，要干就是最好的，不求产量第一，先求内在质量第一。全面实施以“用户为中心”的经营活动，一是在设计上坚持以高科技创造出高品质；二是在制造过程中，坚持“精细化，零缺陷”；三是星级服务承诺。

（资料来源:http://www.100guanli.com/HP/20101029/DetailD1537081.shtml）

6.3.2 包装策略运用能力

1. 包装的概念

包装是指为产品设计和生产某种容器或覆盖物，这种容器或覆盖物就是包装。包装一般分为三个层次。

一是内包装。内包装也称初始包装，这是产品的直接容器。内包装的特点是比较简单，许多情况下是产品使用价值的组成部分，在产品的整个消费过程阶段，都需要使用，如牙膏的软管、啤酒的瓶子、化妆品所使用的小瓶等。没有这类包装，产品就无法使用或消费。

二是中层包装。中层包装也称次包装，它有两个方面的作用：一是保护内包装，使之在营销过程中不会被损坏；二是美化产品外观，或便于品牌化。因为许多产品的标识物，是不能直接安放在产品的实体上的，只能印刷在包装物上。

三是运输包装。运输包装也称外包装，是产品在运输、储存、交易中所需要的包装。其作用是便于搬动、储存和辨认产品。

2. 包装的作用

（1）保护产品

这是包装的最初功能，它可保证产品在生产过程结束后，转移到消费者手中，直至被消费掉以前，使用价值不受影响，产品实体不被损坏、散失和变质。

（2）方便使用

适当的包装起便于使用和指导消费的作用，如铁制的饼干筒，可防止产品受潮和污染，有利于延长饼干的食用期；将药品按服用剂量包装，便于顾客正确使用。

（3）美化产品，促进销售

设计和制作精美的包装，可以使产品具有令人赏心悦目的外观，比之不加包装的产品可更令消费者喜爱或激起购买欲望。在商品陈列中，包装是货架上的广告，是“沉默的推销员”，包装材料的色彩和包装图案，具有介绍商品的广告作用。

（4）增加产品的价值

这不仅表现在好的包装能有效地保护或延长产品的生命，从而提高产品的价值，也表现为能用更高的价格销售产品；而且，好的包装能激发消费者更为强烈的购买欲，使之愿意支付较高的价格购买。我国是瓷器的发明国，瓷都“景德镇”产品的质量本是毋庸置疑的。但是原来在向欧美市场出口时，由于包装低劣，只能在地摊上低价销售，被称作是“一流产品、二流包装、三流价格”。

3. 包装的策略

（1）类似包装策略

类似包装亦称系列包装或统一包装，就是一个企业将其所生产的各种不同产品，在包装外形上采用相同的图案、近似的色彩或其他共同的特征，使顾客容易发现是同一家企业的产品。类似包装有利于节约包装设计成本；特别是在新产品上市时，能利用企业的信誉消除消费者对新产品的不信任感；能增加企业的声誉。类似包装适宜于品质接近的产品，如果产品质量过分悬殊，就会对优质产品带来不利影响。

（2）组合包装策略

组合包装是指企业将几种有关联的产品组合在一起，置于同一个包装容器内。例如，把盆、碗、杯、碟、勺等餐具组合在一起，放在一个包装物内出售。组合包装的优点是有利于新产品和其他产品放在一起销售，使消费者在不知不觉中接受新观念、新设想，逐渐习惯使用新产品；便于消费者购买和使用。

（3）等级包装策略

等级包装就是企业把产品按价值、质量的不同而分成若干等级，优质高档的产品采用优等包装，一般产品采用普通包装。等级包装使包装的价值和质量相称，表里一致，方便购买力不同的消费者按需选购。

（4）再使用包装策略

再使用包装亦称为双重用途包装策略。即原包装的商品用完后，空的包装容器可另作他用。这种做法虽增加了成本，提高了售价，但顾客感到值得。例如杯状的玻璃容器，可以用作酒杯、茶杯等。再使用包装策略的优点是：使消费者产生好感，产生购买的兴趣；在容器上印制商标，发挥广告作用，引起重复购买。但要防止成本过高，增加消费者负担。

（5）附赠品包装策略

附赠品包装即在包装容器内附上赠品，以引起消费者的兴趣。如儿童市场上玩具、糖果等商品附赠连环画、认字图；化妆品包装中附有赠券，积满若干后可得不同的赠品。现在更多的商品包装内常附有奖券，中奖后可得不同的奖品。

（6）更新包装策略

更新包装即商品包装的改进。正如商品本身的改进对销售有重大影响一样，包装的改进也有利于促进销售。当企业的某种产品在同类产品中内在质量近似而打不开销路时，就应该注意改进包装；当一种产品的包装已采用较长时间时也应该考虑推出新包装。采用这种策略的条件是商品的内在质量达到使用要求。如果不具备这个条件，商品的内在质量不好，那么即使在包装上做了显著改进也无助于销售的扩大。

营销案例

人要“衣装”，佛要“金装”，恒寿堂产品重“包装”

恒寿堂主力产品有金乳钙、鲨鱼肝油、金枪鱼油三大产品，销量呈递增之势。但产品在进入大卖场、连锁超市的过程中，产品包装所存在的问题逐渐显露出来。

首先，盒装的规格不适合超市、大卖场的货架陈列。其次，瓶装产品的包装为无色透明瓶体，虽然能很好显现晶莹、透亮的胶囊产品，但容易光照变质氧化，对产品的保存有一定的影响。再次，各产品包装外观差异太大，没有统一品牌的系列感，对统一宣传、产品推广、产品出样、堆装产生较大难度。

经过企划部门与营销部门相互沟通，决定全面对各产品包装重新定位设计。如何让每个产品既有符合各自的个性形象，又有统一性是首先必须解决的难点。

经过反复推敲，初稿出来了：以椭圆为基本形，结合不同的代表画面为三个产品设计了产品 LOGO。也就是说为每一个产品设计了一个专用的图形标识，成为它的象征。在统一的设计规范中，今后上市的各种产品，都遵循着这一风格，从而使产品的形象多而不乱，系统化地从视觉的角度进行管理。

完成常规包装仅仅是工作进行了一半，接下来就是针对节日市场的节日装礼盒包装了。节日市场是保健品销量的大头，所以节日装的设计就非常重要。

设计思路本着以红色为主色，因为红色是被国人所认同的喜庆色彩，配以五彩祥云作为主体画面，体现“吉祥、恒寿”的美好祝愿，符合老百姓的心理特点。运用光晕的表现手法使画面达到更加丰富的层次效果，“恒寿堂”品牌标志位于画面的视觉中心，强有力地突出了品牌识别形象。

通过集思广益，礼盒命名为“全家福”，集合四种产品，以金乳钙、鲨鱼肝油、金枪鱼油来带动新产品卵磷脂的销售。不但迎合了国人的吉利口彩，为节日市场增添了一道亮丽的风景线，而且企业赢得了可观的销售收入。

（资料来源：http://www.doc88.com/p-33678703802.html）

6.4 新产品开发策略运用能力

6.4.1 新产品基本概念认知

1. 新产品的概念

从市场营销的角度来看，所谓“新”是相对的，新的发明创造固然是新产品，而对市场上现有的产品有所改进也是新产品。从企业的角度来说，我们可以这样来定义新产品：凡是相对于老产品或原有产品而言，在结构、功能、性能、材质、技术基础或原理、生产制造工艺等方面有显著的或重大改进，并由某个或某群营销者初次在市场上进行营销的产品，都可以称为新产品。

2. 新产品的分类

（1）全新新产品

这同科学技术开发意义上的新产品完全一致，是指应用新原理、新结构、新技术和新材料制造的前所未有的产品。全新新产品常常表示科技发展史上的新突破。例如，电话、飞机、电视机、电脑等就是19世纪60年代到20世纪60年代之间世界公认的最重要的新产品。这些新产品的诞生都是某种科学技术的新创造和新发明。

（2）换代新产品

这是指使用新材料、新技术对产品的性能有重大突破性改进的新产品。如电子计算机问世以来，从最初的电子管发展到晶体管，又从晶体管发展到现在大规模的集成电路，目前已开始研制具有人工智能的新产品。

（3）改进新产品

这是指在产品的材料、结构、性能、造型、花色品种等方面做出改进的产品。改进新产品一般对产品的基本功能并无本质上的改进，例如手表从圆形到方形，又发展到各种艺术造型，都属于这种改进新产品。

（4）仿制新产品

这是指企业仿制市场上已有的新产品，有时在仿制时又可能有局部的改进和创新，但基本原理和结构是仿制的。如数字化彩色电视机国外较早就已上市，目前我国不少企业也开始生产，就属于仿制新产品。仿制新产品的开发有积极意义，它能在一定程度上满足消费者尚未满足的消费需求，也有利于企业技术水平的提高。

3. 新产品的开发方式

（1）独立开发式

即由本企业独立进行新产品开发的全部工作。这种方式一般适用于技术力量雄厚的大型企业。一些中小企业也可用这种方式开发不太复杂的产品。

（2）科技协作式

由企业、科研机构或高等院校相互协作进行新产品的开发，这种方式应用十分广泛，不仅被绝大多数中小企业所采用，许多大企业也很重视这种方式。由于许多新产品的开发工作涉及广泛的学科领域，需要各种加工、检测和实验设备，因而只有通过相互协作，取长补短，发挥群体优势。

（3）技术引进式

通过引进国外技术，购买专利来开发新产品，这是使企业产品迅速赶上国际先进水平，进入国际市场的一种行之有效的方式。但引进技术必须事先充分掌握市场及科技情报，进行可行性论证，以免造成不必要的损失。

思考：

请查询青岛啤酒的网站，在此基础上，回答：

1. 为实现青岛啤酒成为国内啤酒消费市场主导品牌，青岛啤酒目前存在哪些障碍及问题？应如何克服？

2. 如何构建青岛啤酒适应建立全国啤酒消费市场主导品牌的销售网络？

4. 新产品开发的原则

（1）根据市场需要开发适销对路的产品

开发什么样的新产品，首先要考虑市场需要，而不能盲目轻率地采取行动。为了开发出适销对路的产品，企业需要不断地派市场调查人员深入市场调查研究，充分了解市场需求及其变化趋势，进行系统的市场调查工作。

（2）从企业实际出发确定开发方向

开发新产品既要考虑市场需求，也要从企业的实际出发，有些产品可能市场需求非常旺盛，但企业自身缺乏这方面的能力，就不能贸然行事。只有那些既符合市场需要，又符合企业本身能力的项目，才是新产品开发的方向。

（3）注意新产品开发的动向

当前新产品开发已朝着多功能、微型化、多样化、节能化及环保等方向发展。特别在当前科学技术迅速发展，新材料、新技术不断涌现，为新产品的开发不断开辟新的途径，这些都是企业应当密切注视的动向。

6.4.2 新产品开发程序及策略

1. 新产品开发的程序

(1) 构思

新产品的创意主要应来源于对市场上尚未满足的需求的研究。具体而言，企业可通过以下渠道来获得产品的创意：顾客、科学家、竞争对手、中间商、企业的营销人员与管理人员及职工。能否搜集到丰富的新产品创意，关键在于企业是否具有鼓励人们提建议的办法，以及建立一个系统的程序，使所提建议和产品开发部门直接沟通起来。

(2) 筛选

好的创意对于发展新产品十分重要，但有了创意并不一定能付诸实施，还要根据企业的目标和能力来进行选择。筛选的目的主要是剔除那些与企业目标或资源不协调的新产品创意。对创意的筛选一般分为两个阶段。第一阶段要求做出迅速、正确的判断，以判断新产品创意是否适合企业的发展规划、技术专长及财务能力，淘汰那些不合适的建议。这种判断一般应由专家或经理做出。第二阶段是对剩余创意进行认真的评价和筛选。这一阶段的筛选通常是由专家评定法进行筛选。

(3) 产品概念

产品概念是企业从消费者角度对新产品构思的具体、形象的描述，是可以立即照其进行生产的具体设计方案。

一个构思可以转化成多个产品概念，企业要尽可能把各种产品概念的设计方案列出来，然后对产品概念进行定位，以确定最终的产品发展方向。例如某企业要生产一种满足消费者需要的化妆品，这是一种产品构思。根据产品的销售对象、产品的核心内容（益处）及产品的使用时间等可进一步发展成好几种产品概念，即针对不同年龄段、在不同时间使用的化妆品。

产品概念形成后，还必须经过适当的途径，在消费者中进行测试，征求意见，使产品概念更趋完善。

(4) 市场营销策略的制定

一个构思可以转化成多个产品概念，企业要尽可能把各种产品概念的设计方案列出来，然后对产品概念进行定位，以便将它们引入市场。营销战略计划将在以后的各开发阶段得到进一步的完善。

营销战略计划一般包括三方面的内容：(1) 计划产品的定位、销量、市场份额、目标市场的规模、结构，利润率；(2) 控制产品的价格，以及营销预算；(3) 接着进行长期销售量的利润预测和不同时间的营销组合策略。

(5) 商业分析

商业分析就是对新产品的开发效益进行分析，通过分析来确定新产品的开发价值。企业开发新产品归根结底是为了给企业带来好的经济效益，如果一种新产品的开发最终要亏本或无利可图，那就不值得去开发。企业在产品概念形成后必须要对新产品的投资效益和开发价值进行认真的分析，分析的具体内容包括：细分市场研究、市场潜力分析、销售预测、产品开发费用预算、价格水平和盈利估算等。

（6）新产品试制

这是把经过可行性分析的抽象产品，变为具有使用价值的实体产品的过程，是新产品开发过程的关键阶段。

产品试制阶段必须要注意的问题是所生产出来的样品应当具有很强的普及意义。即它必须能在一切可能设想的环境条件下正常使用，而不是只能在良好的环境条件下使用；它必须在正常生产条件与成本水平（即批量生产的条件和水平）下生产。只有如此，新产品才有实际推广的价值。

（7）市场试销

市场试销也称之为市场检验，即把试制出来的新产品投放到经过挑选的有代表性的小型市场范围内进行销售试验，以检验顾客的反应。实践表明，有许多产品试制出来后仍然会遇到被淘汰的命运。为了把这种可能性降到最低，避免批量生产后造成巨大损失，就必须对试制出来的新产品进行试销。

市场试销既可以是针对产品性能、质量的试销，也可以是针对产品价格、销售渠道及广告促销方式的试销。通过试销，一方面可以进一步改进新产品的品质，另一方面也可帮助企业制定出有效的营销组合方案。

由于试销要投入大量的资金，所以是否进行试销应根据试销费用的数额与不试销可能造成的损失额的比较来决定，只有当不试销带来的损失大于试销费用时，企业才值得去开展市场试销。

（8）正式进入市场（商业投产）

新产品试销成功后，就要批量生产，正式投放到市场上去销售。这一阶段意味着产品市场生命周期的开始。

新产品批量上市并不意味着新产品就已经开发成功，因为此时正是新产品能否被市场真正接受的关键时刻。如果企业采取的策略不当，产品仍然有销售不出去的危险。因此，企业必须在批量上市的时间、地点、渠道、方式上正确决策，进行合理的营销组合。要对市场的环境条件进行认真的分析，准确把握时机，精心设计方案，确保新产品顺利进入市场。

营销案例

罗布麻产品的开发

罗布麻系野生草本宿根植物，又名野麻、野茶、泽漆麻、红柳子、红花草，因生长在新疆罗布平原而得名。株高 1 ~ 2 米，半灌木，皮层较厚，内有乳白黏液，枝繁红色或淡红色。

1. 罗布麻具有显著的医药功能

罗布麻是天然的远红外辐射材料，能发出 8 ~ 15 微米的远红外光波，这种光波能够作用于皮下组织 3 ~ 5 厘米，对人体产生生物效应，改善微循环，提高代谢机能，增强免疫能力，达到强身祛病的目的。罗布麻对白色念珠菌、葡萄球菌、大肠杆菌有明显的抑制作用，可防治褥疮、慢性皮炎、湿疹等疾病，尤其对妇科疾病及习惯性皮肤瘙痒有明显疗效。

2. 稀有的野生资源

罗布麻作为一种稀有的野生资源，世界上只有中国有，而中国只有新疆有。目前，可供开采的野生资源只有 300 万亩。由于环境恶劣，地理位置不便及气候恶化，实能开采数为 250 万亩左右。

3. 罗布麻纤维——“野生纤维之王”

罗布麻纤维兼有麻的滑爽；棉的柔软；丝的光泽；号称：“野生纤维之王”。新潮实业公司在前人大量的科研成果基础上，开发出罗布麻纤维制成的“夕阳美”内衣、睡衣、床上用品等系列健康产品，经中国最权威的医学机构之一——中华医学会的专家论证组论证，具有改善高血压症状、辅助降血压的功能。特别是罗布麻的抑菌功能，将在中国人未来的健康生活中大展宏图。

（资料来源：http://www.100guanli.com/detail.aspx?id=299949）

能力评估

评估项目一：案例分析

“动感地带”的品牌战略

中国移动作为国内专注于移动通信发展的通信运营公司，曾成功推出了“全球通”“神州行”两大子品牌，成为中国移动通信领域的市场霸主。但市场的进一步饱和、联通的反击、小灵通的搅局，使中国移动通信市场弥漫着价格战的狼烟。如何吸引更多的客户资源、提升客户品牌忠诚度、充分挖掘客户的价值，成为运营商成功突围的关键。

2003 年 3 月，中国移动推出子品牌“动感地带”，宣布正式为年龄在 15 ~ 25 岁的年轻人提供一种特制的电信服务和区别性的资费套餐；

2003 年 4 月，中国移动举行“动感地带”（M－ZONE）形象代言人新闻发布会暨媒体推广会，台湾新锐歌星周杰伦携手“动感地带”；

2003 年 5—8 月，中国移动各地市场利用报纸、电视、网络、户外、杂志、公关活动等开始了对新品牌的精彩演绎；

2003 年 9—12 月，中国移动在全国举办“2003 动感地带 M－ZONE 中国大学生街舞挑战赛”，携 600 万大学生掀起街舞狂潮；

2003 年 9 月，中国移动通信集团公司的 M－Zone 网上活动作品在新加坡举办的著名亚洲直效行销大会（DM Asia）上，获得本届大会授予的最高荣誉——“最佳互动行销活动”金奖，同时囊括了“最佳美术指导”银奖及最佳活动奖；

2003 年 11 月，中国移动旗下“动感地带”（M－ZONE）与麦当劳宣布结成合作联盟，此前由动感地带客户投票自主选择的本季度“动感套餐”也同时揭晓；

2003 年 12 月，中国移动以“动感地带”品牌全力赞助由 Channel [V] 联袂中央电视台、上海文化广播新闻传媒集团主办的“未来音乐国度——U and Me！第十届全球华语音乐榜中榜”评选活动。

“动感地带”目标客户群体定位于 15 ~ 25 岁的年轻一族，从心理特征来讲，他们追求时尚，对新鲜事物感兴趣，好奇心强、渴望沟通，他们崇尚个性，思维活跃，他们有强烈的品牌意识，对品牌的忠诚度较低，是容易互相影响的消费群体；从对移动业务的需求来看，他们对数据业务的应用较多，这主要是可以满足他们通过移动通信所实现的娱乐、休闲、社交的需求。

中国移动根据目标消费群体的特征实施了以下品牌策略：

1. 动感的品牌名称：“动感地带”突破了传统品牌名称的正、稳，以奇、特彰显，充满现代的冲击感、亲和力，同时整套 VI 系统简洁有力，易传播，易记忆，富有冲击力；

2. 独特的品牌个性：“动感地带”被赋予了“时尚、好玩、探索”的品牌个性，同时提供消费群以娱乐、休闲、交流为主的内容及灵活多变的资费形式；

3. 炫酷的品牌语言：富有叛逆的广告标语“我的地盘，听我的”，及“用新奇宣泄快乐”“动感地带（M－ZONE），年轻人的通信自治区!”等流行时尚语言配合创意的广告形象，将追求独立、个性、更酷的目标消费群体的心理感受描绘得淋漓尽致，与目标消费群体产生情感共鸣；

4. 犀利的明星代言：周杰伦，以阳光、健康的形象，同时有点放荡不羁的风格，成为流行中的“酷”明星，在年轻一族中极具号召力和影响力，与动感地带“时尚、好玩、探索”的品牌特性非常契合。可以更好地回应和传达动感地带的品牌内涵，从而形成年轻人特有的品牌文化。

“动感地带”独特的品牌主张不仅满足了年轻人的消费需求，吻合他们的消费特点和文化，更是提出了一种独特的现代生活与文化方式，突出了“动感地带”的“价值、属性、文化、个性”。将消费群体的心理情感注入品牌内涵，是“动感地带”品牌新境界的成功所在。

思考：

1. 试分析“动感地带”品牌的内涵。
2. “动感地带”的品牌价值包括哪些方面?
3. 试分析案例中中国移动是如何向目标消费群体传播其品牌价值的?

评估项目二：营销实践练习

实践练习的目的：

通过此次实践训练，使学生对产品策略重要性的认识有一个提高；同时要学会划分产品所处的生命周期的阶段，并知晓各阶段应该使用何种策略；产品品牌意识增强；关于一项新产品开发中的注意问题都应有初步的了解。

实践练习的要求：

在对本章内容扎实掌握的基础上，结合自己日常的观察与思维，在教师的指导下认真完成本章实践训练。

实践练习的内容：

1. 组织一次小型产品发布会，把学习到的关于产品概念应用其中。学生可以组成不同小组完成此次实践内容。（最好能够在多媒体设备的会议室内举办）

2. 某冷饮厂要设计一个新的品牌，选择好目标人群，帮冷饮厂做一个品牌营销策略。

能力拓展

1. 管理游戏——如果我来做

概述：参与者两人一组，模拟一场服务竞赛。小组成员共同努力，寻找既能宣传企业，又能带给客户惊喜的点子。本游戏的目的在于激发参与者进行创造性思考，以寻求为客户服务的各种方法。同时，通过本游戏，还要参与者认识到客户与利润之间的联系。本游戏适用于所有服务人员，参与小组在6~8个之间，游戏将能取得最佳的效果。

时间：15~20分钟

你需要：有关虚拟企业内容的复印件一份。沿虚线剪开，这样你就有了几张小纸片，每张小纸片分别介绍一个虚拟企业。此外，还需要一顶帽子或一个碗来盛放纸片，以便让参与者从中随机抽取。

怎样做：首先告诉参与者，他们将参加一次由社区企业协会主办的“创造性服务竞赛”。将参与者分成小组，每组两人，各组分别代表一个不同的虚拟企业。小组成员应该互相合作，设计出一个满足竞赛要求的点子。

这个竞赛的目标是找出一个点子，要求既能宣传企业，又能够更好地服务客户。在寻找点子时，鼓励参与者尽可能地发挥他们的创造力。竞赛不设预算限制，但点子必须“符合常理”，也必须紧密联系本企业。例如：杂货店不可能免费提供小狗。

现在让大家一起看下面的例子，来了解游戏应该怎样开展。

公司名称：千年银行

所属行业：银行

点子：对于每年第2 000名到银行开户的客户，无论是经常账户还是储蓄存款账户，我们都将给他（她）终身免除手续费的优惠待遇。

现在开始分组，并让每组派出一名代表，从“帽子”里抽取一张小纸片，然后让各组为其抽取的虚拟企业设计点子，限时10分钟。10分钟后，要求各组依次大声念出他们所抽到的虚拟企业的简介，以及他们为其设计的点子。最后让大家投票，选出最佳的点子。

分发的复印材料：

1. 公司名称：生命游戏

所属行业：体育用品商店

点子：

2. 公司名称：君往何处

所属行业：交通服务行业

点子：

3. 公司名称：木材店

所属行业：木制品商店

点子：

4. 公司名称：美女与野兽

所属行业：理发店（男女皆宜）

点子：

5. 公司名称：给我电话

所属行业：移动电话服务公司

点子：

6. 公司名称：第一页

所属行业：书店

点子：

7. 公司名称：雏菊连锁店

所属行业：花店

点子：

8. 公司名称：城市动物园

所属行业：动物园（国内最大的动物园之一）

点子：

任务单元 7 定价策略运用能力培养——定价定乾坤

任务解读

价格通常是影响产品销售的关键因素，研究和运用定价策略，是企业营销策略的重要方面。通过本单元的学习，希望学生能够分别按成本导向、需求导向、竞争导向为背景企业产品确定合理价格，并设计具有吸引力的价格策略。

知识目标

- 掌握影响定价的主要因素。
- 掌握企业定价的基本程序。
- 掌握企业定价的基本方法。
- 掌握企业定价的策略。

能力目标

- 根据市场的需求，具有制定、调整、修订价格的能力。
- 根据市场的需求，具有价格调整的策略选择。

案例导读

推销怪才巧定价格

鲍洛奇是个不折不扣的推销天才，在他看来，推销根本就是一门艺术。有一个小例子可以进一步说明这位天才是如何善于用心。一次，鲍洛奇推销严重冷门的豌豆罐头。他把许多老客户请到自己的办公室，大家一进门，见办公室里人来人往，忙碌的搬运工人进进出出地搬着豌豆罐头，各家公司的代表正在与鲍洛奇大声地争吵，把整个办公室搞得乌七八糟。当然这是事先安排好的。鲍洛奇挥舞着手中的订单站在办公室上大声地叫喊取货人的名字。这些老客户正在犹豫不定之际，又听到其他人正纷纷议论马上就要涨价的消息。老客户们这才恍然大悟，随之也加入了抢购的队伍。就这样，不到一天，300 箱豌豆一抢而空，价钱比平常的时候还要高出一截，正好应验了涨价的传言。所有的一切在鲍洛奇的精心安排下，滴水不漏，天衣无缝。

（资料来源：曹刚等．国内外市场营销案例集．武汉大学出版社．2002.）

点析：

说鲍洛奇是一位推销天才，不如说他是一位熟知人们心理的心理学家。他在决策之前，总能站在消费者的角度去思考问题。首先，鲍洛奇深知，优质高档产品所带来的利润是低档产品所无法比拟的，高档高价便会有高回报，所以，鲍洛奇绞尽脑汁，在怎样才能使顾客对其产品宣传高档产品的形象上大做文章。一方面，他在产品的品质和广告宣传上下功夫。其次，鲍洛奇把顾客的心理揣摩得非常透彻，常常利用较高的价格吸引顾客的注意力，他认为新产品在投放市场之初，消费者对这种相对高价格商品的品质充满了好奇，很容易激起他们的购买欲，从而进行各种有效的推销。最后，在鲍洛奇的高价策略被纷纷仿效的时候，他也决定不轻易降低产品的价格而损坏了商品的形象，而是另辟蹊径，采取赠送奖券、发放纪念品等形式，将产品堂而皇之地馈赠给顾客，这样，既吸引了顾客，又保护了产品的定价。现在，我们仍能从鲍洛奇的推销方式中悟出很多东西……。

7.1 掌握企业定价影响因素

7.1.1 企业定价基本概念认知

1. 企业定价目标

所谓定价目标是指企业通过制定一定水平的价格，所要达到的预期目的。它和企业战略目标是一致的，并为企业经营战略目标服务，其总的要求是追求利润的最大化。

现实生活中，可供企业选择与运用的具体定价目标通常有以下几种：

（1）以获取利润为定价目标

利润是企业从事经营活动的直接动力和最终目的，也是企业生存和发展的必要条件，因此，利润目标为大多数企业所采用。由于企业的经营哲学以及营销总的目标不同，这一目标在实践中有三种情况：以当前利润最大化为目标、以一定的收益率为目标、以获取合理利润为目标。

（2）以扩大销售额为定价目标

这种定价目标是指企业在保证一定利润水平的前提下，争取销售额的最大化。一般情况下，价格提高，销量会减少，而价格降低，销量会上升。对于需求价格弹性较大的商品，降低价格而导致的损失可以由销量的增加而得到补偿，因此企业宜采用薄利多销策略；反之，若商品的需求价格弹性较小时，降价会导致收入减少，而提价则使销售额增加，企业应采用高价、厚利限销的策略。

（3）以提高市场占有率为定价目标

市场占有率，也叫市场份额，是指企业的销售额占整个行业销售额的百分比，或是企业某产品的销售量在同类产品市场销售总量中所占的比重。它是一个企业经营状况和企业产品竞争力的直接反映。

但是，企业选择这一定价目标，必须具有较雄厚的经济实力，可以承受一段时间的亏损，并且要对竞争对手的情况有充分的了解，有夺取市场份额的绝对把握，否则，企业不仅不能达到目的，反而有可能遭受损失。

营销故事

20世纪30年代被誉为世界胶鞋大王的著名华侨陈嘉庚先生，他的胶鞋刚刚问世的头几年，用大大低于成本的价格对市场进行渗透，以赢得大量消费者，迅速打开销路，直到他的胶鞋成为名牌产品时，才逐步把价格提高，最后仍然赚了大钱。

(4) 以稳定价格为定价目标

保持价格稳定，是企业达到一定投资利益和长期利润的重要途径，也是稳定市场、保护消费者利益的定价目标。稳定价格目标的实质是通过本企业产品的定价来左右整个市场价格，避免不必要的价格波动。按这种目标定价，可以使市场价格在一个较长的时期内相对稳定，减少企业之间因价格竞争而发生的损失。

(5) 以应付和防止竞争为定价目标

随着市场竞争的加剧，许多竞争性较强的企业也以应付或避免竞争作为自己的定价目标。在定价之前，企业要对同类产品的质量和价格资料等进行分析比较，从有利于竞争的目标出发制定价格，视竞争者的情况以低于、等于或高于对手的价格出售产品。一般来说，竞争能力弱的，大都采取跟随强者或稍低于强者的价格；竞争能力强的，对市场具备某些优越条件的企业，可采取高于竞争者的价格出售产品。

(6) 以维持企业生存为定价目标

有时企业由于经营管理不善、市场竞争过于激烈、或消费者的需求偏好发生了变化，会造成产品严重积压，资金难以周转，陷入生存的困境。为了避免破产，出清存货使生产继续，企业必须制定较低价格，只求能收回变动成本或部分固定成本即可，即以保本价或亏本价出售产品，使企业可以维持下去寻求新的转机。但这种定价目标只是一种权宜之计，企业必须进一步调查市场，做出经营策略的其他调整才能使企业从根本上走出困境。

(7) 以树立和维护企业形象为目标

企业形象是企业在长期市场营销活动中，在消费者心目中树立的一种形象，是企业在经营中创造的无形资产，它是企业联系用户的重要纽带，对企业产品的销路、市场份额的大小影响很大，如有的企业以“一分钱，一分货”著称，有的企业以“重合同，守信用”闻名，因此，以产品价格反映企业形象也是企业经营的重要手段。例如，奔驰汽车的价格也是其质量和品位的象征。

以下列举美国一些大公司的定价目标，如表 7－1 所示，以供形象、具体地理解企业定价目标的内涵。

表 7－1 美国一些大公司的定价目标

公司名称	定价主要目标	定价相关目标
阿尔卡公司	投资报酬率（税前）为 20%；新产品稍高	追求价格稳定
美国制罐公司	保持市场占有率	应付竞争；保持价格稳定
两洋公司	增加市场占有率	全面促销（低利润率政策）
杜邦公司	目标投资报酬率	保持长期交易
埃克森公司	合理投资报酬率	保持市场占有率，追求价格稳定

续表

公司名称	定价主要目标	定价相关目标
通用电气公司	投资报酬率（税后）20%； 销售利润率（税后）7%	新产品促销，保持全国 广告产品价格稳定
通用食品公司	毛利率33.3%，只希望新产品实现	保持市场占有率
通用汽车公司	投资报酬率（税后）20%	保持市场占有率
固特异公司	应付竞争	保持地位；保持价格稳定
海湾公司	根据最主要的同业市场价格	保持市场占有率，追求价格稳定

2. 影响企业定价的因素

（1）产品成本因素

产品成本是企业核算盈亏临界点的基础，定价高于成本，企业就能获利；反之则亏本，企业要扩大再生产就比较困难。因此，产品定价必须考虑补偿成本，这是保证企业生存和发展的最基本条件。

（2）市场因素

这是最难把握的一个因素，它决定着产品价格的最高临界点，价格再高不能高到无人买的程度。市场状况主要包括市场商品供求状况、商品需求特性、市场竞争等。

营销案例

富士复印机定价策略

1984年7月，日本富士公司业务主管藤野先生飞抵东南亚一发展中国家，计划与该国××公司签订一个关于从日本进口复印机的合同。不料××公司老板却冷冷地告诉他："我们不打算签那份合同了。"藤野虽对××公司中途毁约甚为不满，但并未流露出任何不悦的神态。他想其中定有变故，旋即飞回日本。三天后，藤野再次来到××公司老板面前，开门见山地说："我此次来是想与您商谈有关B型复印机的价格，可比另一家供货价格低三成。"原来，藤野回日本之前将情况向公司汇报，公司经过调查发现，另一家日商抢走了他们的生意。××公司老板心中暗喜，重与富士公司签订了进口1 500台B型复印机的合同。

签完合同的藤野立刻飞回日本，第二天便来到专门生产B型复印机的厂家，请厂家把经销权交给富士公司，同时，愿再加一成价格，条件是B型复印机的辅助材料和设备由富士公司独家经营。两家签订了和约。

1 500台复印机如期运往××公司，由于价格低廉，富士公司的这笔生意不仅没赚，反而亏损了不少。就在××公司出售这1 500台复印机时才恍然大悟，用户不仅要购买复印机，而且还需要大量的辅助材料和设备。××公司只好再次与富士公司合作。这次富士公司主动权在握，售出辅助材料和设备不仅弥补了先前的亏损，还取得了可观的盈利。

当企业生产的系列产品存在需求和成本的内在关联性时，为了充分发挥这种内在关联性的积极效应，可采用产品线定价策略。在定价时，首先确定某种产品的最低价格，它在产品线中充当领袖价格，吸引消费者购买产品线中其他产品；其次，确定产品线某种产品的最高价格，它在产品线中充当品牌质量和收回投资的角色；再者，产品线中其他产品也分别依据其在产品线中的角色不同而制定不同的价格。

（3）消费者心理因素

消费者对于价格产生的各种心理直接影响到消费者的购买行为和消费行动，因此，企业定价必须考虑消费者心理因素。

1. 预购心理

消费者预购心理指的是消费者对未来一段时间内市场商品供求及价格变化趋势的一种预测。当消费者感到商品有涨价趋势，就会争相购买，相反，就会持币待购。

2. 认知价值和其他消费心理

消费者面对商品，往往会凭借自己对有关商品的了解、后天学习、不断积累的购物经验以及自身对市场行情的了解，同时结合个人的兴趣和爱好，对商品价值产生一种心理上的价值估计，这种价值估计就叫作认知价值。消费者购买商品时，常常要将商品的价格与自己内心的认知价值做比较，然后趋同选择这种价格差异最小的商品，做出最终的购买决策，产生购买行为。

（4）国家的有关政策、法规因素

国家在社会经济生活中充当着极其重要的角色，国家的有关方针政策对市场价格的制定有着重要的影响。国家政府可以依据价值规律，通过物价、税收、金融等有关政策、法规对市场价格进行直接、间接的控制或干预。

企业给自己的产品定价，制定价格政策时，除了要充分考虑以上几方面的影响因素外，还应综合考虑币值、货币流通以及国际市场经营和竞争状况、国际产品的价格变动等因素，必须将影响价格的多种因素综合考虑、充分研究，从而制定出最合理的商品价格。

7.1.2 企业定价原则及程序

1. 企业定价原则

（1）利润最大化原则

企业在追求利润目标的过程中，在定价方面应该注意协调好几个关系：单位利润与总利润的关系、产品价格与成本的关系、定价与营销组合其他要素的关系、定价与市场竞争的关系。

（2）企业与社会的效益双利原则

企业在做定价决策时，除了考虑自身的经济效益之外，还要考虑社会效益，满足社会利益的要求。换句话说，企业的价格行为在维护社会利益的同时，也会为自己赢得经济效益，从而实现企业与社会的“双赢”。过去一些著名的老字号商店提出“货真价实、言无二价、童叟无欺”的经营信条，吸引了许多顾客。从定价决策的角度讲，这也是遵守企业社会双利原则的实例。

（3）价格策划可行性原则

所谓价格策划可行性是指企业的定价策略、方法和决策在现实的经营环境下应该是可行的，定价目标经过努力是可以实现的。

①要树立正确的价格观念，站在正确的立场上去考虑价格问题。

②要适应市场，要以市场为准绳。

③价格策划要维护企业自身的利益。

(4) 收益与风险对称的原则

收益一般是指投入的未来回报，定价时所考虑的收益也是价格决策实施以后的预期收益。而所谓风险则是指由于未来的不确定性，使特定决策所带来的结果的变动性大小。一般来说，结果的变动性大，风险也就大。古往今来的实践经验表明，收益和风险是直接相联系的，收益越高，风险越大。

(5) 科学性原则

企业内部价格管理也必须强调科学性。如果把价格管理排斥于科学管理之外，企业定价无章可循，任意决策，企业的管理水平就难以提高，也难以形成有效的价格管理。因此，企业享有定价自主权，更应加强价格的科学管理。

(6) 竞争导向性原则

定价决策要受企业所处的市场环境的影响，企业在定价方面要考虑的一个重要的市场环境因素就是企业面临的市场竞争程度。处于不同竞争程度市场上的企业影响价格和控制价格的能力是大不相同的。在微观经济学理论中，把市场按竞争程度划分为有限的几种市场结构。不同市场结构具有不同的供求关系和价格变化特征，因此理解不同市场结构的内涵，对于提高定价决策的市场环境适应性是很有必要的。

2. 企业定价程序

(1) 选择定价目标

企业定价目标是企业在价格决策时有意识要达到的目的，是企业经营目标在定价决策中的体现。如前所述，一般情况下，企业的定价目标可以划分为七类，而在企业经营实践中，究竟选择哪一类目标或哪几类目标，则是企业在分析外部经营环境和自身内部条件之后需要做出的选择，也是企业定价决策的一个方面。

(2) 定价信息的收集和预测

在企业定价程序中，无论是选择定价目标、确定定价策略和定价方法，还是价格的执行和调整，都离不开科学决策。而完备、准确、及时的信息和预测则是一切科学决策的基础。因此，价格信息的收集和预测也必然成为定价程序的基础。价格信息信息按用途可以划分为两大类：

①分析和预测市场价格状况和变化趋势的信息。

包括某一特定时期内的价格水平信息，如价格总水平、分类价格水平、单个价格水平等，相关价格信息，主要是商品之间的比价关系和差价关系，同类商品价格历史资料。

②直接影响定价决策的各种因素变化信息。

包括价格法律法规和政策信息，如国家对某些商品的最高限价规定；构成价格的诸要素变化的信息，包括工资、税收、利息、汇率等的变化信息；目标市场供求信息，包括消费偏好、消费习惯、市场结构、市场供应能力与供求结构状况等；对价格有影响的政治、经济、文化等宏观经济环境的信息；企业自身产品生产和销售成本方面的信息；竞争对手的价格水平和价格策略。

(3) 选择定价战略

定价战略也称定价策略，这个概念的内涵比较广泛，既可指决定选择定价方法思路的定价战略，也可指在按照某种定价方法确定价格水平之后决定产品最终价格的战术性定价策略。在这里我们主要是指根据产品成本、品质特征（差异）、目标市场选择、供求关系、市场竞争状况及需求心理等因素而确定的定价指导方针。

定价战略按不同的划分方法可以分为多种类型。按商品进入市场的前后阶段划分，可以分为初期定价策略和后期价格调整策略。初期定价策略可分为以利润最大化为目标的撇脂定价策略（高价策略）、以扩大市场份额为目标的渗透定价策略（低价策略）、以合理利润为目标的跟随定价策略（中价策略）和以防止竞争为目标的限制进入定价策略等；后期价格调整策略又可分为主动适应市场变化的主动调价策略及为应付市场变化和竞争对手挑战而采取的被动调价策略等。按产品生命周期的不同阶段划分，可分为新产品定价策略、成长期定价策略、成熟期定价策略、衰退期定价策略等。

(4) 选择定价方法

企业定价实践中，可供选择的定价方法大致可以分为成本导向定价法、顾客导向定价法和竞争导向定价法等三类（详见本单元7.2）。

在拟订定价方法时，要与定价目标和定价策略的要求相一致，另外还应该考虑以下问题：企业规模的大小、市场结构和竞争状况、产品的特点、企业的竞争战略等因素。

(5) 确定价格应用策略和政策

价格应用就是根据定价方法所决定的产品价格水平确定各种销售条件下的具体销售价格的过程。价格应用有许多战术性的策略，根据企业自己所选择的策略形成的企业价格应用惯例则成为企业的价格政策的一部分。

(6) 价格的执行与调整

商品的定价不可能是一成不变的，而是要随着市场竞争情况、企业条件及其他因素的变化而得到不断调整。从此意义上讲，价格的执行过程也是价格的调整过程，只有通过价格的监督才能及时发现并反馈价格执行中出现的问题，以利于做出正确的价格调整决策。

(7) 价格管理和监督

价格在按照所选定的价格方案制定出来之后，应拟订实施计划，组织实施，落实责任，这就是价格管理工作。同时，要通过有效的监督跟踪，及时反馈调整。即通过有效的监督，了解定价决策是否正确，是否切合市场的实际情况，发现问题及时反馈，以做出适当的调整，做出调价力度、幅度、时机等方面的决策。

7.2 定价方法运用能力

7.2.1 成本导向定价法运用

成本导向定价法是以产品单位成本为依据，加上预期利润分别从不同角度来确定对企业最有利价格的方法。这种价格的计算方法由于比较简便，是企业最普遍、最基本、最常用的定价方法。以成本为导向的定价法主要有总成本加成定价法、目标收益定价法、边际贡献定价法、盈亏平衡定价法等几种具体方法。

1. 总成本加成定价法

在这种定价方法下，首先要确定单位变动成本，再加上平均分摊的固定成本组成单位完全成本，在此基础上加上一定比例的目标利润，作为单位产品价格。其计算公式为：

单位产品价格 = 单位产品总成本 + 单位产品目标利润

例如，某彩电生产厂生产 3 000 台电视机，总固定成本 600 万元，每台彩电的变动成本为1 000元，确定的目标利润率为25%。则采用总成本加成定价法确定价格的过程如下：

- 计算单位产品固定成本　　6 000 000 ÷ 3 000 = 2 000（元）
- 计算单位产品总成本　　2 000 + 1 000 = 3 000（元）
- 计算单位产品目标利润　　3 000 × 25% = 750（元）
- 计算单位产品价格　　3 000 + 750 = 3 750（元）

采用成本加成定价法，确定合理的成本利润是一个关键，而成本利润的确定，必须考虑市场环境、行业特点等多种因素。用这种方法进行产品定价，因为成本资料直接可得，所以计算起来比较简单、方便，而且对买卖双方来说也相对公平。它的适用范围比较广泛，一般在租赁业、建筑业、农业、服务业、科研项目投资以及批发零售企业中得到广泛的应用。而且许多企业即使不用这种方法定价，也常常用这种方法制定出的价格作为参考价格。

2. 目标收益定价法

目标收益定价法又叫投资收益定价法，是企业根据产品生产总成本和计划的总销售量，加上按投资收益率确定的目标利润额作为定价基础的一种方法。其计算公式为：

单位产品价格 = [总成本 ×（1 + 成本利润率）] ÷ 总销售量

假设上例中建设彩电厂的投资回收期为5年，则采用目标收益定价法确定价格的基本步骤为：

- 确定目标收益率　　目标收益率 = 1/投资回收期 × 100% = 1/5 × 100% = 20%
- 计算变动成本总额　　1 000 × 3 000 = 3 000 000（元）
- 计算总成本　　6 000 000 + 3 000 000 = 9 000 000（元）
- 计算单位产品价格　　[9 000 000 ×（1 + 20%）] ÷ 3 000 = 3 600（元）

与成本加成定价法相类似，目标收益定价法也是从保证生产者的利益出发来制定产品的价格。这种方法有利于加强企业管理的计划性，可较好地实现投资回收计划。但这种方法要求较高，企业必须有较强的计划能力，必须测算好销售价格与期望销售量之间的关系，避免出现确定了价格而销售量达不到预期目标的被动情况。目前，在市场上需求量比较稳定的大型制造业、产品价格弹性小且供不应求的企业或市场占有率高、具有垄断性的一些行业，如大型公用事业、劳务工程和服务项目等，经常采用目标收益法制定产品的价格。

3. 边际贡献定价法

所谓边际贡献是指企业每多出售一单位商品而使总收益增加的数量，它可以用总销售收入减去变动成本后的余额来计算。边际贡献定价法是一种只计算变动成本，暂不计算固定成本，以预期的边际贡献来适当补偿固定成本并获得利润的价格计算方法。因此，这种定价法也叫高于变动成本定价法。其价格的计算公式为：

单位产品价格 = 单位变动成本 + 单位产品边际贡献

例如，某企业的年固定成本为90 000元，每件产品的单位变动成本为50元，计划边际贡献为60 000元，当销量预计为3 000件时，其价格应定为：

50 + 60 000 ÷ 3 000 = 50 + 20 = 70（元）

边际贡献定价法一般是在市场竞争激烈时，企业为迅速开拓市场，而采用的较灵活的定价方法。如果面对特殊的市场状况，企业采用成本加成定价法，必然使价格太高而影响销售，出现产品积压。而企业在自己的产品必须降低价格出售时，利用边际贡献计算价格就显得比较简便，因为只要售价不低于变动成本，那么生产还可以维持，如果售价低于变动成本，生产越多，亏损越多。

4. 盈亏平衡定价法

盈亏平衡定价法是指在预测商品销售量和已知固定成本、变动成本的前提下，通过求出商品盈亏平衡点来制定商品价格的方法。这是一种侧重于保本经营的定价方法。在市场不景气的困难情况下，企业保本经营总比停业的损失要小，而且这样，企业有灵活的回旋余地。这种定价方法的计算公式为：

盈亏平衡点价格 = 固定总成本 ÷ 销售量 + 单位变动成本

例如，某企业的年固定成本为 90 000 元，每件产品的单位变动成本为 50 元，如果销量为 3 000 件时，其盈亏平衡点的价格应是：

$$90\,000 \div 3\,000 + 50 = 30 + 50 = 80 \text{（元）}$$

但是，以盈亏平衡点确定价格只能使企业的生产耗费得以补偿，而不能得到收益。因此，企业在实际经营中只将盈亏平衡点价格作为价格的最低限度，然后再加上单位产品目标利润以作为最终的市场价格。这种定价方法较多地适用于工业企业定价。

7.2.2 顾客导向定价法运用

1. 理解价值定价法

所谓“理解价值”，也称“感受价值”，是指消费者对某种商品价值的主观判断。理解价值定价法是指企业以消费者对商品价值的认识和理解为定价依据的价格制定方法。

理解价值定价法的关键和难点是企业要确定出产品在市场上的认知价值，即获得有关消费者对商品价值理解的准确资料。企业如果过高估计消费者的理解价值，其价格就可能过高，难以被市场所接受；反之，如果企业低估了消费者的理解价值，其定价就可能低于应有水平，使企业收入减少。因此，企业必须进行市场调查和研究，找到准确的市场理解价值，先制定出商品的初始价格，在此基础上，进一步预测产品可能的销量，分析目标成本和销售收入，计算企业能否在这样的价格水平下赢利，获利多少，从而确定该定价方案的可行性，并制定最终价格。

2. 需求差异定价法

需求差异定价法是指企业根据不同的市场需求制定不同的产品价格的方法。这种定价方法，对同一商品在同一市场上制定两个或两个以上的价格，或使不同商品价格之间的差额大于其成本之间的差额。其好处是可以使企业定价最大限度地符合市场需求，促进产品销售，有利于企业获取最佳的经济效益。其定价的基础是：消费者不同的购买心理、不同的购买力，以及不同的购买时间和地点等。根据这些需求特性的不同，需求差异定价法通常有以下几种形式：

①以用户为基础的差别定价。如对老客户和新客户、长期客户和短期客户、女性和男性、儿童和成人、工业用户和居民用户等，分别采用不同的价格。

②以地点为基础的差别定价。如在剧院观看演出、乘坐飞机等，其座位不同，票价也不一样。

③以时间为基础的差别定价。如电报、电话等公用事业，在白天、夜晚、节假日等都有不同的收费标准。

④以产品为基础的差别定价。如，工业用电、农业用电和居民用电的收费往往不一样。

⑤以交易条件为基础的差别定价。如交易量大的产品售价低，零星购买的产品价格高；以现金进行交易，产品的价格相对较低，用支票交易、可以分期付款的产品价格适当高些。

由于需求差异定价法针对不同需求采用了不同的价格，实现了顾客的不同满足感，能够为企业谋取更多的利润，因此，在实践中得到企业的广泛运用。但是，这种定价方法在使用时应具备以下条件：市场要能够细分，而且不同的细分市场要能看出需求程度的差别；企业的差别价格不会引起消费者的反感，而且企业差别价格的总收入要高于同一价格的收入等。

7.2.3 竞争导向定价法运用

竞争导向定价法是指企业通过研究竞争对手的生产条件、服务状况、价格水平等因素，依据自身的竞争实力，参考成本和供求状况来确定同类产品的价格。其特点是：产品价格与生产成本和市场需求不发生直接关系，而与竞争者的价格密切相关，如果市场上竞争者的价格发生变动，企业则相应地调整其产品价格。竞争导向定价法主要有以下几种形式：

1. 随行就市定价法

在竞争的市场条件下，任何一家企业都无法凭借自己的实力在市场上取得绝对的优势，为了避免价格竞争给企业带来损失，大多数企业都采用随行就市定价法，即企业将某种产品价格保持在市场平均价格水平上，利用这样的价格来获得平均报酬。这种定价方法充分利用了行业的集体智慧，有利于协调企业与同行业其他企业的关系，促进行业成长。

在实践中，随行就市定价法有两种形式：一种是行业内各个企业都无权决定价格，而是通过市场的反复调整，企业之间逐渐取得一种默契而将价格保持在一定的水平；另一种是由某一部门或行业的少数几个大企业首先定价，其他企业参考定价或追随定价。

2. 产品差别定价法

产品差别定价法是指企业通过研究竞争对手产品的有关情况，如质量、性能、价格、生产条件和服务等，对照本企业产品的情况，制定出高于或低于竞争者价格的方法。这是一种进攻性的定价方法。

这种定价方法的运用，要求企业必须具备一定的实力，如果企业产品在各方面都不占优势，则竞争对手的价格就是本企业产品价格的上限；如果企业产品自身有很高的信誉，质量优于竞争者的产品，则应实行优质优价，定价可高于竞争对手的价格。

3. 密封投标定价法

密封投标定价法是买方引导卖方通过竞争择优成交取得最低产品价格的定价方法。在国内外，购买大宗物资、原材料、成套设备或建筑工程项目的买卖和承包时经常采用这种方法确定最后价格。在投标过程中，一般来说招标方只有一个，而投标方有多个。招标时，由买方密封递价（即标的），公开招标，卖方则竞争投标。在所有的投标者中，报价最低的投标者通常中标，它的报价就是承包价格。

在投标递价中，投标价格是企业能否中标的关键性因素，如果递价低于竞争者，企业可增加中标机会，但是递价不能低于边际成本，否则就难以保证企业的合理收益。

4. 拍卖定价法

拍卖定价法是由卖方预先发布公告，展出拍卖物品，买方预先看货，在规定时间公开拍卖，卖方通过拍卖市场公开叫价和买方竞争，将商品售给出价最高者的一种定约方法。这种定价方法的运用目前有越来越广的趋势，它适用于成本与价值难以确定，需求程度强烈的物品，如文物、古董、名人字画、旧货、土地等。

7.3 定价策略和技巧运用能力

企业定价策略是指企业为实现其定价目标在定价方面采取的谋略和措施。在市场竞争中，企业除了根据不同的定价目标，选择不同的定价方法来确定产品的初始价格外，还要善于根据市场环境和企业内部条件，正确选择定价策略，以确定产品最终价格。定价策略是为实现企业定价目标在特定的经营环境下采取的定价方针和价格竞争方式。企业必须善于根据市场状况、产品特点、消费者心理和营销组合等因素，正确选择定价策略，保持价格的适应性。

7.3.1 定价策略运用

1. 新产品定价策略

（1）撇脂定价策略

“撇脂定价”又称为“取脂定价”，是指在新产品上市之初，以较高的价格推向市场，以便在产品生命周期的开始阶段尽快收回投资和获取最大利润，当竞争者进入市场或市场销路缩减时，再逐渐降低价格的策略。这种先高后低的价格，就像从鲜奶中撇取奶酪一样，从厚到薄，从精华到一般，故称撇脂定价策略。

该种策略是采用了消费者对新产品的求新好奇心理，以产品的新奇弱化消费者对产品价格的敏感，强化对追求时尚的满足感来定价的。如 1945 年圣诞节前夕，美国雷诺公司以 10 美元的价格将仅有 0.5 美元成本的新产品圆珠笔推向市场并大获成功，就是这种策略应用的最好例证。

撇脂定价策略对企业有很大的吸引力：首先，它有利于树立企业名牌产品的形象。其次，有利于企业在市场竞争掌握调价的主动权。价格定得高，日后下调的空间就大，当竞争者闻讯而来时，企业既可主动降价与之竞争，也可转向另辟蹊径。再次，高价高利润，有利于企业筹集资金，扩大生产规模。

但是，撇脂定价策略也给企业带来较大的威胁：一是在新产品的市场形象未树立之前，定价过高会使大多数消费者难以接受，从而不利于开拓市场；二是过高的市场售价所带来的丰厚利润会引起大量的竞争者进入，从而加剧竞争，迫使价格提前下跌，不利于企业的长期经营。

营销故事

第二次世界大战结束时，美国雷诺公司生产了一种笔，趁当时世界上第一颗原子弹爆炸的新闻热潮，取了个时兴的名字——原子笔（即现在的圆珠笔）作为圣诞礼物投入市场。加上通过各种宣传为之披上了种种神秘外衣，致使该笔身价倍增，成本仅 50 美分，售价却高达 10 美元，一下子就发了大财。等到这种商品的神秘外衣被不断揭开，身价一落千丈时，资本家已带着快要撑破的钱包去经营更新的商品去了。

（2）渗透定价策略

渗透定价策略以低价迅速打开产品销路，夺取较大的市场份额，取得市场的支配地位，并阻止竞争者进入市场为目的。主要利用消费者求廉求实的心理，以低价刺激消费者需求，从而在消费者心目中树立起价廉物美、经济实惠的形象，以赢得消费者的信赖。比如日本本田摩托车在美国摩托车售价为1 000～1 500美元时，以低于美国摩托车价格数倍的售价，仅以250美元的低价打入美国市场，几年后一举夺得美国市场就是利用渗透定价策略的成功范例。

渗透定价策略的最大优点就是有利于产品尽快地被市场接受，扩大市场占有率，并借助大量销售来降低成本，获得长期稳定的市场地位。与此同时，价低利微，使许多竞争者望而却步，减缓了市场竞争的激烈度，增强了企业自身的市场竞争能力。此外，渗透定价还比较容易赢得经销商和消费者的支持，有助于企业获得规模经济效益，增加利润。因而，在新产品定价中得到广泛的运用。

但是，这一策略也有其不足：一是风险较大，一旦销量达不到预期水平，就会给企业造成亏损；二是在价低利微的情况下，研制新产品的投资及费用不可能短时期收回，这就会影响到企业资金的周转和使用效率，在目前资金仍然是企业的一种稀缺资源的条件下，会危及企业的经营；三是过低的价格容易使消费者对产品的质量和性能产生怀疑和不信任感，从而影响销量的扩大，达不到薄利多销的目的。

因此，要实现企业的目标，采用该策略是有条件的，最基本的条件就是：新产品有足够的市场需求，并能替代市场上已存在的同类产品，且长期发展趋势较好；有高度的价格敏感度和需求弹性；企业具有大批量生产的能力，并且大批量生产能显著降低产品成本；企业经营的着眼点是长期获利，而不是追求短期利益，等等。因此，在正常情况下，多用于一些低档商品、易耗商品和专用性不太强的商品和生活必需品。

（3）满意定价策略

满意定价策略又称温和式定价策略或君子定价策略，它是指企业为了建立企业与产品的良好形象，把价格定在适中水平上的策略。撇脂定价以高价推出产品，对消费者不利，易引起消费者的不满和抵制，以及激烈的市场竞争，具有一定的风险；而渗透定价以低价推出，虽对消费者有利，但企业在新产品上市之初收入甚微，投资回收期长。满意定价居于两者之间，既可避免撇脂定价因高价而具有的市场风险，又可避免渗透定价因低价带来的困难，因而对买卖双方都较为有利。这一策略具有风险小，能为各方所接受和简便易行的优点，有利于企业扩大市场，招徕顾客。不足之处主要是因其特点不突出，不易打开销路。因而多用于一些生产、生活必需品的定价，是一种普遍使用的定价策略。

2. 心理定价策略

心理定价策略是利用消费者的心理因素或心理障碍，根据不同类型消费者购买商品或服务的心理动机来制定企业商品或服务的价格的定价策略。常用的心理定价策略有以下几种形式：

（1）整数定价策略

整数定价策略是指企业舍去零数，而以整数的形式确定商品价格的做法。它常以“0”为尾数，如以200元、600元、800元、1 200元等来表示商品的价格。整数定价是基于以下考虑而确定的：商品价格与其质量往往是正相关的，商品的质量高，其价格必然要高；整数定价能显示出产品的高贵、气派、有分量，购买和使用这样的商品能烘托出消费者富有的地位和高档的追求；对于需求弹性较小的商品，以整数定价有利于消费者决策购买，简化买卖双方的交易手续，提高交易效率。

因此，整数定价策略比较适合于名牌、优质、高档或消费者不大了解的商品。

（2）尾数定价策略

尾数定价策略又称“非整数定价”或零数定价策略，是指企业利用消费者求廉的心理，制定非整数价格，而且常常以奇数作尾数，尽可能让价格不进位。比如宁取2.97元，而不定3元，这在直观上可以促使消费者对价格产生认同，激发消费者的购买欲望，促进产品销售。

使用该种策略定价能在消费者心目中产生下列特殊心理效应：能显示价格便宜的反应；能体现定价认真、精确、合理的感觉，有利于产生对企业商品的信任感，避免购买时的价格争议和讨价还价；能显现商品降价的趋势；能反映出数字的中意。比如，西方人讨厌“13”，日本人回避“4”，中国人喜欢“8”“6”等。

零数定价策略主要适合价值较低而使用频率较高的产品，对于高档商品则不宜采用。

（3）声望定价策略

这是根据产品在消费者心中的声望、信任度和社会地位来确定价格的一种定价策略。声望定价可以满足某些消费者的特殊欲望，如对身份、地位、财富以及自我形象等方面的虚荣心理；企业还可以通过高价格显示其产品的名贵品质，因此，这一策略适用于一些传统的名优产品、具有历史地位的民族特色产品，以及知名度高、有较大市场影响、深受市场欢迎的驰名商标。例如我国的景泰蓝瓷器在国际市场价格为2 000多法郎，就是成功的声望定价的典范。

（4）招徕定价策略

招徕定价策略是利用消费者的求廉心理，以接近成本甚至低于成本的价格进行商品销售的策略，目的是以低价吸引消费者购买“便宜货”的同时，购买其他正常价格的商品，以牺牲局部产品的利益来带动整体产品的销售。比如，各种各样的“优惠大酬宾”“特价商店”“一价店”等就是运用这种策略。

采用这种策略时应注意以下问题：

①招徕定价的产品必须是消费者经常使用的产品，为消费者所熟悉，其价格应对消费者有相当的吸引力。

②招徕定价的产品必须是真正的削价产品，不能带有对消费者的欺骗，只有这样，才能取信于消费者。

③企业所经营的产品必须是品种繁多，这才能达到消费者在购买招徕定价品的同时能选购其他的产品。

④招徕定价的产品的品种和数量要适当，所降价格的幅度要适中。因为降价商品的品种和数量较多，降幅太大，可能导致企业亏损，而品种和数量太少，降幅小，又难以起到促销的作用，无法吸引消费者购买。

3. 折扣与让利定价策略

折让定价是指企业为了调动各类中间商和其他用户购买产品的积极性，对基本价格做出一定的让步，直接或间接降低价格，以争取顾客，扩大销售的定价策略。

（1）数量折扣

指卖方根据买方购买数量的多少，分别给予不同的折扣，购买数量越大，折扣越高，买方获利也越多。其目的是鼓励大量购买，或集中向本企业购买。

数量折扣包括累计数量折扣和一次性数量折扣两种形式。累计数量折扣是指顾客在一定时间内，购买商品若达到一定数量或金额，则按其总量给予一定折扣，其目的是鼓励顾客经常向本企业购买，成为可信赖的长期客户。一次性数量折扣是指一次购买某种产品达到一定数量或购买多种产品达到一定金额，则给予折扣优惠，其目的是鼓励顾客大批量购买，促进产品多销、快销。

（2）现金折扣

现金折扣是对在规定的时间内提前付款或用现金交易的顾客所给予的一种价格折扣。其目的是鼓励顾客按期或提前付款，加速企业资金周转，降低销售费用，减少经营风险。

采用现金折扣一般要考虑折扣的比例、给予折扣的时间限制以及付清全部货款的期限。这种定价策略适用于价格昂贵的耐用消费品，尤其适用于采取分期付款的商品。

（3）功能折扣

也叫交易折扣，是指根据中间商在产品分销过程中所承担的责任大小、风险差异、功能的不同而给予不同的折扣。折扣的多少，主要依据是中间商在分销渠道中的地位、购买批量、完成的促销功能、承担的风险、服务水平以及产品在市场上的最终售价等。功能折扣的结果是形成购销差价和批零差价。其主要目的是鼓励中间商大批量订货，扩大销售，与生产企业建立长期、稳定的合作关系，并对中间商经营企业有关产品的花费进行补偿，让中间商有一定的盈利。

（4）季节折扣

经营季节性商品的企业向销售淡季来购买的顾客所给予的一定价格折扣，叫作季节性折扣策略。这种定价策略可以有效地调节供需矛盾，减轻企业仓储压力，加速资金周转，使企业的生产和销售在一年四季保持相对的稳定。它主要适用于一些季节性较强的商品。例如，啤酒生产厂家对在冬季进货的商业单位给予大幅度让利，羽绒服生产企业则在夏季对购买其产品的客户提供很多折扣。

（5）让价

让价又称津贴、补贴，是指企业对做出额外贡献的顾客的价格补偿。让价是折扣的特殊的或变相的形式，它有利于鼓励中间商和顾客多购买和多消费企业的产品，促进产品的销售。让价的表现形式多种多样，常用的有：促销让价、以旧换新让价、免费服务让价、特约优惠让价。

4. 差别定价策略

差别定价策略就是企业根据销售场所、时间、顾客等因素的不同情况，对同一产品采取不同的定价策略。它主要有以下几种形式：

（1）地区差价策略

同一产品在不同地区销售，所定价格不同的策略即为地区差价策略。具体有两种情况：一是根据商品销售地区距离远近、支付运费的大小相应加价，使销地价格大于产地价格；另一种是从开拓外地市场着眼，使销地价格低于产地价格，让商品在销地广泛渗透，占稳市场。

（2）分级差价策略

企业对同一类产品进行挑选整理，分成若干级别，各级之间保持一定价格差额的策略叫作分级差价策略。这种策略便于顾客选购，以满足不同层次的消费需求。

白酒价格盲区

某酒厂开发一个白酒新品种，为了确定一个合适的价位，对某市白酒零售价进行详细调查。

通过对酒店终端和便民店考察，每个档次的酒店都有2～3个档次的白酒。除最低档的酒店只有中低两个档次和最高档的酒店只有中高两个档次的白酒外，其他档次的酒店都有三个档次的白酒。白酒在终端市场有以几个档次的表现价位：

1. 便民店和低档酒店（如烩面馆）。有两个档次的价位，一个是零售价3.5～4.0元/瓶的低档酒。该档次零售加价幅度约为0.8～1.0元/瓶，销量非常大；另一个是零售价7.0～8.0元/瓶的白酒，但销量不大。另一个销量较大的价位是10～15元/瓶。

2. 中档酒店（或中档稍偏下酒店）。最畅销的白酒有两个价位空间是10～15元/瓶，该档次白酒的加价率约为40%～50%。另一个价位空间是25～28元/瓶的白酒，消费群体也不少。

3. 中档偏上酒店。主销档次是45～55元/瓶的白酒，酒店的加价为80%～100%。低于该档次的是25～28元/瓶的白酒，销量也比较大，居第二位。高于45～55元/瓶档次的白酒，价位超过120元/瓶，销量较少。

4. 高档酒店。主销档次是120元左右和250元/瓶以上的白酒，加价幅度超过150%。低于100元/瓶的白酒很少见。

通过调研发现，白酒的档次价位非常明显，典型的有六个档次，分别是：

第一档次：零售价位：3.5～4.0元/瓶；

第二档次：零售价位：7～8元/瓶；

第三档次：零售价位：10～15元/瓶；

第四档次：零售价位：25～28元/瓶；

第五档次：零售价位：45－55元/瓶；

第六档次：零售价位：120元/瓶左右；

第七档次：零售价位：250元/瓶以上。

调研还发现几个白酒价格盲区，分别是：15～25元/瓶、30～40元/瓶、60～120元/瓶、150～250元/瓶。终端在定价时一般不定在以上几个价位区。

思考：

1. 消费白酒时，顾客是根据什么判断产品价值的：品牌？质量？价格？包装？导购员的推荐？以前的消费经历？……

2. 分析出现价格盲区的原因：是消费者的原因，还是生产厂家或零售商的原因？

(3)品牌差价策略

同品种的商品由于品牌不同，定价有别的策略叫作品牌差价策略。例如，当企业的同类产品中的某一品牌已成为名牌，在消费者中已建立了信任感，其销售价格就可以定得略高于其他一般品牌的商品。

采取差别定价策略，企业的市场必须是可以细分的，而且各个细分市场须表现出不同的需求程度；差别定价的幅度不会引起顾客的反感。

5. 产品组合定价策略

当某种产品只是企业产品组合中的一个部分时，企业需制定一系列的产品价格，从而使整个产品组合取得整体的最大利益。这种定价策略主要有以下几种形式：

（1）产品线定价策略

产品线是指在企业生产的产品类中具有相近功能，能满足某种需要的一组密切相关的产品，如家电生产中电视机、电冰箱、空调器等就形成不同的产品线。产品线定价策略是指企业就同一系列产品的不同规格、型号和质量，按照相近的原则，把产品划分为若干档次，不同档次制定不同价格的策略。如电视机按其功能的不同可分为黑白电视机、彩色电视机，在彩色电视机中又进一步分为普通型、豪华型等；再如服装产品线中按其质量分为高中低三档，不同的档次代表着不同的质量，给予不同的定价以满足不同消费者的需求。企业在制定产品线价格策略时，首先应掌握产品线的系列产品之间性能、成本等差异程度，其次应考虑竞争对手的同类产品的价格差异，再根据实际情况来确定产品的价格。

（2）产品项目定价策略

产品项目是指产品线中不同型号、不同规格、不同款式和外观的具体产品，依据同类产品型号、规格、款式、外观的不同，制定不同的价格，即称为产品项目定价。如电冰箱在其制冷效果相同的条件下，根据其容积的大小、款式的差异制定不同的价格，电视机根据其尺寸的大小制定不同的价格。这种根据同类产品型号、规格、款式和外观的差异分档定价能够从不同的角度满足消费者的消费需求，在激烈的市场竞争中不失为一种较好的策略。但是在采用该种策略时要注意产品项目的设置，即产品分档不能过细，否则，容易产生产品项目之间的相互排斥，从而影响企业产品的销售，如不同规格的电视机中，18 英寸与 20 英寸就容易产生相互排斥。此外，不同产品项目之间应有明显的差异，便于购买者分辨。

以上两种产品组合定价的关键在于明确区分产品线和产品项目之间的性能和质量差异，显现出自身特色，不同特色的产品按不同价格销售，才会被消费者接受。

（3）附带品和相关品定价策略

附带品和相关品与主体产品的搭配也是一种产品组合形式，与主体产品定价相适应确定附带品和相关品的价格同样也是产品组合定价策略之一。附带品是指附着于主产品销售的产品，如饮食服务业除提供各种主菜外还提供酒水，汽车销售商在出售汽车的同时，还提供防盗设施装置、减光器、扫雾器等。

附带品定价有两种策略可供选择：

①将附带品的价格定高些，使其成为企业盈利的一个来源。

如餐饮业中酒水定高价，而主菜定低价，以低价的主菜吸引顾客，而以酒水的高利来弥补主菜的费用支出，以保证企业盈利。

②将附带品价格定在保本或微利上，以此吸引顾客购买主产品。

如餐饮业中酒水低价或免费提供，以吸引顾客光顾进餐，以主菜的高价获利。采用附带品定价策略的关键在于合理确定附带品以及价格。相关品即为相互补充品，它必须与主体产品相搭配，才能使主体产品的功能作用得到发挥。如胶卷、相纸与照相机，摄影带、录音带与摄影机和录音机，各种笔芯与笔等相互搭配才能使用。

（4）不同产品线和产品项目组合配套策略

不同产品线和产品项目组合配套策略是指企业将自己生产和经营的不同商品，按不同的标准组合成套，并分别制定单件商品和成套商品价格的做法。具体配套中，可把连带使用的商品进行配套，如学生用具、男士用具、厨房用具等的配套；同档次商品的配套，如化妆品的精品包装、普通包装的配套，名贵药材的配套包装等；高低价商品的配套，如某种或某几种精品为主，搭配其他一般商品的配套；相同原料商品的配套，如相关保健用品的配套、各种不锈钢制品的配套等。

配套定价的优点是：

①可以通过价格差异吸引购买者，增加销售量；

②可以增加每次交易的成交量，减少交易时间；

③产品配套得当，还可以实现以畅带滞，减少库存积压。采用该定价策略时一定要注意所配套的货物一定要货真价实，配套商品的销售一定要有单件商品的销售相配合，让消费者有一定的比较，以帮助消费者选择购买。

（5）选择产品定价策略

当顾客购买企业的多件相关产品时，企业提供多种价格方案以供选择。其目的是鼓励顾客多买商品。如，同一品牌的电脑桌，标价 1 000 元，电脑椅 400 元，但如两件产品一同购买价格是 1 300 元。可见这种价格的组合方式是为了鼓励顾客成套购买企业产品。

7.3.2 价格调整技巧运用

企业产品的价格制定以后，由于市场环境变化，还需要经常进行调整。企业调整产品价格，主要有主动的价格调整和被动的价格调整。无论企业出于什么原因要调价，都要充分考虑调价后消费者的反应、竞争者的反应，然后针对不同情况，选择适当的策略。

1. 企业主动调整价格

企业有时会依据自身的目标与利润进行价格的主动调整，即主动调低价格或调高价格。

（1）调低价格

即企业为了适应市场环境和企业内部条件的变化，把原有产品的价格调低。原因主要有：

①企业产品供大于求，大量积压，占用资金，仓储压力大，其他营销手段不能发挥作用时，企业需要降价。

②企业产品的市场占有率逐渐下降，为了夺回失去的市场，企业可降价销售。

③企业为了进一步控制市场，扩大生产和销售量，也可以主动降价销售。

④企业主动调低价格，可以使企业在短期内摆脱困境，提高市场占有率，但是，降价有可能导致同行业内竞争加剧，如果降价不当，反而会给企业造成损失。

（2）调高价格

即企业为了适应市场环境和企业内部条件的变化，把原有产品的价格调高。原因主要有：

①产品的生产原材料等成本费用不断提高，企业的生产效率提高速度如果不能补偿成本上涨幅度的话，企业就需要调高价格。

②市场上企业产品供不应求时，企业可以调高价格以调节供需平衡。

企业要提高价格可以一次性大幅度提价，也可以多次小幅度提价。一般来说，消费者较容易接受后一种调价方式。

2. 企业被动调整价格

有时企业调整价格是出于应付竞争的需要，即竞争对手主动调整价格，而企业也相应地被动调整价格。其主要方式有：

（1）在同质产品市场上

如果竞争者降价，企业也要随之降价，不然消费者就会购买竞争者的产品。如果竞争者提价，一般来说，这不会给企业带来什么威胁，企业可以保持价格不动，也可以提价，但提价幅度不能超过竞争者的提价幅度。

（2）异质产品市场上

因为消费者选择产品的依据不仅仅是产品的价格，还有产品的质量、服务等因素，所以在产品异质的情况下，如果竞争者调整产品价格，企业可以不予理睬，由消费者的品牌忠诚度决定自己的购买决策；或调整企业营销组合中的一些策略，保持原有产品价格或采取与竞争者相反的价格调整策略进行企业产品价格的完全或部分的调整以应对竞争者的调价。

3. 消费者对价格变动的反应

衡量企业调价是否成功的标志是企业所确定的价格能否被消费者所接受，并能促使消费者购买产品。因此，企业必须重视顾客对调价的反应，并据此制定相应的策略。消费者对价格变动的反应有以下几种：

①价格变动在一定范围内是可以被消费者接受的。提价幅度如果超过可接受价格的上限，就会引起消费者不满，从而产生抵触情绪，不愿购买企业的产品；降价幅度如果低于下限，会使消费者对产品本身产生疑虑，对实际购买行为产生抑制。

②在产品知名度因广告而提高、消费者收入增加或通货膨胀等因素下，消费者可接受的价格上限会提高；当消费者对产品质量有了明确认识，或收入减少、价格连续下跌，消费者接受价格的下限会降低。

③一般而言，产品价格下调会受到消费者的欢迎，但并不是所有的降价消费者都会积极响应。消费者对某种产品削价的可能反应是：产品的式样陈旧，将有新型号产品替代；产品的质量低劣或有某些缺点而降价；企业遇到了财务困难等。

④对于某种产品的提价消费者会认为：这种产品非常热门，很多人购买，如果不买的话，可能就买不到了；提价产品的质量比一般产品的质量优良；产品价格已普遍提高，而且还将继续上升，应当尽早购买。

营销拓展

削价竞争还是服务竞争

我国南方某省一城市，近年来旅游业发展迅速。1990 年，这里规划重点发展旅游业时，只有几家普通旅馆和招待所，两家宾馆也够不上星级。1999 年情况大不一样了。由于航线畅通，景点建设有吸引力，国内外游客每年超过 200 万人次。宾馆、酒店随之迅速发展起来，不仅房间数超过1 万，床位数超过2.5 万，1 ~3 星级宾馆、酒店也达到9 家。在开房率下降、竞争激烈的情况下，刚投入运营的三星级南翔大酒店面临着严峻的选择：是卷入新一轮的价格战，还是办出特色？

在这个小城市以接待国外和国内较高层次的游客为主。

南翔大酒店的张经理曾经在省城管理过两家星级酒店，有丰富的实战经验。他的主张是：削价竞争决非良策，要良性发展，必须突出自身的特色，以分外整洁的环境，周到的服务，让中外游客都承认这家三星级酒店是名副其实的。

张经理在办公会议上强调，当地酒店业竞争过度，平均开房率不到40%，靠削价竞争是难以消除这种环境威胁的。但是，在全部客源中，国外游客约占15%，年达30万人次；国内游客要求住三星级饭店者（包括会议），也不低于此数。这样，星级饭店经营得好，客源不向低档店分流，开房率可达50%左右。而且三星级酒店全城仅有三家，威胁与机会并存，关键在于如何把握住机会。

在张经理的主持下，又一次办公会议批准了营销部的计划书，要点如下：

1. 优化客源结构。重点是发展团队市场，争取新签一批订房协议。

2. 加强横向联合。主要是密切与省内外声誉好的旅行社和省内两个客源量大的城市主要宾馆、饭店的协作。

3. 加强内部管理。在激励员工、提高士气的基础上，彻底整治所有服务场所和客房的清洁卫生，并建立健全各项规章制度，要求格外整洁并经常化。全体服务人员必须热情周到为顾客提供各项服务，如每天24小时通信服务、优惠价的娱乐服务等。

4. 严控价格折扣。在批准的客房定价基础上，除每年有4个月的淡季折扣和大型会议适当折扣外，严格控制任意降价的做法。

计划书拟定的营销目标，包括全年平均开房率73%，1999年营业收入比上年增加18%。

（资料来源：http://edu.ch.gongchang.com/marketing/knowledge/2010-06-18/18150.html）

4. 竞争者对价格变动的反应

在竞争的市场上，企业变动价格能否达到预期的目标，还要看竞争者的反应。这就需要企业调查竞争者的财务状况、销售量与生产能力、顾客忠诚度及企业的营销目标，从中预测出竞争者可能会采取的措施及反应的剧烈程度。如果企业所有的竞争者行为相似，那么就只需对一个典型竞争者做出分析。如果竞争者在经营规模、市场份额或经营风格等方面有关键性的差异，则各个竞争者会做出不同的反应，这时，企业就应分别地予以分析。在细致分析的基础上，企业才能最终确定价格调整的幅度和时机。

营销拓展

休布雷公司的定价策略

休布雷公司在美国伏特加酒的市场中，属于营销出色的企业，他们生产的史密诺夫酒在伏特加酒的市场占有率中达23%。20世纪60年代，另一家公司推出了一种新型伏特加酒，其质量不比罗密诺夫酒低，而每瓶酒的价格却比史密诺夫酒低1美元。

按照惯例，休布雷公司面前有三条对策可用：

第一，降低1美元，以保住市场占有率；

第二，维持原价，通过增加广告费用和推销支出与竞争对手竞争；

第三，维持原价，听任市场占有率降低。

由此看来，不论休布雷采取上述哪种策略，都很被动，似乎将是输定了。

但是，该公司的市场营销人员经过深思熟虑后，却采取了令人们大吃一惊、意想不到的第四种策略。那就是，将史密诺夫酒的价格再提高1美元，同时推出一种与竞争对手的新伏特加价格一样的瑞色加酒和另一种价格更低的波波酒。

（资料来源:http://www.hu1982.com/Html/?2448.html）

能力评估

评估项目一：案例分析

一个珠宝定价的有趣故事

位于深圳的异彩珠宝店，专门经营由少数民族手工制成的珠宝首饰，位于游客众多、风景秀丽的华侨城（周围有著名的旅游景点：世界之窗、民族文化村、欢乐谷等），生意一直比较稳定。客户主要来自两部分：游客和华侨城社区居民（华侨城社区在深圳属于高档社区，生活水平较高）。

几个月前，珠宝店店主易麦克特（维吾尔族）进了一批由珍珠质宝石和银制成的手镯、耳环和项链的精选品。与典型的绿松石造型中的青绿色调不同的是，珍珠质宝石是粉红色略带大理石花纹的颜色。就大小和样式而言，这一系列珠宝中包括了很多种类，有的珠宝小而圆，式样很简单，而别的珠宝则要大一些，式样别致、大胆。不仅如此，该系列还包括了各种传统样式的由珠宝点缀的丝制领带。

与以前的进货相比，易麦克特认为这批珍珠质宝石制成的首饰的进价还是比较合理的。他对这批货十分满意，因为它比较独特，可能会比较好销。在进价的基础上，加上其他相关的费用和平均水平的利润，他定了一个价格，觉得这个价格应该十分合理，肯定能让顾客觉得物超所值。

这些珠宝在店中摆了一个月之后，销售统计报表显示其销售状况很不好，易麦克特十分失望，不过他认为问题原因并不是在首饰本身，而是在营销的某个环节没有做好。于是，他决定试试在中国营销传播网上学到的几种销售策略。比如，令店中某种商品的位置有形化往往可使顾客产生更浓厚的兴趣。因此，他把这些珍珠质宝石装入玻璃展示箱，并将其摆放在该店入口的右手侧。可是，当他发现位置改变之后，这些珠宝的销售情况仍然没有什么起色。

他认为应该在一周一次的见面会上与员工好好谈谈了。他建议销售小姐花更多的精力来推销这一独特的产品系列，并安排了一个销售小姐专门促销这批首饰。他不仅给员工们详尽地描述了珍珠质宝石，还给他们发了一篇简短的介绍性文章以便他们能记住并讲给顾客。不幸的是，这个方法也失败了。

就在此时，易麦克特正准备外出选购产品。因对珍珠质宝石首饰销售下降感到十分失望，他急于减少库存以便给更新的首饰腾出地方来存放。他决心采取一项重大行动，选择将这一系列珠宝半价出售。临走时，他给副经理匆忙地留下了一张字条。告诉她："调整一下那些珍珠质宝石首饰的价格，所有都×1/2。"

当他回来的时候，易麦克特惊喜地发现该系列所有的珠宝已销售一空。"我真不明白，这是为什么，"他对副经理说，"看来这批首饰并不合顾客的胃口。下次我在新添宝石品种的时候一定要慎之又慎。"而副经理对易麦克特说，她虽然不懂为什么要对滞销商品进行提价，但她惊诧于提价后商品出售速度惊人。易麦克特不解地问："什么提价？我留的字条上是说价格减半啊。”“减半?”副经理吃惊地问，“我认为你的字条上写的是这一系列的所有商品的价格一律按双倍计。”结果，副经理将价格增加了一倍而不是减半。

（资料来源:http://www.docin.com/p-7469131.html）

思考：

1. 请解释这种情况下发生了什么事情，为什么珠宝以原价2倍的价格出售会卖得这么快?
2. 易麦克特对珍珠质宝石首饰的需求曲线做出了怎样的假设?实际上这种产品的需求曲线应该是什么样的?
3. 异彩珠宝店是在哪一种市场类型中运作经营的?是垄断竞争市场、寡头市场还是完全垄断市场?是什么让你得出这样的结论?
4. 心理定价法的观念对易麦克特有什么帮助?你在未来的定价决策方面会给易麦克特提出什么建议?
5. 还有哪些情况下可能会发生这样“因提价而畅销”的有趣故事?

（资料来源:豆丁网）

评估项目二：营销实践练习

两书店的竞争与联合

有一家书店（甲店）鉴于读者的需要，计划影印出版《康熙字典》1万册，计划每册成本（包括版权费在内）30元，售价计划定为50元/册。另一家书店（乙店）闻讯后认为该书市场需求量很大，所以也随后计划影印4万册。由于影印数量大，每册平均成本仅25元。为争夺市场，乙店决定与甲店同时推出该书，书价定为每册40元。

假设两家书店即将影印出版的书质量相同，读者将首先根据价格来选择购买。现在，甲、乙两店面临如下两种选择：

1. 两店竞争。如果甲店不降价，读者将优先购买乙店的书。甲店从竞争出发，为保证读者购买本店和乙店的书的机会均等，拟将价格定为与乙店相同的每册40元；
2. 两店联合。甲、乙两书店签订合同，联合影印销售，甲店承担20%的成本费用，乙店承担80%，总印量仍为5万册，所获利润也按同等比例分配。由于联合影印，成本降为每册22元，售价拟定为40元/册。

问题：

1. 在两店竞争、甲店降价情况下，市场总销售量超出多少时，乙店盈利比甲店多?
2. 两店竞争，甲店可能不降价。试问在这种情况下，当市场总销售量超出多少时，甲店才能保本?

能力拓展

一、激发创造力的自由讨论

（1）目的：给与会人员一个机会参与创造性解决问题的讨论。

（2）所需材料：在每张桌子上放一个回形针。

（3）步骤：研究表明，一些简单实用的练习可以激发创造力。然而，创造的火花经常被具有杀伤力的话熄灭，如“我们去年就这样试过了”“我们已经那样做过了”，以及其他一系列诸如此类的评论。要使与会人员养成为自己的创造力开绿灯的习惯，可以使用下面这种自由讨论的方法。

自由讨论的基本规则是：

①不允许使用批评性的评语；

②欢迎海阔天空式的自由讨论（即思路越开阔越好）；

③要的是数量，而不是质量；

④寻求观点的结合与深化。按照这四条基本原则，把与会人员分成4～6人的小组进行讨论。给他们2秒的时间，请他们想出使用回形针的尽可能多的方法。每组指定一人负责统计，只需统计想出的方法的数目，不一定要把方法本身也记录下来。1分钟以后，请各组长首先报告想出的方法的数目，再请他们说出一些看起来极其“疯狂”、极其“不着边际”的想法。向与会人员指出，有时候这些貌似“愚蠢”的想法其实是行之有效的。

讨论题：

①你对于自由讨论的方法有无保留意见？

②自由讨论对哪类问题最适用？

③你认为自由讨论这一方法还有哪些有待开发的应用方式？

二、开发你的价格制定与调整能力

1. 目标

该项目的训练帮助你掌握目标利润定价法。

2. 内容

为“力力”利乐包豆奶设计“目标利润”定价方案。

3. 步骤

（1）提供资料：

根据财务部门提供的成本信息，“力力”利乐包豆奶的成本构成如下：

①厂部生产线提供上海地区30%的生产能力，每年可提供1 667万盒（每盒250毫升）。

②分摊的固定费用为：a. 月折旧费20万元、年折旧费240万元；b. 月管理费用13.33万元、年管理费用159.96万元。

③单位产品的变动费用为（按目前市场价格计算）：a. 豆浆、牛奶配方原料，1 000毫升0.40元；b. 辅料费用，1 000毫升0.24元；c. 包装费用，每盒0.10元；d. 人工费用，每盒0.10元；e. 储运费用，每盒0.07元；f. 销售费用，每盒0.08元；g. 考虑税金，每盒0.06元。

关于税金统计的说明。在实际单位价格计算中，税金指的是增值税。增值税是在“产品成本+目标利润”的基础上乘上国家规定的税率所计算出的，单位价格=（产品成本+目标利润）+增值税。我国增值税率一般确定为17%，但有些行业还是有区别的。为了便于教学，在此我们把增值税作为固定统计的税金，统计在单位变动费用中。特作说明。

④经预测2003年市场需求为1 400万盒，总公司要求上海地区的“力力”利乐包豆奶净利润目标为150万。商业加成率为33%。

⑤市场部提供竞争对手产品的市场价格情况见表 7－2。

表 7－2　“力力”豆奶的竞争对手产品的市场价格

品　牌	品　种	容　量	市场零售价
维他奶	维他奶	100 毫升	0.80 元
维他奶	维他奶	250 毫升	1.30 元
维他奶	麦精朱古力	250 毫升	1.30 元
正广和	都市奶	250 毫升	1.50 元
杨协成	豆　奶	250 毫升	2.00 元
上海光明	巧克力牛奶	200 毫升	2.00 元
上海光明	纯鲜牛奶	200 毫升	2.00 元
上海光明	纯鲜牛奶	250 毫升	2.30 元

（资料来源 王妙、冯伟国:《市场营销学实训》,上海,复旦大学出版社,2007,(119－120))

（2）根据上述财务、市场有关资料，对“力力”利乐包豆奶设计目标利润、有利竞争定价方案。

任务单元 8　渠道策略运用能力培养——渠道优势的建立

任务解读

营销渠道绩效的评价目前也成为营销理论研究中的热点问题，谁能为顾客提供更多的价值，谁就能获得竞争优势。通过本单元的学习，需要学生能够设计产品渠道方案、选择与评估背景企业渠道成员。

知识目标

- 掌握分销渠道的概念和职能，了解分销渠道的类型。
- 掌握影响分销渠道选择的因素及其设计，了解分销渠道的管理和组织。
- 掌握批发与零售的概念与特征。了解中间商的类型与特征，了解批发与零售企业的类型与发展趋势。

能力目标

- 掌握分销渠道的基本模式及渠道模式选择决策。
- 学会设计和建立分销渠道。
- 具备分销渠道的管理和控制能力、与中间商的沟通能力。
- 初步具备物流管理的能力。

案例导读

亚马逊何时才有利润

作为B2C的旗帜，亚马逊的出现代表了新经济的一种模式。亚马逊与众不同的是把自己定位于高科技企业，而非流通企业。总裁贝索斯说：“技术使亚马逊在零售业出人头地。传统的零售业最重要的因素是场所。而对亚马逊来说，最重要的因素是技术。”在亚马逊，雇员最多的不是门市部店员，而是软件工程师。它的应用技术软件经常不断地开发创新，使企图抄袭者难以得逞。

但是，谁都知道亚马逊公司没有赚过一分钱。它的亏损额在增加，2000年1—9月已达到8.6亿美元，几乎比去年同期增加了一倍，2001年1月30日亚马逊宣布将裁员1 300人。亚马逊正面临着来自美国最大的连锁超市沃尔玛特的严峻挑战。它首创的“先投资、夺市场、再获利”的网络商务模型，理论上合情合理，而实际上至今玩不转。

亚马逊过去赖以占据网上市场优势的数项专利也正受到业界攻击，指责它霸占专利对发展网络业并无好处。亚马逊目前拥有两项较为重要的专利：一是“一击即中”，即轻轻一点电脑屏幕上的订货栏，就可将自己的需求传给供货商，二是会员制，即亚马逊的子公司都要担当公司的固定会员，需要为亚马逊收集顾客对各种专业书籍的特殊需求的情报，并上报给亚马逊。网络业人士称，这两项专利实在稀奇，前者技术并不复杂，后者则仅属于佣金制的翻版，在药品行业及汽车分销业都行之多年，现在不过是被亚马逊变成网上版本而已，并称亚马逊这样做限制了竞争对手，不利于网络技术的发展。但如果专利不保，或以后申请专利的难度增大，亚马逊要继续保持网上优势则会难上加难，和其他网络公司又有何分别呢？

点析：

网络产业目前还在一个亟须完善自身技术和系统环境的特定阶段，因此行业整体上目前处于亏损是产业特定的发展阶段所难以避免的。如果仅仅因为互联网技术上、应用上的一些局限而将其视为泡沫是不恰当的。网络经济是未来的现实，而不是未来的泡沫。网络产业当前的盈利状况是其特定发展阶段的产物，不能作为认定网络产业是泡沫的理由，否则必将贻笑于后人。

（资料来源：曹刚等，国内外市场营销案例集．武汉大学出版社．2002.）

8.1 营销渠道基本认知

8.1.1 营销渠道基本概念认知

1. 营销渠道的概念

从流通的角度出发，营销渠道被定义为产品从生产者那里转移到消费者手里所经过的通道。营销渠道的起点是生产者，终点是消费者或用户。在一般情况下，产品的转移需要中间环节的帮助，这个中间环节包括各种批发商、零售商、商业中介机构。因此，市场营销渠道又可理解为产品由生产领域经由中间环节或机构转移到消费领域的消费活动。

从参与者的角度出发，市场营销渠道又可被定义为配合起来的，使产品和服务被使用或消费的一系列独立组织的集合。这就是说，市场营销渠道包括产、供、销整个过程中所涉及的所有企业和个人。不但包括生产者、最终消费者，还包括资源供应商、市场营销中介。

2. 营销渠道的功能

①信息（information）：收集和传播营销环境中有关潜在和现行的顾客、竞争对手和其他参与者的营销信息。

②促销（promotion）：对企业所提供的产品发送和传播富有说服力的材料以达到吸引消费者的目的。

③交易谈判（negotiation）：尽力达成有关产品价格和其他条件的最终协议，以实现所有权或者占有权的转移。

④订货（ordering）：营销渠道成员向制造商（供应商）进行有购买意图的沟通行为。

⑤融资（financing）：获得和分配资金以负担渠道各个层次存货所需的费用。

⑥承担风险（risk taking）：在执行渠道任务过程中承担有关风险（库存风险、呆账风险等）。

⑦物流（physical possession）：产品实体从原料到最终顾客的连续的储运工作。

⑧付款（payment）：买方通过银行和其他金融机构向生产者支付账款。

⑨所有权转移（title）：所有权从一个组织或个人向其他组织或人的实际转移。

⑩服务（service）：服务支持是渠道提供的附加服务（信用、交货、安装、修理）。

营销故事

在传统上，像诸如化妆品类的快速消费品，企业都是以中间商作为自己产品的销售渠道。可是，在20世纪40年代，雅芳进入市场时，却被大百货店拒之门外，当时的雅芳还没有形成强有力的品牌资产，竞争力极弱，所以另辟新径，采用直销，从而一举成名。在中国，雅芳根据我国国情和消费者的消费习惯，却同时启动了美容专柜、专卖店、零售店和推销员四种渠道。不到一年，也获得了巨大的成功。

3. 营销渠道的类型

①根据有无中间商参与交换活动，可以将销售渠道划分为两种最基本的类型：直接渠道和间接渠道。

a. 直接渠道。直接销售渠道是指生产者将产品不通过任何中间商直接供应给消费者或用户的渠道模式。因为渠道环节中没有中间商的介入，因此，直接渠道也称零级渠道。

采用直接销售渠道有利于企业直接把握市场供需状况及市场发展变化趋势，及时调节生产，更好地满足目标顾客的需要；有利于降低企业产品在流通过程中的损耗，减少销售的损失；而且企业可以通过销售过程，在市场上进行直接的促销。

营销拓展

戴尔直销

戴尔企业发展成功的最大奥秘就是在产品销售上坚持直销。该公司的创始人迈克尔·戴尔曾不止一次地宣称他的“黄金三原则”——即坚持直销、摒弃库存、与客户结盟。

直销又称直接商业模式（Direct Business Model），即企业不经过中间商，而是将产品直接销售给用户。那么，戴尔公司是如何面向顾客的呢？

1. 企业营销的中心是客户，而不是竞争者

戴尔公司一直坚持认为企业营销的中心是客户而不是竞争对手。戴尔对客户和竞争对手的看法是：想着顾客，而不是竞争者。

2. 细化市场，深入研究顾客

戴尔坚持认为："分得越细，我们就越能准确预测顾客日后的需求与其需求的时机。"在这种指导思想下，1994 年，戴尔公司的客户被分成两大类：即大型顾客和小型顾客，当年的公司资产为 35 亿美元；1996 年，在大型顾客市场中，又分化出大型公司、中型公司、政府与教育机构三块市场，公司资产升至 78 亿美元；到 1997 年，戴尔又进一步把大型公司细分为全球性企业客户和大型公司两块市场，小型顾客则进一步分解为小型公司和一般消费者两块业务。当年公司资产攀升到 120 亿美元。

3. 戴尔的直销特点

戴尔公司坚持直销是因为通过直线销售模式，顾客不仅可以直接与戴尔公司互动，可以买到具有很好价格性能比的电脑，更重要的是顾客可以得到戴尔公司最新技术和最完善的服务，收到很好的投资回报。

4. 利用互联网，开展网上营销

戴尔实行的按单生产，保证企业实现了"零库存"的目标。零库存不仅意味着减少资金占用的优势，还使企业最大限度地减少了作为 PC 行业的巨大降价风险。

最后，需要指出的是，戴尔也有其经销商，或者说也利用渠道。但戴尔的经销商主要是服务的提供者，而不是销售产品。戴尔要求与其配合的经销商只做服务和增值工作，他们希望通过更专业的队伍来补充企业在市场覆盖面和服务能力上的缺陷。因此，戴尔公司并不要求与经销商保持密切的联系，或与其结盟。

（资料来源：http://www.517191.com/thinktankmore.asp? page = 2&classid = 94&t）

b. 间接渠道。间接销售渠道是指产品从生产者向消费者或用户转移的过程中要经过一个或一个以上的中间商的渠道模式。

②根据渠道环节或层次的多少，可将销售渠道划分为：长渠道和短渠道。

一般来说，产品从生产者向消费者或用户转移的过程中不通过或只通过一个中间环节的渠道称为短渠道，而通过一个以上中间环节的渠道则被称为长渠道。销售渠道的长短可以按级数来划分：

a. 零级渠道（MC）。即直接渠道，指产品由生产者直接到达消费者。

b. 一级渠道（MRC）。即产品由生产者通过零售商或批发商或者是代理商到达消费者。

c. 二级渠道（MWRC）。即产品由生产者到达消费者手中，要经过两个中介机构。要么是批发商与零售商，要么是代理商与零售商。

d. 三级渠道（MAWRC）。即产品从生产者最终到达消费者手中要经过三个中介机构，即代理商、批发商和零售商。

③根据渠道中每个层次的同类中间商数目的多少，销售渠道可分为宽渠道和窄渠道。

企业使用两个或两个以上的同类中间商销售自己的产品，那么，产品在市场上的分销面广，就称为宽渠道。如一般的日用消费品（毛巾、牙刷、开水瓶等），由多家批发商经销，又转卖给更多的零售商，能大量接触消费者，提高产品销售量。

当企业在某一地区或某一产品门类中只选择一个中间商为自己销售产品，实行独家分销，这种渠道称为窄渠道。它一般适用于专业性强的产品，或贵重耐用的消费品，由一家中间商统包，几家经销。

④根据生产者所采用的渠道类型的多少，可将销售渠道分为单渠道和多渠道。

单渠道是指生产者采用同一类型渠道分销企业产品，渠道比较单一。多渠道是指生产者根据不同层次或地区的消费者的情况，选用不同类型的销售渠道。

企业在经营管理的过程中，需要结合企业自身的情况，对销售渠道做出分析，以选择有利于企业产品销售的渠道策略。

8.1.2　营销渠道流程及模式

1. 营销渠道的流程

（1）实体流——物流

指实体产品或劳务从制造商转移到消费者和用户的过程。（如图 8－1 所示）

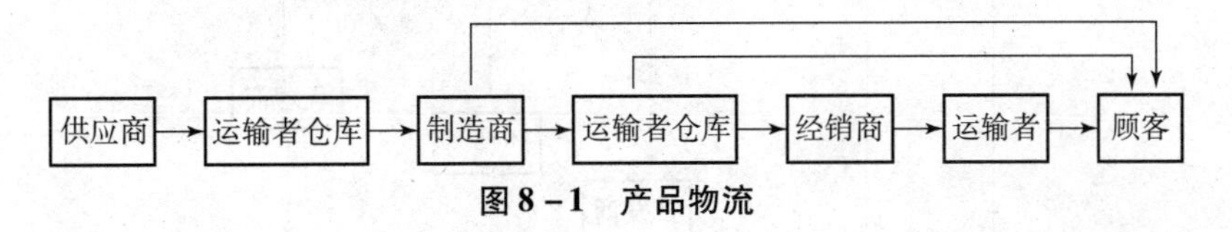

图 8－1　产品物流

（2）所有权流——商流

所有权流又称为商流，是指货物所有权从一个分销成员手中到另一个分销成员手中的转移过程。（如图 8－2 所示）

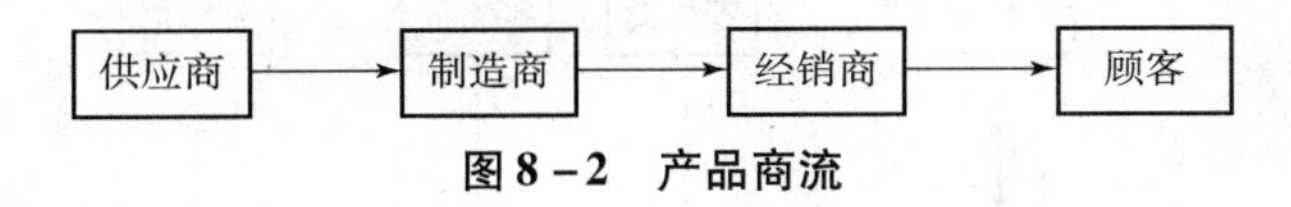

图 8－2　产品商流

（3）付款流——货币流

指货款在各分销成员之间的流动过程。例如顾客通过银行或其他金融机构向代理商支付账单，代理商扣除佣金后再付给制造商。此外还需付给运输企业及仓库。（如图 8－3 所示）

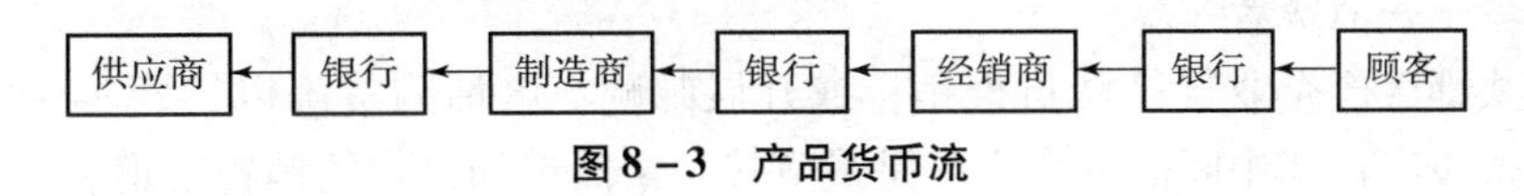

图 8－3　产品货币流

（4）信息流——信流

指在分销渠道中，各营销中间机构相互传递信息的过程。通常渠道中每一相邻的机构间会进行双向的信息交流，而互不相邻的机构间也会有各自的信息流程。（如图 8－4 所示）

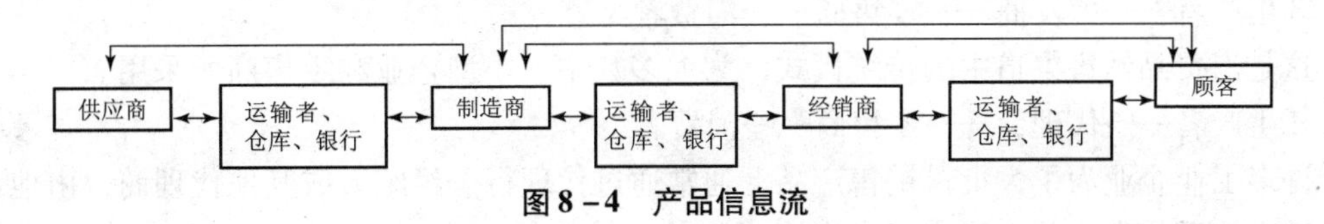

图 8－4　产品信息流

（5）促销流

促销流则指广告、人员推销、宣传报道、公关等活动由一个渠道成员对另一个渠道成员施加影响的过程。所有的渠道成员都有对顾客促销的职责，既可以采用广告、公共关系和营

业推广等针对大量促销方法，也可以采用人员推销针对个人促销方法。(如图 8－5 所示)

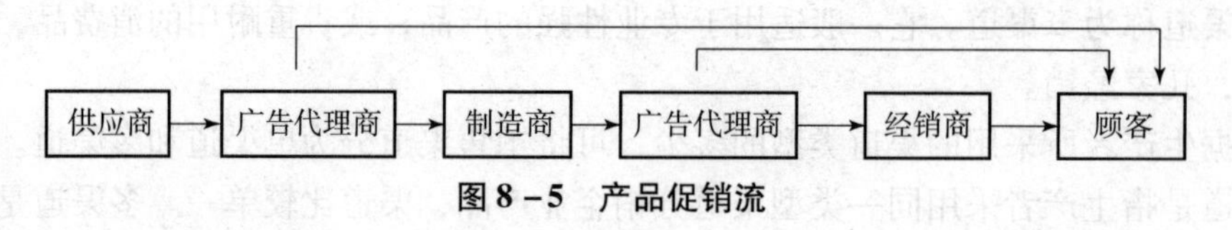

图 8－5　产品促销流

2. 营销渠道的模式

(1) 消费品销售渠道模式

消费品市场上产品销售渠道有以下五种模式（如图 8－6 所示）：

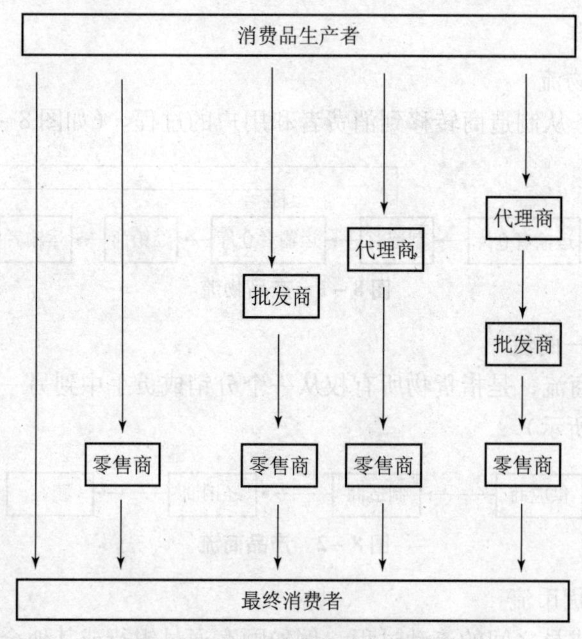

图 8－6　消费品销售渠道模式图

①生产者──→消费者

这种模式即生产企业自己派员推销，或开展邮购、电话购货等以销售本企业生产的产品。这种模式没有任何中间商的介入，是最直接、最简单和最短的销售渠道。

②生产者──→零售商──→消费者

这种模式被许多耐用消费品和选购品的生产企业所采用。即由生产企业直接向大型零售商店供货，零售商再把商品转卖给消费者。

③生产者──→批发商──→零售商──→消费者

这是消费品销售渠道中的传统模式，为大多数中、小型企业和零售商所采用。

④生产者──→代理商──→零售商──→消费者

许多工业企业为了大批量销售产品，通常通过代理行、经纪人或其他代理商，由他们把产品转卖给零售商，再由零售商出售给消费者。

⑤生产者──→代理商──→批发商──→零售商──→消费者

这种模式是一些大企业为了大量推销产品，常经代理商，然后通过批发商卖给零售商，最后销售至消费者手中。

（2）生产资料销售渠道模式

现代市场经济条件下，生产生产资料的企业也有多种销售渠道模式：（如图 8－7 所示）

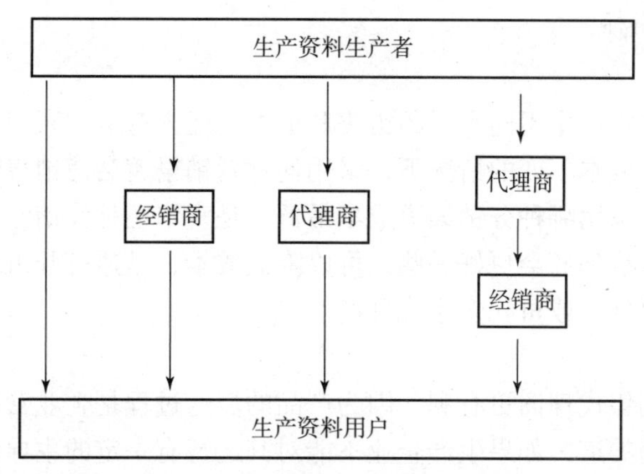

图 8－7 生产资料销售渠道模式图

①生产者——→生产资料用户

这种渠道模式在生产资料销售中占主要地位，尤其是生产大型机器设备的企业。如大型发电设备厂、机床厂等一般都是直接向用户销售产品。

②生产者——→生产资料经销商——→生产资料用户

这种渠道模式常为生产普通机器设备及附属设备的企业所采用。如我国机电、石油、化工等部门，常常利用工业品经销商把产品卖给用户。

③生产者——→代理商——→生产资料用户

这种渠道模式有利于企业销售具有特种技术性能的生产资料，代理商对代销商品品种、质量、性能、特点及用途都很熟悉，他们可以代替生产企业向用户全面地介绍商品、指导用户使用。

④生产者——→代理商——→生产资料经销商——→生产资料用户

这种渠道模式与第三种模式基本相同，但是代理商不直接与用户接触，而是需要经过经销商这一环节，这是因为有时产品的单位销量太小，或需要分散存货，经销商的功用就更十分必要。

8.2 营销渠道设计与管理能力

8.2.1 营销渠道设计能力

1. 营销渠道设计的概念

营销渠道设计是指对各种备选的渠道类型进行评估，创建全新的市场营销渠道，或改进现有渠道的过程中所做的决策，从而达到实现营销目标的活动。

2. 影响营销渠道设计的因素

（1）内部因素

影响企业营销的内部因素主要表现在企业的财务及融资能力、规模与声誉、管理能力以及公司对控制渠道的愿望。

（2）外部因素

①从微观上看：包括产品因素、中间商因素、消费者因素、竞争者因素等。

②从宏观方面看：主要指企业外部各种环境的变化。这些影响因素主要包括政策法规、经济因素、技术水平、地理环境、交通运输条件、民族习惯等。

3. 营销渠道的评指标

（1）经济性标准

每一种渠道方案都将产生不同水平的销售和成本。建立有效的营销渠道，企业必须解决好两个问题：一个是在成本不变的情况下，采用何种营销渠道会使销售额最高；另一个是在同一销售量的范围内，采用哪种分销渠道成本最低？是直销还是代销？一般来说，企业刚刚进入一个市场初期，找代理商会更好一些，可以降低成本，迅速打开市场。但是打开市场达到一定点之后，自销更好，或可找多家代理商。

（2）控制性标准

自销当然比利用销售代理商更有利。因为产品的流通过程是企业营销过程的延续，从生产企业出发建立的分销渠道，如果生产企业不能对其运行有一定的主导性和控制性，分销渠道中的物流、物权流、货币流、促销流、信息流就不能顺畅有效地进行。

（3）适应性标准

主要是与销售代理商签订长期合约时要慎重从事，因为在签订期内不能根据需要随时调整渠道，将会使渠道失去灵活性和适应性，所以涉及长期承诺的渠道方案，只有在经济效益和控制力方面都十分优越的条件下，才可以考虑。

4. 营销渠道的设计程序

营销渠道的设计一般可分为以下几个步骤：

①从思想上确定渠道设计的必要性；

②确立分销目标；

③设计各类可行的渠道结构；

④评估影响渠道结构的因素；

⑤选择“最佳”渠道结构；

⑥选择渠道中的成员。

8.2.2 营销渠道管理能力

只有加强对营销渠道的管理，才能保证营销渠道的运行按照事先预定的方式和轨迹进行，才能保证营销渠道设计的有效性，使得制造商和中间商都能获得应有的利润。

1. 营销渠道成员的选择

对中间商一定要有具体条件的规定。一般情况，企业都要考虑中间商以下的情况：实力、信誉、企业发展潜力。

实力：包括中间商的历史长短、业务人员的素质、协作精神、收现能力及获利能力。

信誉：包括历史的长短，合作伙伴、顾客、同行对它的评价。

发展潜力：包括经营范围、开设地点、顾客类型、购买力大小和需求特点。

2. 营销渠道成员的激励

制造商不但要选择合适的中间商，同时还要不断地激励中间商，充分调动他们的积极性。企业不但要保证自己的利润，同时还要兼顾中间商的利益，从而达到“双赢”。制造商处理与中间商的关系时一般会采取三种方式：合伙、合作和分销规划。

合作是运用最广的一种方式。是双方在互相满意对方的前提下，达成一种合作关系，签订合同。制造商采取正面和反面激励措施。正面激励措施，如较高的毛利，特殊优惠、定额奖励、销售竞赛、广告补助等，反面的激励如降低毛利、放慢交货等。

合伙就是与分销商建立长久的稳定的合伙关系，双方联合，共同出资，建立公司，在协议上注明双方的责任和义务。如在市场占有率、库存情况、市场开发及信息等方面请求分销商的配合，及时反馈信息。制造商根据具体的情况给予报酬。

分销规划最先进的形式，就是统一垂直营销系统。这要求制造商必须真正了解分销商的需要、存在的问题、实力和弱点，制定推销方案，帮助每个分销商的经营尽可能达到最佳。麦克康门将它定义为：建立一个有计划的、专业管理的纵向营销体系，把制造商和分销商双方的需要结合起来。

3. 营销渠道成员的评估

生产商必须定期按一定标准衡量中间商销售业绩，每隔一段时间，制造商就必须考察和评估中间商的配额完成情况、平均库存水平、装运时间、对受损货物的处理、促销方面的合作，以及为顾客提供服务的情况。对表现好的予以奖励；对表现不好的予以批评，必要时可更换渠道成员，以保证营销活动顺利而有效地进行。

4. 营销渠道的调整

营销渠道设立之后，我们并不能任其自由发展，企业要根据外界环境的变化适时做出调整，以确保营销渠道更加健康地运转。营销渠道的调整可以从三个层次上来考虑：从经营的具体层次看，可能涉及增减某些渠道成员；从特定市场规划的层次看，可能涉及增减某些特定分销渠道；在企业系统计划阶段，可能涉及建立全新的营销渠道。

营销拓展

直面渠道“顽症”，娃哈哈集团如何对窜货进行“围追堵截”

娃哈哈的每一个产品都没有高的技术含量，不存在技术壁垒，但娃哈哈却步步领先，一枝独秀，为何？这与其牢不可破的分销网络是密切相关的，而分销是企业最难控制和管理的内容，特别是其中的窜货问题，是所有企业面临的共同难题，被称为分销渠道的一个“顽疾”。娃哈哈曾经出现过严重的窜货现象，现在却基本上控制了窜货。那么，娃哈哈是怎样整治分销渠道的这个“顽疾”的呢？其实，从娃哈哈的管理制度上和实际操作中我们可以看出娃哈哈手握着对窜货极具杀伤力的“九把利剑”。

1. 实行双赢的联销体制度

娃哈哈在全国31个省市选择了1 000多家能控制一方的经销商，组成了几乎覆盖中国每一个乡镇的联合销售体系，形成了强大的销售网络。娃哈哈采用保证金的方式，要求经销商先打预付款。打了保证金的经销商，与娃哈哈的距离大大拉近，极大地改变了娃哈哈的交易组织。娃哈哈公司董事长兼总经理宗庆后称这种组织形式为“联销体”。经销商交的保证金也很特别，按时结清货款的经销商，公司偿还保证金并支付高于银行同期存款利率的利息。

2. 实行严格的价格管理体系

娃哈哈现在的销售网络构成是公司—特约一级经销商—特约二级经销商—二级经销商—三级经销商—零售终端。如果娃哈哈不实行严格的价格管理体系，由于每个梯度都存在价格空间，这就为重利不重量的经销商窜货提供了条件。特别是如果特约经销商自己做终端，就可获得丰厚的利润。为了从价格体系上控制窜货，保护经销商的利益，娃哈哈实行级差价格体系管理制度。娃哈哈为每一级经销商制定了灵活而又严明的价格，根据区域的不同情况，分别制定了总经销价、一批价、二批价、三批价和零售价，在销售的各个环节上形成严格合理的价差梯度，使每一层次、每一环节的经销商都能通过销售产品取得相应的利润，保证各个环节有序的利益分配，从而在价格上堵住了窜货的源头。

3. 建立科学稳固的经销商制度

娃哈哈对经销商的选取和管理十分严格。近年来，娃哈哈放弃了以往广招经销商、来者不拒的策略，开始精选合作对象，筛出那些缺乏诚意、职业操守差、经营能力弱的经销商，为防止窜货上了第一道保险。娃哈哈虽然执行的是联销体制度，但企业与经销商之间是独立法人关系，所以娃哈哈和联销体的其他成员签订了严明的合同。在合同中明确加入了“禁止跨区销售”的条款，将经销商的销售活动严格限定在自己的市场区域范围之内，并将年终给各地经销商的返利与是否发生窜货结合起来，经销商变被动为主动，积极配合企业的营销政策，不敢贸然窜货。

4. 返利+间接激励

娃哈哈各区域分公司都有专业人员指导经销商，参与具体销售工作；各分公司派人帮助经销商管理铺货、理货以及广告促销等业务。与别的企业往往把促销措施直接针对终端消费者不同，娃哈哈的促销重点是经销商，公司会根据一定阶段内的市场变动和自身产品的配备，经常推出各种各样针对经销商的促销政策，以激发其积极性。娃哈哈也有返利激励，但并不是单一的销量返利这样的直接激励，而是采取包括间接激励在内的全面激励措施，与经销商建立了良好的长期稳定的合作伙伴关系，从客情关系上减少了窜货发生的可能性。

5. 产品包装区域差别化

在不同的区域市场上，相同的产品包装采取不同标识是常用的防窜货措施。娃哈哈发往每一个区域的产品都在包装上打上了一个编号，编号和出厂日期印在一起，根本不能被撕掉或更改，除非更换包装。比如，娃哈哈 AD 钙奶有三款包装在广州的编号是 A51216、A51315、A51207。

6. 企业控制促销费用

娃哈哈经常开展促销活动，但促销费用完全由娃哈哈自己掌控，从不让经销商和公司营销人员经手操作。

因此，在促销费用管理上，娃哈哈由企业来完全掌控，堵截了企业的营销人员“放水”的可能性，防止了经销商与营销人员联合窜货。

7. 注重营销队伍的培养

目前，娃哈哈在全国各地只有2 000 多销售人员，为什么如此少的销售人员可以帮助公司完成超过60 亿元的年销售额？这与娃哈哈注重营销队伍的建设和培养是分不开的。

8. 实行严明的奖罚制度

面对窜货行为，娃哈哈有严明的奖罚制度，并将相关条款写入合同内容。娃哈哈在处理窜货上之严格，为业界之罕见。

由此可见，奖罚制度能产生多大效用，关键是看是否严格地执行。娃哈哈公司正是由于在执行上严厉分明，才有效地约束了经销商，防止了窜货。

9. 成立反窜货机构

娃哈哈专门成立了一个反窜货机构，巡回全国，严厉稽查经销商的窜货和市场价格，严格保护各地经销商的利益。有时，娃哈哈公司总裁宗庆后及其各地的营销经理也经常到市场检查，第一要看的便是商品上的编号，一旦发现编号与地区不符，便严令要彻底追查，一律按合同条款严肃处理。

（资料来源：http://www.tech－food.com 2003－2－14 中国食品科技网）

8.3 中间商选择能力

8.3.1 零售商选择能力

1. 零售及零售商的概念

零售是指直接向最终消费者出售货物和服务，供个人或家庭使用的一切活动。由于零售商处于流通领域的末端，所以一方面零售商直接关系消费者生活水平的需要，从而影响整个经济的增长；另一方面能及时地向供应商反馈最终消费者对自己产品的意见，有利于产品的改进，进一步满足消费者需求。

2. 零售商的分类

（1）门市零售商店：有固定的营业场所的零售商叫零售商店。

（2）无门市零售：没有固定的营业场所或没有营业场地。具体形式包括：直接销售、直接营销和自动售货机。

（3）零售商组织：为竞争的需要而形成的零售商团体。主要形式见下表。

营销资料

国家标准《零售业态分类》

表 1 有店铺零售业态分类和基本特点

有店铺零售：是有固定的进行商品陈列和销售所需要的场所和空间，并且消费者的购买行为主要在这一场所内完成的零售业态。

业态	概念	基本特点						
		选址	商圈与目标顾客	规模	商品（经营）结构	商品售卖方式	服务功能	管理信息系统
1. 食杂店	是以香烟、酒、饮料、休闲食品为主，独立、传统的无明显品牌形象的零售业态	位于居民区内或传统商业区内	辐射半径 0.3 公里，目标顾客以相对固定的居民为主	营业面积一般在 100 平方米以内	以香烟、饮料、酒类、休闲食品为主	柜台式销售与自主式相结合	营业时间 12 小时以上	初级或不设立

续表

业态	概念	基本特点						
		选址	商圈与目标顾客	规模	商品（经营）结构	商品售卖方式	服务功能	管理信息系统
2. 便利店	满足顾客便利性需求为主要目的的零售业态	商业中心区、交通要道以及车站、医院、学校、娱乐场所、办公楼、加油站等公共活动区	商圈范围小，顾客步行5分钟内到达，目标顾客主要为单身者、年轻人，顾客多为有目的购买	营业面积100平方米左右，利用率高	即时食品、日用小百货为主，有即时消费性、小容量、应急性等特点，商品品种在3 000种左右，售价高于市场平均水平	以开架自选为主，结算在收银处统一进行	营业时间16小时以上，提供即时性商品的辅助设施，开设多项服务项目	程度较高
3. 折扣店	是店铺装修简单，提供有限服务，商品价格低廉的一种小型超市业态。拥有不到2 000个品种，经营一定数量的自有品牌商品	居民区、交通要道等租金相对便宜的地区	辐射半径2公里左右，目标顾客主要为商圈内的居民	营业面积300～500平方米	商品平均价格低于市场平均水平，自有品牌占较大的比例	开架自选，统一结算	用工精简，为顾客提供有限的服务	一般
4. 超市	是开架售货，集中收款，满足社区消费者日常生活需要的零售业态。根据商品结构的不同，可以分为食品超市和综合超市	市、区商业中心、居住区	辐射半径2公里左右，目标顾客以居民为主	营业面积在6 000平方米以下	经营包装食品、生鲜食品和日用品。食品超市与综合超市商品结构不同	自选销售，出入口分设，在收银台统一结算	营业时间12小时以上	程度较高

续表

业态	概念	基本特点						
		选址	商圈与目标顾客	规模	商品（经营）结构	商品售卖方式	服务功能	管理信息系统
5. 大型超市	实际营业面积6 000平方米以上，品种齐全，满足顾客一次性购齐的零售业态。根据商品结构，可以分为以经营食品为主的大型超市和以经营日用品为主的大型超市	市、区商业中心，城郊结合部，交通要道及大型居住区	辐射半径2公里以上，目标顾客以居民、流动顾客为主	实际营业面积6 000平方米以上	大众化衣、食、用品齐全，一次性购齐，注重自有品牌的开发	自选销售，出入口分设，在收银台统一结算	设不低于营业面积40%的停车场	程度较高
6. 仓储式会员店	以会员制为基础，实行储销一体、批零兼营，以提供有限服务和低价格商品为主要特征的零售业态。	城乡结合部的交通要道	辐射半径5公里以上，目标顾客以中小零售商店、餐饮店、集团购买和流动顾客为主	营业面积6 000平方米以上	大众化衣、食、用品为主，自有品牌占相当部分，商品在40 000种左右，实行低价、批量销售	自选销售，出入口分设，在收银台统一结算	设相当于营业面积的停车场	程度较高并对顾客实行会员制管理
7. 百货店	在一个建筑物内，经营若干大类商品，实行统一管理，分区销售，满足顾客对时尚商品多样化选择需求的零售业态	市、区及商业中心，历史形成的商业集聚地	目标顾客以追求时尚和品位的流动顾客为主	营业面积6 000~20 000平方米以上	综合性，门类齐全，以服饰、鞋类、箱包、化妆品、家庭用品、家用电器为主	采取柜台销售和开架面售相结合的方式	注重服务，设餐饮、娱乐等服务项目与设施	程度较高

续表

业态	概念	基本特点						
		选址	商圈与目标顾客	规模	商品（经营）结构	商品售卖方式	服务功能	管理信息系统
8. 专业店	以专门经营某一大类商品为主的零售业态。例如办公用品专业店、玩具专业店、家电专业店、药品专业店、服饰店等	市、区及商业中心以及百货店、购物中心内	目标顾客以有目的选购某类商品的流动顾客为主	根据商品特点而定	以销售某类商品为主，体现专业性、深度性、品种丰富，选择余地大	采取柜台销售或开架面售方式	从业人员具有丰富的专业知识	程度较高
9. 专卖店	以专门经营或被授权经营某一主要品牌商品为主的零售业态	市、区及商业中心、专业街以及百货店、购物中心内	目标顾客以中高档消费者追求时尚的年轻人为主	根据商品特点而定	以销售某一品牌系列商品为主，销售量少，质优，高毛利	采取柜台销售或开架面售方式，商品陈列、照明、包装、广告讲究	注重品牌声誉，从业人员具备丰富的专业知识，提供专业性服务	一般
10. 家居建材商店	以专门销售建材、装饰、家居用品为主的零售业态	城乡结合部、交通要道或消费者自有房产比较高的地区	目标顾客以拥有自有房产的顾客为主	营业面积6 000平方米以上	商品以改善、建设家庭居住环境有关的装饰、装修等用品、日用杂品、技术及服务为主	采取开架自选方式	提供一站式购足和一条龙服务，停车位300各以上	较高
11. 购物中心 是多种零售店铺、服务设施集中在由企业有计划的开发、管理、运营的一个建筑物内或一个区域内，向消费者提供综合性服务的商业集合体								

续表

业态	概念	基本特点						
		选址	商圈与目标顾客	规模	商品（经营）结构	商品售卖方式	服务功能	管理信息系统
社区购物中心	是在城市的区域商业中心建立，面积在5万平方米以内的购物中心	市、区级商业中心	商圈半径为5～10公里	建筑面积5万平方米以内	20～40个租赁店，包括大型综合超市、专业店、专卖店、饮食服务及其他店	各个租赁店独立开展经营活动	停车位300～500个	各个租赁店使用各自的信息系统
市区购物中心	是在城市的商业中心建立的，面积在10万平方米以内的购物中心	市级商业中心	商圈半径为10～20公里	建筑面积10万平方米以内	40～100个租赁店，包括百货店、大型综合超市、专业店、专卖店、饮食服务及娱乐设施等	各个租赁店独立开展经营活动	停车位500个以上	各个租赁店使用各自的信息系统
城郊购物中心	是在城市的郊区建立的，面积在10万平方米以上的购物中心	城乡结合部的交通要道	商圈半径为30～50公里	建筑面积10万平方米以上	200个租赁店，包括百货店、大型综合超市、专业店、专卖店、饮食服务及娱乐设施等	各个租赁店独立开展经营活动	停车位1 000个以上	各个租赁店使用各自的信息系统
12.工厂直销中心	由生产商直接设立或委托独立经营者设立，专门经营本企业品牌商品，并且多个企业品牌的营业场所集中在一个区域的零售业态	一般远离市区	目标顾客多为重视品牌的有目的购买	单个建筑面积100～200平方米	为品牌商品生产商直接设立，商品均为本企业的品牌	采用自选式售货方式	多家店共有500个以上的停车位	各个租赁店使用各自的信息系统

表 2　无店铺零售业态分类和基本特点

无店铺零售业：不通过店铺销售，由厂家或商家直接将商品递送给消费者的零售业态。

业态	概念	基本特点			
		目标顾客	商品（经营）结构	商品售卖方式	服务功能
1. 电视购物	以电视作为向消费者进行商品推介展示的渠道，并取得订单的零售业态	以电视观众为主	商品具有某种特点，与市场上同类商品相比，同质性不强	以电视作为向消费者进行商品宣传展示的渠道	送货到指定地点或自取
2. 邮购	以邮寄商品目录为主向消费者进行商品推介展示的渠道，并通过邮寄的方式将商品送达给消费者的零售业态	以地理上相隔较远的消费者为主	商品包装具有规则性，适宜储存及运输	以邮寄商品目录为主向消费者进行商品宣传展示的渠道，并取得订单	送货到指定地点
3. 网上商店	通过互联网络进行买卖的零售业态	有上网能力、追求快捷性的消费者	与市场上同类商品相比，同质性强	通过互联网络进行买卖活动	送货到指定地点
4. 自动售货亭	通过售货机进行商品售卖活动的零售业态	以流动顾客为主	以香烟和碳酸饮料为主，商品品种在 30 种以内	有自动售货机器完成售货活动	没有服务
5. 电话购物	主要通过电话完成销售或购买活动的一种零售业态	根据不同的产品特点，目标顾客不同	商品单一，以某类品种为主	主要通过电话完成销售或购买活动	送货到指定地点

注：

零售业：以向消费者销售商品为主，并提供相关服务的行业。

零售业态：零售企业为满足不同的消费需求进行相应的要素组合而形成的不同经营形态。

零售业态分类原则：零售业态按零售店铺的结构特点，根据其经营方式、商品结构、服务功能，以及选址、商圈规模、店堂设施、目标顾客和有无固定营业场所进行分类。

8.3.2　批发商选择能力

1. 批发与批发商的概念

批发是指一切向用于经营用途的客户进行销售物品或服务的商业活动。批发面向的不是最终消费者，它所交易的对象是为了转卖或者用于商业用途的零售商或商业客户。

所谓批发商是指专门从事批发业务的企业或个人。它的产品不是专售给最终消费者的，而是专售给最终市场以外的组织。他处于商品流通的起点或中间环节。一方面它向生产企业购买商品，另一方面它向零售商批发商品。当商业交易结束时商品仍处在流通领域。

2. 批发商的分类

①商人批发商：也叫独立批发商，指他们是独立的经营者，对经营的产品拥有所有权。根据所经营的范围，又可分为一般商品批发商、单一种类批发商、专业批发商。

一般商品批发商：指经营范围广，品种繁多的商人批发商。其销售的产品比较普通，价位也不高。如：小五金、小百货等。

单一种类批发商：指经营的商品仅限于某一类商品。

专业批发商：指经营专业化程度较高的商品的批发。其客户主要是专业商店。

②经纪人和代理商：非独立的批发商，对产品不拥有最终的所有权。

经纪人：指不实际控制商品，受委托人进行购销谈判的中间人。他一般涉及的领域如：证券领域、房地产领域、广告领域、保险领域。

代理人：指根据一方的要求，在签订合同的基础上，为其销售或购买商品的中间人。它一般分为制造业代理商、销售代理商、采购代理商。

制造业代理商是指代表生产者销售产品的代理商。这种代理商对商品的售价自主性有限，不能销售有竞争的相关产品。

销售代理商是指销售生产者授权范围内的商品。这类代理商可全权处理产品的价格和交易条件。

采购代理商是指代表客户采购商品的代理商。

③制造商与零售商的分销部和办事处：不通过独立或非独立的经销商进行，由买方或卖方自行经营批发业务。

分销部和办事处的区别在于：分销部有自己的商品储存，而办事处没有商品储存。但他们的主要任务都是为了了解当地的市场动态并且加强促销活动。

3. 零售与批发的区别

①服务的对象不同：零售商是专售给最终消费者的，批发商不是专售给最终消费者的。

②在整个商品流通过程中所处的地位不同：零售商处于流通过程的终点，批发商处于流通过程的起点或中间环节。

③交易的数量频率不同：零售商交易的数量小、频率高，属于劳动密集型的产品。批发商交易数量大、频率低，属于资金密集型的产品。

④营业网点的设置不同：零售商面对广大消费者，地点在繁华的市区。批发面对的是零售商，地点一般在租金低的郊区。

8.4　物流与供应链管理能力

自 20 世纪 90 年代以来，随着科学技术的进步、经济的发展、全球化信息网络和全球化市场的形成，以及技术变革的加速，市场竞争愈演愈烈。技术进步和需求的个性化使得产品寿命周期不断缩短，企业面临缩短交货期、提高质量、改进服务和降低成本的压力。物流（Physical Distribution）作为一个现代化的概念“浮出水面”，并被喻为“第三利润源泉”，它对商务活动的影响也越来越引起人们的注意。有人说：谁掌握了物流，谁就掌握了市场。

8.4.1 物流基本概念认知

1. 物流的含义

物流是由“物”和“流”两个基本要素组成的，其中的“物”是指一切可以进行物理性位置移动的物质资料。这类物质资料既可以是固体，又可以是液体或气体；既可以是有形的，又可以是无形的。它的一个重要特点就是，必须可以发生物理性移动，因此，固定的设施不是物流研究的对象。

我们所说的“物流”，其来源就是军队的后勤工作——军事装备物资、设施与人员的获取、供给和运输。所以传统的“物流”就是指物质实体在空间和时间上的流动。现代物流是对传统物流功能的延伸和扩大，它是在传统物流的基础上，引进高科技手段，通过计算机进行信息联网，并对信息进行科学管理，从而加快物流速度，提高准确率，减少库存，降低成本。

本书引用目前被普遍认同的由美国物流管理协会在1985年所下的定义：“物流是以满足客户需求为目的的，为提高原料、在制品、制成品以及相关信息从供应到消费的流动和储存的效率和效益而对其进行的计划、执行和控制的过程。”换句话说，物流是这样一个过程，这个过程是存货的流动和储存的过程，是信息传递的过程，是满足客户需求的过程，是若干功能协调运作的过程，是提高企业运营效率和效益的过程。总之，物流是一个规划、管理和控制的过程。

物流相应的基本活动包括：需求预测、订单处理、客户服务、分销配送、物料采购、存货控制、交通运输、仓库管理、工业包装、物资搬运、工厂和仓库或配送中心的选址、零配件和技术服务支持、退货处理、废弃物和报废产品的回收处理等。

2. 物流活动的构成要素

（1）包装

包装是生产过程的终点，同时，也是物流过程的起点。因为无论是什么样的产品或材料，在搬运输送前都要加以某种程度的包装、捆扎或装入适当的容器，以保证完好地运送到消费者手中。所以包装有两层含义：其一是指包装产品时所用的材料和容器；其二是指产品包装的操作活动，包括包装方法和包装技术。

（2）装卸搬运

指在同一地域范围内进行的、以改变物的存放状态和空间位置为主要内容和目的活动，包括对货物进行装卸、搬运、码垛、取货、理货分类等。

（3）运输

运输是指对“物”的长距离移动。它是物流的中心环节之一，对国民经济的发展和人民生活水平的提高有着巨大影响。现代的生产和消费，就是靠运输事业的发展来实现的。

（4）储存

物流中的储存行为是为了调整生产和消费之间的时间而进行的。它是物流活动的另一中心环节，起着缓冲、调节和平衡的作用。主要包括储存、管理、保养和维护等活动。

（5）流通加工

流通与加工的概念本不属于同一范畴。加工是改变物质的形态或性质的生产活动；而流通则是改变物质的空间状态与时间状态。流通加工则是为了弥补生产过程的不足，更有效地满足用户或本企业的需要，使产需双方更好地衔接，在流通过程中辅助性的加工活动称为流通加工。

（6）信息

所谓信息是指能够反映事物内涵的知识、资料、信函、情报、图像、数据、文件、语言、声音等。物流信息和运输、储存等各个环节都有密切的联系，在物流活动中起着神经系统的作用。

8.4.2 第三方物流

1. 第三方物流的概念

所谓第三方物流是指生产经营企业为集中精力搞好主业，把原来属于自己处理的物流活动，以合同方式委托给专业物流服务企业，同时通过信息系统与物流服务企业保持密切联系，以达到对物流全程的管理和控制的一种物流运作与管理方式。因此，第三方物流又叫合同制物流。

2. 第三方物流的作用

（1）集中主业。企业能够实现资源优化配置。将有限的人力、财力集中于核心业务，进行重点研究，发展基本技术，开发出新产品参与世界竞争。

（2）提升企业形象。第三方物流提供者与顾客，不是竞争对手，而是战略伙伴，他们为顾客着想，通过全球性的信息网络使顾客的供应链管理完全透明化，顾客随时可通过互联网了解供应链的情况；第三方物流提供者是物流专家，他们利用完备的设施和训练有素的员工对整个供应链实现完全的控制，减少物流的复杂性；他们通过遍布全球的运送网络和服务提供者（分承包方）大大缩短了交货期，帮助顾客改进服务，树立自己的品牌形象。

（3）减少库存。企业不能承担多种原料和产品库存的无限增长，尤其是高价值的部件要被及时送往装配点，实现零库存，以保证库存的最小量。

营销资料

张瑞敏：物流给了我们什么

对海尔来讲；第一，物流可以使我们实现“三个零的目标”；第二，给了我们能够在市场竞争中取胜的核心竞争力。

对物流来讲，“三个零的目标”是什么呢？这是我们海尔自己确定的，即零库存、零距离。零营运资本。

零库存；就是三个 JIT，这是我们实现零库存的武器，JIT 采购、JIT 送料、JIT 配送。这使我们能实现零库存。现在我们的仓库已经不叫仓库了，它只是一个配送中心。它是为了下道工序配送而暂存的一个地方。对中国企业来讲，零库存就意味着不仅仅是没有大量的物资积压，不会因这些物资积压形成呆滞物资。当然，最重要的还不在这里。最重要的在于可以为零缺陷铺平道路。就是说，这些物资都是采购最好的，采购最新鲜的，它可以使质量保证有了非常牢靠的基础。

零距离，就是根据用户的需求，我拿到用户的订单，再来以最快的速度满足用户的需求。包括生产过程，也是柔性的生产线，都是为订单来进行生产的。我们在全国有 42 个配送中心，这些配送中心可以及时地将产品送到用户手里去。通过这种做法，可以实现零距离。我想零距离对企业来讲；不仅仅是意味着我的产品不需要积压，赶快到用户手中，它还有更深的一层意思，就是说，我可以在市场当中不断地获取新的市场，创造新的市场。就像美国的管理大师德鲁克所说的："好的公司是满足需求，伟大的公司是创造市场。"对我们来讲，最重要的就是创造市场。

零营运资本，就是零流动资金占用。这在全世界做得最好的就是戴尔公司。我们现在因为有了前面的两个零，即零库存和零距离，因此我现在也可以做到零营运资本。简单地说，我在给分供方付款期到来之前，可以先把用户应该给我的货款收回来。为什么我可以把用户的货款先收回来？因为我可以做到现款现货。为什么可以做到现款现货？因为我是根据用户的订单来制造的。所以；我这个产品到用户手里，用户就可以把款付给我。这就是企业进入良性运作的过程。

物流带给我们就是这三个零。但物流带给企业最重要的是核心竞争力。核心竞争力是什么？我认为，是在市场上可以获得用户忠诚度的能力，这就是核心竞争力。它并非是意味着你一定生产一个核心部件。有人说我生产这个核心部件，因此我有核心竞争力。我看是未必。戴尔公司不生产软件；也不生产硬件，它可以从INTEL采购，可以从微软采购，它可以获取用户的忠诚度；因此就有了核心竞争力。

对我们来讲，物流意味着什么？它可以使我们寻求和获得核心竞争力。我认为，一只手抓住了用户的需求；另一只手抓住了可以满足用户需求的全球的供应链，把这两种能力结合在一起，这就是企业的核心竞争力。所以，我想我们到目前为止通过业务流程的再造，建立现代物流；最后我们要获得的就是在全世界都可以使我们有能力进行竞争的核心竞争力，最终使我们成为世界名牌，成为一个真正的世界500强的国际化企业。

（资料来源：豆丁网）

8.4.3 供应链管理认知

1. 供应链与供应链管理的概念

所谓供应链，是指围绕核心企业，通过对信息流、物流、资金流的控制，从采购原材料开始，制成中间产品以及最终产品，最后由销售网络把产品送到消费者手中的将供应商、制造商、分销商、零售商、直到最终用户连成一个整体的网链结构和模式。供应链的实质是由企业间供需关系链接成的市场链，也是一条体现竞争实力的价值增值链。

供应链管理是指为了满足服务水平要求的同时降低系统总成本，而将供应商、生产商、销售商、物流商到最终用户结成网链来组织生产与销售商品，并通过商流、物流、信息流、资金流系统设计、计划、运行和控制等活动达到预期目的。因而可以将供应链管理理解为，对供应链商流、物流、信息流、资金流以及合作者关系等规划、设计、运营、控制过程进行一体化的集成管理思想、方法和技术体系。

总之，供应链管理覆盖了从供应商的供应商到客户的客户的全部过程，其主要内容包括外购、制造分销、库存管理、运输、仓储、客户服务等。

供应链管理的最根本的目的就是增强企业的竞争力。供应链管理的实现能够使渠道安排从一个松散地联结着的独立企业群体，变为一种致力于提高效率和增加竞争力的合作力量。这样不仅可以降低成本，减少社会库存，而且使社会资源得到优化配置，更重要的是通过信息网络、组织网络实现生产与销售的有效连接和物流、信息流、资金流的合理流动。

2. 供应链管理战略带来的变化

①主导企业的形成。供应链管理可以认为是物流管理的延伸。物流管理更多的是强调同

一经济主体中物流系统的最优化，而供应链管理则在此基础上强调作为经济实体的企业之间的密切合作关系。为了进行协调，通常有一个企业在建立和指导供应链的活动中起主导作用。

一般来说，零售业处于掌握市场动态的最前沿，有利于成为供应链体系中的龙头企业，如美国的零售业巨子沃尔玛公司在其所处的供应链体系中经常理所当然地扮演这种角色。

②对贸易伙伴的选择。通常确定供应商的各种措施，如“投标法”“货比三家”等，总的原则是利用竞争心理，降低价格。这种方式下，贸易伙伴关系不是固定的，在每次贸易活动中都可能发生变动，从而引起冲突。在实施供应链战略中，对贸易伙伴的选择是从长期、稳定的原则出发，只精选少数企业建立相对固定的贸易伙伴关系。

③控制内容的变化。现代供应链管理实行了不同的战略，将过去的强调纵向一体化的实现改变为只是简单地协调链中独立企业的物流作业，而不损害企业生产经营的自主权。这样做对各个企业不增加任何负担与限制，有利而无害，因此很容易接受。基于共同体利益，自愿地在物流管理方面协调一致、统一行动，这种供应链联盟被称为“虚拟”一体化。

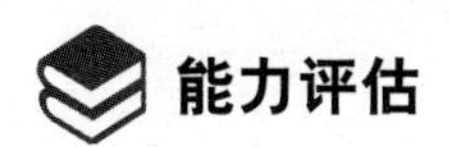

能力评估

评估项目一：案例分析

千万猪头一张脸——金三元扒猪脸如何“五连一锁”

科技工作者沈青，退休后开始在猪头上作文章，发明了中国首例专利菜肴——“扒猪脸”。这道菜使用现代化的加工设备，对猪头进行标准化加工，打破了传统中餐做菜要靠专业厨师的概念，在中国餐饮界引起轰动。发明这道专利菜后，沈青在北京三元桥附近开了家名叫“金三元”的酒家，以“扒猪脸”为主打，又开始进行连锁（特许连锁）经营，几年之后，他的具有独创性的连锁经营理论的知名度甚至超过了他的专利菜“扒猪脸”，这就是他经过长时间实践总结出来的“五连一锁”的特许经营理论，2000 年年底，这套特许经营理论被权威部门评定为具有 3 500 万的无形资产。在“五连一锁”理论的指导下，目前“金三元”的全国加盟连锁店已有 23 家，除了有两家加盟店因主观原因造成亏损外，其他店都是盈利店。

1. 标准化

中餐的特点是“一店一味，一人一味”，不同的店，不同的厨师在不同时间做出来的菜肴味道是不一样的，这就是中餐不能采用“特许经营”迅速发展的关键所在。全球著名快餐品牌“麦当劳”“肯德基”之所以能够迅速发展，主要靠的就是产品的标准化，在标准的严格要求下，全世界的各家分店所出售产品的味道全部是一样的。扒猪脸未经改造发明以前是一道民间菜，做法各地不一，沈青研究了所有的“扒猪脸”后，总结发明了一整套制作最美味“扒猪脸”的方法。并将所有过程标准化，“扒猪脸”的制作要经过选料、清洗、喷烤、洗泡、酱制等十二道关，时间需要十多个小时。沈青就将所有的程序及所需要时间，按标准设计好，再用指定工厂生产的设备进行加工，所有产品进入酱罐后，只要开动按钮就可以完全自动运行。可以说，沈青的专利菜肴的核心就是标准化。

2. 连名牌

发达国家已经历了“创品牌、经营品牌、买卖品牌”发展的三部曲，利用名牌效应，带来高额利润，使名牌的价值几倍、几十倍甚至成百上千倍地增长。因此经营名牌实际上是一种资本运营。

沈青总结经验，发现在对外战略扩张时没有把金三元的整体文化、企业形象、商标、商号及其他菜肴的技术、企业CIS战略和企业ISO9000质量保证体系等企业的一切无形资产，整体对外扩张。在经过反思之后，沈青认识到发展名牌是一项系统工程，在扩张品牌的时候，要把创名牌经营名牌的理念与之结合起来，才能实现真正意义上的连锁经营。沈青总结的名牌公式如下：

$$(A+B+C+E)\times F=M$$

A代表老人，B代表孩子，C代表名人，E代表外国人，F代表经常，M代表名牌。“名人吃”为企业品牌创造口碑，这需要在特色上下功夫，“老人吃”“孩子吃”“洋人吃”是为企业的品牌创立奠定基础，这需要在产品的口味和质量稳定上下功夫；“经常吃”则是对企业品牌的最后确立，要在产品规模上下功夫。

3. 连标准

金三元的核心产品扒猪脸是标准化产品，对于金三元的其他菜品的制作也强调标准化，所有的菜品有长、短、方、圆、细、香、薄、甜的八字经，制作有计量、计时、火候的标准。原料使用也有严格规定，目前在国内的任何一个地方吃到的金三元“扒猪脸”都是一个口味。

4. 连特色

许多“特”字综合在一起就会产生价值。

金三元的特色原则是“不求其全，但求其特”，特色应该是“人无我有，人有我早，人早我好，人好我转”。

特色要体现在多方面，如在产品品种上、服务上、文化上。金三元的产品特色是：“扒猪脸”，特就特在从菜品的加工上它是全国首例申请专利，它不是厨师做的，而是由专业化、规模化、产业化加工的。吃法上的特色是：菜品的吃法上不是单一吃，而是用煎饼和其他几种菜卷在一起吃。另外，吃的时候戴着帽子吃（扒猪脸纸帽），戴上手套吃（一次性手套）。

金三元的文化特色也较有特点，酒家的每个楼层都设有报刊角，有各种当天的报纸，酒家的灯箱专门介绍酒家的特色菜和一些名人在扒猪脸用餐的照片。在金三元还有全国第一个营养健康咨询系统，可根据检测的情况向顾客提供营养配餐建议。

5. 连创新

金三元的创新举例如下：产品：“扒猪脸”真空包装、开发出十三道名菜，创新出猪首宴、创新黄金计划（玉米开发）、创新出空心肠快餐、鸡系列产品等。

6. 连管理

金三元酒家于1998年采用了CIS战略，并且正在试点ISO9001国际质量认证体系。金三元在餐饮业管理上独具一格的是它在几年中通过对电脑的更新换代，率先全面地采用了CSC餐饮营业管理系统。这个系统包括：经理决策、营业管理、库房管理、人事管理、财务管理、办公管理。在营业管理这个核心部分又包括营业设置、营业准备、营业台、宴会预计、常客管理、营业分析等。通过采用电脑管理实现了科学化和规范化。

7. 锁：锁秘方、锁温度测控系统

金三元的连锁之所以启动得很晚，其重要原因就是因为他要把锁研究好，在锁没有研究好之前不能急于搞连锁。金三元“扒猪脸”的加工工艺是一项发明专利，它的工艺方法在连锁分店启动经营到一定规模，总店会将这套工艺方法提供给加盟连锁分店。但是秘方是不会交给加盟连锁店的。这个秘方就是金三元的锁，它的秘密分成两部分。

一部分是酱制配方，由这个配方通过总店在指定的药厂加工出配料袋，这种配料袋是金三元扒猪脸加工的秘密武器。配方锁在保险柜里，只有总经理一个人可以开锁。

另一部分是温度测控系统。这部分系统是对扒猪脸加工的温度、火力、时间实现自动控制，采用智能化管理，其中加工时间的长短、温度的高低、火力的大小，完全不用人去控制，全部实现自动化从根本上保证了扒猪脸的稳定性和统一性。

（资料来源 http://www.mbaedu.cn/news/qudaoguanli/2006-5/13/200605139011286_4.html）

思考：

1. 简述金三元“扒猪脸”连锁经营的要点。
2. 金三元“扒猪脸”今后经营中应注意什么事项？

评估项目二：营销实践练习

了解渠道的设计与管理

1. 实践项目

了解某企业采取的渠道方案及进行渠道管理的方式。

2. 实践目的

通过对一个企业访问，了解其渠道中有关理论是如何在企业产品销售应用的。

3. 实践内容

①通过对一个企业的走访，了解该企业所应用的渠道模式及该模式是如何沟通生产企业和最终消费者的；

②访问中间商，考察其渠道模式的实际效果，并了解中间商对企业采取渠道管理方式的态度。

4. 实践考核

①写出访问报告或小结，与其他同学进行交流。

②撰写实践报告。其内容包括：实践项目、实践目的、实践内容、本人实际完成情况、实践小结等。

渠道策略选择

1. 实践目标

通过实践，使学生掌握分析渠道模式分析方法，以及分销渠道决策技巧和产品实体分销技术，能够依据所依赖的环境、企业和产品特点选择分销渠道和制定分销渠道策略，具有产品实体分销能力。

2. 实践内容和操作步骤

（1）单项技能操作训练

下列哪些信息属物流信息?

商品降价信息　商品饱和量信息　银行贷款信息　接受订货信息　调高银行利率信息　商品库存信息　商品采购信息　发货信息

（2）综合技能操作训练

假设某企业需要向三个顾客运送货物，三个顾客与企业的直线距离是58、80、90千米，彼此之间没有相同的路段（如图8－8）。顾客1与顾客2之间的运输距离是35千米，与顾客3之间的运输距离是70千米；顾客2与顾客3之间是55千米。如何找出其最短的运输路线。

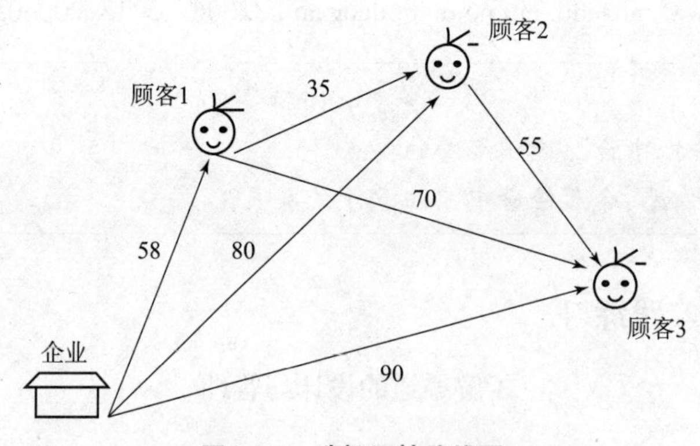

图8－8　选择运输路线图

能力拓展

营销游戏——啤酒游戏

背景

啤酒游戏，是20世纪60年代，MIT的Sloan管理学院所发展出来的一种类似“大富翁”的策略游戏。Sloan管理学院的学生们，各种年龄、国籍、行业背景都有，有些人甚至早就经手这类的产/配销系统业务。然而，每次玩这个游戏，相同的危机还是一再发生，得到的悲惨结果也几乎一样：下游零售商、中游批发商、上游制造商，起初都严重缺货，后来却严重积货，然而，消费者的需求变动，却也只有第二周那一次而已！如果成千成万、来自不同背景的人参加游戏，却都产生类似的结果，其中原因必定超乎个人因素之上。这些原因必定藏在游戏本身的结构里面。

啤酒游戏

在这游戏里，有三种角色可让你来扮演。从产/配/销的上游到下游体系，依序为：

1. “情人啤酒”制造商
2. 啤酒批发商

3. 零售商

这三个个体之间，通过订单/送货来沟通。也就是说，下游向上游下订单，上游则向下游供货。

游戏是这样进行的：由一群人，分别扮演制造商、批发商和零售商三种角色，彼此只能通过订单/送货程序来沟通。各个角色拥有独立自主权，可决定该向上游下多少订单、向下游销出多少货物。至于终端消费者，则由游戏自动来扮演。而且，只有零售商才能直接面对消费者。

零售商的常态：

①销售、库存、进货；

②订货时间约为 4 周；

③每次订货 4 箱啤酒。

安分守己的零售商

首先，先假设你扮演的是零售商这个角色。你是个安分守己的零售商，店里卖了许多货品，啤酒是其中一项颇有利润的营业项目。平均来说，每一个礼拜，上游批发商的送货员都会过来送货一次，顺便接收一次订单。你这个礼拜下的订单，通常要隔 4 个礼拜才会送来。

“情人啤酒”是其中一个销量颇固定的品牌。虽然这品牌的厂商似乎没做什么促销动作，但相当规律的，每周总会固定卖掉约 4 箱的情人啤酒。顾客多半是 20 来岁的年轻人。

为了确保随时都有足够的情人啤酒可卖，你尝试把库存量保持在 12 箱。所以，每周订货时，你已把“订 4 箱情人啤酒”视为反射动作。

接下来，就让我们来进行啤酒游戏，了解零售商如何应对客户的购买行为、上游的进货行为。

讨论：客户需求真的是暴起暴落吗？

任务单元 9 促销策略运用能力培养——把营销员打造成沟通大师

任务解读

通过本单元的学习，使学生在能够依据一定的广告表现形式及主题，为背景企业创作广告脚本，选择广告媒体，评价广告效果；能够制订营业推广计划，选择推广方法；能够为背景企业设计公关促销方案。

知识目标

- 了解广告的基本要素及广告促销策略的基本特点、主要方法。
- 掌握广告媒体选择的依据及广告促销效果评价的手段。
- 了解营业推广的基本要素、策略及主要方法。
- 掌握营业推广策划的手段，了解公共关系的基本要素及公共关系促销策略。
- 掌握公共关系促销策划的手段。

能力目标

- 能够综合运用各种促销方式开展促销活动。
- 具备策划制作产品的广告能力。
- 具备营业推广策划和公关策划的能力。
- 具备熟练的人员推销技巧。

案例导读

重在沟通的耐克广告

Nike 正式命名于1978 年，不过20 余年，却后来居上，超过了曾雄居市场的领导品牌阿迪达斯、飒马、锐步，被誉为是“近20 年世界新创建的最成功的消费品公司”。在美国，与成年人想拥有名牌跑车相映，约有高达七成的青少年的梦想便是有一双耐克鞋，“耐克”成为消费者追求的一个“梦”。

显然，“耐克”品牌有许多值得我们挖掘的行销启示。“耐克”的行销奥秘是多方面的，其中一个很出色的方面是它的行销沟通（Nike’s Marketing Communication）。耐克行销沟通的成功之处：

——如何从运动员专用鞋市场拓展出普通消费者的大众市场；

——如何采用“离经叛道”的广告强化沟通；

——如何借用偶像崇拜建立品牌忠诚；

——如何运用动画、电脑游戏贴近青少年消费者；

——如何深入自我心理意识和价值争取到女性消费群。

（资料来源：本案例根据英文第一手资料及《耐克梦·耐克传播·耐克神话》一文，因特网文章 作者：贺岳、宇鸿）

点析：

耐克公司能击败所有对手，成为最成功的公司之一，其主要的经验体现在以下几个方面：①紧紧抓住市场需要；②强化广告的沟通效应；③全新的产品组合。

9.1 促销及促销组合基本认知

9.1.1 促销及促销组合基本概念认知

1. 促销及促销组合的基本概念

促销是促进销售的简称，是指供应方通过人员或非人员的方式传播商品信息，帮助顾客熟悉商品或劳务，并使其对商品或劳务产生好感和信任，进而激起需求和购买行为的销售推广活动。

所谓促销组合，就是将人员推销、广告、营业推广和公共关系等几种促销方式的有机配合和综合运用。促销组合运用的好坏，关系到企业产品能否顺利地流转到消费者手中，关系到企业经营活动的成败，这就需要对促销组合进行科学的决策。

2. 促销组合的方式

（1）人员推销

人员推销大体有三种基本方式：第一种是派出推销人员深入到客户或消费者中间面对面

地沟通信息，直接洽谈交易；第二种是企业设立销售门市部，由营业员向购买者沟通信息，推销产品；第三种是会议推销。采用人员推销方式，具有直接、准确和双向沟通的特点。

（2）广告

广告是通过报纸、杂志、广播、电视等大众媒体和交通工具、空中气球、路牌、包装物等传统媒体向目标顾客传递信息，使广大消费者和客户对企业的产品、商标、服务、构想有所认识，并产生好感。广告的特点是传播面广、信息量大，可以在推销人员到达前或到达不了的地方，进行企业和商品宣传。

（3）营业推广

企业为了从正面刺激消费者的需求而采取的各种促销措施，如有奖销售、直接邮寄、赠送或试用“样品”、减价折扣销售等。其特点是可以有效地吸引顾客，刺激顾客的购买欲望，能在短期内收到显著的促销效果。

（4）公共关系

企业为了使公众理解企业的经营方针和策略，有计划地加强与公众的联系，与公众建立和谐的关系，树立企业信誉而开展的记者招待会、周年纪念会、研讨会、表演会、赞助、捐赠等信息沟通活动。其特点是不以直接的短期促销效果为目标，通过宣传报道等形式，使潜在购买者对企业及其产品产生好感，并在社会上树立良好的企业形象。公共关系与广告的传播媒体有些相似，但它是以客观报道形式出现的，因而能取得广告所不可取代的效果。

各种促销方式的优缺点见表 9－1。

表 9－1　各种促销方式的优缺点比较表

促销方式	优点	缺点
人员推销	推销方式灵活、针对性强，可当面成交	占用人数多，费用大，接触面窄
广告促销	传播面广、形象生动、节省人力，针对性较差	说服力较小，不能促成及时交易
营业推广	吸引力大、效果明显，可促成及时交易	若使用不当，会引起顾客怀疑和反感
公共关系	影响面广，效果持久，可提高企业的知名度和美誉度	需花费较大精力和财力，效果难以控制

9.1.2 促销组合策略

促销组合策略，是指企业对人员推销、广告促销、营业推广和公共关系等促销方式的选择、搭配和综合运用的决策。总的来说可分为“推动”策略和“拉引”策略两大类。

1.“推动”策略

推动策略就是运用人员推销和各种营业推广手段，以中间商为主要促销对象，把产品推进分销渠道，再进入最终市场的策略。具体的方法有：

①示范推销法。通过举办技术讲座、实物展销、现场演示与表演、试看、试用、试玩等方法，把产品的有用性、特点和性能充分展现在顾客面前，产生示范效果，引导消费，刺激购买欲望。

②走访推销法。由推销人员携带样品或产品目录，走访顾客，征求意见，了解需求，掌握各种信息，或者携带商品巡回推销，方便用户购买。

③网点推销法。在目标市场设立销售网点，采取经销或联销等方式，请顾客登门选购。

④服务推销法。如售前按顾客要求设计产品，商定价格；售中向用户介绍产品，传授安装、调试知识，指导消费，解决各种难题；售后坚持送货上门，征询意见，做好保修、维修等工作。

2. “拉引”策略

拉引策略就是运用广告和其他宣传措施，以最终用户为促销对象，首先设法引起潜在顾客对产品的需求和兴趣，用户便会向中间商询购这种商品，而中间商又会主动向制造商要求进货。经常采用的具体方法有：

①广告信函促销法。通过广告、信函、订货单等向目标市场的消费者及时传递信息，介绍产品性能、特征和订货方法，以吸引顾客购买。

②会议促销法。即组织专业性或综合性的产品展销会、订货会、邀请有关企业和个人前来订货或参观。

③代销、试销法。为了解除目标市场的中间商怕担风险的顾虑，提高其推销产品的积极性，当新产品问世时，由生产厂家委托他人代销或试销，尽快占领市场。

④信誉促销法。通过创名牌，树信誉，实行“三包”，产品质量保证，赠送样品，开展捐赠与慈善活动等，以增强顾客对产品及企业的信任感，从而促进销售。

显然，采用推动策略，人员推销的作用最大；采用拉引策略，则广告宣传的作用更大。推动促销活动与拉引促销活动运转的方向不同，如图 9－1 所示：

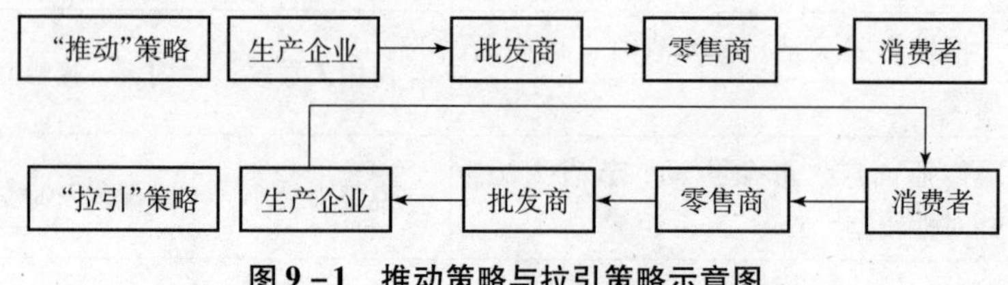

图 9－1 推动策略与拉引策略示意图

阅读资料

科龙诚信主题的传播

科龙集团将“诚信、合作、学习、创新”确定为新的企业理念，取代过去的“当好科龙人，做最好的”。其将诚信列在首位，显示科龙欲以诚信赢天下的信心。科龙集团对诚信的传播即是成功的整合营销传播。诚信实际上是做人的底线，做企业就像做人一样，诚信是做人之本，更是企业经营之本。科龙提出诚信问题，抓住了社会关心的热点，顺应了大众的呼声，与党和政府“以德治国”思想及开展公民道德教育、规范市场经济秩序的举措及人大代表建立“信用社会”的建议是高度一致的，这既是一种政治营销，也是一种公益营销。在众多的竞争者中，率先提出诚信口号，可以建立起一种差异化的形象。为避免落入空喊口号的俗套，让受众相信科龙不是在炒作，科龙制定了《科龙人诚信 21 条》，并且反复诉求：诚信在科龙是有传统的。广告形象代言人选定集团技术副总裁黄小池女士，首先保证形象代言人能给人诚信的感觉。广告内容中讲了一个真实的事件：我记得 1985 年春天，我们在潮态（模拟潮湿环境）实验中，发现冰箱外壳有细微的气泡，虽然这种气泡并不影响消费者使用，但是它有可能在3~5年后会使冰箱的外壳产生锈斑。当时已有1 000多台产品出厂了，那个时候我们刚刚创业，这些可是我们几百名员工半个多月的劳动成果，大家得知公司要把所有出厂的同型号产品都收回来的信息时，没有一个人反对，但当产品运回来的时候，很多的干部都流下了眼泪。这一段平实的语言、发生的情节很好地传达了“诚信在科龙是有传统的”这一命题。科龙诚信广告推广期第一阶段围绕“诚信”这一核心概念展开，通过企业中最受广大消费者关切的五类人，分别以“总裁篇、工人篇、工程师篇、导购篇、服务篇”以及售点现场的促销情景等广告形式，传播“诚信”，使受众对科龙形成认同感。推广期第二阶段，则对企业的“合作、学习、创新”的精神进行诚信的传播。推广期第三阶段，则传播企业的“六满意”（员工满意、顾客满意、经销商满意、合作伙伴满意、股东满意、社会满意）的经营理念。三个阶段的推广，以全新的诚信营销模式传播科龙的企业文化，提升科龙企业形象，打造诚信文化营销的大平台。

（资料来源：豆丁网）

9.2　人员推销策略运用能力

9.2.1　人员推销基本概念认知

1. 人员推销的概念

我们引用美国营销协会（AMA）的定义，一个与可能成为购买者的人交谈，做口头陈述或书面介绍，以推销产品，促进和扩大产品销售的过程。人员推销是销售人员帮助和说服购买者购买某种商品或服务的过程。

推销人员通过销售向市场提供商品，通过宣传展示商品来引起顾客的兴趣，激发顾客的需求，通过销售商品及提供信息服务、技术服务来满足顾客的需求。从这一过程，我们可以看出，人员推销活动是一个商品转移的过程，也是一个信心沟通的过程，还是一个技术服务的过程。

营销启示

推销的最重要秘诀是找到客户真正的需要，并帮助他们找到实现它的最佳方式。

2. 人员推销的基本形式

人员推销主要包括上门推销、柜台推销和会议推销三种活动形式。

（1）上门推销

由推销员携带样品、说明书和订货单等，上门走访顾客，推销商品，这是被企业和公众广泛认可和接受的一种推销形式。

（2）柜台推销

是企业在一定地点开设固定营业场所，由营业人员接待进入商店的顾客，销售商品。如批发商和零售商的营业员，以及服务性企业的服务员，他们在与顾客当面接触和交谈中，介绍商品、回答问题、洽谈成交的一种推销形式。

（3）会议推销

是企业利用各种形式的会议，介绍和宣传商品，开展推销活动的一种形式。如洽谈会、订货会、展销会、物资交流会等都属会议推销的形式。这种推销形式具有群体性、接触面广、推销集中、成交额大的特点。在推销会上，往往是许多企业同时参加推销活动，各自都有明确的目标，只要商品对路，价格合理，容易达成大批量的交易。

3. 推销人员的组织形式

推销人员的组织形式有两大类：一是企业建立自己的推销队伍，将其成员称之为推销员、销售代表、业务经理或销售部经理。他们各自又可分为内部销售人员和外勤推销人员两种。二是企业使用合同销售人员，如制造商的代理商、销售代理商、经纪人等，按照其代销额的大小付给佣金。

4. 人员推销的功能

①寻找客户。积极寻找和发现更多的顾客或潜在顾客。

②沟通信息。推销人员应熟练地把企业产品和服务方面的信息传递出去，又要进行市场调查和情报收集，将顾客意见和市场信息及时地反馈给企业。

③宣传企业。推销人员应通过自己的行为，来维护企业形象，扩大企业和产品的社会影响。

④销售产品。这是人员推销的最基本的功能。企业一般对推销人员都有量化的销售业绩要求，所以，推销人员应带着推销任务与客户洽谈，促成交易。

⑤提供服务。推销人员要为顾客提供各种服务，如信息咨询、技术帮助、资金融通、及时供货等。

⑥化解矛盾。企业与顾客在商品交换中难免会产生一些矛盾或误会，推销人员应主动协调解决，化解矛盾，消除误会，使双方始终处于相互信赖友好的关系之中。

9.2.2 人员推销策略运用能力培养

1. 做好推销前的准备

推销员如果想成功地推销产品，在推销前应该做充分的准备，这是推销工作的第一步。首先他要对自己的产品有深入的了解，这样才能在向顾客介绍产品时说明产品的特性与优点；其次还要熟悉本行业内竞争者的情况；再次，掌握目标顾客应具备的情况，如潜在购买者的收入水平、年龄段等。最后拟订好访问计划，包括访问的目的、对象、时间和地点，并且做好心理上被拒绝的准备。推销人员准备得越充分，交易成功的可能性就越大。

2. 寻找顾客

推销人员在做好充分的准备后，就要开始寻找可能成为真正顾客的潜在顾客。只有有了特定的对象，推销工作才能真正开始。寻找新顾客的方法很多，通常可以利用市场调查、查阅现有的信息资料、广告宣传等手段进行，另外，推销人员还可以请现有顾客推荐、介绍潜在顾客。值得注意的是，寻找到潜在顾客后，不可盲目访问，要先对他们进行排查，确认值得开发后再访问，以免资源浪费。

3. 接近顾客

通过对潜在顾客的审查，推销人员应把精力放在那些最有潜力的顾客身上，想方设法接近他们。只有接近到准顾客，推销才有成功的可能。通常采取的方法有介绍接近、赠送样品接近、攀关系接近、以调查的方式接近或者通过锲而不舍的“软磨”接近等。

4. 激发顾客的兴趣

接近顾客后，首先要取得顾客的信任，从感情上与之缩小距离，然后通过交谈时对顾客的观察，把握住顾客的心理，投其所好针对顾客的需求加以适当的引导，激发其对本企业产品的兴趣。

5. 推销洽谈

这是推销过程中重要的一步，洽谈的成败决定着此次人员推销的成败。在此阶段，推销人员要向顾客生动地描述相关产品的特征和优点，并且能够提供具有说服力的证据，证明产品的确能更好地满足消费者的需要。推销人员在推销洽谈过程中一定要努力营造融洽的气氛。

6. 异议处理

推销人员要随时准备解决顾客的一切问题。如顾客可能在与推销员洽谈的过程中对产品的质量、作用、价值等提出意见，作为推销员此时要有耐心，不要争辩，在给予顾客充分尊重的同时，有针对性地解释或说明，以消除顾客疑虑，坚定购买信心。

7. 推销成交

推销人员的最终目的就是产品或服务成交。接近与成交是推销过程中最困难的两个步骤。在与顾客洽谈的过程中，一旦发现顾客流露出要购买的意思是，要善于把握成交的机会，尽快促成交易，结束销售访问。

8. 建立联系

一个好的推销员会把一笔生意的结束，看作是另一笔生意的开始。这就意味着推销人员要与顾客建立长期的联系。对各顾客做好售后服务工作，了解他们的满意度，听取他们的意见并及时解决他们的不满。良好的售后服一方面有利于忠诚顾客的形成，另一方面有利于传播企业及产品的好名声，树立企业形象。

9. 推销服务

推销服务是现代市场竞争的重要手段之一，应贯穿于推销的全过程。随着市场竞争的加剧，服务的方式和内容也不断翻新。重视服务创新，对扩大企业和产品的影响、增强竞争能力、扩展市场规模，都具有十分重要的意义。

在实际工作中，以上九个环节并不是截然分开的，而是相互渗透、交叉应用的。

营销拓展

推销员的八大通病

几乎每个企业都有20%～30%的推销员属业绩不佳者。造成这些推销员业绩低迷的原因是多方面的，但从主观角度看，业绩不佳的推销员都有以下通病：

1. 手中拥有的潜在客户数量不多

优秀推销员之所以能源源不断地售出产品，原因就在于他们拥有足够多的客户数量，如原一平拥有28 000名顾客。与此相反，业绩不佳的推销员手中拥有的客户数目寥寥无几。研究表明，业绩不佳的推销员手中拥有客户数量少的原因，在于他们常犯有以下三个错误中的一个或几个：

①不知道到哪里去开发潜在客户；

②没有识别出谁是潜在客户；

③懒得开发潜在客户。

只满足于和现有顾客打交道，这是一种自杀式的做法。因为，现有顾客常以各种各样的原因离你而去，如客户转产、倒闭或人事变动，他们每年以15%～25%的速度递减。这样，推销员如果不能不断开发新客户来补充失去的客户，那么4～7年后，推销员手中的客户数量就会变成零。

潜在顾客少的推销员常犯的另一项错误是，无法对潜在顾客做出冷静的判断。他们往往认为“只有自己最清楚自己的顾客”，如一位老推销员告诉新推销员：

“×公司是竞争厂商的最佳顾客，去了也没有用。”

“××公司的董事长非常顽固。”

但是那位新推销员抱着姑且一试的心情，前去拜访的结果是拿到了订单。这种由推销员个人的偏见所造成的失败例子很多。

2. 抱怨、借口特别多

业绩不佳的推销员，常常抱怨，借口又特别多，他们常常把失败的原因归结到客观方面，如条件、对方、他人等，从未从主观方面检讨过自己对失败应承担的责任。他们常常提到的抱怨、借口如：

“这是我们公司的政策不对。”

“我们公司的产品、质量、交易条件不如竞争对手。”

“×厂家的价格比我们的更低。”

“这个顾客不识货。”等等。

推销员为自己的失败寻找借口，是无济于事的，与其寻找借口，倒不如做些建设性的考虑，如：

“这样做可能打动顾客。”

“还有什么更好的方法?”

此外，有些推销员的借口是：

“我不知道该怎么办。”“完了，完了!”“一点也没有希望了!”等。

这些推销员面对失败时，情绪低沉，态度消极，脑子中充满失败的观念。事实上当人们面临真正的困难时，通常是连话都说不出来的；如果还能够找些借口为自己辩解的话，这表示还没有完全发挥出自己的能力。推销员对自己该做的事没有做好，或者，无法确信自己应该怎么做，而随口说些不满的话，这只不过显示出自己的幼稚无能罢了。真正优秀的推销员绝对不会抱怨，找借口，因为自尊心绝对不会允许他们如此做。

3. 依赖心十分强烈

业绩不佳的推销员，总是对公司提出各种各样的要求，如要求提高底薪、差旅费、加班费等，而且经常拿别家公司做比较，“××公司底薪有多高”“×公司福利有多好”。有这种倾向的人，是没有资格成为一名优秀推销员的。

推销员不能向任何人要求保障，必须完全靠自己；如果希望获得高收入的话，就必须凭自己的本事去赚。没有指示就不会做事，没有上级的监督就想法偷懒，这种人是绝对无法成为优秀推销员的。真正优秀的推销员经常问自己：“自己能够为公司做些什么?”而不是一味地要求公司为自己做些什么。

4. 对推销工作没有自豪感

优秀推销员对自己的工作都感到非常的骄傲，他们把推销工作当作一项事业来奋斗。业绩低迷的推销员却有一种自卑感，他们认为推销是求人办事，因此，对待顾客的态度十分卑屈，运用“乞求”式的方法去推销。缺乏自信的推销员，如何能取得良好业绩？想要向顾客推销出更多的产品，推销员至少必须要有一份自傲——你能够告诉顾客他所不知道的事情。

5. 不遵守诺言

一些推销员虽然能说善道，但业绩却不佳，他们有一个共同的缺点，就是“不遵守诺言”，昨天答应顾客的事，今天就忘记了。

“明天上午 10 点钟，我去拜访您。”但到了 10 点钟，推销员却毫无踪影。这种推销员极容易给顾客留下坏印象。结果，顾客一个一个离推销员而去。

推销员最重要的是讲究信用，而获得顾客信任的最有力的武器便是遵守诺言。如一些推销员当顾客要求看样品时，通常都是满口答应下来，但是，到时候却忘得一干二净。如果顾客当时只是随口提出来的要求，而你下一次真的送给对方的话，顾客一定会非常的高兴，否则就会因为疏忽了这个小节，而失去了可能的交易机会。

通常，人们所犯的过失很少是有意的。如果推销员具有较高的警觉性，即使一个小小的诺言也能遵守，这才是最佳的服务。

6. 容易与顾客产生问题

无法遵守诺言的推销员，与顾客之间当然容易发生问题。一些推销员急于与顾客成交，结果，自己无法做到的事情，也答应下来，这是一种欺骗顾客的行为。例如，推销员告诉顾客，我们随时提供售后服务，但当顾客要求提供服务时，推销员却应付、搪塞。结果，顾客不满意，到处宣传“×公司服务不好，推销员不可靠”，这样一来，不但推销员失去了信用，连带公司也失去了信用。

优秀推销员与顾客之间也会发生问题。但是，当顾客发生误会，或者商品有问题而引起顾客不满时，他们却能够迅速地给予顾客满意的解决方法，这样，反而容易获得顾客的信赖。记住，当与顾客谈生意的时候。最重要的是让对方感觉出自己的诚意。

总而言之，优秀推销员和失败推销员的差别在于，前者能够避免问题的发生，即使已经造成了问题，也绝对不会推卸责任。

7. 半途而废

业绩不佳的推销员的毛病是容易气馁。如，推销员面临工作低潮的时候，只要坚持到最后一分钟，相信一定能够突破困境，但一些推销员很愚昧，虽然已挣扎到光明的前一步了，却浑然不知，最后还是放弃曾经做过的努力，徒劳无功。一些推销员往往是在最后的关头，沉不住气，放弃了，从而功亏一篑。推销成功最需要的是坚持到底的信念。

推销是一场马拉松赛跑，仅凭一时的冲动，是无法成功的。决不放弃成功的信念，并坚持不懈地追求下去，才能达到目的。

8. 对顾客关心不够

一流饭店里的服务员，对顾客的关心可说是无微不至。当顾客需要服务时，不用顾客开口，他们就主动提供服务；当顾客不需要服务时，他们绝对不去打扰顾客。然而，一些三流饭店的服务员则是，当顾客不需要服务时，他们在一旁碍手碍脚；而当顾客需要服务时，必须三请四催的。

一些推销员也是一样的，在顾客忙碌时，他们再三打扰顾客，而当顾客需要服务时，他们则杳如黄鹤。推销成功的关键在于推销员能否抓住顾客的心。顾客爱好、性格不同，有忙碌也有闲暇的时候，也有开心也有沮丧的时候。因此，如果不善于察言观色的话，生意一定无法成交。推销员既要了解顾客的微妙心理，也要善于选择恰当的时机采取行动。这就需要对顾客的情况了如指掌，那些不关心顾客的推销员，是无法把握和创造机会的。

（资料来源：http://wenku.baidu.com/view/8b9274ea172ded630b1cb652.html）

思考：

结合你本人，你有上述问题吗？该如何改正？

9.3 广告策略运用能力

9.3.1 广告基本概念认知

1. 广告的概念

广义的广告是指借用一种媒体向公众传播信息的活动。它包括的内容非常广泛，分为经济广告和非经济广告两大类。非经济广告是为了达到某种宣传目的而做的广告，目的不是盈利，包括政治、法律、文化、宣传等方面的。

狭义的广告是市场营销中所研究的广告，它是以盈利为目的的经济广告，也称商业广告，即广告主体以付费的方式，通过一定的媒体向广大现实或潜在消费者传递产品信息，以达到促进产品、劳务销售的宣传活动。本书所研究的广告是狭义的广告。

一个完整的广告，由广告主、信息、广告媒体、广告费用、广告对象五个方面的内容组成。

2. 广告的功能

（1）沟通信息、促进销售的功能

通过广告及时地介绍、宣传、报道商品信息，不仅能够及时地满足消费者需求，也为生产者的产品打开销路，从而促进生产。在广告事业的发展中，不仅有介绍商品或劳务项目的生产者广告，也有各种需求者广告，从而有效地沟通产需双方的联系，有利于解决供需双方的矛盾。

（2）激发需求、诱导消费的功能

通过对商品和服务各种特点的介绍，可以吸引人们的注意力，使其对商品或服务产生兴趣，诱发他们购买。随着产品更新换代速度的加快，多数消费者对新产品缺乏应用知识，通过广告宣传，指导消费者进行正确的判断、选择和使用，为改善生活与工作创造有利条件。

（3）提高企业信誉，树立企业形象，融洽与公众关系的功能

企业通过各种广告手段，着力宣传产品质量提高和经营管理改善，以及营销理念转变的情况，在消费者心目中树立良好的企业和产品形象，缩短与用户感情上的距离，这是争夺顾客、战胜竞争对手的重要方法。

（4）传播文化、丰富生活的功能

我们通常所见到的广告，都经过了艺术加工，生动形象，感染力强。有些好的广告在向人们介绍产品，满足人们物质文化的同时，还给人们以精神上的享受，这对传播文化，树立

良好风气起到了积极的作用。但要注意的是，好的广告具有艺术性，但广告终究不是艺术，如果艺术以盈利为动机决不是好的艺术，而广告如果不能实现商业动机决不是好的广告。

此外，在广告宣传中，体现了一定的伦理、道德观念，既美化了社会环境，又对消费者起到潜移默化的的作用。人们在阅读、收看、欣赏和追随广告的过程中，也受到精神文明的教育。因此说，现代广告能造就一种时尚风气，造就一种文化气质，造就一种新的世界观，这对陶冶人们的情操、树立良好的社会风气，有一定的积极作用。

营销故事

高露洁在日本岛上的促销

美国的高露洁牙膏在进入日本这样一个大的目标市场时，并没有采取贸然进入、全面出击的策略，而是先在离日本本土最近的琉球群岛上开展了一连串的广告公关活动。

他们在琉球群岛上赠送样品，使琉球的每一个家庭都有免费的牙膏。因为是免费赠送的，所以琉球的居民不论喜欢与否，每天早上总是使用高露洁牙膏。

这种免费赠送活动，引起了当地报纸、电视的注目，把它当作新闻发表，甚至连日本本土的报纸、月刊也大加报道。

于是，高露洁公司在广告区域策略上就达到了这样的目的：以琉球作为桥头堡，使得全日本的人都知道了高露洁，以点到面，广告效益十分明显。

由此可见，营销攻坚战究竟该怎么打，应该依照具体情况而定。一般而言，有两种打法：正面进攻和侧面出击。当企业对战场不熟悉，群众基础尚未建立之时，先建立稳固的根据地，从侧面入手是一种稳健可行的策略。

3. 广告的类型

①按广告的目的划分，可分为报道式广告、说服式广告、提醒式广告、形象广告。

a. 报道式广告（通知性广告或介绍性广告）。主要是向消费者介绍有关产品的信息，如产品的性质、用途、价格等，使消费者对产品产生初步的需求。这种广告主要是通过客观的报道引起消费者对某种产品的注意，使其产生消费需求与购买欲望，它并不进行直接的购买劝导。

b. 说服式广告（激励性广告）。是以说服为目标，在宣传中突出本企业产品的特点，强调本产品在同类产品中所具有的优势，诉求产品能给消费者带来的特殊利益，使消费者对某种品牌的印象加深，激励顾客采取购买行动，对市场的消费起到了品牌导向的作用。

c. 提醒式广告（提示性广告）。企业为了提醒消费者不要忘记他们已经使用习惯的产品而采取的一种广告方式，目的在于刺激消费者对本企业产品的重复购买，强化习惯性消费，增强消费者的忠诚度。一般是用于那些已经有购买欲望或使用习惯的日常生活用品。

d. 形象广告。这种广告一般是为企业的长期销售目标而制作的。它不直接介绍产品，而是通过广告向消费者宣传企业的理念与成就，介绍企业发展史，或以企业名义进行公益宣传，目的是提高企业的声誉，在消费者心目中树立良好的企业形象。

②按广告覆盖范围分，可分为国际性广告、全国性广告、地区性广告、区域性广告、针对某一具体单位甚至是个人的广告。

不同范围的广告需要使用不同的媒体。如国际性的广告一般需要利用覆盖世界范围的宣传媒介，像互联网；而地区性只用通过传播范围较窄的地方广播媒介，如地方性报纸或者路牌广告。企业适合做哪种区域的广告，应根据自己的宣传对象决定，以免资源浪费或覆盖面不够而达不到预期目标。

③按照广告使用的媒体分类，可分为视听广告、印刷广告、户外广告、销售现场广告、纪念品广告。

a. 视听广告。指借助于电波这种物理现象传播广告内容的广告，包括广播广告、电视广告等。这种广告具有形象、生动、突出的优点，但是信息消逝快，不易保存，费用昂贵。

b. 印刷广告。是指以印刷的方式表现广告内容的广告。包括报纸广告、杂志广告、包装广告、邮寄广告等。这种广告具有信息发布快，保持时间长的优势；但是实效性较差，不易引起人们的注意。

c. 户外广告。如路牌、招贴、海报、气球等。它具有制作简单，成本低，较持久性的优势，但它的宣传范围较小。

d. 销售现场广告。包括企业在销售现场设置的橱窗广告、招牌广告、墙面广告、柜台广告、货架广告等。这类广告形象、直观、突出、见效快，适合于零售企业经常使用。

e. 纪念品广告。是指在具有一定保留价值或赏玩价值的物品上进行广告。如在年历上的广告或利用一些。

f. 小工艺品制作广告。这类广告传播性慢，不易引起人们的注意；但小礼物能增强企业和消费者之间的感情，有利于消费者忠诚度的形成。

④按广告产生作用的规律以及市场特征的不同，可分为主诉性广告和提醒性广告。

a. 主诉性广告。用详细、准确的语言，极力向顾客讲述品牌产品的利益，促使顾客采取有效的购买行为。

b. 提醒性广告。是对目标顾客提醒、提示，引起消费者的兴趣、关注，加强消费者印象的广告。

4. 广告媒体的类型

（1）根据媒体物质属性的不同可进行如下分类

①印刷媒体。如报纸、杂志、电话簿、画册、商品目录、商品说明书、挂历、明信片等。

②电子媒体。如广播、电视、电影、幻灯、霓虹灯、电子显示大屏幕等。

③流动媒体。如汽车、火车、飞机、轮船等。

④邮寄媒体。如函件、订货单、征订单等。

⑤户外媒体。如路牌、招贴、海报、气球等。

⑥展示媒体。如商品陈列、橱窗、柜台、门面、模特儿等。

⑦其他媒体。如火柴盒、手提包、购物袋等。

2. 广告的四大媒体

（1）报纸媒体

报纸媒体是世界各国选用的第一大媒体。其优点是：覆盖率高、影响广泛；传递迅速、时效性强；集权威性、新闻性、可读性、知识性于一体；制作简便、费用低廉。其缺点是：时效较短，内容繁杂，容易分散注意力，制作和印刷不够精细，形象效果欠佳。

（2）杂志媒体

杂志是一种以刊登小说、散文、杂论、评论、专业论文等为主的读物。分为综合性杂志和专业性杂志两种。其优点是：广告对象明确、针对性强；保存期长、信息利用充分；印刷精致、图文并茂。其缺点是：印刷周期长，信息传递不及时，读者范围有限，覆盖面窄。

（3）广播媒体

广播是一种广为运用的听觉媒体。其优点是：传播迅速、次数多、范围广；及时性强，方式灵活；制作简便，收费较低。缺点是：有声无形，印象不深，转瞬即逝，难以保存；盲目性大，针对性差。

（4）电视媒体

电视通过声音、图像、色彩、动作等视觉与听觉的结合传递各种信息。其优点是：覆盖面广，收视率高；形象直观生动、感染力强；娱乐性强，宣传效果好。其缺点是：信息消逝快，不易保存；编导复杂，费用昂贵；选择性差，目标不具体。

9.3.2　广告策略运用能力培养

1. 广告策划的步骤

广告的策划不是无序的、盲目的，而是有计划分阶段地进行的（如图9－2）。

（1）分析环境，明确要求

进行广告促销，首先要通过广告机会分析。要明确针对哪些消费者做广告以及在什么样的时机做广告等问题。因此广告主就必须搜集并分析有关方面的情况，如消费者情况、竞争者情况、市场需求发展趋势、环境发展动态等，然后根据企业的营销目标和产品特点，找出广告的最佳切入时机，做好广告的目标群体定位，为开展有效的广告促销活动奠定基础。

（2）确定广告的目标和任务

确定广告目标，就是根据促销的总体目的，依据现实需要，明确广告宣传要解决的具体问题，以指导广告促销活动的施行。广告促销的具体目标，规定了广告应取得的效果，从而也决定了为什么做广告和怎样做的问题。广告目标和任务的确定必须符合营销目标的要求。因此，在制定广告目标之前，必须认真研究企业的营销目标。

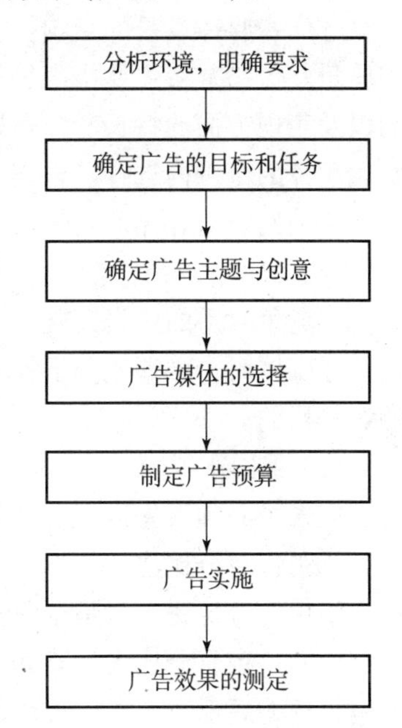

图9－2　广告策划的步骤

（3）确定广告主题和创意

广告主题就是广告的中心思想，创意则是将主题形象化、艺术化和具体化的表现。广告主题和创意应根据广告目标、媒体的信息可容量来加以确定。一般来说应包括以下三个方面：

①产品信息

产品信息，包括产品名称、技术指标、销售地点、销售价格、销售方式以及国家规定必须说明的情况等。

②企业信息

企业信息，包括企业名称、发展历史、企业声誉、生产经营能力以及联系方式等。

③服务信息

服务信息，包括产品保证、技术咨询、结款方式、零配件供应、保修网点分布以及其他服务信息。

广告主通过对各种信息的通盘考虑，通过一定的方法，适应广告对象的要求，提炼广告主题，构思出广告创意。

（4）广告媒体的选择

广告媒体繁多，各有优缺，企业欲达到良好的广告效果，必须根据本企业营销目标与营销环境，慎重而恰当地选择广告媒体。企业在合理选择广告媒体时，应综合考虑如下诸因素：

①企业对信息传播的要求。如对信息传播覆盖率、接触率、重复率、最低时间限度，以及信息的可信度与产生的效应等方面的要求，企业应从中选择出最主要的目标，并据以确定适当的媒体。

②产品本身的性能与特征。产品的自然属性和产销特点不同，其使用方法，消费对象、销售方式和销售时间等也千差万别。如果需要形象逼真地介绍商品功能、特点、外观的家具、时装等商品，选择电视媒体做广告效果较好；对技术性强、需详细介绍的商品，选择报纸和杂志较妥。

③广告媒体本身的影响。广告媒体本身的影响包括两个方面，一是广告媒体传播的数量和质量。传播数量主要指广告传播到视听者的数目；传播质量主要指广告媒体已有的声誉影响以及表现方面的特长。二是媒体费用。不同的广告媒体，其费用各不相同。企业应在广告费用预算的范围内选择广告媒体。

④消费者对媒体的习惯。企业应将广告刊登在目标顾客喜欢接触的媒体上，以提高视听率。

⑤竞争对手的广告策略。竞争对手的广告策略，往往具有很强的针对性或对抗性。企业在选择媒体时，必须充分了解竞争对手的广告策略，充分发挥自己的优势，以达到克敌制胜的竞争目的。

（5）制定广告预算

广告主必须事先进行合理的广告预算。这里介绍常用的三种方法：

①销售百分比法。

销售百分比法，就是企业按照销售额（一定时期的销售实绩或预计销售额）或单位产品售价的一定百分比来计算和决定广告开支。采用这种方法一般要考虑两个方面的内容，一是销售额的高低，二是广告预算总额占销售额比例的大小。这种方法简单可靠，很多企业乐于采用此方法，但它最大的缺点就是过于死板。

②目标达成法。

目标任务法，就是根据广告目标来确定广告开支。目标任务法的应用程序是：

a. 明确广告目标；

b. 确定为达到广告目标而必须执行的工作任务；

c. 估算执行各项工作任务所需的各种费用；

d. 汇总各项工作经费做出广告预算。

③竞争对比法。

竞争对比法，就是企业比照竞争者的广告开支来决定自己的广告预算。整个行业广告费用数额与某企业的广告费用数额成正比。竞争对比广告预算有两种计算方式：

a. 市场占有率对比法，计算公式为：

广告预算 = 竞争者广告费/（竞争者市场占有率 × 本企业预期市场占有率）

b. 增减百分比法，计算公式为：

广告预算 = 竞争者上年度广告费 ×（1 + 竞争者广告费增长率）

（6）广告实施

在各个环节分析确定后，选择最优的组合方案，编写广告计划书，然后按阶段实施广告活动的各个环节。

（7）广告效果的测定

作为企业不惜重金不可能是为了一幅精美的广告画面，他们注重的是投入能带来多大的收益。大卫·奥格威说过：“我们做广告的目的就是为了销售，否则就不是广告。”因此，测定广告效果已成为广告活动的重要组成部分。另外，它也是增强广告主信心的必不可少的保证。对广告效果测定包括广告的促销效果和广告的传播效果的测定。

①广告传播效果的测定。

广告效果的测定，主要是测定消费者对广告信息的注意、兴趣、记忆等心理反映，以及对社会文化、教育等影响的程度。通常采用事后测定的方法：

a. 认知测定法。

即在广告传播后，借助有关指标了解视听者的认知程度，测定其注意力。可借用的指标有：

粗知百分比，即记得视听过此广告的视听者百分比；熟知百分比，即声称记得该广告一半以上内容的视听者百分比；联想百分比，即能准确地辨认该产品及其广告主的视听者百分比。

b. 回忆测试法。

即让一部分消费者追忆对广告的商品、厂牌和企业的了解情况，从而判断广告的吸引程度和效果。

②广告促销效果的测定。

以广告传播后商品销售量增减量作为衡量广告促销效果大小的标准。由于商品销售量的变动受很多因素的影响，因此很难确定广告引起销量增加的确切份额。理解这一点，有助于企业客观地评价广告促销的效果。常用的测定方法有：

a. 弹性系数测定法。

根据商品销量变化率对广告费用变化率的弹性系数大小来测定广告效果。

公式为：

广告弹性系数 = 商品销量变动百分率/广告费用变动百分率

如果弹性系数大于 1，说明广告效果优；反之，弹性系数小于 1，则说明广告效果差。

b. 广告前后商品销售比率法。

根据广告后商品销售的增量与广告费用之比，测定单位广告费效果的大小。公式为：

$$\text{单位广告费增销量} = \frac{\text{广告后平均销售量} - \text{广告前平均销售量}}{\text{广告费用}}$$

c. 销售额增量与广告费增量比率法。

根据广告后取得的销售额增量与广告费增量进行对比来测定广告效果。公式为：

$$\text{广告费增量比率} = \frac{\text{销售额增量}}{\text{广告费增量}} \times 100\%$$

d. 广告促销效果的综合评价。

前已述及，影响商品销售的因素很多，不可能单凭一个指标的测定结果说明问题。所以必须从不同角度考察，然后对各主要因素的满意值和不满意值分别打分，最后加权平均，予以综合评价。

营销拓展

史玉柱10大广告法则

第一条：721法则

“史氏广告”的实效性，来自大量研究消费者心智，以及对消费心理的精准把握。史玉柱主张：花70%的精力关注消费者，投入20%的精力做好终端执行，花10%的精力用来管理经销商。

他曾对《赢在中国》的选手说：“品牌是怎么打造的？我建议你本人到消费者中间去。品牌的唯一老师是消费者。谁消费我的产品，我就把谁研究透，一天不研究透，我就痛苦一天。”

第二条：测试法则

广告的有效性，只有通过与消费者、竞争对手的真正接触后才能判断。通过试销，能给企业带来调整广告策略、营销策略，甚至调整产品形态的机会和时间。史玉柱一向重视试销的作用。

市场是多变的，没有一个商业领导人能保障自己的战略百分百有效。只有通过实战的检验才能真正测试广告的效应。每条“史氏广告”都不厌其烦、长时间地进行市场测试，可想而知，通过这种“层层历练”的广告的效果威力有多大！

第三条：强势落地法则

高空广告要想起效，必须有终端落地的配合。史玉柱就是“如洪水猛兽一样”地抓终端落地执行与线上广告配合。

脑白金时代，史玉柱在全国的200多个城市设置办事处，3 000多个县设置代表处，全国有8 000多销售员。他要求：脑白金在终端陈列时，出样尽可能大，并排至少3盒以上，且要占据最佳位置。所有的终端宣传品，能上尽量上。宣传品包括：大小招贴、不干胶、吊带包装盒、落地POP、横幅、车贴，《席卷全球》必须做到书随着产品走。

第四条：长效俗法则

史玉柱对产品的命名，可谓俗不可耐，不是白金就是黄金。他对黄金真是情有独钟。这些产品的广告，更是让人大跌眼镜。脑白金的卡通老人的广告系列，如：群舞篇、超市篇、孝敬篇、牛仔篇、草裙篇及踢踏舞篇，毫无创意，篇篇雷同。而广告词也高度一致，“孝敬咱爸妈”“今年过节不收礼，收礼只收脑白金”，到现在整整“折磨”了13亿人民群众近10年之久。

在总结为什么俗广告能取得好成绩时，史玉柱说：“不管消费者喜不喜欢这个广告，你首先要做到的是要给人留下深刻的印象。能记住好的广告最好，但是当我们没有这个能力，我们就让观众记住坏的广告。观众看电视时很讨厌这个广告，但买的时候却不见得，消费者站在柜台前，面对那么多保健品，他们的选择基本上是下意识的，就是那些他们印象深刻的。”

第五条：公关先行法则

史玉柱曾提示创业者“在弱小的时候，不要蛮干，要巧干”。这里的巧干，指的就是他的公关先行法则：利用软文、事件等软性手法，巧妙地启动传播。

脑黄金时期史玉柱就重视软性宣传，注重收集消费案例进行脑黄金临床检测报告、典型病例以及科普文章的宣传。为了配合宣传，《巨人报》印数达到了100万份，以夹报和直投方式广为散发，成为当时中国企业印数最大的“内刊”。值得一提的是，当时的三株、太阳神还在农村刷墙体广告。

公关是品牌塑造的工具，更容易让商业信息进入消费者的心智中。公关打造品牌，广告维护品牌。品牌的打造发生在消费者的心智中，而第三方媒介的力量至关重要。史玉柱聪明地把握住了媒介公关在商业传播中的重要作用。

第六条：塔基法则

史玉柱的产品、广告都是瞄准“8亿人的塔基”。史玉柱曾说：“中国市场是金字塔形，越往下市场越大。大家都重视北京、上海、广州等一类城市，但一类城市占全国人口的比重就是3%多点，4%不到。省会级城市和一些像无锡这样的地区性中心城市加起来，要远远超过一类城市，再小一些的城市，比如各省里的地级市，全国有380多个，这个市场又比省会城市更大，县城和县级市更难以估量。”

第七条：公信力法则

脑白金自始至终都在传播它的“美国身份”来增加产品的可信度。为了更有效地借用报纸本身的媒介公信力，史玉柱要求报纸软文字体、字号要与报纸一致，不能加“食宣”字样，加报花，如“专题报道”“环球知识”“热点透视”等，让消费者认为是新闻报道的一部分，而不是广告。

黄金搭档上市筹备期，史玉柱就为其准备好了公信力元素——国家一级学会：中国营养学会、瑞士罗氏维生素公司联合研发的产品背书。

第八条：第一法则

史玉柱常说：哈佛大学有一个营销教育案例，说美国人对第一个驾驶飞机飞越大西洋的人记得很清楚，但第二个是谁，一般人都回答不出来。但对第三个飞越的人又记得很清楚，为什么？因为是第一个女性，所以记住了。在营销方面，一定要把你的“第一”找出来。

第九条：沸点法则

史玉柱从不吝啬广告媒介费用的投入。巨人汉卡时期，他把第一桶金2万元全部投入广告。脑白金更是通过数亿元的媒介投放打造出来的。“史氏广告”大额投入，就是在加热水温，试图到达沸点。

第十条：聚焦法则

市场营销中最强大力量来自“聚焦”。市场、渠道、广告都需要聚焦。在收缩战线的时候，会变得更强大。史玉柱极其推崇毛泽东思想：“我就觉得毛泽东的原则是对的，我集中全部人力、物力、财力，集中攻一个点，没有把握把一个城市攻下，你就别忙着打第二个城市。”

集中资源，集中人群，集中市场，会创造局部优势兵力，这是毛泽东战略思想的精髓，现在史玉柱将它用在了商战上。

（资料来源：慧聪网）

2. 广告策略

（1）广告设计策略

广告设计策略，是指企业为达到广告宣传的最佳效果，而在广告创作中所应采用的科学方法和艺术手段。不同性质、不同类别的广告，应采用不同的广告设计策略。常用的广告设计策略有：

①一贯性策略。企业在长期的信息传播中，其口号、内容、风格、商标、包装、服务特色等，应尽可能保持一贯的形象和特点，使消费者有长期固定的好印象。

②竞争性策略。即针对竞争对手的广告策略，着力突出自己的经营实力，商品特色和经营风格，以压倒竞争对手的优势，争取顾客的偏好。

③柔软性策略。在广告语言设计方面，不用硬性词调向消费者强行推销商品，而是与消费者站在同一个立场上，以间接方式，使消费者在受教育、学知识的过程中，逐步接受本企业的产品或劳务。

（2）广告商品策略

①广告商品生命周期策略。即根据商品所处的不同发展阶段，采用不同的宣传重点的策略。如商品在初级阶段（投入期至成长期的前期），可采用告知性广告策略；在商品发展的中期阶段（成长期后期至成熟期），则应采取激励性广告策略；在商品的后期阶段（成熟期末至衰退期），可采用提示性广告策略。

②广告商品市场定位策略。商品定位是企业取得商品理想市场份额的重要策略，而广告商品定位策略又是为商品定位服务的，它主要有两种形式：一是广告商品实体定位策略，即在广告中突出宣传商品的新价值，强调与其他同类商品的不同特点，并表明能给消费者带来更大利益的策略。二是广告商品观念定位策略，即在广告中如实介绍商品的优劣、特色，摆正商品市场位置，从而在观念上给商品重新定位。

（3）广告媒体运用策略

广告媒体选定以后，如何有效地利用媒体，是一项复杂而技巧性很强的工作，常用的策略有以下几种：

①名人广告。聘用社会公众所熟知的名人（如演艺明星、著名运动员、主持人、社会名流）对商品的评价、介绍或鉴定做广告，以达到提高商品知名度和企业声誉的目的。但名人广告要承担可能的名人丑闻风险。

②特定人物现身说法式广告。聘用与该产品有特定关系的人物（如某药品的治愈患者、产品形象代表者等），在广告中以受益者的身份现身说法，从而直接唤起消费者的购买欲望。

③借题发挥式的幽默广告。即在广告中利用有趣的社会事件或千载难逢的机会，制造幽默与喜剧效果，以此大振企业和商品的美誉和雄威。

④音乐广告。即在广告中设计一段优美的音乐、以流畅快口的音乐引导消费者牢记某一品牌，激发消费者的参与意识，强化记忆力，并引发对此品牌的偏好。

（4）广告心理策略

在广告宣传中，运用心理学原理，使广告诉求符合消费者的心理需求，从而达到预期的广告效果。常用的广告心理策略有：

①广告诱导心理策略。即抓住消费者潜在的心理活动，使之接受广告宣传的观念，自然地诱发出一种强烈的需求欲望。

②广告适合心理策略。根据消费者的不同性别、年龄、文化程度、收入水平、工作职务以及不同消费者的求名、求新、求美、求实惠等心理，在广告中采取不同的对策，以适合不同消费者的需求心理，刺激购买。

③广告猎奇心理策略。即在广告活动中，采取特殊的表现手法，使消费者产生好奇心，从而引发购买欲望。

（5）广告媒体的组合策略

由于媒体种类和形式的不断增多，靠单一媒体总是有一定的局限性，因此，在制定媒体组合策略时，应考虑以下两点：

①必须确定一个主要媒体。主要媒体从形式上特别适宜于所推广的产品类型，并且对本产品的目标消费者最有影响，对市场销售有最直接、最重要的促进力量。我们把这种媒体，称之为“主诉型媒体”。

②必须选择一部分较为次要的媒体。为了配合主媒体的宣传，还需选择次要的媒体，如户外媒体或活动媒体等，以弥补主媒体的缺陷，使主媒体的诉求得到进一步的强化与持久。我们把这种媒体称之为“提示型媒体”。

（6）广告时机策略

广告时机的选择应考虑如下几个因素，一是购买者周转率，即新顾客在市场上出现的速率。速率越高，广告越应接连不断。二是购买频率，即某一时期内同一顾客购买产品的次数。购买频率越高，广告越应接连不断。三是遗忘率，即购买者遗忘某种品牌的速率。遗忘率越高，广告也越应接连不断。

营销故事

广告是万能的吗？

1996 年 11 月 8 日下午，中央电视台传来一个令全国震惊的新闻：名不见经传的秦池酒厂以 3.2 亿元人民币的“天价”，买下了中央电视台黄金时间段广告，从而成为令人炫目的连任二届“标王”。1995 年该厂曾以 6 666 万元人民币夺得“标王”。

1995 年当“秦池”以 6 666 万元的天价成为 1996 年度中央电视台的广告标王时，“秦池”酒一下取代“喝孔府宴酒，做天下文章”的孔府酒而成为市场最流行的酒。其企业形象可以说是一夜升天，秦池白酒也身价倍增。中标后的一个多月时间里，秦池就签订了销售合同 4 亿元；头两个月秦池销售收入就达 2.18 亿元，实现利税 6 800 万元，相当于秦池酒厂建厂以来前 55 年的总和。至 6 月底，订货已排到了年底。1996 年秦池酒厂的销售也由 1995 年只有 7 500 万元一跃为 9.5 亿元。事实证明，巨额广告投入确实带来了“惊天动地”的效果。对此，时任厂长十分满意。

“秦池”被广告带来的市场轰动效应所笼罩：知名度的一夜升天，销售收入的魔法式的几何递增，何不乘胜追击、一统天下呢？秦池 1997 年再度以 3.2 亿元的广告新纪录而蝉联“标王”。但 1997 年的轰动效应远不如 1996 年的轰动效应大，消费者似乎变得更理性，或者是相中了别的酒，“秦池”酒已不再那么流行和牛气冲天了。

然而，新华社 1998 年 6 月 25 日报道：“秦池目前生产、经营陷入困境，今年亏损已成定局……”

虽有秦池、爱多的失败在前，但也有如隆力奇、统一润滑油、雅客食品、王老吉凉茶、民生药业、利郎时装等在央视招标时段投放广告的企业，因为抓住了机会而获得了成功。尤其是最近两年，国际客户与央视的沟通日益频繁，宝洁、联合利华、高露洁的全球高级总裁纷纷与郭振玺沟通；跨国4A公司与央视之间的交流也逐渐频繁。有人将央视招标比喻为豪门夜宴上的赌局，也有人喜欢“心有多大，舞台就有多大”这句激动人心的广告语，十多年来，央视黄金段位广告的确已经成为中国顶级品牌的孵化器和助跑器，那么，其魅力到底体现在哪些方面？回顾央视广告招标不短的11年发展历程，人们不禁会发问：广告是万能的吗？

点析：

请对“秦池”的成败进行分析，秦池为什么在这么短的期间就风光不再而陷入困境？秦池成为中央电视台的广告标王后，应该做些什么？为什么央视黄金段的广告招标一年胜一年？广告真的是万能的吗？

（资料来源：邝远平．现代企业形象设计——企业跨入知识经济新时代的“金钥匙”．企业管理出版社．1998.）

9.4 公共关系策略运用能力

公共关系是研究现代社会如何处理好它所面对的多方面的社会关系，在当今社会的政治活动和经济活动中都发挥着极其重要的作用。

9.4.1 公共关系基本概念认知

1. 公共关系的概念

所谓公共关系是一个组织运用各种传播手段，在组织与社会之间建立相互了解和依赖的关系，并通过双向的信息交流，在社会公众中树立良好的形象和声誉，以取得理解、支持和合作，从而有利于促进组织本身目标的实现。与营业推广相比，公共关系注重的是长期效果，属于间接促销手段。

2. 公共关系的构成要素

公共关系的结构主要是由社会组织、公众、传播三大要素构成。(如图9－3)

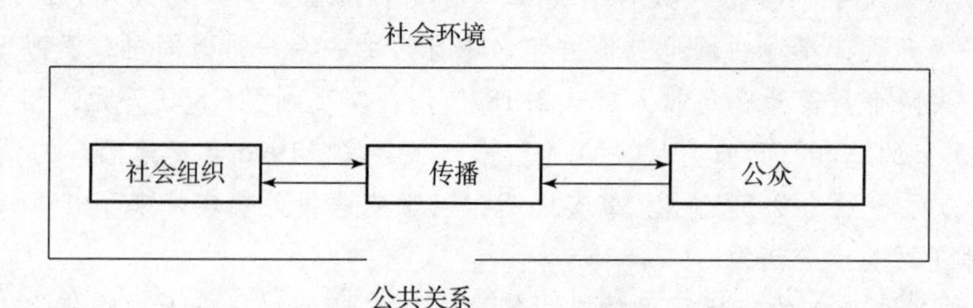

图9－3 公共关系结构图

社会组织、公众、传播三要素共存于同一个社会环境中，社会组织是公共关系的主体，公众是公共关系的客体，传播则是沟通公共关系主客体之间的桥梁。

3. 公共关系的模式

(1) 建设型公共关系

建设型公共关系是在社会组织初创时期或新产品、新服务首次推出时期，为开创新局面进行的公共关系活动模式。目的在于提高美誉度，形成良好的第一印象，或使社会公众对组织及产品有一种新的兴趣，形成一种新的感觉，直接推动组织事业的发展。建设型公共关系采用的方法，一般包括开业广告、开业庆典、新产品试销、新服务介绍、新产品发布会、免费试用、免费品尝、免费招待参观、开业折价酬宾、赠送宣传品、主动参加社区活动等。

（2）维系型公共关系

维系型公共关系是指社会组织在稳定发展期间，用来巩固良好形象的公共关系活动模式。目的是通过不间断的、持续的公关活动，巩固、维持与公众的良好关系和组织形象，使组织的良好印象始终保留在公众的记忆中。其做法是通过各种渠道和采用各种方式持续不断地向社会公众传递组织的各种信息，使公众在不知不觉中成为组织的顺意公众。

（3）防御型公共关系

防御型公共关系是指社会组织为防止自身的公共关系失调而采取的一种公共关系活动方式。预防的目的是在组织与公众之间出现摩擦苗头的时候，及时调整组织的政策和行为，铲除摩擦苗头，始终将与公众的关系控制在期望的轨道上。

（4）矫正型公共关系

矫正型公共关系是指社会组织在遇到问题与危机，公共关系严重失调，组织形象受到损害时，为了扭转公众对组织的不良印象或已经出现的不利局面而开展的公共关系活动。其目的是对严重受损的组织形象及时纠偏、矫正，挽回不良影响，转危为安，重新树立组织的良好形象。其特点是“及时”：及时发现问题，及时纠正问题，及时改善不良形象。通常的处理方法为：查明原因，澄清事实，知错就改，恢复信任，重修形象。

营销案例

35 次紧急电话

一名美国女记者在世界著名的日本“奥达克余”百货公司买了一台未开启包装的唱机准备送给住在东京的婆婆，结果当她到婆婆家试用时，发现电唱机少了重要的内件，心中非常恼火，当晚写成一篇“笑脸背后的真面目”的新闻稿。第二天正当她动身出门准备找公司交涉时，奥达克余百货公司的副总经理和一名职员找上门来当场道歉，承认失误，亲手将一台完好的电唱机，外加一张著名唱片，一盒蛋糕奉上。女记者了解到为了寻找她，公司打了 35 次紧急电话，包括打国际长途到女记者所在的美国公司、他父母亲家了解女记者在东京的住处，她非常感动，立即重些一篇“35 次紧急电话”。

案例分析：奥达克余百货公司在服务失误发生时采取了有效的公共关系策略，很好地矫正了失误以及造成的不良影响，重新挽回形象。

（资料来源：豆丁网）

（5）进攻型公共关系

进攻型公共关系，是指社会组织采取主动出击的方式来树立和维护良好形象的公共关系活动模式。当组织需要拓展（一般在组织的成长期），或预定目标与所处环境发生冲突时，主动发起公关攻势，以攻为守，及时调整决策和行为，积极地去改善环境，以减少或消除冲突的因素，并保证预定目标的实现，从而树立和维护良好形象。这种模式，适用于组织与外部环境的矛盾冲突已成为现实，而实际条件有利于组织的时候。其特点是抓住一切有利时机，利用一切可利用的条件、手段，以主动进行的姿态来开展公共关系活动。

（6）宣传型公共关系

宣传型公共关系是运用大众传播媒介和内部沟通方法开展宣传工作，树立良好组织形象的公共关系活动模式，目的是广泛发布和传播信息，让公众了解组织，以获得更多的支持。主要做法是：利用各种传播媒介和交流方式，进行内外传播，让各类公众充分了解组织，支持组织，从而形成有利于组织发展的社会舆论，使组织获得更多的支持者和合作者，达到促进组织发展的目的。其特点是：主导性强，时效性强，传播面广，快速推广组织形象。

（7）交际型公共关系

交际型公共关系是在人际交往中开展公共关系工作的一种模式。以人际接触为手段，与公众进行协调沟通，为组织广结良缘的公共关系活动。它的目的是通过人与人的直接接触，进行感情上的联络，为组织广结良缘，建立广泛的社会关系网络，形成有利于组织发展的人际环境。

（8）服务型公共关系

服务型公共关系是一种以提供优质服务为主要手段的公共关系活动模式，其目的是以实际行动来获取社会的了解和好评，建立自己良好的形象。对于一个企业或者社会组织来说，要想获得良好的社会形象，宣传固然重要，但更重要的还在于自己的工作，在于自己为公众服务的程度和水平。所谓“公共关系就是百分之九十要靠自己做好”，其含义即在于此。组织应依靠向公众提供实在、优惠、优质服务来开展公共关系，获得公众的美誉度，离开了优良的服务，再好的宣传也必将是徒劳的。

（9）社会型公共关系

社会型公共关系是组织通过举办各种社会性、公益性、赞助性的活动，来塑造良好组织形象的模式。它实施的重点是突出活动的公益性特点，为组织塑造一种关心社会、关爱他人的良好形象。目的是通过积极的社会活动，扩大组织的社会影响，提高其社会声誉，赢得公众的支持。社会型公共关系的特征是：公益性、文化性、社会性、宣传性。实践证明：经过精心策划的社会型公共关系活动，往往可以在较长的时间内发挥作用，显示出潜移默化地加深公众对组织美好印象的功能，取得比单纯商业广告好得多的效果。

（10）征询型公共关系

征询型公共关系是以采集社会信息为主、掌握社会发展趋势的公共关系活动模式，其目的是通过信息采集、舆论调查、民意测验等工作，加强双向沟通，使组织了解社会舆论、民意民情、消费趋势，为组织的经营管理决策提供背景信息服务，使组织行为尽可能地与国家的总体利益、市场发展趋势以及民情民意一致；同时，也向公众传播或暗示组织意图，使公众印象更加深刻。征询型公共关系活动实施的重心在操作上的科学性以及实施过程中的精细和诚意。具体的实施过程是：当组织进行一项工作后就要设法了解社会公众对这项工作的反应。经过征询，将了解到的公众意见进行分类整理加以分析研究，然后提出改进工作的方案，直至满足公众的愿望为止。

（11）文化型公共关系

文化型公共关系，是指社会组织或受其委托的公共关系机构和部门在公共关系活动中有意识地进行文化定位，展现文化主题，借助文化载体，进行文化包装，提高文化品位的公共关系活动。

（12）网络型公共关系

网络型公共关系作为一种新型的公共关系类型，是指社会组织借助联机网络、计算机通讯和数字交互式媒体、在网络环境下实现组织与内外公众双向信息沟通与网上公众协调关系的实践活动。这种新型的公共关系由于其独特的价值效应，日益受到广泛重视，掌握这种公共关系的运作，对欲在激烈的竞争中脱颖而出的社会组织来说将具有十分重要的意义。

9.4.2　公共关系策略运用能力

1. 公共关系的步骤

公共关系活动必须遵循一定的程序，进行全面的规划和安排，有条不紊地进行，方能达到预期的目的。公共关系的步骤一般包括调查研究、确定目标、实施计划、评价结果。

（1）调查研究

这是进行公共关系工作的基础，是公关活动的起点。企业进行调查研究的目的在于了解社会公众的意见，及时把握舆论导向，并将这些意见反映给领导层，使组织的决策科学化，更有利于准确地进行形象定位，塑造良好的企业形象。

（2）确定目标

在调查分析的基础上，根据企业营销的总目标及公众对企业的了解和意见来具体确定公共关系目标。不同阶段公共关系的目标不同，公共关系的目标通常包括树立知晓度、可信度、刺激销售队伍和经销商、降低促销成本等。

（3）实施计划

公共关系活动能否获得预期的效果，不仅要看公共关系计划制订得是否可行，更重要的是要看计划实施的情况如何。对企业而言，开展公共关系活动存在着许多不确定的因素，所以在实施计划时需要公共关系人员在完成既定目标的前提下，具有一定的灵活性。

（4）评价效果

评价效果是公共关系促销的最后一个阶段。评价结果的目的在于为今后的公关工作提供资料和经验。由于公共关系活动的核心在于树立企业的形象，而且往往和其他促销工具一起使用。因此，对公共关系活动的评价很难进行。比较常用的方法有：

①个人观察法。组织负责人现场参加活动，了解公关活动的进展情况，然后同目标对比，提出意见。这是最简单、最普遍的方法。

②比较调查法。在公关活动进行前后进行一次调查，看公众态度、社会舆论导向有何区别，分析公共关系的活动。

③销售额观察法。在公共关系活动后一段时间内，观察实际的销售额与利润额的变化程度。

④统计问询数字法。公关广告刊登后，了解此次活动能引起多少人注意的一种计量方法，以此来评价活动的效果。

2. 公共关系的营销策略

（1）促销的空间利用策略

促销空间利用策略是一种诉诸消费者视觉的促销方法。它的基本做法是：在有限的空间中，创造出一个又一个足以引起顾客视觉兴奋的空间形象，放射出一阵又一阵足以唤起顾客听觉激情的声音波动，进而在消费者内心增加一个购买商品的心理提示。

（2）促销的时间利用策略

促销时间利用是一种诉诸消费心理感受的促销方法。广义地讲，就是在消费者对时间的感知过程中，施加种种的影响和压力，以此来促使他们迅速地购买本企业的产品。同时也是为了增强企业的敏感程度和判断捕捉时机的能力。

（3）理念性促销策略

理念促销是一种诉诸人的理性判断的促销方法。它的基本含义是，帮助消费者运用逻辑推理，比较分析，事实罗列，寻找数据等思维方式，摆事实，讲道理，使顾客心悦诚服地信任某种产品，并乐于购买它。

（4）情感性促销策略

情感性促销是一种诉诸人的情感的促销方法。它是以与人为善，真诚待人为出发点的，因而能扣人心弦。情感性促销是一种最有公关意味的促销方法，因此也最能发挥经营者的智慧。

营销拓展

康师傅“水源门”危机公关点评

从企业危机公关的角度来看，康师傅“水源门”事件是一个彻头彻尾的闹剧——几乎在危机演变的每一个关键节点上，这家企业都做出了错误的判断和选择，也就为企业自身“无中生有”地“创新”出一场不大不小的危机。笔者在此略微回顾一下这场危机的发展历程，看看一家企业在危机公关这场“大考”中，究竟能犯下多少个错误。

第一个错误：自产自销的危机源头

国内外公关界对于企业危机公关有一项定论：最好的危机公关是“预防”。为此，公关顾问们为客户提供的第一项危机公关建议都是“建立危机预警系统”，从公众立场对企业自身行为“正当性”的持续审视是非常重要的一环。企业自身应该比外部的媒体、消费者和普通公众更早意识到危机的临近。

“水源门”事件的危机源头是康师傅不谨慎的广告措辞。值得注意的是，康师傅在这一领域里早有前车之鉴。由于其标签上标注产品中含有“游离态钾”，曾被媒体指斥为“违背中学化学常识”。

无论如何，既然选择了自身产品相较于对立阵营的最大弱点作为宣传点，来自对立品类的攻击就是无可避免的。康师傅的市场部门理应事先考虑到这一点，并准备好相关行动预案。

从康师傅事后应对危机的僵硬姿态来看，在危机预警这一环节上，企业已经犯下了第一个错误。

第二个错误：迟缓的响应速度

从7月下旬天涯社区的攻击言论出现，到8月初平面媒体跟进报道、康师傅陡陷困境，最后到9月3日康师傅公开道歉，整整过去了一个半月。在这一个半月的时间里，中国全须全尾举办了一场奥运盛筵，俄罗斯与格鲁吉亚摆开阵势打了一场全面战争，美国政府针对次贷危机做出了接管“两房”的战略决策……

一个半月可以做许多事情，康师傅却似乎选择了沉睡。

在危机演变的过程中响应迟缓，这是康师傅犯下的第二个错误。

第三个错误：无视公众立场，违背“正当性”原则

有一个很容易被忽视的事实是：起决定作用的不是你做了什么，而是公众怎么看待你的行为。无论企业为缓解危机做出多少公关努力，最后都要经过公众的“审核”，企业才能“过关”。企业无法代替公众进行思考，更不能把自己的结论强加于公众。起决定作用的不是企业立场，而是公众立场。

8月6日，康师傅发布了一篇“说明”，为自己使用自来水做产品水源的行为做出辩解。这篇“说明”不仅姗姗来迟，而且完全搞错了问题的症结所在。《每日经济新闻》8月8日发表的评论文章标题就是《回避要害　康师傅辩称矿物质水符合国标》。

此时，公众质疑的就是所谓“选用优质水源”这六个字。康师傅如果坚持认为自己的说法没有问题，最起码要向公众提供可信的证据，证明康师傅确实曾对水源做出过“挑选”的行为。所以，康师傅应该拿出数据和样本来说明。然而康师傅却运用了一个并不高明的诡辩术，企图把“符合国标要求的水源”解读为“优质水源”。在这一点上，恰恰违背了“正当性”这一危机公关的关键原则。

第四个错误：大声辩解，小声道歉——诚意欠奉

相对于8月6日公开发表的“‘康师傅饮用矿物质水’的说明”这一辩解文本，9月3日康师傅正式道歉的声音却小得让人摸不着头脑。截至9月6日，我们在康师傅的企业网站上找不到关于道歉的任何正式声明；在各大媒体的报道中，我们也读不到完整成段引用的道歉声明，只能看到“康师傅高层将分赴各地向消费者现场道歉”之类的说法。我们只能推测，康师傅方面并没有发布正式的道歉声明，而是通过媒体沟通会上的一通“口头声明”向关注此事的公众草草交差。

道歉这种行为本身应该包含了企业一种重要的态度，即向消费者表露出诚意的态度。因此危机公关的原则中有一条：“道歉一定要响亮！”

也许会犯的第五个错误：前事易忘，后事无师

笔者行文至此，皆是就事论事，并没有恶意揣测康师傅企业行为的用心。但是，如前所述，如果康师傅方面认为这场“水源门”事件已经顺利解决，从此可以高枕无忧的话，那么就将是面对这一危机犯下的最后一个错误。

没有任何一个企业在自己发展的历程中不遭遇危机。危机之于企业，如同自然灾害之于生灵万物。固然有不少企业因危机而轰然倒下，但我们也同样知道，有更多的企业会从自己或别人遭遇的危机中妥善吸取经验教训，让自己的下一步走得更稳当。

（资料来源：http://blog.sina.com.cn/u/1534803682）

9.5　营业推广策略运用能力

9.5.1　营业推广基本概念认知

1. 营业推广的概念

营业推广也称销售促进，是指企业在短期内为了从正面刺激消费者的需求而采取的各种促销措施，比如有奖销售、直接邮寄、赠送或试用“样品”、减价折扣销售等。通过这些活动，企业可以有效地吸引顾客，刺激顾客的购买欲望，并且能在短期内收到显著的促销效果。

营销小资料

十年前，美国广告和营业推广的比例是60∶40，今天在许多美国日用消费品公司里，营业推广已占促销总预算的60%～70%。和广告每年7.6%的增长率相比，营业推广费用每年增长12%。

2. 营业推广的特点

（1）刺激性

营业推广是直接面向顾客开展的短期特殊促销措施，容易使顾客有一种意外的惊喜，从而在顾客心理上产生较强的诱惑力。例如推行优惠价销售，使得一部分原来不准备购买的顾客成为购买者，原来准备少买者变成多买者，就是受优惠价和其他优惠条件刺激的结果。

（2）娱乐性

有些营业推广活动不仅是展示产品，也是渲染某种气氛，引起人们的乐趣，使受益者很快变为义务宣传员。如某快餐馆最新试制出一道美味菜肴，在众多顾客就席期间，由餐馆老板向顾客宣布了这道美味菜肴的配料和特点，希望大家品食后多提意见，紧接着服务员就将这种菜肴分送到每张席桌上，供大家无偿品尝。其间，整个餐厅趣味风生、赞不绝口。后来，这道菜肴成了许多顾客争相抢点的菜肴。

（3）灵活性

人员推销和广告都是比较经常化、规范化的促销方式，而营业推广有各种各样的方式，营销者往往根据市场情况的变化，而灵活决定采用适当的方式进行促销。

9.5.2 营业推广策略运用能力培养

1. 营业推广策略

（1）确立营业推广目标

企业市场营销的总目标在一定程度上决定着营业推广的总目标，营业推广目标是营销总目的具体化。一般来说，不论针对哪种目标市场，营业推广的确立要考虑两方面的内容：一是营业推广的目标必须与企业总体的营销目标相匹配；二是每一次营业推广的目标都应达到一定时间的营销目标的任务。

2. 选择营业推广的方式

市场特征不同，营业推广的形式也有多种多样，大致可分为三类：第一类是针对消费者的营业推广，第二类是针对中间商的营业推广，第三类是针对推销人员的营业推广。

（1）对消费者的营业推广形式

对消费者营业推广的目的，主要是鼓励顾客多买商品，吸引新顾客试用商品，以及争夺其他品牌的顾客等。常用的营业推广形式主要有：

①赠送销售。在顾客的购买之前，免费赠送一部分样品，样品可以在商店附近，也可以挨家挨户送上门，还可以邮寄发送，目的在于宣传新产品，刺激顾客购买。如果是为了鼓励消费者经常来购买和多购买，馈赠的物品可以是一些能够向消费者传递企业有关信息的精美小物品，如随货赠送、批量购买赠送、随货中彩奖品等。

②赠送优惠券。当消费者购买商品达到一定金额时，赠送一定面值的优惠券，顾客可凭券在同一商店内免费选取相应价值的商品，或以优惠券换取特设赠品。

③价格折扣。向消费者寄送或广告散发折价的购货券，持证在规定时间内购买时，可享受部分价格优惠。

④有奖销售。随销售商品发放奖券，到一定数量时宣布开奖，中奖者可获得奖品和奖金。

⑤交易印花。当顾客购买某一商品时，企业给予一定张数的印花，凑足若干张或达到一

定金额后，顾客可以兑换某些商品。

⑥消费信贷。通过赊销或分期付款等方式推销某些商品。

⑦展销。通过展销会的形式使消费者了解商品，增加销售的机会。如为适应消费者季节性购买的特点而举办的季节性商品展销、以名优产品为龙头的名优产品展销、为新产品打开销路的新产品展销等。

⑧产品演示。针对消费者对产品的功能、使用方法、使用效果等可能产生的疑问而开展的陈列、展示、演示活动。一般适用于技术复杂、效果直观性强的产品和刚刚上市的新产品。

（2）对中间商的营业推广

对中间商营业推广的目的，是为了吸引经销商经营新的产品项目，争取他们对企业的支持和长期合作，以抵消竞争者的各种促销影响。常用的营业推广方式主要有：

①批量折扣。在中间商购货达到一定数量时，按购货批量给予一定的优惠折扣。基本形式有两种：

a. 明码标价。即按照购货批量分段标明折扣价格，或者标明折扣率，购买批量大，折扣率越大；

b. 灵活掌握。只标明与零售价格相比，如批量购买可以优惠，具体折扣率和折扣量，在交易时灵活掌握。

②现金折扣。在商业信用和消费信贷广泛应用的条件下，企业为鼓励中间商尽快归还货款，对现金购货的中间商给予一定的优惠折扣，其折扣率是参照银行贷款利率来确定。

③经销津贴。为促进中间商增购本企业产品，并鼓励其对本企业产品开展促销活动而给予中间商一定的津贴，如购买新产品津贴、广告津贴、降价津贴、咨询津贴、清货津贴等，所有这些津贴对中间商来说有的可转为广告费用和零售降价等方面的补贴，有的可作为直接利润。

④折让。企业提供折让，要求零售商以某种方式突出宣传本企业产品的报偿。如广告折让，用以补偿为本企业的产品做广告的零售商；陈列折让，则用以补偿对本企业产品进行特别陈列的零售商。

⑤免费赠品。企业对购买本企业某种质量特色的或达到一定数量产品的中间商，额外赠送若干数量的产品或现金。有些企业还免费赠送附有企业名字的特别广告赠品，如钢笔、挂历、备忘录、度量器具等。

⑥订货会和交易会。企业主办订货会、交易会，通过展览陈列和示范表演等形式，借以沟通购销双方信息，吸引中间商经销本企业的产品。

⑦贸易协助。企业对中间商加以业务指导，提供产品知识讲座，培训销售人员，举办营销研讨会等服务，以提高中间商的营销效果。

⑧经销竞赛。企业对所有经销本企业产品的中间商开展销售竞赛，对优秀者，视其经销业绩，制定相应的奖励措施。

（3）对推销人员的营业推广

①利润提成。利润提成主要有两种做法：一种是推销人员的固定工资不变，在一定时期（通常是季末或年终），从企业的销售利润中提取一定比例的金额，作为奖励发给推销人员。另一种是推销人员的工资不固定，每达成一笔交易，推销人员按销售利润的多少提取一定比

例的金额作为报酬。

②推销奖励。在一定时期内，企业按推销人员的工作绩效，发给一定的奖金、礼品或本企业的产品。

③推销竞赛。推销竞赛的内容包括推销数额、推销费用、市场扩展、推销服务、走访顾客次数等，同时规定奖励的级别、比例、奖金（品）的数额等，对于贡献突出者，给以现金、旅游、休假、提级晋升等奖励。

3. 制定营业推广方案

（1）刺激程度

消费者对营业推广刺激反应的强烈程度。一般来说，刺激程度小时，销售反应也小。一定规模的刺激程度才足以使销售活动开始引起足够的注意。当刺激程度超过一定点时，促销活动一方面可能会立竿见影，使销售量快速增长，但由于成本过高会导致产生的利润随销量的增长而降低；另一方面可能不但不会引起注意，反而会引起目标消费者的逆反心理，会认为产品有问题。

（2）刺激的对象范围

企业需要对刺激的对象进行明确的规定。也就是说，哪些消费者可以参加营业推广的活动。如皇室麦片曾经采取集够两个标识可兑换一支笔。

（3）促销媒体的分配

如何将营业推广方案（如奖券）向目标市场贯彻，通常有四种途径可选择：包装分送、商店分发、邮寄、附在广告媒体上。

（4）持续的时间

营业推广是一个短期促销行为，所以这个时间要恰当地控制。如果促销时间太短，一些顾客可能还未来得及重购或由于太忙而无法利用促销机会，从而降低了企业应得的好处，影响促销效果；如果促销时间太长，可能导致顾客认为这是长期降低，甚至使顾客对产品质量产生怀疑，从而使促销优惠失去吸引力。

（5）营业推广的途径

即营销部门决定如何将营业推广的信息传达给消费者，因为不同途径的费用不同、效果不同，企业应根据自身的财力情况采取合适的途径组合。

（6）促销时机的选择

并非任何时候都能采用营业推广，如果时机选择不当，就不会产生好的效果。企业应综合考虑产品的生命周期、顾客收入状况及购买心理、市场竞争状况等，使营业推广时机和日程的安排与生产、分销、促销的时机与日程协调一致。

（7）营业推广的预算

推广费用一般包括管理费用（如印刷费、邮费、宣传费用等）和刺激费用（如赠奖费用、折扣费用等）。推广费用预算的目的是比较推广的成本与效益，从中寻找到最理想的推广效益。企业在制定营业推广预算时，要注意避免如下失误：

①缺乏对成本效益的考虑；

②使用过分简化的决策规划，简单沿用上年营业推广费用开支的数字，或简单地按预期销售的百分比计算等；

③广告预算和营业推广预算分开制定等。

4. 预试方案

营业推广方案确定以后，为了保险起见，在条件允许的情况下进项测试，以验证所制定的方案是否可行，能否达到预期效果。

5. 实施方案

对每项营业推广方案在正式实施之前，都应该制订实施与控制计划，它包括准备时间和推广延续时间。准备时间又包括最初的计划工作、设计工作、材料的邮寄和分送，与之配合的广告工作、现场的陈列、推销人员的推销、个别分销商地区配额的分配、购买和印刷特别赠品或包装材料、预期存货的生产、配送及向零售商的分销工作等。

6. 评价营业推广的效果

企业在每次营业推广结束后，都应对推广的效果进行检查评价。评价的程序和方法随着市场类型的不同而有所差异。常用的方法有两种：一种是阶段比较法，即在假定其他因素不变的情况下，把推广前、中、后的销售状况进行比较，从中分析推广中的效果和得失；另一种是跟踪调查法，即通过对消费者、中间商和推销人员的深入调查，根据营业推广对象的反映，做出准确的判断，为以后的营业推广提供参考。

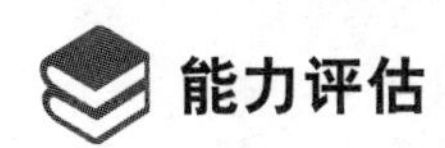

能力评估

评估项目一：案例分析

雀巢公司：婴儿奶粉危机的经验与教训

20 世纪 70 年代初，人们开始对在发展中国家推广并销售婴儿奶粉而感到不安。因为有证据表明，西方跨国公司任意销售的奶粉导致婴儿营养不良。媒介对此已有报道，但那些西方公司却无所反应。

1977 年，一场著名的“抵制雀巢产品”运动在美国爆发了。美国婴儿奶制品行动联合会的会员到处劝说美国公民不要购买“雀巢”产品，批评这家瑞士公司在发展中国家有不道德的商业行为，对此雀巢公司只是一味地为自己辩护，结果遭到了新闻媒介更猛烈的抨击。整个危机持续了 10 年之久，正如美国新闻记者米尔顿・莫斯科维兹所言，“抵制雀巢产品”运动是“有史以来人们向大型跨国公司发起的一场最为激烈和最动感情的战斗”。直到 1984 年 1 月，由于雀巢公司承认并实施世界卫生组织有关经销母乳替代品的国际法规，国际抵制雀巢产品运动委员会才宣布结束抵制运动。

美国一个主要的抵制运动团体负责人道格拉斯・约翰森说：“雀巢公司现已成为整个商业社会的模范，它创立了一种新的企业行为标准。”得到社会有关各方支持的产品抵制组织，作为国际社会上一支合法且非常有用的力量，它不仅对雀巢公司，而且对其他跨国企业的经营活动提出了新的问题。抵制运动的结束也表明营利组织能够经常性地对社会关注做出积极反应，以向社会负责。让我们回过头来看一下，其实这场产品抵制运动是完全可以避免的，问题出在这家大型的跨国公司未能尽早地注意到社会公众的合法要求，与社会上那些有影响的决策人物的传播沟通工作也做得不好。不幸的是，整个商业社会尤其是这家公司，往往不能正确地对待社会活动家的批评建议，该公司甚至对一些教会领袖所提出的严肃的道德问题都采取了冷漠的态度，一味强调所谓的科学性和合法性，结果非但没令人感到公司关心社会公众提出的问题，相反还给人留下了公司不肯让步的坏印象。显然，这样的传播沟通是失败的。

当婴儿奶制品问题在1970年第一次被人们提出来时，雀巢公司试图把它作为营养健康问题予以处理，公司提供不少科学和有关的数据分析，但问题并没得到解决，人们因感到雀巢公司忽视了他们合法的、严肃的要求而对公司敌意倍增。

当瑞士的一个不大的社会活动组织指责雀巢产品“杀婴”时，雀巢公司以“诽谤罪”起诉该组织且打赢了官司。但那份长长的公开判决书使得这场法律上的胜利变成了公司的一起公关危机事件，它直接导致了人们对其产品的抵制运动。当一些政治活动家号召大家抵制雀巢产品时，教会领袖和一些社会团体加入了进来。他们中的一些人把雀巢公司的问题看成是严重的社会政治问题，并认为以盈利为目的的企业只关心赚钱，而不管人们的死活。

雀巢公司作为第三世界婴儿奶制品的最大供应商，当时成了社会活动家批判商业社会的靶子，成了“以剥削来赚利润”的反面企业典型。那些抵制运动的团体希望雀巢公司能在饱尝抵制运动给其带来的直接和间接后果后，最终了解企业应承担的社会责任。他们希望雀巢公司能改变其漠视社会的态度。随着对话的不断进行，情形确实发生了变化，相互的理解沟通对各跨国公司的行为都产生了积极的影响。

如同现代许多社会政治运动一样，抵制雀巢产品运动在美国开展得尤为轰轰烈烈。雀巢公司在美国既不生产也不销售婴儿奶制品，但其美国分公司却因抵制运动蒙受巨大损失。直到1980年年末，雀巢公司才意识到正统的法律手段并不能解决所有的问题，它需要一种能更好地协调各方关系的新颖的国际公共事务手段。于是，1981年年初公司在华盛顿成立了雀巢营养协调中心，这是一个公司而非一个事务性办事处。它的目的在于协调北美一系列营养研究活动，并从全球收集由公司指导或支持的所有改善第三世界母亲和儿童营养的研究项目信息，以在西半球进行传播。除此之外它还负责处理抵制运动问题。

（资料来源：http://wenku. baidu. com/view/4d02f36baf1ffc4ffe47ac3e. html）

思考：

1. 雀巢公司是如何开展危机公关的？
2. 案例有哪些不足和值得称道的地方？

评估项目二：动动脑筋

如此促销

美国小服装商贩德鲁比兄弟是极其聪明的生意人，他们在服装经营中善于琢磨购买者的心理。于是他们采取了以愚制智的谋略，获得了成功。

在经营中，兄弟俩常常借“耳聋”来促销，两兄弟中一个总是扮成雇员热情地接待顾客，耐心细致地为顾客介绍某件衣服的特点。而大多数顾客都是觉得各方面都满意后才询问商品的价格，顾客问：“这件衣服卖多少钱?”

雇员这时却总是把手放在耳朵边摇着头问顾客：“您刚才说什么？”

顾客又高声地问：“这件衣服要多少钱?”

雇员看着顾客的手势以后，仿佛明白了顾客的意图。

他立刻对顾客说：“十分抱歉，我的耳朵不好，等我问一问老板。”

然后他便转过身来向里边忙活的老板大声地问道：“老板，这件衣服卖多少钱?”

里边的老板站起来看了看服装又坐下了，大声说了一句：“72美元。”雇员回头对顾客说：“42美元一件。”顾客一听，赶紧掏钱买下这件衣服后，而且匆匆离去。

就这样，一个个顾客快乐地被骗了。

而且多数顾客还心存内疚地离开了那里，认为是自己把那位可怜的耳聋的雇员给骗了。

德鲁比兄弟真是两个智商极高或者生意头脑特别发达的人，他们给那么多买过他们衣服的人制造了被骗后的快乐，同时他们自己也在享受着骗人的快乐。

讨论：你认为这样的促销方式合适吗?

能力拓展

1. 实训目的

学习促销组合的策划、掌握人员推销的技术要领、学会对促销过程进行控制。

2. 实训组织

在教师指导下，由学生自由组合成4~6人为一组的产品推广小组，并确定负责人。根据所学习的促销组合知识及四种主要的促销组合策略，结合当地市场实际，为某一产品的市场导入设计促销组合方案，并组织实施。

3. 实训要求

(1) 促销品的选择

①提出小组将介入的产品市场；

②完成对这一产品市场的分析报告；

③确定具体的产品项目。

(2) 基本原理的应用

①确定准备介入的产品品牌；

②与生产商的销售代表进行接触和磋商；

③拟定该产品的市场导入的促销组合方案和实施方案。

(3) 促销活动的实施

①各小组在一月内完成前期调研并确定产品项目，提交书面的营销组合策划方案，通过教师和企业的审批；

②各小组在教师的指导下组织促销组合方案的实施。

项目五

市场营销管理技能培养

培养目标

在市场营销计划实施的过程中，为了保证组织活动的过程和实际绩效与计划内容相一致，企业的管理者必须对营销计划的实施进行控制。控制是组织在动态的环境中为保证既定目标的实现而采取的检查和纠偏活动或过程。通过本项目的学习，使学生学会制订市场营销计划、明确市场营销计划的内容，并能通过对市场态势的判断对计划的实施进行有效的控制。

任务单元10　市场营销组织、计划、执行与控制

任务解读

面对竞争日益激烈的市场形势，营销活动能否取得成功很大程度上取决于营销管理工作开展的情况。这就要求企业必须设置与市场营销战略相适应的组织结构与体系，合理安排和调配企业各种资源，并对营销计划的实施进行有效控制，从而使企业目标的实现成为可能。

知识目标

- 掌握市场营销组织、执行与控制的基本概念与意义。
- 了解市场营销管理组织机构设置的类型及特点。
- 熟悉市场营销执行中的问题与原因。
- 掌握市场营销控制的基本方法。

能力目标

- 能分析各种营销部门的组织结构及适用范围。
- 能开展营销执行与控制工作。

案例导读

泛美公司的失败

泛美航空公司是美国一家境外的航线最广、历史最久的航空公司，也是美国国家航运业

的化身。经过50多年的发展，至1980年年初已成为全美第三大航空公司。

1927年，美国的航空业还处于初创时期。这一年泛美航空公司创建。20世纪30年代初，特里普为美国首次开通了横越太平洋的航线，泛美从此声名鹊起。到40年代后期，泛美已经成为世界上最大的航空公司，具备了全球航运的能力。第二次世界大战期间，泛美与政府间合作密切，取得了迅速的发展。

1980年，泛美航空公司进行技术改造，淘汰老旧费油的20架B707客机，选择洛克希德制造的L1101－500型宽体客机。但就在此时，与波音707性能相似，但成本更低的新型飞机纷纷上市，如麦道公司的MD80、波音公司的波音757、波音B767等。相形之下，L1101－500型飞机的单位飞行成本，都明显比新机种高得多，泛美公司为此后悔不迭。

为了摆脱困境，泛美公司不得不抛售一些贵重的非空运财产。但尽管采取了“拆东墙补西墙”的办法，在1988年美国8家最大的民航公司排名中，泛美仍位居最后。

1990年7月开始的美国经济衰退和接着爆发的海湾战争，使所有的美国航空公司生意清淡。泛美公司更是捉襟见肘，于1991年12月4日宣告破产，成为该年倒闭的第三个美国大民航公司。

点析

泛美公司的失败关键原因在于公司发展重要决策的失误。

10.1 市场营销组织

市场营销组织是企业组织的子系统，是执行市场营销计划、服务的职能部门。任何市场营销活动都不可能离开有效的组织机构建设，因此，科学地建立市场营销组织，是企业从体制和制度的层面上保证有效地进行营销活动，实现企业目标的重要一环。从某种意义上说，市场营销组织就是为了实现企业目标而从整体上对企业的全部市场营销活动进行平衡和协调的核心，主要工作包括组织形式选择和组织机构建设。

10.1.1 市场营销组织的演变过程

企业的市场营销组织是随着市场营销观念和市场营销实践活动的不断发展演化而来的。从历史发展的角度来看，企业营销组织经历了从无到有、从小到大、由虚到实的变化过程，大致分为简单的产品销售部门、兼有其他附属功能的销售部门、独立的市场营销机构、现代市场营销机构和现代市场营销企业、以业务流程为基础的企业营销部门六个阶段。

1. 简单的产品销售部门

20世纪30年代之前，西方国家企业市场营销活动主要以生产观念为指导，其内部市场营销组织属于简单的产品销售部门。企业一般设立财务、人事、生产、销售四个基本职能部门，其目标和规划、价格均由生产部门和财务部门制定。销售部门由一位副总经理负责，管理推销人员及其促销工作，如有市场调研、广告等需要，则由副总经理通过雇用外部人员来实现。在这个阶段，销售部门的任务只是简单地推销已经生产出来的产品，具体表现为“生产什么，就卖什么”，对产品的质量、种类、规格几乎没有发言权。简单的销售部门只适合需求比较单一，选择性较小且同质性较高的产品的销售。（如图10－1所示）

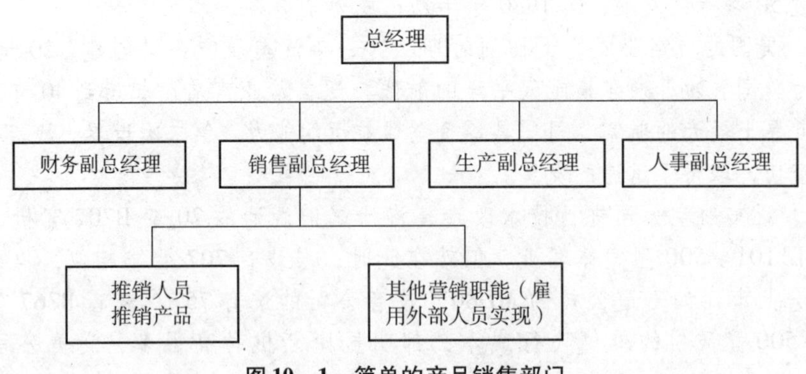

图 10－1　简单的产品销售部门

2. 兼有其他附属功能的销售部门

20 世纪 30 年代，西方国家经历了经济大萧条以后，随社会生产的发展，市场商品供应增加，竞争日趋激烈，消费者在购买商品时有了更多的选择机会，这样一来买卖双方的关系发生了一些微妙的变化，生产者对消费者在产品质量和类型上的要求，再也不能熟视无睹了，否则他们的产品就会滞销，甚至将卖不出去。于是，生产者开始注重从消费者的需求来改进产品质量并大力进行产品创新。这一时期企业经营观念由生产为导向变为以产品为导向，企业内部兼具营销职能的销售部门出现了。

在这个阶段，企业不得不进行经常性的销售研究、市场调查、广告宣传、推销训练以及其他促销活动，于是就开始加大销售部门的任务，授权于销售经理全面负责这些工作。而随着这方面工作量的增加，便需要设立市场营销主管，负责这些具体、专门的工作。（如图10－2所示）

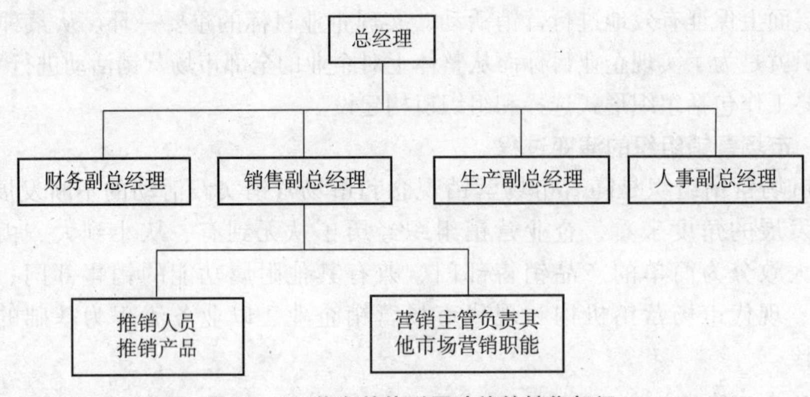

图 10－2　兼有其他附属功能的销售部门

3. 独立的市场营销部门

随着企业经营规模和业务范围的进一步扩大，大量产品充斥市场，出现了供大于求的现象。买卖双方的位置也因此发生了显著的变化，市场状态由原来的卖方市场转化成了买方市场。生产者的工作重点是用尽一切手段去刺激消费者购买自己的产品，使用各种推销和促销手段，于是，企业经营管理观念由产品导向转变至推销导向，企业开始设立独立的营销部门，力求把产品能尽快地大量推销出去。

在这个阶段，原来只作为辅助性职能的市场调研、广告促销甚至产品开发等工作需要进一步加强，企业设立一个相对独立于销售副总经理的营销部门，与销售部门是并列关系，直接受总经理的领导，专门负责销售研究、新产品开发、广告等促销手段，这时营销在企业中逐渐成为核心职能，为企业寻找新的发展机会。（如图 10－3 所示）

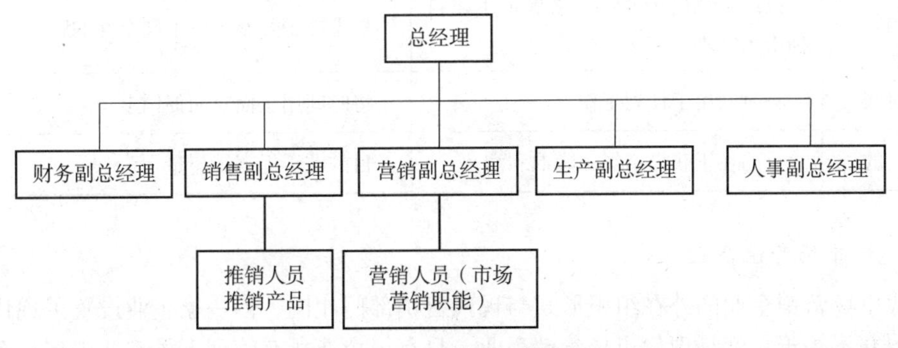

图 10－3　独立的市场营销部门

4. 现代市场营销部门

尽管销售部门和营销部门的工作目标是一致的，两个部门也需要默契配合、相互协调，但平行关系又常使它们之间带有互不信任和相互竞争的色彩。营销部门注重长远利益，从产品开发、产品形象、市场开发等多方全面考虑企业的各项活动，从企业各环节考虑满足顾客的需求，花费时间在计划上，目标是产品利润和市场份额。销售部门则是完成营销计划，花费时间在面对面的推销上，从短期利益考虑问题，并努力完成销售定额。为了解决销售活动与营销活动之间日益扩大的冲突，现代营销部门的雏形出现了，它撤销了推销部门，由营销经理负责推销业务在内的全部营销活动，营销部门不再是“职能部门”，而是“职权部门”，具有指令权，从而有力地推动了以顾客为主的营销观念的实施，构成营销组织的最高形式。（如图 10－4 所示）

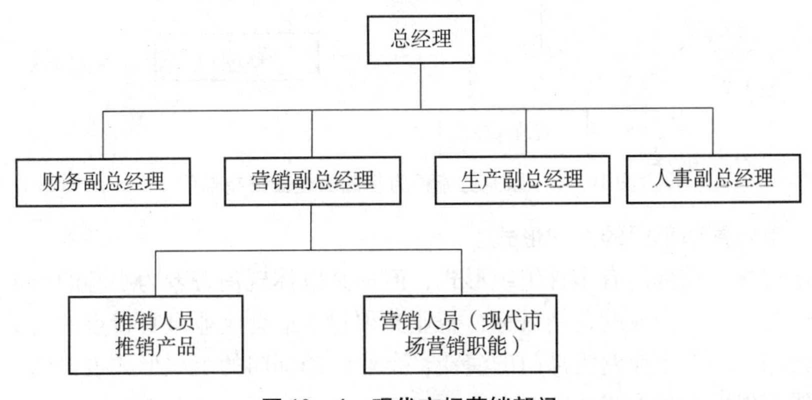

图 10－4　现代市场营销部门

需要注意的是，市场营销人员与销售人员是截然不同的两种群体。尽管市场营销人员很多来自销售人员，但还是不应将其混淆，因为并不是所有的销售人员都能成为市场营销人员。市场营销人员与推销人员的区别见表 10－1。

表 10－1　市场营销人员与推销人员的区别

	市场营销人员	销售人员
工作出发点	考虑长期利益	考虑短期利益
工作内容	以市场调研为基础，来确定主要目标市场并进行市场细分	根据推销经验了解不同个性的顾客
工作时间	将时间用于计划工作上	将时间用于面对面促销上
工作目的	目的在于获得市场并赚取利润	目的在于提高销售量

5. 现代市场营销企业

现代市场营销企业的外在组织形式与现代营销部门相同。但一家企业设置了现代市场营销部门，并不等于它就是现代市场营销企业。只有当企业所有管理人员都认识到，企业的一切部门都是为顾客服务并以市场为导向时，这个企业才真正成为现代营销公司。以顾客作为营销核心，以营销作为整体职能。在现代营销企业中，市场营销不仅仅是一个职能部门的名称，而是贯穿于这个企业的指导思想。

6. 以业务流程为基础的企业营销部门

现在许多企业把它们的组织结构重新集中于关键过程而非部门管理。企业按照业务流程设置组织，即企业任命过程负责人，由他建立跨职能小组来协调销售与其他营销职能的关系。在跨职能小组内，营销人员和销售人员作为过程小组成员参与活动，接受小组负责人的领导，营销部门对跨职能小组提供业务支持和帮助。（如图 10－5 所示）

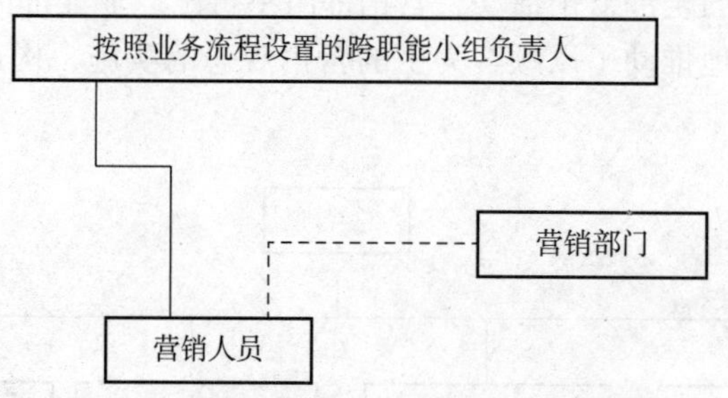

图 10－5　以业务流程为基础的企业营销部门

10.1.2　市场营销部门的组织形式

现代企业市场营销部门有多种组织形式，但都是以体现消费者为中心的市场营销指导思想而设计的。为了实现企业的营销目标，企业必须建立适合企业自身特点的营销组织，才能发挥理想的作用。随着企业营销部门的演变，企业营销部门的组织形式也得到了不断的完善和发展，主要有以下五种形式：

1. 职能型组织形式

这是最常见的营销组织形式，是指在营销副总经理之下根据不同的营销活动功能设置不同的营销职能部门，他们接受营销副总经理的领导，为相应的营销决策提供参谋意见。包括营销调研部门、销售计划部门、广告推广部门、新产品开发部门、营销行政部门等。（如图 10－6 所示）

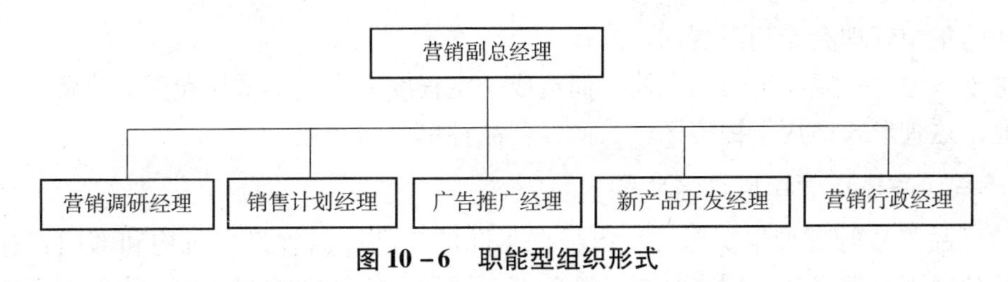

图 10－6　职能型组织形式

这种组织形式的主要优点是：①结构简单；②层次分明；③管理方便；④可以充分重视不同营销职能的作用。

但是，随着企业产品品种增加和市场扩大，这种组织的弊端日益显露，主要表现为：①由于缺少一个对某种产品或市场全盘负责的主体，没有按每种产品和每个市场制定的完整计划，使得某些产品或市场容易被忽视。②各个职能部门常为了获得更多预算或取得较其他部门更高的地位而竞争，常使营销经理面临协调难题。

因而，这种企业适合于产品比较单一，市场相对集中且规模不太大的企业。

2. *地域性组织形式*

一个在全国范围内销售产品的企业可以按照地理区域安排自己的市场营销组织。这种组织形式由副总经理统一领导，从较大区域到较小区域依次设置，按一定的管理幅度增大推销人员的数量，形成一个严密的销售网络。比如，一位负责全国的销售经理领导 3 位区域经理，每位区域经理领导 5 位地区销售经理，每位地区销售经理领导 8 位分区销售经理，每位直接销售经理领导 15 位销售员。（如图 10－7 所示）

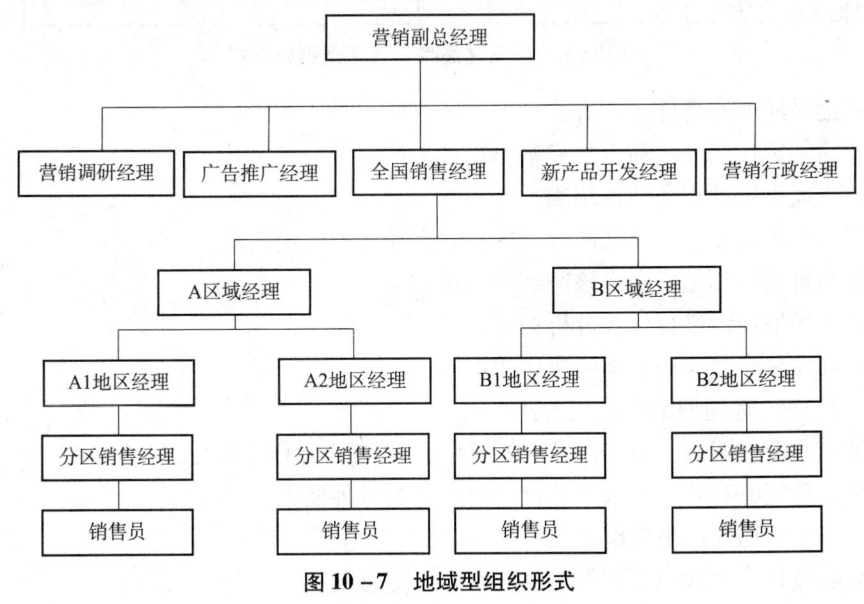

图 10－7　地域型组织形式

这种组织形式的主要优点是：

①接近市场，使企业可以更好地熟悉本地区情况，更加方便、快捷地为本地市场提供服务，发展特定市场；

②管理幅度与管理层次相对增加，便于高层管理者授权，充分调动各级营销部门的积极性。

然而，这种组织形式也有不便的时候：

①当产品种类较多时，很难按不同产品的使用对象来综合考虑，各地区的活动也难于协

调，企业的集中管理会受到限制；

②由于各地区重复设置营销职能，而造成一定程度上的成本增加和资源浪费。

因此，这种形式适用于销售区域大而经营品种单一的企业。

3. 产品（品牌）管理型组织形式

产品（品牌）管理型组织形式是指根据不同的产品或品牌设立机构和部门，有不同的产品或品牌经理负责企业不同产品或品牌的营销计划、实施和控制工作。需要注意的是，产品（品牌）管理型组织形式并没有取代职能型管理组织，只不过是增加了一个管理层次。它通常是在一名总产品销售经理的领导下，按产品线设置产品线经理。在产品线经理之下，再按每个品种设置一名产品经理，对产品进行分层管理。（如图 10－8 所示）

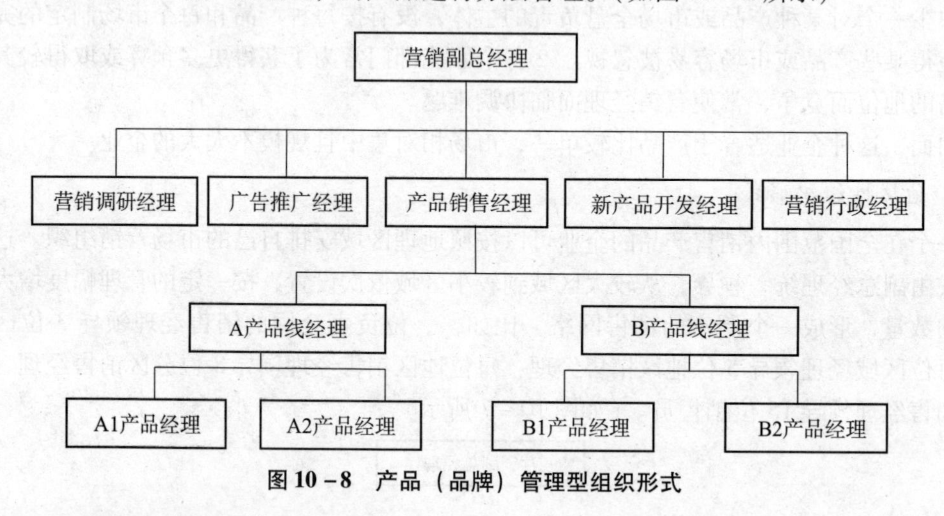

图 10－8　产品（品牌）管理型组织形式

总产品销售经理的责任主要有：

①为产品制定长期经营和竞争战略；

②编制年度市场计划和销售预测；

③与广告代理商和经销商共同拟定广告方案和计划促销活动；

④激励销售人员和销售商对该产品的兴趣；

⑤搜集市场情报，进行统计分析；

⑥倡导开发新产品，满足不断变化的市场需要。

产品（品牌）管理型组织形式的优点在于：

①各类产品责任明确，由于产品互不关联，彼此相互干扰不大；

②产品经理能够有效地协调产品营销组合中的各种要素；

③对市场变化迅速做出反应；

④较小的品种或品牌由于有专人负责而不至遭忽视；

⑤由于涉及企业经营的各个领域，有助于锻炼年轻经理，为企业培养储备人才。

不过，该组织形式由于过多强调产品销售的个人负责制，也存在许多缺陷：

①缺乏地区概念。各产品部不可能对每一地区都能兼顾并做出适当反映。

②缺乏整体观念。各产品经理为了保持各自的利益易产生摩擦。实际上，有些产品已进入衰退期，面临被淘汰的境地。

③由于权责划分不清，即产生多头领导。

④部门冲突。产品经理未能获得足够的权威，以保证其有效履行自己的职责，只有靠劝说的方法取得广告、销售、生产等部门的配合。

⑤由于产品销售人员增加，会增加费用的开支，从而提高了企业的销售成本。

⑥产品的经理任职期限较短，故使市场营销计划缺乏长期连续性。

这种组织形式适合于生产多种产品或拥有多个品牌的企业。

营销小资料

产品管理最初是由美国宝洁公司于1927年率先采用的。当时公司推出一种佳美牌香皂，但销售业绩较差。公司启用的一名叫纳尔·麦古利的年轻人（后来升任宝洁公司总经理），在一次会议上提出：如果公司的销售经理把精力同时集中于佳美牌香皂和另一种老牌香皂的话，那么佳美牌香皂的潜力就永远得不到充分发掘。同时，他提出了“brand man”（品牌人）的概念，一个品牌人应该有一个销售小组的帮助，每一个宝洁公司的品牌应当作为一个单独的事业去经营，与其他品牌同时竞争。麦古利的建议赢得了宝洁高层的支持。同时他的成功表现使公司认识到产品管理的巨大作用。之后，宝洁公司便以“产品管理体系”重组公司体系。这种管理形式使宝洁公司赢得了巨大的成功；同时，它也成为全球产品管理的典范。

4. 市场（顾客）管理型组织形式

市场（顾客）管理型组织形式是根据消费者需求特点的不同而设置的企业营销组织形式，使市场（顾客）成为企业各部门为之服务的中心，更能体现“以消费者为中心”的经营理念。这种形式通常由一名市场销售经理主管负责，管辖若干细分市场经理，各市场经理负责制定市场销售与利润的长期规划和年度计划，分析市场动向及所需要开发的新产品。（如图10－9所示）

例如，化妆品公司可以根据消费者的特点，划分出老年市场、中年市场、青年学生市场、新婚情侣市场等。

市场（顾客）管理型组织形式的优点体现在：

①按照顾客需求整合企业的营销工作，克服了产品或地区彼此分割的弊端，保证了企业实现“顾客为本”的现代营销理念；

②有利于企业加强销售和市场开拓，为企业赢得了良好形象。

尽管这种组织形式还存在一些不足，但目前在西方国家里，有越来越多的企业按照这种方法组织其营销部门。它的缺点在于：

①各部门相对独立，工作不易协调；

②彼此资源很难共享，易造成资源浪费。

这种组织适合于拥有产品线单一、市场需求变化大、产品周期短的企业。

5. 矩阵式组织形式

生产多种产品并向多个市场销售的企业，常常会遇到如何设置机构的难题，若采取产品管理组织形式，那就需要产品经理熟悉广为分散的各种不同的市场；如果采取市场管理组织形式，那就需要市场经理熟悉销往各市场的五花八门的产品。在这种情况下，产生了一种矩阵式组织形式，同时设置产品经理和市场经理，一定程度上弥补了产品经理和市场经理的各自缺憾，以适应竞争和企业规模扩大的需要。

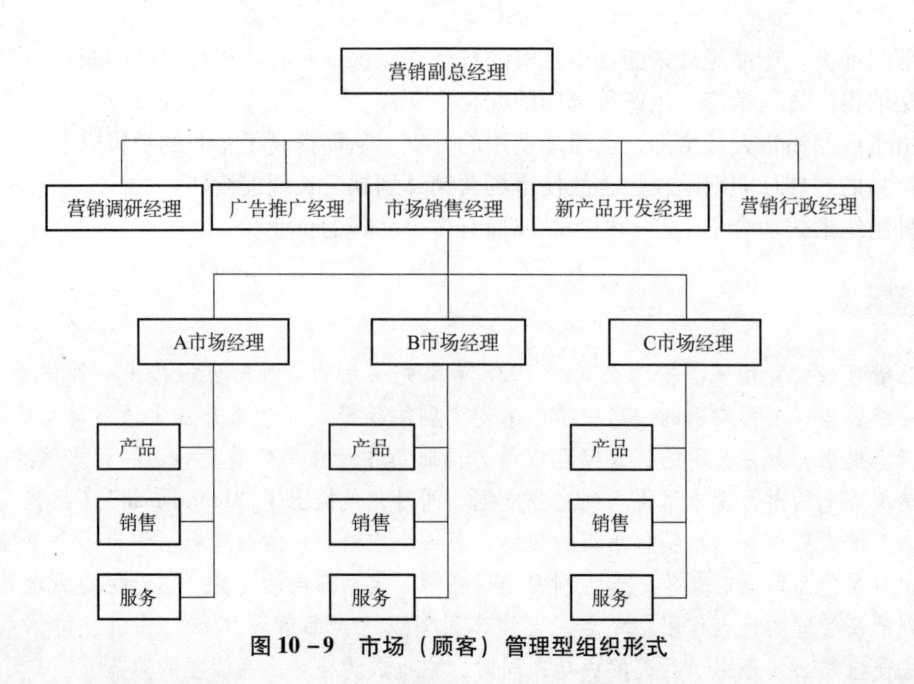

图 10-9 市场（顾客）管理型组织形式

所以说，矩阵式组织形式是一种产品型和市场型相结合的矩阵式的组织形式。产品经理负责规划主管产品的销售和利润目标，着重于短期效果，并与市场经理联系，了解评价每一市场对主管产品的销售量；市场经理负责为现有和将来的产品选择有利市场，着重于市场的长远利益，并与产品经理密切合作，拟订市场计划。（如图 10-10 所示）

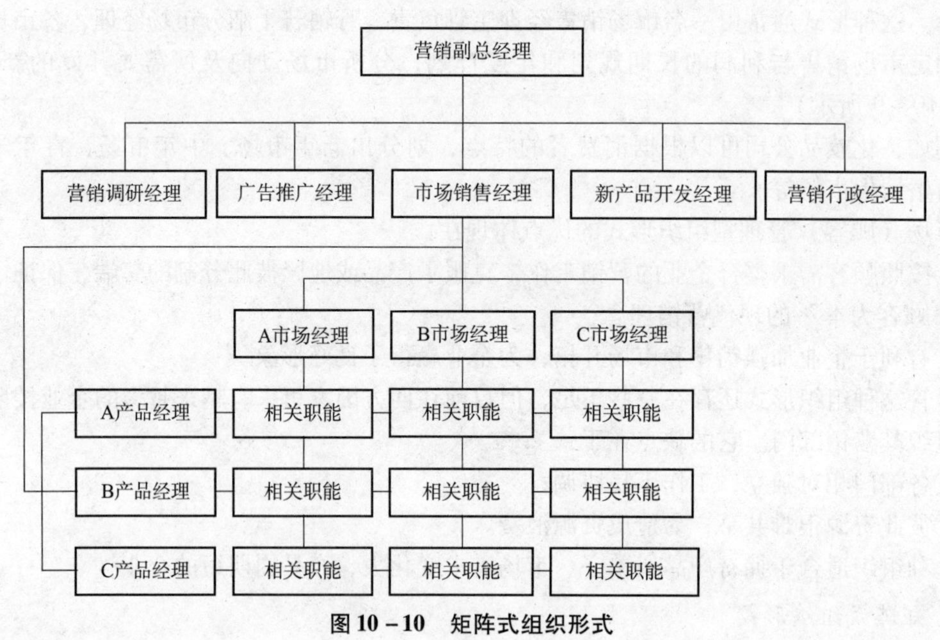

图 10-10 矩阵式组织形式

这种组织的优点在于：

①有利于加强企业内部之间的协作；

②在不增加编制的情况下，集中各种专业人员的知识、技能，进行复杂决策，有利于提高工作效率。

缺点主要表现在：

①稳定性差，管理费用较高；

②双重领导，容易产生内部矛盾。

这种组织形式主要是用于经营范围广、顾客分散、规模大的企业。

营销资料

以生产尼龙产品而闻名于世的美国杜邦公司就设置了矩阵式组织形式，在其纺织纤维部下分别设置主管尼龙、人造丝、爱克力、奥龙、达克龙涤纶等产品的产品经理；同时也设置了主管男装、女装、家庭用品、工业用品等市场的市场经理。

10.1.3　市场营销组织设置的一般原则

1. 目标明确原则

企业市场营销活动的有效实施有赖于目标管理的有效开展。在企业的营销活动中，要求每一项工作的开展都应有一定的目标，责任落实到人，保证每一个营销环节不疏忽，每一项工作不遗漏。值得注意的是，企业营销组织是一个有机统一的整体，营销组织各部门必须与组织的整体目标保持一致，减少各部门实施营销活动的盲目性和主观随意性所造成的损失。

2. 整体协调原则

（1）设置的市场营销机构，能够与企业外部环境相适应，尤其对市场、顾客之间关系的协调，发挥积极作用。

企业营销组织设置，目的是帮助企业创造市场、争取顾客。失去了市场、顾客，企业也就失去了存在的资格和生存的条件。满足市场的需要，创造满意的顾客，是企业最位基本的宗旨和责任。比竞争者更好地完成这一任务，是组建市场营销部门的基本目的。

（2）设置的市场营销机构，能够与企业内部的其他机构相互协调，并能协调各个部门之间的关系。

（3）设置的市场营销机构，应注意协调营销部门内部的人员机构

营销组织内部的协调，有利于充分发挥市场营销机构自身的整体效应。只有实现从自身内部到企业内部，再到企业外部的协调一致，才能说这样的营销机构设置是成功的。

3. 精简适当原则

精简适当原则是指在保证营销组织活动需要的前提下使组织人员的数量和机构数量最少，避免出现机构臃肿、人浮于事的现象。包括两个方面的内容：

（1）确定有效的管理幅度

管理幅度，指领导者能够有效地直接指挥的部门或员工的数量，这是一个“横向”的概念。由于管理者的时间、精力、知识等是有限的，其管理幅度也必然是有限的。超过这个限度就不能具体、高效、正确、及时地领导和管理，就会影响管理效率和管理质量。因此，要求企业必须从实际出发，建立有效的管理幅度，进行人员配置。

（2）设置合理的管理层次

管理层次又称管理梯度，是一个“纵向”的概念，指一个组织属下不同的等级数目。如果管理层次过多，就会增加组织的管理费用，容易造成信息失真和传递速度过慢，从而影响到决策的及时性与正确性，降低高层管理者对基层的控制能力。

一般来说，在其他条件不变的情况下，管理幅度与管理层次是互为反比的关系，管理幅

度越小，则层次越多，成锥形结构；反之，管理的幅度越大，层次越少，呈扁平化结构。建立扁平化结构是现代管理的发展趋势。

4. 弹性原则

市场营销组织管理幅度以及管理层次的设置，不是一成不变的，机构本身应当具有一定的弹性。企业需要根据变化着的内部外部情况，及时调整市场营销部门的组织结构，以适应发展的需要。应当记住，组织形式和管理机构只是手段，不是目的。

5. 效能原则

效能是指效率和效果，是营销组织管理的核心。一个组织的效率高，说明它内部结构合理、完善，它就能够顺利地生存和发展。要使组织实现高效能应当做到：

①机构精简；

②优选一定数量有较高素质的营销工作人员；

③合理分工、权责明确、人尽其责、物尽其用；

④信息畅通。

有人说，如果信息等于零，管理就等于死亡。没有信息的通畅，市场营销管理也就难有真正的效率。

10.2 市场营销计划

10.2.1 制订市场营销计划的原则

1. 战略性原则

营销计划一般是从战略的高度对企业营销目标、营销手段进行整体性、长期性、层次性、动态性的规划和设计，计划方案一旦完成，将成为企业在较长时间内的营销指南。也就是说，企业整个营销工作必须依此方案进行。因此，在进行企业营销计划时，必须站在企业营销战略的高度去审视它，务求细致、周密完善。从营销战略的高度进行计划，其作用是至关重要的。具体要求是：

（1）营销计划要从整体性出发，注意全局的目标、效益和效果。在整体规划的前提下，部分服从整体，局部服从全局。在市场调研阶段，如果图省事，不深入了解当时的市场竞争状况、竞争态势、对手强弱，以及宏观政策等问题，盲目上马项目，结果会造成惨重的失败。

（2）营销计划要从长期性出发，处理好项目眼前利益和长远利益的关系。

（3）营销计划要从层次性出发，总揽全局。一般计划对象是个大系统，任何一个系统都可以被看成是一个全局。而系统是有层次性的，大系统下有子系统，子系统下还有孙系统，层次分明。因此，考虑下一个层次的计划时，应该同上一层次的战略要求相符合。

（4）营销计划要从动态性出发，注意全局的动态发展。市场是变化莫测的，变化发展有时会影响全局。这时，计划人要善于抓住市场的动态规律，掌稳全局，避免市场变化触动全局的根基。

2. 信息性原则

企业营销计划是在掌握大量而有效的营销信息基础上进行的，没有这些信息，将导致营销计划的盲目性和误导性。同时，在执行市场营销计划方案的过程中将会出现方案和现实有出入的情况。调整方案也要在充分调研现有信息的基础上进行，占有大量的市场信息是市场营销计划及实施成功的保证。

3. 系统性原则

企业营销计划是一个系统工程，其系统性具体表现为两点：一是营销计划工作是企业全部经营活动的一部分，营销计划工作的完成有赖于企业其他部门的支持和合作，并非营销一个部门所解决的，如产品质量、产品款式、货款收回等，而是生产部门、设计部门、财务部门的分工配合。二是进行营销计划时要系统地分析诸多因素的影响，如宏观环境因素、竞争情况、消费需求、本企业产品及市场情况等，将这些因素中的有利一面最大限度地综合利用起来，为企业营销计划服务。

4. 权变性原则

市场就是战场，竞争犹如战争。现代市场经济中演绎着一场场激烈的竞争，权变性的原则在计划中成为不可或缺的思维因素。所谓权变就是要求计划要在动态变化的复杂环境中，及时准确地把握发展变化的目标、信息，预测事物可能发展变化的方向、轨迹，并以此为依据来调整计划目标和修改计划方案。

5. 可行性原则

可行性原则是指计划运行的方案在技术、资源、方法等方面是否具有可操作性，是否达到并符合切实可行的计划目标和效果。可行性原则就是要求计划行为应时时刻刻地为项目的科学性、可行性着想，避免出现不必要的差错。营销计划不是一般的理论原则，它要回答和解决企业在现实的市场营销活动中存在的各种疑难问题。市场营销计划不仅要提出开拓市场的思路，更要在创新思维的基础上制定市场营销的行动方案，提出创造市场、开拓市场、扩大市场的整体性、系统性的策略和措施，而且还必须具有特定资源约束条件下的高度可行性。为保证营销计划的可行性，需要企业组织过硬的营销计划团队，设计出务实的、操作性强的市场营销计划方案。在营销计划过程中，需要依据企业实力和实际情况，将发展目标与现实状况、需要与可能结合起来。

10.2.2　制定市场营销计划的步骤

1. 摘要

是市场营销计划的开端，是整个市场营销计划的精神所在。

2. 背景或现状及其分析

（1）背景与现状的描述

提供与市场、产品、分销以及现实环境有关的背景资料。

市场情况：市场规模与增长、不同地区或细分市场的销售、消费者或用户需求、观念及购买行为动态趋势。

产品情况：过去几年中有关产品的销售、价格、利润及差额方面的资料。

竞争形势：指出主要竞争者，分析他们的规模、目标、市场占有率、产品质量、市场营销战略和策略、战术、行为等。

分销情况：指各分销渠道的销售情况，各条渠道的相对重要性及其变化。

宏观环境：阐述影响该产品（品牌）市场营销的宏观环境有关因素，它们的现状及未来变化的趋势。

（2）机会和威胁、优势与弱势分析

通过机会与威胁分析，阐述来自外部的能够左右企业未来的因素以及相应措施。对所有的机会和威胁，要有时间顺序，并分轻重缓急，对迫切、重要的机会和威胁要有足够的重视。

通过优势和劣势分析，说明企业资源、能力方面的基本特征。

（3）指出企业面临的主要问题

将机会与威胁、优势与劣势分析的结果，用来确定营销计划中必须强调、突出的方面。并在这些方面进行决策从而帮助企业形成有关市场营销的目标、战略与策略。

3. 设定营销目标

明确问题之后，需要做出与目标有关的选择，用以制定战略和行动方案，目标不只是概念化，应当尽量以数量表达，转化为便于衡量的指标。

（1）财务目标：如获得30%的投资利润等。

（2）市场销售目标：如该产品市场占有率由13%提高到20%，扩大10%的销售网点，企业以及品牌的知名度由15%提高到30%等。

4. 市场营销战略及策略的选择

目标可以通过多种途径实现，不仅要找出主要的市场营销战略，做出基本选择，还要对战略加以详细说明。

①目标市场战略：阐明企业及其品牌、产品准备进入的细分市场，并进行市场定位。

②市场营销组合策略：对选定的细分市场，分别制定包括产品、价格、分销和促销等因素在内的一体化战略。

③市场营销预算：执行有关市场营销战略所需的适量的费用、用途和理由。

在制定战略过程中，市场营销部门的一项重要工作是与其他有关部门人员讨论、协商、争取理解、支持与合作。

5. 行动方案

要全盘考虑市场营销战略实施过程中涉及的各种因素、每个环节以及所有内容，把具体的战术或行动用图表形式描述出来，标明日期、活动费用和责任人，使整个战术行动方案一目了然，便于执行和控制。

6. 损益预测

决定目标、战略和战术以后，编制一份类似损益报告的辅助预算。在预算书的收入栏列出预计的单位销售数量、平均净值；在支出栏列出分成细目的生产成本、储运成本以及各种市场营销费用，收入与支出的差额就为预算的盈利。它将成为有关部门、有关环节安排和进行采购、生产、人力资源以及市场营销管理的依据。

7. 控制

是营销计划的最后一部分，主要说明如何对计划的执行过程、进度进行管理。

（1）常用的做法是：把目标、预算按月或季度分开，便于上级主管及时了解各个阶段的销售实绩，掌握未能完成任务的部门、环节，分析原因，并要求限期做出解释和提出改进措施。

（2）制订和附列应急计划：目的是事先考虑可能出现的重大危机和可能出现的各种困难。

10.3 市场营销执行

市场营销执行是指将营销计划转化为行动任务，并保证这种任务的完成，以实现既定目标的过程。它强调的是执行过程中“谁去执行”“在什么时间”“什么地点”和“怎样进行”的问题。一个好的营销计划，如果执行不力，其后果相当严重。

10.3.1　市场营销执行不良的原因

市场营销执行是一个艰巨而复杂的过程。美国的一项研究表明，90%的计划人员认为，他们制定的战略和战术之所以没有成功，是因为没有得到有效的执行。

在计划执行的过程中，企业常会遭到各种问题的困扰而导致设计完善的营销战略、战术在执行中无法取得理想的业绩。究其原因，主要表现在以下几个方面：

1. 没有明确具体的行动方案

许多企业对市场营销计划的认识，仅停留在对市场营销环境分析、营销战略和计划的制定，缺乏一个能够使企业有关部门协调一致作战的具体明确的行动方案。如对于计划中的事“由谁去做”“怎样去做”“何时做”等问题安排不明，这样的计划就缺少严肃性和强制性，便难以执行，就无法确保预期成果和预期目标的实现，从而导致营销实施的失败。

一个详尽的实施方案，能够规定和协调各部门的活动，编出详细周密的项目时间表，明确各部门理应担负的责任。这样的实施方案，是计划顺利实施的前提与保障。

2. 计划脱离实际

企业的市场营销计划通常是由上层的专业计划人员制定的，而执行则要依靠基层营销人员去做。由于这两类人员之间往往缺少必要的沟通和协调，导致下列问题的出现：

①企业的计划制订者过分注重总体战略而忽视具体操作细节的处理，则会出现计划缺乏操作性的不良情况；

②计划的制订者对实施中的具体情况缺乏了解，依赖历史发展趋势对未来市场营销活动进行预测，致使拟订的计划与实际情况脱离。

③计划的执行者无法充分理解计划制订者要求其落实的内涵，计划的指导作用就此落空。

（4）最终，由于计划脱离实际，导致计划制订人员和计划执行人员相互对立和不信任，从而使计划实施受阻。

因此，现在越来越多的企业已经认识到，不能仅仅依靠专业计划人员制订计划。解决问题的方法是由专业计划人员协助有关市场营销人员共同制订计划，并把基层执行人员纳入计划管理过程，将更有利于计划的执行。

3. 长期目标和短期目标相矛盾

计划常常涉及企业的长期目标，但企业对具体实施营销计划的企业营销管理人员的评估，往往是根据其短期的工作绩效做出的，如销售量、市场占有率或利润率等，因此，营销人员常选择短期行为，这样就出现了长期目标与短期目标之间的矛盾，导致企业资源配置不当，使市场营销计划的实施受到损害。

4. 计划创新性不足

企业当前的经营活动往往是为了实现既定的战略目标。然而，由于市场活动变化大，要求市场营销战略和计划应适度超前，这就必然会在一定程度上打破原有的习惯和规律，从而遭到一定的阻力。因此，为了确保市场营销的有效实施，就应树立新观念，打破老传统，清除固有的组织结构和运行流程中的不合理部分，为营销计划的实施创造良好的氛围和条件。

10.3.2 市场营销执行的过程

市场营销执行是一个系统的工程，成功的贯彻执行市场营销计划和营销战略一般要经过以下几个步骤：（如图 10－11 所示）

1. 制定详细的行动方案

市场营销行动方案必须是详细的、可操作的。首先，应明确营销计划和营销战略实施的关键性要求和任务；其次，将这些决策和任务的责任落实到个人或小组；再次，明确具体的行动计划执行表，在时间上对计划的落实做出严格的规定。

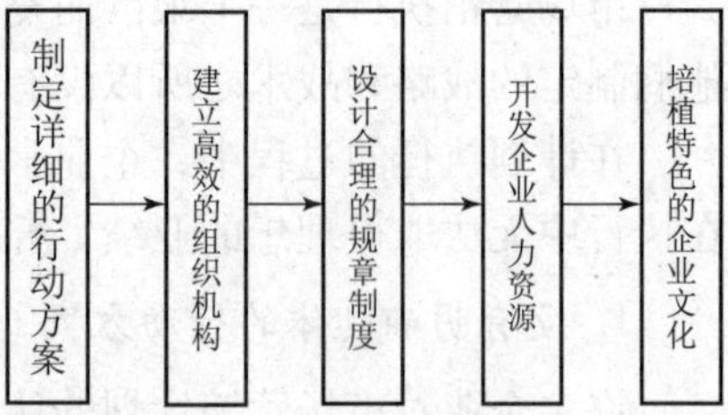

制定详细的行动方案 → 建立高效的组织机构 → 设计合理的规章制度 → 开发企业人力资源 → 培植特色的企业文化

图 10－11 市场营销执行的过程

2. 建立高效的组织机构

组织机构是营销计划有效实施的保证。合理的营销组织将战略实施的任务分配给具体的部门和人员，规定明确的职权界限和信息沟通渠道，协调企业内部的各项决策和行动。需要强调的一点是，市场营销计划和战略的贯彻执行的营销组织机构是企业内存在的正式组织，但由于各种自发的、灵活的非正式组织在企业内部客观存在，因而企业管理者要注意搞好企业内部正式组织和非正式组织之间的协调，提高企业员工对营销计划和营销战略的共同认识，以保证营销计划的顺利实施。

3. 设计合理的规章制度

为了保证计划能够落到实处，企业必须设计相应的规章制度，以适应市场变化的要求。在这些规章制度中，应明确与计划有关的各个环节、岗位人员的责权利分配以及各种要求与衡量、奖惩条件。坚持公开、公正、公平的原则，有效地调动企业内所有员工的积极性，使员工不仅关心短期营销目标的实现，更乐于为企业长期目标的实现做努力，使员工行为合理化。

4. 开发企业人力资源

当今企业的竞争，更多的是人才竞争、智力竞争，拥有高素质的人才队伍，有助于提高整个企业的竞争实力。市场营销计划的实施最终是由企业内部的工作人员来执行的，工作绩效的高低很大程度上受执行人员的服务质量、态度及业务素质的影响，因此，人力资源开发至关重要。

人力资源开发是一项系统的工程，它涉及人员的考核、选拔、安置、培训和激励等问题。在完成这项工程时，应注意将适当的工作分配给适当的人，做到人尽其才；建立完善的工资、福利和奖惩制度，激励员工的积极性；合理设计行政管理人员、业务管理人员和一线工人之间的比例等，以保证营销计划的顺利实施和企业目标的实现。

5. 培植特色的企业文化

企业文化是指一个企业内部全体人员共同持有和遵循价值标准、基本信念和行为准则，是企业精神之所在。目前，企业文化已成为企业的重要战略资源，成为市场竞争中重要的竞争手段，它通过模范人物的塑造和体现，通过正式和非正式组织加以树立、强化和传播，对企业的经营思想、领导风格、员工态度和工作作风等方面起着决定性的作用。它能够起到把全体员工团结在一起的“黏合剂”作用。因此，塑造和强化企业文化是执行企业战略的不容忽视的一环。

案例分析　**“艾菲金奖”何以授“冠”蒙牛酸酸乳超级女声**

2005年10月30日，“第十二届中国广告节”在古城西安隆重开幕，继2004年蒙牛牛奶航天员系列斩获艾菲奖金奖后，“蒙牛酸酸乳超级女声”再次博得“2005中国艾菲（EFFIE）奖金奖”。蒙牛何以两度夺金？作为目前世界上唯一一项以广告效果为主要评审依据的权威奖项，蒙牛成功的基础完全在于其“超级执行力”。

首先，蒙牛创造了业界第一的执行速度。据了解，在与湖南卫视签订合作协议后，蒙牛酸酸乳即根据“超级女声”大赛的进展，全面铺开推广活动；大赛进行到白热化阶段，蒙牛还适时推出了“超级女声”夏令营，在第一时间实现观众和“超女”的亲密接触。其实，蒙牛执行速度之快早在2003年航天员专用牛奶的整合推广中就已充分体现。不少人还记得，“神五”发射后几乎一夜之间，蒙牛在各大城市的路牌灯箱广告全部更新，令人叹为观止。专家分析：“拥有第一执行速度保证了推广主题在第一时间深入人心，蒙牛抢得了市场先机。”

其次，蒙牛完成了“超级终端执行”。蒙牛负责人介绍，“超级女声”影响遍及全国，为实践“酸酸甜甜就是我”的主题，蒙牛在终端上实现了三个层次的完全执行。层次一：销售终端全面覆盖。从大型商场、超市及到各种小卖店，数百万个销售终端上，形象统一的蒙牛酸酸乳产品堆头和陈列架等被秩序井然地放置于最适合的位置，最大限度宣传了活动信息。层次二：超级互动终端，4－5月，蒙牛在仅仅两个月的时间内选择300多个城市完成了史无前例的近600场路演，并派发了数百万份DM单，还将活动期间涌现出的优秀选手送到5大唱区参加比赛，利用路演活动将超女活动从5大唱区扩展到全国各地。层次三：各式各样的蒙牛酸酸乳产品包装上和POP海报、公交车、候车亭等广告几乎在一夜之间铺天盖地，覆盖全国。“三个不同终端的全面覆盖——这可能是目前为止规模最大，影响力最强的‘超级终端执行’。”业内人士总结。

第三，蒙牛拥有一支强大而富有实效的营销执行团队。他们具有操作超大型事件的成功经验，并发扬独特的蒙牛精神，丝丝入扣，步步为营，从而确保了真正的“超级执行”。这种“超级执行”不仅包括对活动的操控能力，更涵盖蒙牛团队将销售系统和媒介进行的完美“超级整合”，从而有效聚焦了无数人的“眼球”。从产品包装、售点宣传单页到终端的路演推广均和媒介宣传步调一致，成功地将消费者与蒙牛酸酸乳的产品品质和“超级女声”的活动内涵这三个方面结合起来。其中，新浪网还特别开办专门的超女频道，将蒙牛酸酸乳和“超级女声”相关信息第一时间传递给受众，并且实现了线上与线下的互动。通过整合电视、平面、广播、网络等各种形式的传播载体，蒙牛营销团队真正将整个社会资源成功纳入自己的营销系统。

据中国专业的市场调查机构CTR数据显示，在其最新评定的四项指标，即第一提及率、品牌影响力、品牌渗透率、品牌广告到达率方面，蒙牛酸酸乳均领先其他品牌。专家称：“对于最注重实效的艾菲奖而言，蒙牛酸酸乳超级女声成功博得该奖金奖应为意料之中。而其根本则在于蒙牛的‘超级执行力’，是‘超级执行’成就了蒙牛再次成功问鼎艾菲金奖。”

（资料来源：中国食品产业网2005年10月30日）

10.4　市场营销控制

市场营销控制是市场营销管理的重要步骤，在营销计划的实施过程中，策划完备的计划可能因环境变化导致实施结果偏离预期甚至完全失败，或由于执行人员对计划的理解不同或者执行力度不均也将使策划的营销目标不能很好地实现，所以必须严格控制各项营销活动，以确保企业目标的实现。

市场营销控制就是指企业将实施过程中各营销要素进行监督、考察、评价和修正，以保证营销计划的执行取得最佳效果，促进营销目标有效实现的过程。主要包括四种类型：年度计划控制、盈利能力控制、效率控制和战略控制。(如表 10－2 所示)

表 10－2 市场营销控制的类型

控制类型	主要负责部门	控制目的	控制方法
年度计划控制	高层管理部门 中层管理部门	检查计划目标是否达到	销售分析、市场份额分析、营销费用率分析、财务分析、顾客满意度分析
盈利能力控制	营销财会人员 营销审计人员	检查企业的盈亏状况	营销成本分析、营销能力分析
效率控制	营销相关部门管理人员及营销会计人员	评价和提高经费开支的效率和效果	销售人员效率控制、广告效率控制、分销效率控制、营业推广效率控制
战略控制	高层管理部门 营销审计人员	检查企业是否最大限度地利用了营销机会	营销审计、营销效益等级评价

10.4.1 市场营销控制的基本方法

1. 年度计划控制

年度计划控制是指通过对本年度内计划实施过程中，实际的结果与预定目标对照检查，寻找差距及形成差距的原因，并针对性地提出改进措施，以保证实现年度销售目标和利润目标的活动。运行过程一般可分为四个步骤（如图 10－12）：

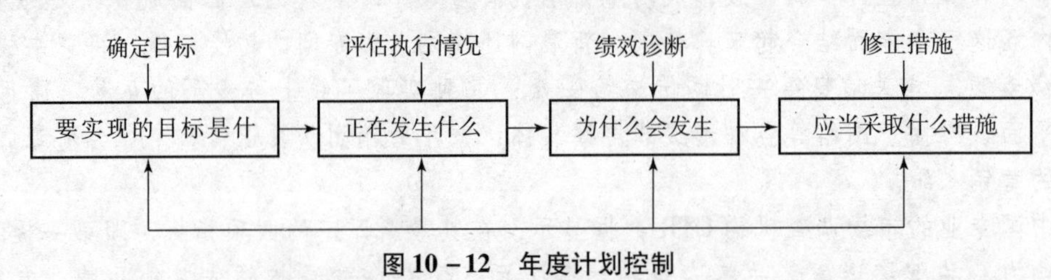

图 10－12 年度计划控制

年度计划控制可按管理层次分头进行，企业高层管理者控制整个计划的总体执行、实施和进度掌握，各部门主管只负责控制本部门计划目标的实现。其核心是目标管理；内容主要是对销售、市场份额、营销费用率、财务状况、顾客满意度等进行性分析。

（1）销售分析

销售分析主要用于衡量和评估销售指标的完成情况。主要包括三方面的内容：

①实际销售额分析。是指对实际销售业绩与销售计划进行对比分析，以确定总体执行

情况。

②销售差异分析。即分析实际销售额与计划指标产生差异的原因，掌握不同因素，包括产品销售量、销售价格等对销售额的影响。

营销案例

销售差异分析

例如：一家企业年度计划中规定，某种产品第一季度出售6 000件，单价1元，总销售额（6 000×1）6 000元。但是，在该季度结束时，实际售出5 000件，售价降为0.90元，总销售额为（5 000×0.90）4 500元，差距为-1 500元。

可见，总销售额降低既有销售数量减少的原因，也有价格降低的原因。那么二者各自对总销售额的影响有多大呢？利用销售差距分析法计算如下：

价格下降的差距＝（计划售价－实际售价）×实际销售额

＝（1－0.90）×5 000＝500

价格下降的影响＝500÷1 500＝33.3%

销量下降的差距＝（计划销售额－实际销售额）×计划售价

＝（6 000－5 000）×1＝1 000

销量下降的影响＝1 000÷1 500＝66.7%

可见，销售额没有完成指标的主要原因在于销售不力。找出原因后，企业可以进一步细分原因，并思考需要做哪些工作提高销售数量。

③微观销售分析。指为了最终确定造成实际与计划差异的原因，将销售总体情况分解为各产品或各地区的具体销售指标并加以分析。

（2）市场份额分析

企业为进一步了解自己相对于竞争对手的经营优劣，就必须了解自己的市场份额。在正常情况下，市场份额上升，表明企业的业绩提高，在市场竞争中处于优势地位，反之，则意味着在市场竞争中失利。但应当注意的是，由于造成市场份额波动的原因很多，因此应从实际出发具体分析。常用衡量市场份额的方法有以下几种：

①总体市场占有率。以企业的销售额占整个行业销售额的百分比来表示。值得注意的是：一要明确行业范围，二要以单位销售量或销售额来表示市场占有率。

②可达市场占有率。以企业的销售额占其可进入的市场销售收入的比重。可达市场一是指企业产品适合的市场，二是指企业市场营销努力所及的市场。因而，企业可能有近100%的可达市场占有率，却只是全部市场占有率的较低水平。

③相对市场占有率（相对于市场领导者）。以企业销售额相对于市场最大竞争者的销售额的百分比来表示。相对市场占有率超过100%，表明该企业是市场领导者；相对市场占有率等于100%，表明企业与市场领导者同为市场领导者；当相对市场占有率小于100%且增加时，表明企业正接近市场领导者。

④相对市场占有率（相对于三个最大竞争者）。以企业销售额对最大的三个竞争者的销售额的总和的百分比来表示。一般来说，企业的相对市场占有率高于33%即被认为是强势的。

（3）营销费用率分析

营销费用率指企业市场营销费用占销售额的比例。企业营销费用一般包括人员费用、广告费用、促销费用、市场调研费用、营销行政管理费用等。营销费用率分析主要是用来确定营销费用开支是否合理，以克服不合理开支；也可以按照不同地区、不同市场、不同产品达到的销售额与相应费用开支进行比较，以确定这些方面费用支出的差异。

营销管理人员应当密切注意这些比率，以发现是否有任何比率失去控制。当一项费用对销售额比率失去控制时，必须认真查找问题的原因。

（4）财务分析

财务分析就是对影响企业净值收益率的各项主要因素的分析，以确定企业如何赚钱，在什么地方赚钱。其核心的财务指标是净资产报酬率，它是企业资产报酬率和财务杠杆比率的乘积。企业应认真分析自身的资产构成，改善资产管理，提高净利润与总资产之比或总资产与净资产之比，进而提高净资产报酬率。现在，企业营销者越来越倾向于利用财务分析来寻找提高利润的战略。

（5）顾客满意度分析

指企业建立专门的机构，通过各种渠道搜集顾客、中间商及营销系统中其他参与者的态度，在顾客偏好和满意度产生之前就对其变化进行监控，使管理者能及早采取行动，从而改进企业的管理和服务工作。

2. 盈利能力控制

企业营销的最终目的是要获取利润。因此，盈利能力控制是营销控制不可缺少的一个重要环节。盈利能力控制是指企业对不同产品、不同销售区域、不同顾客群体、不同渠道以及不同订货规模等盈利单位的营销成本和营销能力进行分析、评价与控制的活动。盈利能力控制一般分为四个步骤：

①一是确定产品设计、广告宣传、人员推销等各项功能性费用；

②二是将这些费用分摊到每个营销部门；

③三是为每个营销部门制定出成本、收益和利润分析表。

④四是根据收益和利润情况，对亏损和盈利的营销部门做出相应的调整。

这些工作将帮助企业管理层决定哪些产品或营销活动应该扩大，哪些应收缩甚至取消。具体的控制方法包括：

（1）营销成本控制

营销成本的高低直接影响企业的盈利能力，因此，企业必须严格控制成本。主要项目构成如下：

①直销费用。包括销售人员的工资、奖金、差旅费、培训费、交际费等。

②品牌宣传费用。企业 CIS 导入费用、各类公关费用、展览会费用。

③促销费用。包括广告费、产品说明书印刷费用、赠奖费用、促销人员工资等。

④仓储费用。包括租金、维护费、折旧、保险、包装费、存货成本等。

⑤运输费用。包括托运费用等，如果是自有运输工具，则要计算折旧、维护费、燃料费、牌照税、保险费、司机工资等。

⑥其他市场营销费用。包括市场营销人员的工资、办公费用等。

（2）盈利能力分析

利润是企业营销活动重要的目标。企业通过财务报表和数据的一系列处理，把已获利润分摊到诸如产品、地区、渠道、顾客等各个因素上面，从而衡量每个因素对企业最终盈利的贡献大小及获利成本，更有效地行使市场营销各种职能。

衡量企业盈利能力的主要指标包括销售利润率、资产收益率、净资产收益率、资产管理效率、存货周转率等。

①销售利润率。

销售利润率是指利润与销售额之间的比率，它是评估企业获利能力的主要指标之一。其计算公式是：

销售利润率 =（本期利润 ÷ 本期销售额）×100%

但在实际中，对企业销售利润率的评价往往需要与同行业水平比较来进行，而同一行业不同企业负债比率的差异会影响这一比较。所以，在评估企业获利能力时最好考虑利息支出加上税后利润。这样，其计算公式变为：

销售利润率 =（税后息前利润 ÷ 产品销售收入净额）×100%

②资产收益率。

资产收益率是指企业所创造的总利润与企业全部资产的比率。其计算公式是：

资产收益率 =（本期利润 ÷ 资产平均总额）×100%

出于类似原因，为了在同行业中具有可比性，其计算公式可变为：

资产收益率 =（税后息前利润 ÷ 资产平均总额）×100%

③净资产收益率。

净资产收益率是指税后利润与净资产的比率。净资产是指总资产减去负债总额后的净值。其计算公式是：

净资产收益率 =（税后利润 ÷ 净资产平均余额）×100%

③资产管理效率。

可通过以下比率来分析：

a. 资产周转率。资产周转率是指一个企业以资产平均总额去除产品销售收入净额而得出的比率。资金周转率可以衡量企业全部投资的利润效率，资产周转率高说明投资的利用效率高。其计算公式如下：

资产周转率 = 产品销售收入净额 ÷ 资产平均占用额

b. 存货周转率。存货周转率是指产品销售成本与产品存货平均余额之比。存货周转率是说明某一时期内存货周转的次数，从而考核存货的流动性。存货平均余额一般取年初和年末余额的平均数。一般来说，存货周转率次数越高越好，说明存货水准较低，周转快，资金使用效率较高。其计算公式如下：

存货周转率 = 产品销售成本 ÷ 产品存货平均余额

（3）最佳调整措施的选择

盈利能力分析的目的，在于找出妨碍获利的因素，以便采取相应措施，排除或者削弱这些不利因素的影响，由于可供选择的调整措施很多，企业必须在全面考虑之后做出定夺。

为了更好地完成对营销活动的评估和控制，企业可专门设置“市场营销控制员”的岗位，对他们进行专业的财务管理和营销方面的专业训练，使他们能够担负复杂的财务分析及制定市场营销预算的工作。

3. 效率控制

效率控制是指企业为了提高其管理工作效率，对销售人员及广告、促销、分销等方面的工作绩效进行评估的活动。其目的在于及时发现营销活动的进度与效果存在的问题，以便及时加以改进。效率控制主要包括销售人员效率控制、广告效率控制、促销效率控制、分销效率控制。

（1）销售人员效率控制

各地区销售经理要对管辖范围内的销售人员状况做详细的记录，并定期进行分析，主要指标包括：

①每个销售人员日平均访问客户次数；

②每次访问平均所需时间；

③每次销售访问的平均成本；

④每次销售访问的平均收益；

⑤每百次销售访问的成功率；

⑥每次访问带来或丧失的顾客数和合约；

⑦销售成本占总销售额的百分比。

通过销售效率分析，可发现一些非常重要的问题，如访问是否过于频繁，访问成本是否过高等。营销管理人员应比照计划的差距促使企业对效率低下的环节加以改进。

（2）广告效率控制

广告效率控制的目的在于分析企业广告的效果。在实际工作中，由于顾客态度和销售额的变化是多种因素综合作用的结果，要找出广告的作用有多大很困难，但至少要掌握和分析以下资料：

①各种媒体类型、媒体工具接触每千名购买者所花费的广告成本；

②本广告受众对于广告内容及其效果的看法；

③顾客对每一媒体工作注意、联想和阅读的百分比；

④广告前后顾客对产品的态度对比；

⑤广告引发受众的询问次数；

⑥广告前后销售量的变化。

（3）促销效率控制

对每次促销活动，企业市场营销管理人员应该对促销的成本及销售的影响做好记录，如做下列统计：

①优惠销售所占的百分比；

②单位销售收入中的陈列成本；

③赠券回收的百分比；

④因现场展示或表演引起询问的次数。

（4）分销效率控制

分销效率控制主要要求企业对营销渠道的选择效果进行合理评估，以达到最佳配置。主要内容包括：

①销售网点的市场覆盖面；

②渠道中各级各类成员发挥的作用与发展潜力；

③分销系统的布局、结构及改进方案；

④存货控制、仓储位置和运输方式的效果。

10.4.2　战略控制

营销战略控制是市场营销高层次的控制方式，其任务是保证企业市场营销目标、策略和制度最佳地适应现行的市场营销环境或预期的市场营销环境。战略控制可以分别通过营销效益等级考评和营销审计来进行。

1. 营销效益等级考评

营销效益考评可以从顾客哲学、整合营销组织、充分的营销信息、战略导向以及工作效率五个方面来进行。通过营销效益等级考评，可以对企业的营销工作进行整体性的战略评价。

2. 营销审计

市场营销审计实际上是在一定时期对企业全部市场营销工作运行的总体效果评价。其任务是对企业或战略业务单位的营销环境、目标、战略和营销活动方面进行独立的、系统的、综合的定期审查，以发现营销机会，找出问题所在，提出改善营销工作的行动计划和建议，以供决策参考。它一般是通过审计负责人对企业的营销目标、营销环境、营销战略等进行定期的、全面的检查和评价，并提出报告。

归结起来，营销审计的主要内容包括：营销环境审计、营销战略审计、营销组织审计、营销绩效审计、营销系统审计、营销盈利能力审计、营销职能审计。

（1）营销环境审计

主要包括宏观环境审计和微观环境审计两大方面。前者重点考虑对企业营销所面临的人口环境、经济环境、社会文化环境、政治法律环境、科学技术环境等因素的审计。后者重点关注对市场规模、顾客、竞争者、中间商及其公众等因素的审计。此项审计工作的目的在于确定环境对企业提出的要求，从而提高企业自身对营销环境的适应能力。

（2）营销战略审计

营销战略审计包括审核营销目标是否明确，营销战略是否切合实际，执行状况如何，市场细分是否科学，细分市场预测是否准确，营销资源配置是否合理，等等。目的是通过市场营销战略审计的检验，使市场营销目标、市场营销环境、市场营销资源三者之间达到动态平衡。

（3）营销组织审计

主要包括审核营销部门设立是否科学，营销人员的培训、激励、监督和评价方式方法是否合理，部门内部与部门之间信息沟通是否通畅等。目的是对企业营销组织的合理性与有效性进行分析、改进。

（4）营销绩效审计

主要包括销售收入绩效评核审查、销售费用绩效审查、推销活动审查、实施与计划的比较分析、货款回收与成品库存绩效分析等。目的是对营销中有关单位、产品的获利能力和各项营销活动的成本收益进行检查、评价。

（5）营销系统审计

主要包括对营销信息系统、市场营销计划系统、市场营销控制系统和新产品开发系统的审计。目的是检查营销部门作为一个管理系统，其各个分支机构的运作是否正常，以及他们是否发挥了应有的合理作用。

（6）营销职能审计

主要是对产品、价格、分销、促销等营销功能的战略和执行情况、存在问题等进行审核。其目的是对营销组织中每一因素及其策略运用进行检查、分析和改进。

应该提出的是，营销审计不能等企业出现危机或重大事件时才进行，其最重要的作用应为“防患于未然”。通过营销审计，找出营销中存在的问题，提出改进工作意见，供管理者决策。

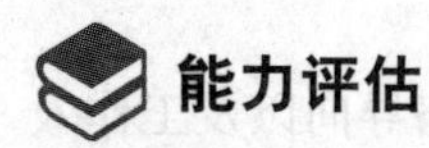

能力评估

评估项目一：市场营销计划书的撰写

1. 实训目的

市场营销计划的制订和计划书的撰写。

2. 实训组织

针对当地任意一家企业进行调研，并在此基础上制订出营销计划，并按年度制定出分年度的控制计划。

3. 实训具体要求

①能够运用所学的知识进行市场调研；

②市场营销计划的制订应针对企业的实际情况，具有可执行性；

③计划书的结构、格式应合理，符合规范；

④控制计划合理有效。

评估项目二：企业组织结构的设计

1. 实训目的

了解企业内部营销组织结构及特征，熟悉营销控制的基本方法，学习借鉴一些先进的营销控制方法。

2. 实训组织

学生组合成课题调研小组，对本地任一公司进行调查，从营销控制的角度分析其成功或失败的原因。

3. 实训要求

（1）据实际调研结果进行以下分析

①分析所调查的营销组织是一种什么样的结构，这种结构对其市场营销目标的实现有什么现实意义。

②这种营销组织结构形式，是如何完成营销过程的控制的，对企业营销控制体系的建立有何启示。

（2）为一小型企业设计一种营销的组织结构，并绘制其营销控制流程图。

评估项目三：案例分析

金锣集团从沂蒙山区贫瘠的大地上破土而出，用十余年时间成长为中国十大民营企业之一，并成功在新加坡、香港上市，成为中国当之无愧的肉类“大鳄”，其生猪屠宰、肉制品综合加工能力均居全国前列，与肉类巨头双汇、南京雨润形成三足鼎立之势。

金锣何以能够在竞争异常残酷的肉类市场上屡创佳绩？除了超低的成本控制能力、优质低价的价值观等成功因素，其超强的市场竞争能力和区域市场把控能力，还来自于根据企业发展战略和外界环境变化，对区域市场的营销分支机构不断进行的组织创新，从而全面提高区域市场的整体市场竞争能力。

一、山东市场营销分支机构沿革

20世纪90年代初，金锣开始从承包冷库、屠宰生猪起家，主产品大部分供应春都、双汇，用于火腿肠等肉制品生产，在山东区域市场基本上没有什么营销分支机构。随着屠宰量的不断扩大，快速消化生猪屠宰各种副产品成为迫切需要解决的问题，于是公司在总部临沂成立销售部，并分别在济南、青岛设立销售办事处，租赁省、市食品公司冷藏库和办公场所，开发冻品经销商和面向消费者销售屠宰主副产品。

20世纪90年代中后期，金锣开始上马火腿肠生产线，以火腿肠为代表的高温肉制品取得了异常迅猛的发展，产销量每年均以成倍、数倍的速度快速增长。由于高温火腿肠和冻品在产品储藏、运输、销售、终端、客户等方面存在诸多差异，迫切需要高温火腿肠销售的专业化管理和运作，金锣在公司总部成立冻品销售部、火腿肠销售部，分别负责屠宰主副产品、高温肉制品在全国的销售。在山东区域市场内，考虑到人员成本、工作效率和管理费用，对济南、青岛办事处的管理采取一套班子、多类别产品、多头管理的模式。

二、市场巨变挑战区域市场管控能力

进入新世纪，山东区域的肉制品市场发生一系列重大变化，消费者肉类需求的变化、产品类别和品种的急剧扩充、零售终端格局的变化、肉类竞争格局的演变、竞争对手区域战略、策略和市场手段的创新，市场环境变数丛生，都对金锣掌控区域市场的能力提出了严峻挑战：

（1）区域市场领导地位受到威胁。金锣上马火腿肠较春都、双汇都晚，但凭借“一流质量、超低成本”这个最具威力的行销锐器，加上对本省消费习惯和市场的透彻了解，金锣从春都、双汇手中抢夺了大量份额，1997年后在火腿肠产销量跃升到领导位置。但随后双汇在山东市场发起了声势浩大的反攻，本地另一品牌“江泉”则以更低价格祭起价格战的大旗。山东作为金锣总部所在地，销量增长停滞不前，与竞争对手的差距不断缩小，公司得以安身立命的战略要地受到极大威胁。

（2）城镇与农村市场的分化。山东是一个人口大省，也是一个经济强省。进入新世纪后，山东市场呈现出城市和农村市场的消费差异，东部以青岛、烟台为代表的沿海城市的经济增长速度较快，居民购买力强，消费向中高档、追求品质和健康的方向发展，相应的市场争夺也就异常激烈；而西部广大农村地区的经济发展较迟缓，居民购买力和消费结构则趋向于中低档，但农村市场庞大的消费量亦不可忽略。如何平衡农村和城市市场？如何分配营销资源？都是营销分支机构面临的新课题。

（3）零售业态和零售格局演变。以超市、大卖场为代表的新型零售业态的迅速崛起，给山东市场传统肉制品的批发、零售渠道带来了巨大冲击，城市市场的超市、大卖场成为消费者购买肉制品的主要消费场所，而传统的批发、零售渠道则退居次要位置。零售格局的变化对金锣营销分支机构对各类终端的应变能力、运作能力和掌控能力都提出了全新的挑战。

(4) 多品种产品营销专业化要求提高。肉制品行业的激烈竞争加剧了企业产品创新的步伐，在高温肉制品快速发展的同时，低温肉制品也取得了突飞猛进的增长，南京雨润成长为中国最大的低温肉制品厂家，双汇也全面加大低温肉制品的市场拓展。而冻品、冷鲜肉、高温肉制品、低温肉制品在零售终端、流通渠道、储运条件、陈列条件、消费者等方面都存在巨大差异，细分品牌的发展促使各品种产品营销的专业化。

(5) 竞争品牌区域市场战略调整和组织创新。1998 年成为中国肉制品老大的双汇集团提出了“稳住河南优势市场、夺取山东领导地位”的区域发展战略，打破原来在济南设立销售省级办事处的模式，压缩渠道层次，降低渠道管理重心，营销组织直接延伸到县级城市，并且分品种设立销售办事处，分别在德州、济南、青岛、临沂等 4 个地级城市各设立冻品、高温肉制品、低温肉制品销售办事处，全面抢夺客户和终端，形成对金锣集团的全面包抄之势。

三、存在的问题和组织创新潜力

除了市场、竞争对手和外界环境发生的重大变化之外，金锣集团区域市场营销组织自身在纵向和横向两个方面都存在着亟待改善的问题，这些问题不解决，就无法适应企业自身的快速发展。

(一) 区域营销组织存在的问题

1. 纵向问题点

①营销组织各层次缺乏清晰的职能定位。总部营销部门直接参与区域市场的销售；营销组织的每个层次不太清楚自己的责任和权限，很多问题都要退回总部解决；一线销售人员同时面临冻品销售部、火腿肠销售部、广告部等的多头领导。

②职能分配“头重脚轻”。办事处缺乏足够的权限，大小决策都要层层上报批准，信息反馈慢，无法快速反应，错失市场良机；决策重心高、决策流程长、决策时间慢。办事处经理权力实施受到销售支持部门制约，使放下去的权无法运用；总部管理职能停留在“消防员”角色，不能对产生问题的深层次原因做出分析，政策制定与区域市场特性脱节，随意性大，影响区域市场销售工作。

③总部权力和管理幅度过大。总部的管理职能、权力和管理幅度过大，但同时面对层面不同的大量问题，包括策略性问题，战术性问题，甚至某一个客户的具体问题，精力有限，而且远离实际市场，无法做出准确的判断和决策；缺乏针对区域市场特点的决策和运作策略。

2. 横向问题点

①缺乏专业化分工。办事处同时负责冻品、冷鲜肉、高温肉制品、低温肉制品和中式传统肉制品等多类产品的销售，人员、利益、资源分配的难度阻碍了各细分类别产品的销售，办事处内部协调耗费大量的时间和精力，这些问题制约了营销效率的提高。

②营销功能不完善。总部没有专门负责市场研究、开发和计划的部门，无法在市场调查、品牌推广、销售促进、产品上市等诸多方面给予指导和专业培训，从而导致区域营销组织和人员缺乏对市场的专业调研的经验和技能，缺乏系统的产品计划和推广的能力，缺乏针对产品特性的营销计划和策略，新产品开发设计也跟不上市场的需求，且上市过程缺乏节奏的把握。

③缺乏对分类产品的营销能力。冻品销售人员缺乏对熟肉制品的营销能力和经验；高温

肉制品营销人员对低温肉制品的分销，尤其是与大卖场、超市进场谈判等方面缺乏专业的经验和技能。

（二）区域营销组织创新的潜力

1. 过去成功的关键因素。金锣在山东的区域营销组织曾经因为适应了企业自身的状况和区域市场特点，再加上营销队伍的超强战斗能力，从而得以在山东市场创造了很多辉煌业绩。这些因素体现在：基于对市场了解而具备的市场预见能力、总部和办事处领导的个人判断能力、对区域市场的熟悉和与客户的地缘关系、销售人员超强的吃苦耐劳能力、企业整体形象的宣传计划。

2. 组织创新的方向与潜力。市场环境的变化，企业自身的快速发展，迫切要求金锣的区域营销组织进一步完善以取得更大成功，为此区域营销组织需要从销售转向营销，从销售产品转向经营品牌，转到经营品牌与客户的关系。区域营销组织创新的方向为、超强的市场分析和预测能力、贴近终端和消费者的快速反应能力、功能完善的营销管理体系、超强的产品营销能力、超强的品牌沟通能力。

案例思考与讨论

1. 如何建立具有创新激情与活力的营销分支机构？
2. 如何科学、合理地配置营销人员？
3. 如何保持企业在区域市场上的超强竞争能力？

能力拓展

营销游戏——沟通能力

形式：20 人左右最为合适

时间：15 分钟

材料：准备总人数两倍的 A4 纸（废纸亦可）

适用对象：所有学生

活动目的：为了说明我们平时的沟通过程中，经常使用单向的沟通方式，结果听者总是见仁见智，个人按照自己的理解来执行，通常都会出现很大的差异。但使用了双向沟通之后，又会怎样呢？差异依然存在，虽然有改善，但增加了沟通过程的复杂性。所以什么方法是最好的？这要依据实际情况而定。作为沟通的最佳方式要根据不同的场合及环境而定。

操作程序

（1）给每位学生发一张纸。

（2）主持人发出单项指令：

——大家闭上眼睛；

——全过程不许问问题；

——把纸对折；

——再对折；

——再对折；

——把右上角撕下来，转 180 度，把左上角也撕下来；

——睁开眼睛，把纸打开。

主持人会发现各种答案。

(3) 这时主持人可以请一位学生上来，重复上述的指令，唯一不同的是这次学生们可以问问题。

有关讨论：完成第一步之后可以问大家，为什么会有这么多不同的结果（也许大家的反映是单向沟通不许问问题所以才会有误差）。

完成第二步之后又问大家，为什么还会有误差（希望说明的是：任何沟通的形式及方法都不是绝对的，它依赖于沟通者双方彼此的了解、沟通环境的限制等，沟通是意义转换过程）。

任务单元 11 市场营销领域的新发展

培养目标

通过本项目的学习，帮助学生开阔思路，去接受新的知识，培养学生的创新素质和自学能力。本单元属于市场营销理论的拓展，通过本单元的学习，激发学生的自主学习意识，与时俱进，不断地探索营销发展新趋势。

任务解读

面对竞争如此激烈的营销环境，企业表现出诸多问题，要解决这些问题，需从营销管理方面入手进行变革和创新。因为营销创新是市场竞争的必然结果，也是企业真正走向成功的必要通道和桥梁。另外，通过营销创新，企业能科学合理地整合各种资源，并能提高产品的市场占有率。在这种背景下，新的营销方式不断崛起。

知识目标

- 理解网络营销、绿色营销、关系营销、口碑营销、微信营销的基本概念。
- 掌握绿色营销的本质特征及绿色营销的实施。
- 熟悉关系营销和口碑营销的技巧。
- 了解互联网给营销带来的新变化，明确网络营销的类型与操作步骤。

能力目标

- 培养忠诚顾客的市场营销观念及市场。
- 培养学生制定网络营销计划的能力。

案例导读 Blue Nile：网络直销的"钻石"神话

当你听到有这么一个珠宝公司不用展示橱窗、没有一家专卖店，只依托于一个网站，就能卖出几万颗钻石，而且跻身世界著名珠宝商行列，是不是觉得不太现实？然而这一切都是真实的，这就是 Blue Nile。

Blue Nile 成功的秘诀其实非常简单——它的定位清晰明确，而且有着非常特定的利基市场——它针对的是那些想购买钻石婚戒的男性（或者说想购买高性价比钻石婚戒的男性）。

所以尽管 Blue Nile 的产品线包括钻石、婚戒以及珠宝等，但是它的主打产品很明确——就是钻石，占据了其销售业务的70%以上。按理说出售钻石，产品本身没有什么稀奇的，但是 Blue Nile 的大胆之处就是销售的完全透明化——钻石销售行业一直是个暴利产业，但是具体有多暴利一般的消费者是不会了解的，Blue Nile 则把五万多颗钻石的详细信息和定价情况全部放在了网上，实行透明化销售，一举颠覆了这个行业的“潜规则”。这一举动首先便赢得了顾客的好感——我是要赚你的钱，但是我明明白白地赚，不会让你吃哑巴亏。

值得一提的是 Blue Nile 与优质供应商之间建立了良好的合作关系，能够以更优惠的价格拿到同样优质的钻石，而钻石商们愿意把他们的裸钻通过 Blue Nile 的网站独家销售。Blue Nile 的操作模式通常是在顾客下了订单之后才会向供应商调货，并且等到整个交易完成时再向供应商付款，这一流程更大大降低了 Blue Nile 的成本。

尽管 Blue Nile 的钻石与同等级的同类产品在价格上相比具有很大优势，但这并不意味着产品品质会有所下降。产品品质是品牌赖以生存的灵魂——深谙这一点的 Blue Nile 在品质上下足了功夫。Blue Nile 从供应商处购入的钻石都经过严格挑选、品质上佳，每颗钻石都经过独立的质量鉴定与认证以确保品质，保证在颜色、纯度以及切割工艺上到达行业标准，最大限度地消除顾客的后顾之忧。

除了有着品质过硬的钻石，Blue Nile 的选择度也非常丰富，无论人们希望购买何种类型的钻石，他们都能在 Blue Nile 网站上找到上乘品质的样品。要知道，Blue Nile 拥有52 000颗尺寸、颜色和形状各异的裸钻供顾客挑选。有了钻石，并不算大功告成，Blue Nile 还提供多种类型的戒指托架，解除顾客的后顾之忧。

点评：网络营销的优势主要体现在便利性、自主性、成本低，便于沟通等，它的缺点主要体现在看不到真实产品，缺乏自信感。还有网络固有的安全性和技术性问题等。但是随着科学技术的发展，它的缺点在不断减少，优势不断彰显。Blue Nile 的成功让人们看到：昂贵的饰品也可以取得网络营销的成功。

11.1　网络营销

美国营销学家汤姆斯·费里德曼说：“从你开始通过互联网开展生意的那一刻起，你就必须考虑到你的竞争对手，你的读者、供应商和合作伙伴都是全球性的。”

20世纪90年代以来，随着网络技术的飞速发展和应用，使人们在信息和交流方面摆脱了时空的局限，实现了海量信息的低成本高速传递，极大地推动了市场营销的发展。一种建立在网络基础上的全新营销模式——网络营销便得到了广泛的应用和推广，成为网络时代企业竞争优势的新来源。

11.1.1　网络营销基本概念认知

1. 网络市场营销的概念

网络营销（cyber - marketing，online marketing）也称网络营销（Web marketing）、在线营销（Online marketing）或因特网营销（Internet marketing），是以国际互联网络为基础、利用计算机通信和数字交互式媒体来辅助营销目标实现的一种新型的市场营销方式。

广义地说，企业利用一切电子信息网络（包括企业内部网、行业系统专线网、因特网、有线网络、无线网络、有线通信网络与移动通信网络等），进行的营销活动都可以称为网络营销。狭义的网络营销是指组织或个人以互联网为主要手段进行的、为达到一定营销目标对产品、服务所做的一系列经营活动。

应当说明的是，网络营销具有很强的实践性特征，从实践中发现网络营销的一般方法和规律，比空洞的理论讨论更有实际意义。因此，如何定义网络营销其实并不是最重要的，关键是要理解网络营销的真正意义和目的。简而言之，网络营销就是以客户为中心，以网络为导向，目的是促进产品在线销售及扩大品牌影响力，从而实现企业目标而进行的一系列企业活动。

网络营销是一种新型的商业营销模式，贯穿于企业开展网上经营的整个过程，它不限于厂商为客户提供商品和服务信息，而是贯穿于厂商与厂商之间、厂商与消费者之间的商品买卖、产品促销、商务洽谈、信息咨询、广告发布、市场调查、付款结算、售前售后服务、技术协作等全方位商业交易活动。它使营销活动的范围扩大到全世界和虚拟的网络空间，使营销活动的时间延长到每周7天，每天24小时、一年365天。通过网络营销，人们能够不受时间和地点的限制进行即时交流。

营销资料

人们往往认为建设一个网站是企业进行网络营销的重要标志，其实不然。网站是企业开展网络营销的根据地，网站不仅代表着企业的网络品牌形象，同时也是一个综合性网络营销工具。确切来说，网站建设应该是网络营销的一个组成部分，但建设一个网站不等于已经开始了网络营销。网站的建成，只是标志着企业网络营销的刚刚开始。

2. 网络市场营销的类型

目前，互联网已经成为继电视、报纸、广播、杂志等媒介后的“第五大媒介”。在互联网时代，常用的网络营销有：搜索引擎营销、交换链接营销、电子邮件营销、BBS营销、网络视频营销、电子杂志营销、博客营销、个性化营销、网上商店销售、会员制营销，等等。

(1) 搜索引擎营销

搜索引擎是指互联网上提供信息查询功能的专门网站，其原理是利用数据库的查询功能对用户提交的检索词在库内数据进行查找并显示结果。调查表明，搜索引擎仍然是人们发现新网站的基本方法。因此，在主要的搜索引擎上注册并获得最理想的排名，是网站设计过程中就要考虑的问题之一。搜索引擎营销分两种：搜索引擎优化（SEO）与搜索引擎广告营销。

SEO是通过对网站结构（内部链接结构、网站物理结构、网站逻辑结构）、高质量的网站主题内容、丰富而有价值的相关性外部链接进行优化而使网站为用户及搜索引擎更加友好，以获得在搜索引擎上的优势排名为网站引入流量。

搜索引擎广告很好理解，是指购买搜索结果页上的广告位来实现营销目的。搜索引擎广告的优势是相关性，由于广告只出现在相关搜索结果或相关主题网页中，因此，搜索引擎广告比传统广告更加有效，客户转化率更高。

目前比较著名的搜索引擎网站主要包括：登录百度、GOOGLE、雅虎、搜狗、爱问、中搜等搜索引擎与新浪分类目录、雅虎目录、搜狐分类目录等目录网站。

(2) 交换链接营销

交换链接或称互惠链接，是具有一定互补优势的网站之间的简单合作形式，即分别在自己的网站上放置对方网站的LOGO或网站名称并设置对方网站的超级链接，使得用户可以从合作网站中发现自己的网站，达到互相推广的目的。

（3）电子邮件营销

电子邮件营销的主要原理是通过电子邮件传递信息，以直接或间接地实现企业的促销目的。大多数公司及网站都已经利用电子邮件营销方式，典型应用于会议培训、机票、鲜花、旅游线路、酒店等产品与服务的营销上，这种营销方式可直接用作行销工具，行销任何产品与服务，还可以帮助实现市场调研、客户服务、传播品牌等营销目的。按照是否经过接受者允许的标准可将其分为许可E－mail营销、邮件列表和垃圾广告邮件三种。

邮件列表和许可E－mail营销非常相似。邮件列表也是基于用户许可的原则，用户自愿加入、自由退出。所不同的是，E－mail营销直接向用户发送促销信息，属于“推”的性质，而邮件列表则是按照用户的要求向其提供有价值的信息，在邮件内容中加入适量促销信息，从而实现营销的目的，属于“拉”的策略。

（4）BBS营销

这个应用已经很普遍了，既是网络营销的基本职能，又是一种实用的操作手段。企业通过互联网，不仅可以浏览到大量商业信息，同时还可以自己发布信息。最重要的是将有价值的信息及时发布在自己的网站上，以充分发挥网站的功能。

（5）网络视频营销

指企业通过数码技术将产品营销现场实时视频图像信号和企业形象视频信号传输至Internet网上。客户只需上网登录企业网站就能看到对其产品和企业形象进行展示的电视现场直播。有利于在消费者心中树立良好的品牌形象从而最终达到企业的营销目的。例如：前段时间“百事我创，网事我创”的广告创意征集活动，知名公司通过发布创意视频广告延伸品牌概念，使品牌效应不断地被深化。

（6）电子杂志营销

因特网的出现，把出版业的门槛大大降低了，而以此为基础，网络杂志凭借多样化的表现形式，细分化的目标受众，相对精准的传播方式，开辟了一条全新的多元化信息传播渠道。

电子杂志的影响面自然受到商家的重视，但目前而言，企业的接受度还远远不够。一是企业自己制作电子杂志，进行许可邮件与电子杂志组合性营销，其成本较高，不易操作，难以持续展开；二是绝大多数比例的商业群体并没有成熟的电子杂志阅读习惯；三是如果借用第三方电子杂志平台，众多中小企业并不接受其收费标准，而效果评估体系也缺乏市场考验。

（7）博客营销

博客营销是建立企业博客，用于企业与用户之间的互动交流以及企业文化的体现，可以以行业评论、心情随笔、工作感想、专业技术等作为企业博客内容，使用户更加信赖企业深化品牌影响力。

（8）个性化营销

个性化营销是用户定制自己感兴趣的信息内容，选择自己喜欢的网页设计形式，根据自己的需要设置信息的接收方式和接受时间，企业根据其需要向其提供服务。个性化服务在改善顾客关系、培养顾客忠诚度以及增加网上销售方面具有明显的效果。但是应当注意，保护顾客个人信息是开展个性化营销的前提保证。

（9）会员制营销

会员制营销已经被证实为电子商务网站的有效营销手段。他是通过在会员网站放置广告链接以增加站点访问量并提高销售额，同时根据点击率或销售额向会员网站支付佣金的一种方法。目前，国外许多网上零售型网站都实施了会员制计划，几乎已经覆盖了所有行业，但国内的会员制营销还处在发展初期。

（11）网上商店销售

网上商店是指建立在第三方提供的电子商务平台上、由商家自行经营网上商店的一种比较简单的电子商务形式。网上商店除了通过网络直接销售产品这一基本功能之外，还是一种有效的网络营销手段。其特点是：①永不关门；②客户无限；③服务优质；④成本低廉。典型的第三方电子商务平台有：阿里巴巴、淘宝、慧聪等。

以上是常用的一些网络营销类型，除此之外，还有即时通讯营销、病毒式营销、RSS 营销、SN 营销、论坛营销等，这里就不再一一赘述。

营销案例

亨氏公司的网络营销

亨氏（Heinz）公司是世界著名的食品生产企业，其主要产品包括：婴儿营养商品、调味品、食品添加剂等。产品销售遍及世界各国，深受消费者的喜爱。自 20 世纪 90 年代后期，亨氏公司开始投入大量资源建立自己企业的商务网站。网站内容丰富，在科普宣传和促进销售方面都起到很好的作用。

亨氏网站是亨氏公司为其商务目的建立的电子商务网站，但网站本身并不出售任何产品。非但不出售产品，而且也没有刻意强调、宣传和推销自己的产品，给人感觉完全是科普性宣传。网站内容以宣传婴幼儿科学喂养知识为主。

亨氏网站推出后，为了配合网络营销策略的展示，亨氏公司在传统营销手段上进行了一系列的改变，首先是在产品包装上，亨氏产品的包装简直就是一个该产品使用说明书和科学喂养宣传材料。包装没有太多的图案和画面，全是放大了字号的文字说明。其次是在其所有的宣传资料上明显地印有亨氏网站的网址，以及 800 免费服务热线电话，新产品内设“科学育儿小锦囊”等。

（资料来源：豆丁网）

思考：

浏览亨氏公司的网站，分析说明网络营销能为企业带来些什么。

11.1.2 网络营销策略运用能力

1. 网络市场营销的操作步骤

网络营销是一种网上网下相结合的电子商务模式（又称“鼠标＋水泥”模式），即利用网络来开展各种营销活动，而具体的交易过程则依托于传统的商业环境来进行。基本操作步骤如下：

（1）市场调研

通过市场调研，对现实和潜在顾客做一个真正的了解，主要包括客户群体、客户的需求量、客户群体的日常行为和思维方式等内容。只有了解了这些情况，才可能会真正地利用网络资源成交业务。

（2）确定网络营销对象

企业以营利为最终目标，从事网络营销活动的企业或个人应根据所做的市场调研，进行判断是否能通过网络进行营销。网络空间虽然很大，但并不是所有的公司都适合通过网络来成交业务的。因此，企业必须通过充分的分析自身优势、劣势，以及企业内、外部环境后，确定哪些组织或个人有意与自己进行交换，而获得其所需之物。

（3）方案形成

根据所确定的网络营销对象，找到目标客户群在网上的主要集中的地方（有些客户群主要集中在行业网，有些通过搜索的方式，还有些会常在论坛），设计方案，一步步推进，把自己的商品信息传递给客户。

（4）一对一营销

根据以上制定的方案，逐渐地去推进完成。营销者通过网络寻找目标顾客，并向有意者提供产品或服务的信息以及交易条件；而后，通过网络与其进行交流，根据其所提出的要求，提供更详细的资料，或设计个性化的产品或服务，令潜在顾客满意，从而最终实现交易；最后，利用网络及时快捷地为顾客提供高效的售后服务。

（5）客户关系管理

网络营销的目的并非在于实现某一次销售，而是在于通过向顾客提出定制化的产品或服务，在顾客享受网上购物的同时，与顾客建立和保持恰当的关系。因此，企业要时刻注意客户关注度和客户咨询量，客户咨询量和客户成交量的对比，从而找出在网络营销中提升的方法，以获取其重复购买，并向外传播其美好感受。

2. 网络市场营销策略

为了使企业网络营销水平得到进一步的提高，企业必须积极利用新技术，变革企业经营理念、经营组织、经营方式和经营方法，促使企业飞速发展。传统企业是否能利用互联网创造商业机会，降低成本，提高竞争力，是未来能否在全球经济一体化的状况下制胜的关键因素。网络市场营销策略包括以下内容：

（1）网站策略

网络营销站点作为企业在网上市场进行营销活动的阵地，站点能否吸引大量流量是企业开展网络营销成败的关键，也是网络营销的基础。主要做法如下：

①抢占优良的网址并加强网址宣传。

②精心策划网站结构，网站设计应做到结构简单，建立较为便捷的路径索引，以方便访问。结构模式应做到内容全面，尽量涵盖用户普通需求的信息量。

③加大力气维护网站，包括网上及时更新产品目录、价格等试销性较强的信息，以便更好地把握市场行情。

④搜索引擎注册。

⑤建立交互链接，提高站点的被访问概率。

（2）产品策略

在网络营销中，顾客不能触摸到实体产品，消费者可以通过在网络上阅读文字、体会视听效果、自己操作等方式了解产品的特征、质量，做出最终购买决策，实现网上付款、直接下载所购产品。因此，企业应充分利用计算机的声、像及多媒体等功能将产品的性能、品质、特点展示出来。主要做法如下：

①开辟网上对话区，了解消费者需求和市场趋势，寻求市场机会。

②设立消费者意见专栏和自我设计区，征求消费者对产品的意见和建议。

③通过互联网，商家的产品从定位、设计、生产等阶段就能充分吸纳用户的要求和观点，而用户的使用心得也能通过网络很快地在产品的定位、设计、生产中反映出来，从而最大限度地满足消费者的需求。

④提供网上自助服务系统。根据产品品种适时提供相关服务信息。这样，网络营销既可以展开一对一的信息咨询服务，也可以同时服务于所有上网用户。

⑤域名建设。在网络营销中，域名是消费者识别产品和企业的唯一标志，企业必须做好域名的开发与保护工作。域名要具有简洁性、国际性，并且要与企业或产品的名称相统一，使消费者能顺利准确地识别。此外企业还应采取多域名注册的办法来保护自己，以免造成不必要的损失。

(3) 价格策略

价格是企业、中间商、顾客最敏感的话题。网络营销中的价格策略应充分考虑每个消费者的价值观。具体来说，包括以下几个方面的内容：

①提供价格查询服务。企业在进行网络营销时，可以向消费者客观准确地提供同类产品或相关产的价格目录，便于消费者了解行情，做出购买决策。

②低价位策略。低位定价策略就是在公开价格时一定要比同类产品的价格低。因为借助互联网进行销售，环节少，因此交易的成本费用比较低廉。这样，企业既可以节省大量的成本费用，又可以扩大宣传、提高市场占有率并占领网络市场这一新型的市场。

③灵活价格策略。

a. 自动调价和议价策略。自动调价策略是指系统根据季节、市场供求、促销等状况调整价格水平。智能议价是指给消费者一个在网上直接协商价格的环境。

b. 使用定价策略。使用定价，是顾客通过互联网注册后可以直接使用某公司产品，顾客只需要根据使用次数进行付费，而不需要将产品完全购买。可以吸引过去那些有顾虑的顾客使用产品，扩大市场份额。

c. 折扣定价策略。为鼓励消费者多购买本企业商品，可采用数量折扣策略；为鼓励消费者按期或提前付款，可采用现金折扣策略；为鼓励中间商淡季进货或消费者淡季购买，也可采用季节折扣策略等。

d. 拍卖定价策略。网上拍卖是一种常见的在线销售模式。它按照照拍卖的形式来进行，即出价高者获得购买权。

(4) 渠道策略

网络营销与传统营销相比，差别最大的，或者说最能体现特性的大概就是渠道策略了。网络营销的分销链比传统的要短，制造商与消费者之间可以在网上直接供求商品，大大降低了营销的成本，提高了分销的效率。通常来说，网络营销渠道分为直接分销渠道、间接分销渠道和双渠道 3 种类型。

①直接分销渠道策略。指网络营销中没有中间商，企业设立产品展示区，将虚拟的产品橱窗直接展现在网上客户面前，实现网上订货、付款。对于大多数无形产品和服务可采取此种方式。

②间接分销渠道策略。由于网络营销面对的是全球顾客，企业根据自身条件可以在各地

建立相应的销售代理网点，以保证按时送货、销路通畅。

③双渠道策略。双渠道是指将网络直接分销和间接分销结合起来使用，以达到最大销售量。企业要根据产品的特性、自身实力和目标市场等因素综合考虑选择不同的渠道策略。

(5) 促销策略

网络促销具有一对一服务的特点，除了发布广告外，也是发掘潜在顾客的最佳渠道。主要内容包括：

①网络广告促销。网络广告，是指在因特网站点上发布的以数字代码为载体的各种经营性广告，企业把有关商品和服务信息传递给潜在用户或发到网络上，让网民有机会访问了解，其形式有网页旗标、E-mail、网上黄页等。

②进行网络推广。内容可包括网上折价促销、网上赠品促销、网上抽奖促销、积分促销等。

③开展网络公关，宣传企业文化和经营理念，以增强消费者对企业及其产品的信心。

④举办丰富多彩的网上参与性活动，吸引消费者参加，以加深对企业的印象。

小知识

电商仓储管理中 SKU 的含义

在电商运营或仓储管理中有一个叫 SKU 的东西。什么是 SKU？许多人给出的解释：SKU 是库存量单位。那是字面直译 Stock Keeping Unit。云里雾里，不得其解。有些人说 SKU 是运营和仓储管理中计量库存进出和库存保存的单位。似乎略懂，不得其详。

在电商运营和仓储管理中 SKU 包含了三方面的信息：

1. 从货品角度看，SKU 是指单独一种商品，其货品属性已经被确定。只要货品属性有所不同，那么就是不同的 SKU。属性包括很多，一般的理解货品属性包括：品牌、型号、配置、等级、花色、成分、用途等。也就是说同样的货品只要在人们对其进行保存、管理、销售、服务上有不同的方式，那么就需要被定义为不同的 SKU。

例如：iPone4 和 iPone4s 是不同的 SKU；同是 iPone4s，白色和黑色也是分属不同的 SKU；同是 iPone4s 白色，但一个是 16G，另一个是 32G 内存，它们也还是分属不同的 SKU。

2. 从业务管理的角度看，SKU 还含有货品包装单位的信息。例如：SKU#123 是指 330ml 瓶装黑啤（以瓶为单位）；SKU#456 是指 330ml 瓶装黑啤（以提为单位，6 瓶为 1 提）；SKU #789 是指 330ml 瓶装黑啤（以箱为单位，24 瓶为 1 箱）。由于计量单位（包装单位）不同，为业务管理需要，应划归于不同的 SKU，当然可以有单位转换的算法协助转换 SKU。又如：有袜子以双为单位是一个 SKU。如果其他参数都一样，只是以打为单位打成包（12 双），按包销售，它们也是分属不同的 SKU。

3. 从信息系统和货物编码角度看，SKU 只是一个编码。不同的商品（商品名称）就有不同的编码（SKU#）。而这个编码与被定义的商品做了一一对应的关联，这样我们才可以依照不同 SKU 的数据来记录和分析库存和销售情况。当你使用 WMS 或者 ERP 系统的时候，你会发现每一个 SKU 编码是有精确的商品信息含义的。

11.2　绿色营销

11.2.1　绿色营销概述

1. 绿色营销的概念

绿色营销是在绿色消费的驱动下产生的。绿色营销又称环境营销、生态营销，是可持续发展战略指导下市场营销观念的新发展，又是企业应对全球环境恶化日益关切发展出来的一种营销重点和技术操作，其焦点是如何使市场能更加顾及环境保护以及社会经济发展的可持续性。这种观念主张企业开发的产品与服务是在满足消费者需要实现企业的营销经济目标的同时，也有利于保护生态平衡与提高环境质量。即企业的产品或服务在某种程度上能有益于增加环境利益，同时又能为企业增加贸易利益，绿色营销的基础就是经济利益与环境利益的统一。中国目前的市场主体仍过分注重近期和微观利益，绝大多数企业还没有意识到绿色营销对其经营活动的影响或没有全面掌握绿色营销的策略和技术方式，还需要社会、政府、企业共同努力，培养绿色消费的市场，使绿色营销的企业获得经济利益，实现企业目标。

2. 绿色营销与传统营销的区别

绿色营销是传统营销的延伸及发展，就营销过程而言，二者并无差异，都包括市场营销调研、目标市场选择、制定企业战略计划及营销计划、制定市场营销组合策略等。但如果抛开营销的一般要素，对二者进行深入剖析，将会发现二者研究的焦点、输入的营销信息、目标顾客的需求以及四大市场营销策略等方面，均显现出不同的特征。

①研究焦点不同。传统营销主要由企业、顾客与竞争者构成，这类营销主要通过协调三者间的关系来获取利润，所以，作为企业外在的自然环境，只有当它影响到企业赢利时，方受到关注。绿色营销考虑的是企业营销活动同自然环境的关系，即研究自然环境对企业营销活动发生何种影响，而企业营销活动又对自然环境发生何种冲击。因此，绿色营销的着眼点比传统社会营销更长远，也更具时代性。

②绿色产品具有不同于传统产品的特点。所谓绿色产品，是指对社会或环境的改善有所贡献的产品，或指较少损害社会和环境的产品，或指对环境及社会生活品质的改善优于传统产品的产品。

③绿色分销同传统分销具有差异性。迄今，分销渠道虽然尚不能成为绿色营销的重点，但绿色分销日益成为企业关注的问题。例如，提出及使用绿色通道，采用无铅燃料，使用装有控制污染装置的交通工具和节省燃料的交通工具；降低分销过程中的浪费，即对产品处理及储存方面的技术进行革新；在分销环节上，简化供应环节，以节省资源消耗。

④绿色促销具有与传统促销不同的特点。绿色促销是通过绿色媒体，传递绿色产品及绿色企业的信息，从而引起消费者对绿色产品的需求及购买行为。在绿色促销中，绿色广告、绿色公关等具有重要的作用。它们同传统广告、公共关系、人员推销等具有不同的特征。

⑤绿色价格的特点。绿色价格的主要特征是反映环境成本，即绿色产品通常包括与保护环境及改善环境有关的成本支出。因此，一个企业及产品的绿化程度将影响其成本构成。许多种情况会引起绿色价格上升。例如，引进对环保有利的原材料，用有利于环保的设备替换污染环境的设备，实施环保法也会增加费用，为推行绿色营销而改变公司组织结构及行政管理方式，等等。同时，绿色价格亦可能由于其他因素的作用而降低，如由于产品及包装原材料的节约而降低费用。

尽管绿色营销是传统营销的延伸与扩展，但它毕竟是社会经济发展到现阶段的产物，所以，它与传统营销相比，无论是营销观念还是营销组合策略，都显示出自身独特的、崭新的内涵，显示出顽强的生命力，绿色营销必将成为21世纪市场营销的主流。

11.2.2　绿色营销策略运用能力

1. 树立绿色营销观念

绿色营销观念是在绿色营销环境条件下企业生产经营的指导思想。与传统的社会营销观念相比，绿色营销观念注重的社会利益更明确定位于节能与环保，立足于可持续发展，放眼于社会经济的长远利益与全球利益，是企业实现长远经营目标的需要。它能形成和创造新的目标市场，是竞争制胜的法宝。

2. 设计绿色产品

产品策略是市场营销的首要策略，企业实施绿色营销必须以绿色产品为载体，为社会和消费者提供满足绿色需求的绿色产品。所谓绿色产品是指对社会、对环境改善有利的产品，或称无公害产品。

3. 绿色营销的渠道策略

绿色营销渠道是绿色产品从生产者转移到消费者所经过的通道。企业实施绿色营销必须建立稳定的绿色营销渠道，策略上可从以下几方面努力：

①启发和引导中间商的绿色意识，建立与中间商恰当的利益关系，不断发现和选择热心的营销伙伴，逐步建立稳定的营销网络。

②注重营销渠道有关环节的工作。为了真正实施绿色营销，从绿色交通工具的选择，绿色仓库的建立，到绿色装卸、运输、贮存、管理办法的制定与实施，认真做好绿色营销渠道的一系列基础工作。

③尽可能建立短渠道、宽渠道，减少渠道资源消耗，降低渠道费用。

④绿色营销的促销活动。绿色促销是通过绿色促销媒体，传递绿色信息，指导绿色消费，启发引导消费者的绿色需求，最终促成购买行为。绿色促销的主要手段有以下几方面：

a. 绿色广告。通过广告对产品的绿色功能定位，引导消费者理解并接受广告诉求。在绿色产品的市场投入期和成长期，通过营造市场绿色营销的氛围，激发消费者的购买欲望。

b. 绿色推广。通过绿色营销人员的绿色推销和营业推广，从销售现场到推销实地，直接向消费者宣传、推广产品绿色信息，讲解、示范产品的绿色功能，回答消费者绿色咨询，宣讲绿色营销的各种环境现状和发展趋势，激励消费者的消费欲望。同时，通过试用、馈赠、竞赛、优惠等策略，引导消费兴趣，促成购买行为。

c. 绿色公关。通过企业的公关人员参与一系列公关活动，诸如发表文章、演讲、影视资料的播放，社交联谊，环保公益活动的参与、赞助等，广泛与社会公众进行接触，增强公众的绿色意识，树立企业的绿色形象，为绿色营销建立广泛的社会基础，促进绿色营销业的发展。

绿色营销是在消费者绿色需求的条件下产生的，所以，绿色需求是绿色营销的动力。因此企业应当注重培养绿色文化意识，从而形成绿色营销的文化环境；在产品设计、制造和服务过程中，不断研究和创造有利于保护生态环境、消费者身心健康的科学技术成果，形成绿色营销的科技环境；以是否能最佳满足消费者绿色需求作为企业间竞争的焦点，形成市场营销新的竞争环境。

11.3 整合营销

11.3.1 整合营销概述

整合营销既是一种新的营销思想和理念，更是一种管理思想和管理理念，是企业发展战略和经营战略的重要部分。通过整合企业内外部的各种资源和要素，实现企业真正从生产为核心向以营销为核心的方向转变。

1. 整合营销的兴起

整合营销传播是20世纪90年代以来在西方风行的营销理念和方法。它与传统营销“以产品为中心”相比，更强调“以客户为中心”；它强调营销即是传播，即和客户多渠道沟通，和客户建立起品牌关系。与传统营销4P相比，整合营销传播理论的核心是4C：即相应于“产品”，要求关注客户的需求和欲望（consumer wants and needs），提供能满足客户需求和欲望的产品；相应于“价格”，要求关注客户为了满足自己需求和欲望所可能的支付成本（cost）；相应于“渠道”，要求考虑客户购买的便利性（convenience）；相应于“促销”，要求注重和客户的沟通（communication）。目前，整合营销传播理论已在国内营销界引起了一股“研究热”和“应用热”，对提高应用企业的竞争力和核心能力，保证企业的可持续发展发挥着巨大作用。

2. 整合营销的概念

整合营销传播是通过企业与消费者的沟通满足消费者需要的价值为取向，确定企业统一的促销策略，协调使用各种不同的传播手段，发挥不同传播工具的优势，从而使企业的促销宣传实现低成本策略化，与高强冲击力的要求，形成促销高潮。整合营销传播英文为：Integrated Marketing Communications，简称：IMC 。IMC 的核心思想是将与企业进行市场营销所有关的一切传播活动一元化。IMC 一方面把广告、促销、公关、直销、CI、包装、新闻媒体等一切传播活动都涵盖到营销活动的范围之内；另一方面则使企业能够将统一的传播资讯传达给消费者。所以，整合营销传播也被称为“Speak With One Voice”（用一个声音说话）即营销传播的一元化策略。

整合营销共分七个层次：

①认知的整合。实现整合营销传播的第一个层次，这里只有要求营销人员认识或明了营销传播的需要。

②形象的整合。这个层次涉及确保信息与媒体一致性的决策，信息与媒体一致性一是指广告的文字与其他视觉要素之间要达到的一致性，二是指在不同媒体上投放广告的一致性。

③功能的整合。营销传播方案编制出来，作为服务于营销目标（如销售额与市场份额）的直接功能，也就是说每个营销传播要素的优势劣势都经过详尽的分析，并与特定的营销目标紧密结合起来。

④协调的整合。四个层次是人员推销功能与其他营销传播要素（广告、公关、促销和直销）等被直接整合在一起，这意味着各种手段都用来确保人际营销传播与非人际形式的营销传播的高度一致。例如推销人员所说的内容必须与其他媒体上的广告内容协调一致。

⑤基于消费者的整合。营销策略必须在了解消费者的需求和欲求的基础上锁定目标消费者，在给产品以明确的定位以后才能开始营销策划，换句话说，营销策略的整合使得战略定位的信息直接到达目标消费者的心中。

⑥基于风险共担者的整合。是营销人员认识到目标消费者不是本机构应该传播的唯一群体，其他共担风险的经营者也应该包含在整体的整合营销传播战术之内。例如本机构的员工、供应商、配销商以及股东等。

⑦关系管理的整合。这最后一层被认为是整合营销的最高阶段。关系管理的整合就是要向不同的关系单位做出有效的传播，公司必须发展有效的战略。这些战略不只是营销战略，还有制造战略、工程战略、财务战略、人力资源战略以及会计战略等，也就是说，公司必须在每个功能环节内（如制造、工程、研发、营销等环节）发展出营销战略以达成不同功能部门的协调，同时对社会资源也要做出战略整合。

3. 整合营销的特性

整合营销的两个特性是战术的连续性和战略的导向性。

战术的连续性是指所有通过不同营销传播工具在不同媒体传播的信息都应彼此关联呼应。强调在一个营销战术中所有包括物理和心理的要素都应保持一贯性。所谓物理的连续性是指在所有营销传播中的创意要素要有一贯性。譬如在一个营销传播战术中可以使用相同的口号、标签说明以及在所有广告和其他形式的营销传播中表现相同行业特性等。心理的连续性是指对该机构和品牌的一贯态度，它是消费者对公司“声音”与“性格”的知觉，这可通过贯穿所有广告和其他形式的营销传播的一贯主题、形象或语调等来达成。

战略的导向性，它是设计来完成战略性的公司目标。许多营销传播专家虽然制作出超凡的创意广告作品，能够深深地感动受众甚至获得广告或传播大奖，但是未必有助于本机构的战略目标，例如销售量市场份额及利润目标等。能够促使一个营销传播战术整合的就是其战略焦点，信息必须设计来达成特殊的战略目标，而媒体则必须通过有利于战略目标考虑来对其进行选择。

11.3.2　整合营销的运用能力

1. 建立消费者资料库

这个方法的起点是建立消费者和潜在消费者的资料库，资料库的内容至少应包括人员统计资料、心理统计（消费者态度的信息）资料和以往购买记录等。整合营销传播和传播营销沟通的最大不同在于整合营销传播是将整个焦点置于消费者、潜在消费者身上，因为所有的厂商、营销组织，无论是在销售量或利润上的成果，最终都依赖消费者的购买行为。

2. 研究消费者

这是第二个重要的步骤，就是要尽可能使用消费者及潜在消费者的行为方面的资料作为市场划分的依据，相信消费者“行为”资讯比起其他资料如“态度与意向”测量结果更能够清楚地显现消费者在未来将会采取什么行动，因为用过去的行为推论未来的行为更为直接有效。在整合营销传播中，可以将消费者分为三类：对本品牌的忠诚消费者、他品牌的忠诚消费者和游离不定的消费者。很明显这三类消费者有着各自不同的“品牌网路”，而想要了解消费者的品牌网路就必须借助消费者行为资讯才行。

3. 接触管理

所谓接触管理就是企业可以在某一时间、某一地点或某一场合与消费者进行沟通，这是20世纪90年代市场营销中一个非常重要的课题，在以往消费者自己会主动找寻产品信息的年代里，决定“说什么”要比“什么时候与消费者接触”重要。然而，现在的市场由于资讯超载、媒体繁多，干扰的“噪声”大为增大。目前最重的是决定“如何、何时与消费者接触”，以及采用什么样的方式与消费者接触。

4. 发展传播沟通策略

这意味着什么样的接触管理之下，该传播什么样的信息，而后，为整合营销传播计划制定明确的营销目标，对大多数的企业来说，营销目标必须非常正确同时在本质上也必须是数字化的目标。例如对一个擅长竞争的品牌来说，营销目标就可能是以下三个方面：激发消费者试用本品牌产品，消费者试用过后积极鼓励继续使用并增加用量，促使他品牌的忠诚者转换品牌并建立起对本品牌的忠诚度。

5. 营销工具的创新

营销目标一旦确定之后，第五步就是决定要用什么营销工具来完成此目标，显而易见，如果我们将产品、价格、通路都视为是和消费者沟通的要素，整合营销传播企划人将拥有更多样、广泛的营销工具来完成企划，其关键在于哪些工具，哪种结合最能够协助企业达成传播目标。

6. 传播手段的组合

所以这最后一步就是选择有助于达成营销目标的传播手段，这里所用的传播手段可以无限宽广，除了广告，直销、公关及事件营销以外。事实上产品包装、商品展示、店面促销活动等，只要能协助达成营销及传播目标的方法，都是整合营销传播中的有力手段。

11.4 关系营销

随着市场经济的发展，市场营销活动范围日益扩大，市场竞争更加激化，企业置身于社会经济大环境之中，越来越多的企业意识到，寻求与客户建立和维系一种长期的战略伙伴关系是使交易双方企业获得“双赢”的最大保障。因此在此基础上，关系营销应运而生。

11.4.1 关系市场营销的概述

1. 关系营销的定义

关系营销的研究始于20世纪70年代，是斯堪的纳维亚和北欧的学者最初提出。关系营销的概念是美国营销学者伯瑞于1983年首先引入文献，在一篇服务营销的会议论文中首先提出的。1985年，巴巴拉·杰克逊在产业市场营销领域提出这个概念：“关系营销是指获得、建立和维持与产业用户紧密的长期关系。”这使人们对市场营销理论的研究，又迈上了一个新的台阶。科特勒评价说：“杰克逊的贡献在于，他使我们了解到关系营销将使公司获得较之在交易营销中所得到的更多。”

随着企业组织结构向网络化转变、战略营销联盟等企业合作形式的推广以及计算机信息技术迅速普及等因素的影响，关系营销在20世纪80年代和20世纪90年代吸引了众多营销学者的研究兴趣，学派纷呈，当今比较有代表性的关系营销理论主要有：

伯瑞（Berry）认为关系营销的实质是“保持和改善现有顾客”，他也是首个提出关系营销概念的学者，其核心理念是保持老顾客比吸引新顾客成本更低，营销的效果更好。

摩根（Morgan）和亨特（Hunt）认为关系营销是“旨在建立、发展和维持成功关系交换的所有营销活动”。他们从经济交换与社会交换的差异来认识关系营销，认为承诺与信任正是社会交换的本质所在。

这两种观点都是比较注重经济上的效果，但他们更多的是从现阶段的静态的角度对待关系营销，而不是从动态的、变化的、发展的角度来思考。

塞斯（Sheth）和帕维提亚（Parvatiyara）从网络化的联系的角度来理解关系营销，认为“应通过合作及合作努力来与选定的顾客、供应商、竞争者、政府、金融机构等相关利益者为了创造价值而建立更密切的互动关系”。这样竞争与合作就统一起来了，为了竞争必须合作；有效的合作又可以增强竞争力。在他们的定义中合作是手段，创造价值才是目的。但在关系发展过程中，常常存在非价值创造因素，如人际满意、归属满足等，这些因素很可能会被认为对创造价值无用而人为地忽视掉。

芬兰的格鲁罗斯（Gronroos）教授和瑞典的顾木森（Gummesson）教授主要从服务营销角度提出了顾客关系生命周期模型、顾客感知服务质量、服务管理与营销的过程性、内部营销对外部营销的重要性、互动营销等理论与方法。从服务营销角度定义关系营销而后扩展为营销的通用理论。

这些理论以多视角、从不同的侧面对关系营销进行了探索，有力地推动了关系营销研究的深入，也为企业寻求改善营销业绩和在新竞争环境下有效的营销方法提供了机遇。

今天，人们对关系营销的讨论和关系营销的实践，已从单纯的顾客关系扩展到了企业与供应商、中间商、竞争者、政府、社区等的关系。这样，关系营销的市场范围就从顾客市场扩展到了供应商市场、内部市场、竞争者市场、分销商市场、影响者市场、招聘市场等，从而大大地拓展了传统市场营销的含义和范围。

综合各种观点，关系营销可以定义为：把营销活动看成是一个企业与消费者、供应商、分销商、竞争者、政府机构及其他公众发生互动作用的过程，其核心是建立和发展与这些公众的良好关系，目的是让企业与顾客、利益相关人建立起双赢的关系，让处于关系链条上的各方共同创造价值，它超越了传统的专门职能和准则的界限。

营销资料

全球通的关系营销

最近一两年中国移动全球通的关系营销就做得不错，很多“钻金”的VIP客户，不但在重要节日收到意想不到的礼物，更可以在飞机场到全球通的休息室上网，等等，都反映出全球通在关系营销方面所下的功夫。相信在不久的未来，随着日新月异的科技发展，尤其是在数据库、手机及互联网方面的技术发展，非服务性行业也可以进一步利用关系营销来拉近跟大众消费者的距离。越来越多的企业会意识到，寻求与客户建立和维系一种长期的战略伙伴关系是使交易双方企业获得“双赢”的最大保障。因此关系营销受到现代企业的高度重视。

2. 关系营销的特征

21世纪，新秩序下建立的市场上，越来越多的营销者强调与顾客、分销商、供应商甚至是竞争者应建立长期的、彼此信任的、互利的关系。因此，关系营销的本质特征可以概括为以下几个方面：

（1）信息沟通的双向性

在关系营销中，沟通应该是双向而非单向的。只有广泛的信息交流和信息共享，才可能使企业赢得各个利益相关者的支持与合作。

（2）战略过程的协同性

关系的存在状态从性质上可分为对立性的和合作性的两类。对立性的关系状态是指企业组织与相关者之间为了各自目标、利益而相互排斥或反对，包括竞争、冲突、对抗、强制、斗争等；合作性的关系状态是指关系的主客体双方为了共同的利益和目标采取相互支持、相互配合的态度和行动。明智的营销管理者应强调与利益相关者建立长期的、彼此信任的、互利的关系。只有通过合作才能实现协同，因为合作是“双赢”的基础。

（3）营销活动的互利性

关系营销的基础，在于交易双方之间利益的互利互惠上，而不是通过损害其中一方或多方的利益来增加其他各方的利益。

（4）营销关系的亲密性

关系能否得到稳定和发展，情感因素也起着重要作用。因此关系营销不只是要实现物质利益的互惠，还必须让参与各方能从关系中获得情感的需求满足。

（5）信息反馈的及时性

关系营销要求建立专门的部门，用以跟踪顾客、分销商、供应商及营销系统中其他参与者的态度，由此了解到环境的动态变化，根据合作方提供的信息，及时采取措施消除关系中的不稳定因素和不利于关系各方利益共同增长的因素。此外，通过有效的信息反馈，也有利于企业及时改进产品和服务，更好地满足市场的需求。

（6）产品价值的附加性

消费者购买产品并不单纯依据价格的高低，还要考虑其他因素，如稳定的供货、良好的售后服务等。因此，关系营销认为产品的价值及包括实体价值，也包括附在实体产品之上的服务。

11.4.2 关系市场营销的能力运用

1. 关系市场营销的目标

关系营销最主要的目标是通过为顾客提供满意的产品和服务价值，通过加强与顾客的联系，提供有效的顾客服务，保持与顾客的长期关系等手段培养忠诚顾客，从而实现企业的营销目标。

忠诚顾客之所以受到企业高度重视，是因为忠诚的顾客会重复购买，还会参与和介入企业营销活动，为企业提供信息和建议。根据研究可知，争取一个新顾客的营销费用是保持老顾客费用的5倍，忠诚顾客每增长5%，企业利润则增加25%。因此加强与顾客关系并建立顾客的忠诚度，是可以为企业带来长远利益的。它提倡的是企业与顾客的双赢策略。企业可以从以下三个方面增强顾客的忠诚效果：

（1）产品和程序的满意度

顾客忠诚的前提是顾客满意，满意的顾客会对企业带来有形的好处，如重复购买该企业产品和无形产品，如宣传企业形象等，而顾客满意的关键条件是顾客需求的满足。因此，企业要重视调研，同顾客保持良好关系，不断开发适销对路的产品，这是顾客忠诚的基本。

（2）价值驱动力

企业要努力提高消费者对于企业文化的认知度，提高企业的内部绩效，真正能够让企业的利润得到提高。

（3）忠诚驱动力

运用各种营销工具，要让顾客觉得物有所值，满足甚至超越消费者的期望值。

2. 关系市场营销的流程系统

关系市场营销的流程系统是指企业与相关成员之间彼此形成的一种相互依赖的商业关系。它说明了关系营销是一个整体的市场活动范围，包含了各种市场及其相互之间存在着一定的关系。企业的发展要借助利益相关者的力量，而后者也要通过企业来谋求自身的利益。关系市场营销的流程系统如图 11－1 所示：

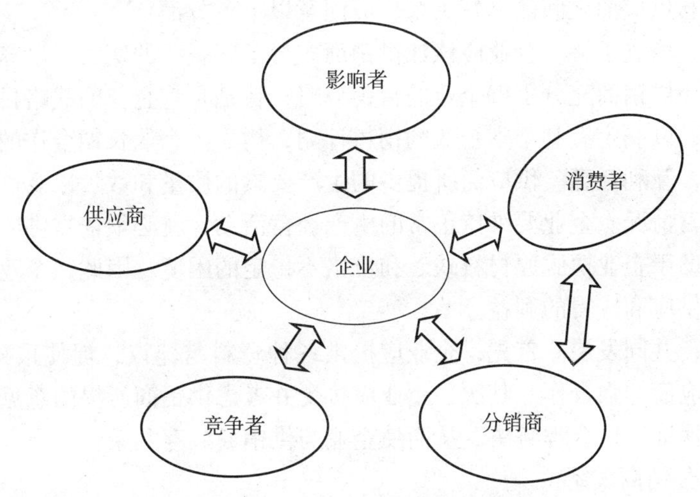

图 11－1　关系市场营销的流程系统

（1）企业内部关系

内部营销是企业关系营销的基础，任何一家企业，要想让外部顾客满意，它首先得让内部员工满意。只有工作满意的员工，才可能以更高的效率和效益为外部顾客提供更加优质的服务，并最终让外部顾客感到满意。应注意的是，内部市场不只是企业营销部门的营销人员和直接为外部顾客提供服务的其他服务人员，它包括所有的企业员工。

怎样处理好与员工的关系呢？主要是打造满意员工，从而造就满意客户，具体来讲：

①满足员工的不同层次的需要。美国著名的管理学家托马斯·彼得曾大声疾呼："一边歧视和贬低你的员工，一边又期待他们去关心产量和不断提高服务质量，无异于白日做梦。关爱你的员工吧，他们会百倍地关爱你的客户！"的确，满足员工不断增长的物质需求，可以使企业具有光明的发展前景；满足员工对企业的情感需要，可以使企业内部建立融洽的人际关系；满足员工的成就感，就要为员工提供实现个人价值和充分成长的机会，并不断根据知识经济的发展需要，对他们进行知识和技能的培训。

②造就良好的员工信念。员工信念是企业及其员工所公认的、在实践中奉行的一种文化价值观念。确认一个具有挑战性的、统一的、独一无二的并且让人信服的信念可以把大家凝为一体，激励员工不断奋发向上。

③建立企业内部良好的沟通气氛。在企业内部沟通过程中，企业领导要作风民主，平易近人，要善于倾听不同的意见，鼓励下属大胆提出批评和建议，消除沟通中的地位障碍，形成轻松和谐的沟通环境和气氛。

④做好员工的培训工作。很多公司最常犯的错误就是为节约一点开支而忽视员工的培

训，公司最大的资产即是人。

（2）企业与供应商关系

在现实的资源交换过程中，资源的构成是多方面的，如人、财、物、技术和信息等方面，任何一家企业都不可能独自解决。因此，在竞争日趋激烈的市场环境中，明智的市场营销者会和供应商建立起长期的、彼此信任的互利关系。如麦道飞机公司 1993 年生产的 100 座喷气式客机，有 18 种重要的零部件是由供应商负责设计的，公司因此而节约了 2 亿美元的生产成本。

企业要保持与供应商之间的良好关系，应注意以下各方面：

①求实为本，增进了解。企业应该让供销商充分了解企业的实力，培养供销商对企业的信心，同时必须让供销商充分了解企业的营销战略，特别是将企业的战略目标、营销计划充分传达给经销商，以制定有利于本企业的销售计划，树立与企业长期合作的信念。

②讲究信用，互利互惠。供应商所提供的生产要素的质量和数量以及价格等，直接影响到企业的生产经营情况。企业要维持正常的生产经营活动，就必须依靠供应商的支持，良好的供应商关系有助于企业摆脱原材料缺乏和价格不稳定的困境。因此，企业在实现自身利益的同时必须保证供应商应得的利益。

③诚意合作，共同发展。首先，企业应提供各种资料与建议，促使采购、收货、营销、会计等部门与供应商加强合作。其次，企业应接受并考虑供销商所提的意见和建议，并传达给企业各部门并保证予以合理解决，从而使企业与供销商共存共荣。

（3）企业与分销商关系

对于实施关系营销的企业而言，分销商市场是最重要的一环，它是企业与最终消费市场的桥梁，也是企业物流、信息流、资金流的枢纽。在分销商市场上，零售商和批发商的支持对于产品的成功至关重要。

例如 IBM 公司曾经花费 1 亿美元为其产品做广告，结果还是以失败而告终，原因就是分销商反对该产品，销售渠道的阻塞直接导致了产品的失败。

因此，对于分销商市场，企业既应该注意与其在实际的业务往来中进行沟通交流，还应在开发产品之初征得其同意，避免出现拒销的局面。

（4）企业与竞争者关系

企业之间不仅存在着竞争，而且存在着合作的可能，以合作代替竞争，实行“强强联合”，依靠各自的资源优势可以使双方的利益扩张，在竞争中实现“双赢”的结果才是最理想的战略选择。合作营销主要有以下形式：

①入市合作。入市合作是最典型的市场调查合作和市场进入合作。

②产品和促销合作。产品和促销合作是指在相同的市场上推出精心组合的产品，并进行促销合作。

③分销合作。分销合作主要是通过渠道建设合作，以强化渠道管理，决胜终端。

（5）企业与顾客关系

菲利普·科特勒指出：“忠诚的顾客是企业最宝贵的财富。”顾客是企业生存和发展的基础，也是开展营销工作的目标所在。市场竞争其实质就是对顾客的争夺。留住老客户，开发新客户是每个企业开展营销工作的关系所在。因此，在关系营销网络构建中，要处理好与顾客的关系，它是构建关系营销体系的核心。

怎样处理好与顾客的关系呢？

①树立以消费者为中心的观念；

②要准确把握客户的需求；

③提高顾客的满意度；

④建立顾客关系管理系统，培养顾客的忠诚度；

⑤认真对待每一个细节，因为在营销中，细节决定成败。

营销资料

IBM公司的组织信念

尊重每一位顾客——尊重组织中每个人的尊严和权利；

提供最佳服务——提供全世界所有公司中最好的服务给顾客；

追求卓越之作——相信一个组织目标是以卓越的方法完成所有的工作。

这三大信念贯穿于IBM公司的一切工作规范和经营活动之中。靠最佳服务赢得顾客和占领市场，是IBM公司成功的秘诀。

(6) 企业与影响者关系

影响者指那些不为企业创造直接的价值利润，但却存在于整个企业乃至整个行业发展态势的其他机构，包括金融机构、新闻媒体、政府、社区，以及诸如消费者权益保护组织、环保组织等各种各样的社会压力团体。企业与这些环境因素息息相关，构成了保障企业生存与发展的事业共同体。对于大多数企业来说，要想成功必须充分利用这种资源。企业与影响者关系的处理通常可借助公共关系实施。

营销案例

谨防“关系营销”病（“晚上营销”病）

关系营销自20世纪90年代以来受到全球的重视，但在中国的的转型企业有着特殊的含义。西方的重点是强化顾客关系，包括建立顾客关系管理（CRM）等，而在中国，企业由于以前受政府干预较多，与政府部门的关系对企业的生存发展存在切身利害，因而在许多企业看来，官商关系比顾客关系更为重要。

这类营销和知本营销最大的区别就是营销活动的时间、地点、对象不一样。时间是在晚上，地点一般在家里或者秘密公寓，对象是只要自己在营销活动中用得着的人物。这样的营销我们在这里就不说了，各人有各人的招式方法，各不相同。

在国外，先签约再干杯；在中国，却是吃饭在前，生意在后。俗话说“酒杯一端，政策放宽”，就是这个道理。国外的商业基础是契约论，中国商业的基础是关系论。并且这种关系还是一种病态的关系营销病。

中国企业“晚上营销”少了，“白天营销”多了，就是中国市场经济成熟的表现。

如果说美国社会是躺在一个互联网上，则中国社会是躺在一个关系网上。关系好不好？好！关系要不要？要！但光靠“关系”，特别是黑色关系、灰色关系终究是走不远的。

（资料来源：岩松、游自珍．盲点——你离市场有多远．中国经济出版社．2004.）

3. 关系市场营销的具体实施

营销实施是将营销策略转化为行动的过程。从宏观的角度来看，关系营销策略的实施，还需要企业从整体上进行统筹规划，具体来说包括组织设计、资源的合理配置以及文化的整合。

（1）组织设计

关系营销的管理，必须设置相应的管理机构。它代表企业有计划、有准备、分步骤地开展各种营销活动，把企业领导者从烦琐事物中解脱出来，使各职能部门和机构各司其职，协调合作。除此之外，还担负着收集信息资料、参与企业的决策预算的责任。

①明确职责范围，制订长期的和年度的工作计划。

②经常与关系对象进行联络和沟通，进行反馈和追踪。

③测定长期需求，了解顾客兴趣。

（2）资源配置

面对当代的顾客、变革和外部竞争，企业的全体人员必须通过有效的资源配置和利用，同心协力地实现企业的经营目标。

①人力资源配置。人力资源配置主要是通过部门间的人员转化，内部提升和跨业务单元的论坛和会议等进行。实行部门间人员轮换，以多种方式促进企业内部关系的建立；从内部提拔经理，可以加强企业观念并使其具有长远眼光；对有价值的客户指派专人负责，与其建立有价值的关系。

②信息资源共享。信息资源共享方式主要有：利用电脑网络协调企业内部各部门及企业外部拥有多种知识和技能的人才的关系；制定政策或提供帮助以削减信息超载，提高电子邮件和语言信箱系统的工作效率；建立“知识库”或“回复网络”，并入更庞大的信息系统；组成临时“虚拟小组”，以完成自己或客户的交流项目。

（3）文化整合

无论在哪一个市场上，关系具有很重要的作用，甚至成为企业市场营销活动成败的关键。所以，关系营销日益受到企业的关注和重视。然而由于各方环境的差异会影响关系的建立以及双方的交流。人们在跨文化的交流时要互相理解和沟通，必须克服不同文化规范带来的交流障碍。文化整合是企业市场营销中处理各种关系的高级形式，对于双方能否真正协调运作有重要的影响。

总之，关系营销在企业的运营过程中发挥着越来越重要的作用，面对纷杂的市场环境，我国企业应该对关系营销的理论加以甄别取舍，慎重地实施本企业的关系营销战略，在未来激烈的国际化竞争中站稳脚跟，谋求企业的长足发展。

营销案例

中国历史上的六大“暴力营销”

中国企业界有很多的促销高招，但往往不直接，绕了老半天道，却不能奔到主题，有点累。前几天在河北营销会上，有人问我哪种营销最直接最管用。答案是“暴力营销”。我举了六个例子，无一不是“摔”“砸”“压”“毁”“拆”之类的，其中只有一个“喝”文雅。可别忘了，“喝”的可是涂料，够“暴力”吧？

“暴力营销”好就好在传播力巨大，而且还花钱不多，但管用好使，为什么？因为凡“暴力营销”形成的口碑效应如同幽灵，能在老百姓的言谈中，饭桌上，被窝里出现，并成为话题。甚至还会流传很久很久，成为民间作品保留剧目，而这一切恰恰不是广告促成的。只要不是好作品，任凭怎么吹，怎么捧，怎么打广告，也不会形成百年经典。

“暴力营销”之一：摔茅台

1915年，茅台酒在参加巴拿马世界博览会时，由于包装粗糙土气而顾客寥寥少人问津。一参会人员心生一计，将一瓶酒摔在地上，顿时瓶破酒洒，醇香弥漫，吸引了许多人来围观，众人操着不同的语言齐声称赞好酒！于是茅台酒的名声大振，被商家抢购一空并从此走出国门。贵州茅台酒1915年在美国旧金山巴拿马世博会上“一摔成名”，让参观的市民津津乐道。茅台酒不仅因此获得了金奖，还被评为世界名酒。

“1915年茅台酒因‘摔’获奖，不仅让茅台名扬海外，也提升了贵州和中国白酒的知名度。”贵州茅台集团党委书记、总经理袁仁国说。目前，茅台酒在国外的市场份额已占到总销量的6%~7%。

“暴力营销”之二：砸冰箱

1985年，一个用户投诉说，产品有质量问题。张瑞敏下令将当时仓库里的400台冰箱全部检查了一遍，其中有76台冰箱有各种各样的问题。为了树立质量意识，张瑞敏当场决定砸掉这76台不合格的冰箱，谁干的谁砸，张瑞敏带头砸了第一锤。当时，在场的人都流泪了。张瑞敏和副厂长杨绵绵带头扣除了自己一个月的工资。张瑞敏说：“砸冰箱实际上是砸一种忽视质量的错误意识，那次事件震撼了大家的心灵!”

张瑞敏的这一招很快在市场上收获了成果。1988年，创业仅仅4年的海尔，夺得了中国电冰箱史上的第一枚国优金牌。1991年，海尔获得全国首批“十大驰名商标”称号。

“暴力营销”之三：压坦克

1992年5月13日，一辆军用坦克毫无顾忌地向一扇钟馗牌门凶猛地压去。坦克过后门却丝毫未损。

事实证明，钟馗保温门、防火门能承受数吨重坦克的碾压而不破损，这个卖点也成了河北钟馗门业迅速打开市场、成就国内门业大王的导火索。据介绍，截止到2008年，钟馗共销售木门近1 000万套，服务全国各地数百万家庭。该公司总经理王树声曾说，坦克压门真功夫，眼见为实好营销。

“暴力营销”之四：喝涂料

2000年10月8日，一家名为富亚的涂料公司在《北京晚报》上打出一则通栏广告：10月10日上午，在北京市建筑展览馆门前开展“真猫真狗喝涂料”活动，以证明该公司生产的涂料无毒无害。

由于这一活动的新奇性，加上近年来“动物保护”意识已深入人心，因此广告一刊出，即在社会上引起轩然大波。

10月10日上午，北京建筑展览馆门前挂起了“真猫真狗喝涂料——富亚涂料安全大检验”的横幅，一猫三狗准备就绪，富亚公司请来的崇文区[①]公证处公证员也已到位。而展台前则拥满了观众，其中几位愤怒的动物保护协会成员发誓要阻挠此事，另外还有不少跑来“抢新闻”的媒体记者。

上午9时，富亚公司总经理蒋和平开始向围观者宣传产品。现场秩序很乱，围观者越聚越多，眼见“真猫真狗喝涂料”活动就要泡汤。这时蒋和平摆出一副豁出去的架势，大义凛然地宣布：考虑到群众情绪，决定不让猫狗喝，改为人喝涂料，他亲自喝。

---

① 崇文区：今为东城区。

话音刚落，场内顿时鸦雀无声。在两名公证员的监督下，蒋和平打开一桶涂料，倒了半杯，又兑了点矿泉水，举在眼前顿了顿。在四周观众直勾勾的注视下，蒋和平咕咚咕咚喝下手中一大杯。喝完后一擦嘴，还面带笑容。

蒋和平这一“悲壮”的行为赢得了极大的新闻效应。当时，新华社播发了一篇700字的通稿《为做无毒广告，经理竟喝涂料》，此后媒体纷纷跟风，“老板喝涂料”的离奇新闻开始像野火一样蔓延。不仅北京市的各大媒体竞相报道，全国各地的媒体也纷纷转载。

当时有个细节可说明这一事件的影响力：北京电视台评选的10月份十大经济新闻，“老板喝涂料”赫然跻身其中，与“悉尼奥运会”等同列。

“暴力营销”之五：拆空调

2001年3月5日在北京长城饭店举行了一场别开生面的“明明白白看心脏，安安心心购空调”活动，当场进行了格力空调“解剖”演示，以凸显自己的高品质。

当着众多记者和消费者的面，格力电器技术部部长张辉将一台格力空调拆得七零八落，并详细介绍了空调的“五脏六腑”及功用后，张辉介绍说，格力空调的每个零部件都采用名牌优质产品，并要经过生产部、外协企业管理部、供应部、技术部和筛选分厂等部门的层层筛选考验，然后才能进入生产线。格力表示，他们将以高品质应对目前的价格大战。

但当记者问到格力会不会参与价格战时，格力经营部部长李伟却表示，其实格力一直都在进行着价格调整，以1匹分体机来说，1993年是6 000多元，1995年、1996年是4 000多元，调整到了现在，只卖到3 000多元。他说，这种调整是在规模效应、技术创新和管理创新基础之上进行的。格力今后还将进行价格调整，但作为一个负责任的企业，格力绝不会通过偷工减料降低成本或是将有问题的产品改头换面出售。他同时提醒消费者，购买空调，一定要认清空调“五脏六腑”的质量，然后再做决定。格力称：此举使格力空调在2001年又一次获胜。

“暴力营销”之：毁大奔

从2001年年底直到2002年上半年，武汉野生动物园车主毁大奔一事沸沸扬扬折腾了将近半年了，赚尽新闻版面和人们的眼球。其实综观整个事件，与其说武汉野生动物园精心炮制的毁大奔事件是维护自身权益，毋宁说是独具匠心的策划。

首先是时机的选择。当时眼看就要到元旦、春节了，又是假日经济的黄金时段，在这个节骨眼上，砸奔驰事件报道处处拉扯到动物园的名称，无疑比打广告要划算得多。其次，被动物园拿来说事儿的是大名鼎鼎的奔驰车，“傍大款”奔驰容易构成新闻，如果是辆值不了多少钱的轿车，你愿意砸就砸去，肯定没有人搭理，而且奔驰是国外公司，国人心中又总都有那么一丁点儿民族情绪，一煽忽就着；另外整个实践策划层次分明，环环紧扣，高潮迭起，先是开新闻发布会散布砸车消息，再老牛拉奔驰游街示众，最后一砸了之，有头有尾，煞有介事。还有是整体效果评价，武汉、湖北以至于全国媒体翻来覆去的报道，怎么着也有上千万的广告价值，比起90多万的奔驰而言，这辆奔驰230死得其所，如果接着再有哪位收藏家慧眼独具，要把这辆世界首辆被砸的大奔买下，那这成本就全给收回来了。得，武汉野生动物园名声大振，游客倍增，整个儿干赚。

（资料来源：道客巴巴）

11.5 口碑营销

口碑营销，最大的优势就是能够让企业深入消费者的心里，建立品牌与消费者之间的深度关联，从消费者传递的口碑信息中去体验消费者对产品或服务真正的需求。企业只要找到了这种需求，并以全新的角度去诠释，就可以使品牌之树长青，使品牌更具活力和影响力。

很多时候，口碑传播行为都发生在不经意间，比如朋友聚会时聊天等，这时候传递相关信息是十分受欢迎的。因此，企业在客户身上投入的精力、资源并没有浪费，使现有客户满意，实际上相当于为企业培养出色的兼职推销员。研究表明，在大多数行业中，公司的增长率和“推荐者”的比例之间有强烈的正相关系。在所有顾客忠诚度指标中，“净推荐者”跟公司利润增长最为相关。

11.5.1　口碑营销传播概念

1. 口碑的概念

什么是“口碑”？关于“口碑”的定义，中国和国外都有比较专业的解释。“口碑”在《辞海》中的解释是：“比喻众人口头上的称颂。碑，石碑，这里指记功颂德的碑。如：口碑载道。《五灯会元》卷十七：‘劝君不用镌顽石，路上行人口似碑。’”

由此可见，口碑在我国传统的语义中强调了两点：一是记功颂德，社会公众形成的对某一产品或服务长期的、统一的、好的看法和评价。二是口头传播，即借助于人与人之间的口口相传。比如，《新闻周刊》（Newsweek）称口碑是“传播性闲聊；关于某个新热点人物、地方或事物的真实的街道层次的热烈谈论”。《口碑营销》（The Anatomy of Buzz）一书的作者伊曼纽尔·罗森（Emanuel Rosen）认为：“口碑是关于品牌的所有评述，是关于某个特定产品、服务或公司的所有的人们口头交流的总和。”

2. 口碑传播的概念

“传播”一词，由英语 Communication 翻译过来，其意为思想、观念、意见的交流，而它又源于拉丁文 communis，意为共同分享。所以，传播具有两方面的含义：信息的分享和信息的传递。信息可以是消息，包括思想、观念和意见，也可以是能量、物质。

传播有很多种形式包括自我传播、人际传播和大众传播等，而口碑传播则类属于人际传播中的一种。国内外关于口碑传播的定义有很多。

密歇根大学 Eugene W. Anderson 将口碑传播定义为：口碑传播是指个体之间关于产品和服务看法的非正式传播，包括正面的观点和负面的观点，但不同于向公司提出正式的抱怨或赞赏。

维多利亚大学 Peter W. Kennedy 则认为：口碑传播指的是消费者之间的任何信息交流，从朋友或邻居之间的闲谈，到公共出版的消费者调查结果。

浙江大学黄孝俊、徐伟青认为：口碑传播是指一个具有感知信息的非商业传播者和接收者关于一个产品、品牌、组织和服务的非正式人际传播。

在众多专家学者和前人的研究基础上，对于口碑传播的定义，本书认为：

第一，口碑传播的主体可以是任何人、任何的公众，共同点都是关系到企业利益的相关主体：消费者、生产者、销售者、媒体等。而客体的形式也是多样的，一个人或者群体，特定的或者不定的，传播的主体对谁接受了自己的信息也可以一无所知。

第二，口碑传播的信息是企业或组织的产品、服务、文化、形象或品牌等所有密切相关的信息。

第三，传播的内容可以是正面的，也可以是负面的。包括判断、认知、评价、比较、感觉、态度、好恶、建议等。

第四，传播的过程可以是传统形式的“口耳相传”，也可以是利用现代科技，通过互联网或者其他通讯平台进行信息传播。需要强调的一点就是传播的过程是直接的，中间不需要经过任何第三方的介入和处理，其互动性和双向性更是体现了人际传播的特点。

第五，就是传播的效果，是直接传达了产品（服务）和品牌的信息，最终的结果则是改变受众对某一产品或品牌的态度和认知，对其购买行为的产生有促进或阻止作用。

综上所述，笔者把口碑传播定义为：在一些与企业或组织利益相关的个人之间，不经过第三方处理，直接传递企业或组织的产品、服务、文化和品牌等紧密相关信息，令个人获得信息、改变态度，最终影响了其消费购买行为的双向互动的传播行为。

3. 口碑营销传播的概念

营造口碑的过程和方法就是口碑营销。口碑营销就是要把散乱的、琐碎的“谈论”进行规范和管理，为企业营销战略服务，以达到相应目标的活动。口碑不是空穴来风，它是一系列营销活动的成果，从产品质量、服务到营造体验环境，从宣传的手段和切入点到售后服务，以及相关的一系列的措施，每一个环节都关乎口碑的流传。

因此，在这里我们把“口碑营销传播”定义为：营销人员在消费者满意的基础上，通过一定的营销策划，使产品或服务的内涵和信誉通过公众间非正式的人际传播网络进行扩散，从而导致受众获得信息、改变态度，甚至影响购买行为的一种的营销传播过程。

4. 口碑营销传播的重要性

相对于更正式或有组织的信息来源比如广告而言，消费者在购买决策中经常更多地依靠非正式的或人际传播的信息来源。有关传播对消费者态度和行为影响的研究发现，口碑传播的影响力比媒介广告的影响力高 7 倍，比人员推销的影响力高 4 倍。消费者转换品牌更多是受口碑传播的影响，而非广告的影响，前者的影响力是后者的 2 倍。在促使消费者态度由否定、中立到肯定的转变过程中，口碑传播所起的作用则是广告的 9 倍。按照麦肯锡的一项研究，口碑传播几乎影响到美国 2/3 的经济领域：玩具、运动产品、电影、娱乐、时尚、休闲自然最受口碑影响，金融机构、服务业、出版、电子、药品、农业、食品等众多领域也同样受口碑所左右。

口碑营销对于企业有以下的重要性：

第一，口碑营销能促使人们立即采取行动，有利于增加企业的销售额、存货周转率和应收账款周转率，有利于增加企业流动资本回收速度和提高企业固定资产的变现率。相对于其他信息来源而言，口碑营销显得更可靠，对顾客具有较高的影响力和说服力，成为顾客做出购买决策时使用频率最高的信息资源。

第二，口碑在很多种产品和服务的购买决策中起主要决定作用，并且口碑营销并不需要企业额外投资，为企业节省了大量的营销费用。通过分析一群通过口碑推荐而来的细分客户的共同特征和偏好，然后有针对性地选择合适的广告媒体，展开营销攻势，能够大大节省日常营销费用。

第三，由于企业一直有着良好的口碑效应，能够增加顾客的忠诚度，购买该商品就意味着精明人士在做出精明选择，有利于延长顾客与企业交易的生命周期，减少顾客流失率，增加顾客的终生价值。良好的口碑能够增加顾客的忠诚度，而顾客忠诚是使企业获得盈利的一种重要方法。

第四，口碑营销能使企业从激烈的市场竞争中脱颖而出，有利于形成企业的品牌资产

(brand equity)。在顾客消费之前，其他顾客通过良好的口碑效应为公司树立良好的形象，促进更多的顾客知晓，增加企业或商品展露的频数（frequency），促使顾客有购买的欲望。在顾客购买过程中，通过与其他顾客的交流，对于原本只是尝试的顾客，促使其购买超出原本打算购买量，从而导致销量的增长。在顾客消费后，通过介绍其他消费者购买而增加获取新顾客比率，从而使公司的总体利润上升。

第五，良好的口碑有利于企业内部文化建设，形成一支忠诚、作风硬朗、高效率的团队，使企业得到越来越多的顾客的认同。

5. 口碑营销传播的特点

因为口碑营销传播是属于非正式的人际传播，所以除了具有双向性强、反馈及时、互动频度高、方法灵活等明显的人际传播的特点之外，还具有以下独特的特点：

（1）针对性强

在今天的信息世界中，人们已经淹没在广告和冗杂的信息中，营销人员的传播活动和人们的购买决定过程更加复杂。对消费者来说，有用的信息可以为自己创造价值，极大地节省时间和精力，而一些垃圾信息不但会浪费消费者的时间和精力，而且有可能极大地伤害消费者。大规模的广告宣传强迫消费者片面接受某一类信息，阻碍了消费者对各种信息进行尽可能充分地了解和比较。对营销者来说，日益复杂的传播活动不但增加了营销的难度和成本，更减弱了传播活动的效果。

口碑营销传播往往借助于社会公众之间的人际传播方式进行，在这种信息传播的过程中，每个人都是信息的发出者，也是信息的接收者，即在影响别人的同时，也受到他人的影响。传播者对信息接受者的爱好和需求都很了解，因此可以随时调整信息内容，满足对方需求，增强说服力，提高传播效果。同时消费者通过积极的交流回应也能及时地知道自己所关心的消费品种类、品质、价格、市场供给状况及其变动趋势的信息。而对营销者来说不仅省去了越来越高昂的媒体购买和广告制作费用，而且传播到达率和投资回报效率更高，这是广告等大众传播手段所无法企及的。

（2）可信度高

广告和销售人员宣传产品一般都是站在企业的角度，即为企业的利益服务的，所以消费者有理由对其真实性和准确性表示怀疑，不愿意接受那些明显带有商业目的，为销售商的利益服务的宣传口号。而口碑的传播者是和自己一样的消费者，与服务的提供者没有密切的关系，独立于企业之外，也不会因推荐产品而获得物质收益。

此外，如家庭、朋友等参照群体，在文化、观念、意见和价值判断上具有相当大的接近性。因此，在消费观念上传播双方易于理解和认同，信息的传播者所传播的信息对接受方来说比较容易相信和接受。因此从消费者的角度看，相比企业的计划性信息宣传而言，口碑传播者传递的信息被认为是客观和独立的，更容易得到受众的信任。

（3）传播成本低

“口碑传播”素有“零号媒介”之称，是目前世界上最为廉价的传播媒介，也是最可信的宣传工具。与广播电视、报纸杂志日益上涨的宣传费用相比，口碑传播的成本是最低的，它利用人类传播信息的天性，由于不用企业另外付费，其成本几乎为零。良好的口碑是企业的一笔巨大的财富，它的形成需要企业方方面面的配合，以及前期较大的人力、物力、财力的投入，而企业产品或者服务一旦形成一个好的口碑，消费者就会自行宣传企业的产品和服务，并且很容易形成稳定的忠实顾客，这样就会大大地节省广告、宣传的费用。所谓“酒香不怕巷子深”，好的口碑就会自然形成良好的宣传效应。更为重要的是人们认为它的可信性远远地超过了其他的传播媒介。

（4）有利于树立良好的企业形象

口碑传播不同于利用广告宣传，前者是企业的良好形象的象征，而后者仅仅是商家的一种商业行为。口碑传播是消费者具有较高满意度的一个表现，而夸张的广告宣传有可能引起消费者的反感。拥有良好口碑的企业往往就是那些被社会公众所拥护和支持的企业，当一个企业赢得了一个好的口碑之后，其知名度和美誉度就会非常高，这样企业就拥有了良好的企业形象。这种良好的企业形象一经形成就会成为企业的一笔巨大的无形资产，对于产品的销售与推广、新产品的推出都有着积极的促进作用。

（5）形成顾客忠诚

拥有良好的口碑是赢得回头客的保证，也是反映“产品和品牌忠诚度”的重要指标。消费者会对有良好口碑的企业或组织产生信任和喜爱，会在情感上认同、接受其产品和品牌，继而从满意体验的层面上升到依赖和忠诚。

11.5.2 口碑营销运用能力

1. 提供有价值的产品和服务，制造传播点

以 Gmail 邮箱为例，它有 Google 的品牌作支撑，同时作为全球第一个 1G 免费邮箱，其采用的神秘的邀请注册模式更是吊足了用户的胃口。Gmail 一开始并未大规模面对用户开放，而是采用邀请方式，先在部分人群中进行注册体验，然后由这部分人群向朋友、同事推荐，送出邀请注册码，新用户只能通过邀请注册码进行注册。这种注册方式刺激了“物以稀为贵”的心理，使网民趋之若鹜，争先恐后地想要获得一个邀请码，注册成功后，又将有限的邀请码像宝贝一样送出去，如此循环反复，自然扩大了影响力和知名度。后期的侵权官司也为其传播起了推波助澜的作用，即使不做任何营销活动，一有什么风吹草动，媒体、网民自会争相报道。

2. 简单快速的传播方法

有了传播点以后，还需要选择好的传播方式。例如，大家熟知的 Hotmail 的传播方式就很特别。每当一位 Hotmail 的用户发出一封电子邮件时，这封信的下方就有“现在就获取您的 Hotmail 免费信箱”的链接。因为电子邮件一般都是在朋友或同事间发送，所以这种通过邮件传输注册信息的方式不会让人感到抗拒。网络技术提高了脚本传送和回应的速度，只要点击注册即可以拥有一个免费邮箱，何乐而不为呢？网络、公关、广告、会员制、俱乐部等都可以采用巧妙的方法实现口碑传播，达到为品牌造势的目的。

3. 找到并赢得意见领袖

在口碑营销中有一个关键点，那就是控制“信息源”，而在信息源的控制中有一个核心，那就是要找到传播信息的载体——那些对某个市场具有强大影响力的“意见领袖”。意见领袖并不集中于特定的群体或阶层，而是均匀地分布于社会上任何群体和阶层中。腾讯在做 QQ 推广时，就非常注重对意见领袖的找寻和锁定。他们定位的用户平均年龄约 19～21 岁，这是时尚、对新潮流感应敏锐的人群。他们对 QQ 这种便捷新兴的在线通信方式没有任何的抵御能力，能很快接受并乐于去传播它。企业完全不能忽略意见领袖，因为他们的反应

可能会影响大多数消费者。这些人可能也代表有高消费能力者，可以带给企业更多的收益。

4. 与众不同的体验和感受

根据新东方内部的调查，新东方的学员中，有80%是通过口碑传播选择新东方的。这种口耳相传的人际传播效应比任何一种广告宣传都更为有效。因为新东方的学员在这里感受到的是和以往任何培训机构完全不同的体验。新东方不仅教授课程及学习方法和应试技巧，更主要的是在营销一种人生精神，那就是新东方精神："在绝望中寻找希望，人生终将辉煌"。新东方这种注重精神培养的策略取得了成功，因为老师和学员们不仅是师生关系，更是在分享人生理念和态度，培养友谊和忠诚。相比之下，新东方的竞争对手之所以慢慢衰落，正是因为没有意识到人文关怀对教育行业所具有的独特力量，而是把培训完全当成了一种赤裸裸的商业交易行为。新东方巨大的品牌影响力，很大程度上就是依靠学员们相互之间的口碑传播，吸引了更多的学员来体验和感受。

5. 搭建用户沟通平台和渠道

社会科学家告诉我们，每个人都生活在8～12人的亲密网络之中，网络之中可能是朋友、家庭成员和同事，根据在社会中的位置不同，一个人宽阔的人际网络中可能包括几十、几百或者数千人。例如，一个服务员在一周内可能会与数百位顾客联系。所以口碑营销人员应该认识到这些网络的重要作用，尽量通过现有的各种关系网络将营销信息迅速传播出去，一方面，这样可以最大程度降低传播成本；另一方面，也会尽量避免遭到用户的反感。增强与用户沟通的渠道，可以提高用户忠诚度，又可极大地提高企业的经济收益。忠诚的顾客会长期购买企业的产品和服务，愿意支付较高的价格，为企业做有利的口头宣传，影响其他顾客的购买行为。

因此，必须建立企业与用户以及用户与用户之间的沟通渠道，使用户对产品的意见能传达到企业，让用户主动地参与到营销活动中来，使口碑营销发挥更大的威力。

11.5.3　负面口碑的控制与管理

1. 负面口碑产生的动机

以往谈到口碑人们想到的大多是正面口碑，而自古以来俗话说"好事不出门，坏事传千里"就是指所谓的负面口碑，是指消费者对产品、服务在使用过后产生的不满意的购买经验，而把这些不满意的经验告知周围的亲朋好友，并建议他人不要购买或使用此项产品或服务的过程。

许多研究指出，满意的消费者会将美好的经验分享给3个人，而不满意的消费者会将其不满的经验告诉10个人以上，而近来有研究者甚至提出，当消费者接受到不满意的服务时，平均会传播28次。也就是说当企业提供了不佳的服务给消费者时，平均有29个消费者对其企业产生负面印象。尤其是在当今的网络传播时代，负面口碑的传播速度和影响范围更是惊人的。

国外的学者认为关于发布负面口碑的动机也主要有四大类：

①利他主义：23%的负面口碑的产生动机是为了使别人避免错误的选择而不计回报的行为；

②缓解焦虑：25%的顾客通过在别人面前抱怨差劲的产品和不愉快的消费经历来释放他们的愤怒、焦虑和紧张；

③复仇心理：36.5%的顾客散布负面口碑是出于对那些使他们得到不满意的消费体验的

企业的报复；

④寻求建议：最后有7%的消费者在散布负面口碑时是为了能够获得别人的指点、忠告和建议。

在这四大类动机中除了第一种利他主义动机以外其余三种动机都显示了散布负面口碑者的一种强烈的心理需要。如果企业能够提供潜在负面口碑传播者的这种心理需要，那么负面口碑就不会产生，或者向其他顾客扩散。

2. 如何降低负面口碑

由于口头传播的负面信息来自于自己熟悉的人，是他们在自己的实际消费体验中总结出来的，所以对于接收到信息的人而言这些信息是非常可信的。他们会对这些商品产生不良的印象，并在以后的购买中减少对这个商品的购买。若说正面口碑是企业的无形资产，则负面口碑就成为企业的负债。更值得注意的是消费者在决策上，通常对于负面的信息会给予更高的权重。由此可见，负面信息对企业的不良影响是非常明显的，企业应该采取有效的防范措施来降低消费者当中的负面信息。

（1）提高消费者的满意度

对购买的商品或服务不满意是消费者传播负面信息的根源。因此，企业应该从产品和服务的质量入手。为此，企业需要强化从材料选择到生产制造整个过程产品质量控制。另外，企业还可以通过建立快捷的物流供应体系和灵敏的市场反应机制，以及时、周到的服务来提高消费者的满意度。

（2）对重点传播信息源建立关系营销

由于社会化程度高、社会责任感强的消费者是重要的负面信息传播源，所以他们是企业开展关系营销的重点对象。企业可以根据需要建立重点消费者信息库，与那些容易传播负面信息的消费者保持一定的联系，以便及时发现商品可能出现的问题，并予以妥善处理，以降低他们传播负面信息的倾向。同时，如果厂商能够及时妥善地处理好问题，提高这些消费者的满意度，他们还可能传播一些对企业有利的信息。

（3）及时正确地处理负面口碑

要态度诚恳地面对负面口碑，及时地处理与改善。即使口碑传言不真实，也要避免采用“不予置评”的响应方式。企业应该及时通过公开的信息渠道向公众解释问题出现的原因以及公司的解决方案，避免负面信息以口头传播的形式蔓延，以免由于信息失真给企业的经营带来无法挽回的损失。厂商应该在商品包装的显著位置标明商品问题的赔偿条款以及联系方法，为消费者的投诉提供方便。同时正确及时地处理消费者的投诉或索赔，给消费者一个满意的交代。

（4）加强负面口碑危机管理

无论多么周密的防范都存在疏漏的可能，因此，企业需要建立危机管理机制来应付可能出现的问题。在进行危机公关的时候，应该注意的是企业要通过统一的渠道，以统一的口径向公众传递信息，避免多渠道、多口径传递信息造成信息的矛盾，引发公众信任危机。同时要发挥团队力量，全体具有危机管理意识，勇敢正确地面对负面口碑。

3. 正确管理负面口碑

值得注意的是负口碑的管理并非是要杜绝一切的负面口碑，而是应该一方面建立从顾客到企业的负面口碑有效传播途径，另一方面杜绝负面口碑在消费者群体中的传播。传统的负面口碑管理的目标是杜绝一切负面口碑，而这在21世纪的口碑营销框架下是不正确的，因为负口碑也是一种信息传递，它具有本身不可忽视的价值，企业如果能够正确地利用负面口碑的信息内容，那么将是一笔巨大的财富。

营销案例

iPod化负面口碑为正面效应

纽约电影制作人凯西·奈斯塔特（Casey Neistat）在2002年年初买了一部iPod，他爱死了这个产品；但是，18个月后，电池失去了性能，也没有办法再充电。这位深受困扰的麦金塔忠实客户，带着那部奄奄一息的iPod到苹果专卖店送修，店员却告诉他不能更换电池，唯一的选择就是再买一部新iPod。当时，奈斯塔特被激怒了。他拨了苹果计算机的免付费客户服务专线，听到的回答也是一样。因此，他决定把这个经验拍成影片，放到网络上去。这部影片名为《iPod见不得人的秘密》（*iPod's Dirty Secret*），上百万人浏览这个站点，上千人下载这部影片，很快地，全世界的人都在讨论这部影片、电池问题、奈斯塔特和苹果计算机。这一切都可能导致苹果计算机最热销的商品顿时崩溃。

随后，苹果计算机处理负面口碑的方式，成为他们反败为胜的关键。正如他们应有的回应。首先，苹果计算机倾听奈斯塔特的问题；之后几天内，他们不但修复有问题的电池，还更改了服务政策：苹果计算机开始以99美元提供替换电池的服务，并且加59美元就可以延长保固；此外，苹果计算机还送了一台全新的iPod给奈斯塔特。

这项行动不只讨好许多客户，也让奈斯塔特满意。借由倾听电池的负面反馈，同时快速有效地回应，苹果计算机扭转了可能的险恶处境。奈斯塔特与苹果计算机之间真正的问题，并不完全是因为电池坏掉；人们可以接受电池无法永远有效的事实，却不能接受如此缺乏弹性与无法通融的客户服务政策。真正驱动这项负面口碑的是，店里的客服人员和让人恼怒的求助专线，以及没有办法替换电池的政策。一旦苹果计算机公司正面回应，负面口碑就消失了。

对产品、品牌和企业来说，负面口碑也是一项无价的反馈源。企业应该用最大的关心倾听负面反馈，并且让公司全体都知道，找出负面信息是非常重要的任务。企业如果正确回应负面口碑，就可以扭转形势，创造全然改观的正面口碑。

（资料来源：豆丁网）

11.6　微信营销

11.6.1　微信营销的概述

1. 微信营销的概念

微信营销是网络经济时代企业或个人营销模式的一种。是伴随着微信的火热而兴起的一种网络营销方式。微信不存在距离的限制，用户注册微信后，可与周围同样注册的“朋友”形成一种联系，订阅自己所需的信息，商家通过提供用户需要的信息，推广自己的产品，从而实现点对点的营销。

微信营销主要体现在以安卓系统、苹果系统的手机或者平板电脑中的移动客户端进行的区域定位营销，商家通过微信公众平台，结合微信会员管理系统展示商家微官网、微会员、微推送、微支付、微活动，已经形成了一种主流的线上线下微信互动营销方式。

2. 微信营销的特点

（1）点对点精准营销

微信拥有庞大的用户群，借助移动终端、天然的社交和位置定位等优势，每个信息都是可以推送的，能够让每个个体都有机会接收到这个信息，继而帮助商家实现点对点精准化营销。

（2）形式灵活多样

漂流瓶：用户可以发布语音或者文字然后投入大海中，如果有其他用户“捞”到则可以展开对话，如：招商银行的“爱心漂流瓶”用户互动活动就是个典型案例。

位置签名：商家可以利用“用户签名档”这个免费的广告位为自己做宣传，附近的微信用户就能看到商家的信息，如：饿的神、K5 便利店等就采用了微信签名档的营销方式。

二维码：用户可以通过扫描识别二维码身份来添加朋友、关注企业账号；企业则可以设定自己品牌的二维码，用折扣和优惠来吸引用户关注，开拓 O2O 的营销模式。

开放平台：通过微信开放平台，应用开发者可以接入第三方应用，还可以将应用的 logo 放入微信附件栏，使用户可以方便地在会话中调用第三方应用进行内容选择与分享。如，美丽说的用户可以将自己在美丽说中的内容分享到微信中，可以使一件美丽说的商品得到不断的传播，进而实现口碑营销。

公众平台：在微信公众平台上，每个人都可以用一个 QQ 号码，打造自己的微信公众账号，并在微信平台上实现和特定群体的文字、图片、语音的全方位沟通和互动。

（3）强关系的机遇

微信的点对点产品形态注定了其能够通过互动的形式将普通关系发展成强关系，从而产生更大的价值。通过互动的形式与用户建立联系，互动就是聊天，可以解答疑惑，可以讲故事，甚至可以“卖萌”，用一切形式让企业与消费者形成朋友的关系，你不会相信陌生人，但是会信任你的“朋友”。

11.6.2 微信营销能力运用

1. 微信运作模式

（1）草根广告式——查看附近的人

产品描述：微信中基于 LBS 的功能插件“查看附近的人”便可以使更多陌生人看到这种强制性广告。

功能模式：用户点击“查看附近的人”后，可以根据自己的地理位置查找到周围的微信用户。在这些附近的微信用户中，除了显示用户姓名等基本信息外，还会显示用户签名档的内容。所以用户可以利用这个免费的广告位为自己的产品打广告。

营销方式：营销人员在人流最旺的地方后台 24 小时运行微信，如果“查看附近的人”使用者足够多，这个广告效果也会随着微信用户数量的上升，可能这个简单的签名栏也许会变成移动的“黄金广告位”。

（2）品牌活动式——漂流瓶

产品描述：移植到微信上后，漂流瓶的功能基本保留了原始简单易上手的风格。

功能模式：漂流瓶有两个简单功能：（1）“扔一个”，用户可以选择发布语音或者文字然后投入大海中（2）“捡一个”，“捞”大海中无数个用户投放的漂流瓶，“捞”到后也可以和对方展开对话但每个用户每天只有 20 次机会。

营销方式：微信官方可以对漂流瓶的参数进行更改，使得合作商家推广的活动在某一时间段内抛出的“漂流瓶”数量大增，普通用户“捞”到的频率也会增加。加上“漂流瓶”模式本身可以发送不同的文字内容甚至语音小游戏等，如果营销得当，也能产生不错的营销效果。而这种语音的模式，也让用户觉得更加真实。但是如果只是纯粹的广告语，是会引起用户反感的。

（3）O2O 折扣式——扫一扫

产品描述：二维码发展至今其商业用途越来越多，所以微信也就顺应潮流结合 O2O 展开商业活动。

功能模式：将二维码图案置于取景框内，然后你将可以获得成员折扣、商家优惠抑或一些新闻资讯。

营销方式：移动应用中加入二维码扫描这种 O2O 方式早已普及开来，坐拥上亿用户且活跃度足够高的微信公众平台，价值不言而喻。

（4）互动营销式——微信公众平台

产品描述：对于大众化媒体、明星以及企业而言，如果微信开放平台+朋友圈的社交分享功能的开放，已经使得微信作为一种移动互联网上不可忽视的营销渠道，那么微信公众平台的上线，则使这种营销渠道更加细化和直接。

（5）微信开店

这里的微信开店（微信商城）并非微信“精选商品”频道升级后的腾讯自营平台，而是由商户申请获得微信支付权限并开设微信店铺的平台，截至 2013 年底公众号要申请微信支付权限需要具备两个条件：第一必须是服务号；第二还需要申请微信认证，以获得微信高级接口权限。商户申请了微信支付后，才能进一步利用微信的开放资源搭建微信店铺。

2. 微信营销技巧

（1）主打官方大号，小号助推加粉

做微信营销的时候都是采用小号，修改签名为广告语，然后再寻找附近的人进行推广的方式。作为一种新兴的营销方式，商家完全可以借用微信打造自己的品牌和 CRM。因此个人建议采用注册公众账号，在粉丝达到 500 人之后申请认证的方式进行营销更有利于商家品牌的建设，也方便商家推送信息和解答消费者的疑问，更重要的是可以借此免费搭建一个订阅平台。小号则可以通过主动寻找附近的消费者来推送大号的引粉信息，以此将粉丝导入到大号中统一管理。

（2）打造品牌公众账号

注册公众账号时首先得有一个 QQ 号码，然后登陆公众平台网站注册即可。申请了公众账号之后在设置页面对公众账号的头像进行更换，建议更换为店铺的招牌或者 LOGO，大小以不变形可正常辨认为准。此外，微信用户信息填写店铺的相关介绍。回复设置的添加分为被添加自动回复、用户消息回复、自定义回复三种，商家可以根据自身的需要进行添加。同时建议商家需要对每天群发的信息做一个安排表，准备好文字素材和图片素材。一般推送的信息可以是最新的菜式推荐、饮食文化、优惠打折方面的内容。粉丝的分类管理可以针对新老顾客推送不同的信息，同时也方便回复新老顾客的提问。一旦这种人性化的贴心服务受到顾客的欢迎，触发顾客使用微信分享自己的就餐体验进而形成口碑效应，对提升商家品牌的知名度和美誉度效果极佳。

（3）实体店面同步营销

店面也是充分发挥微信营销优势的重要场地。在菜单的设计中添加二维码并采用会员制或者优惠的方式，鼓励到店消费的顾客使用手机扫描。一来可以为公众账号增加精准的粉丝，二来也积累了一大批实际消费群体，对后期微信营销的顺利开展至关重要。店面能够使用到的宣传推广材料都可以附上二维码，当然也可以独立制作 X 架、海报、DM 传单等材料进行宣传。

(4) 签到打折活动

微信营销比较常用的就是以活动的方式吸引目标消费者参与，从而达到预期的推广目的。如何根据自身情况策划一场成功的活动，前提在于商家愿不愿意为此投入一定的经费。当然，餐饮类商家借助线下店面的平台优势开展活动，所需的广告耗材成本和人力成本相对来说并不是达到不可接受的地步，相反有了缜密的计划和预算之后完全可以以小成本打造一场效果显著的活动。

以签到打折活动为例，商家只需制作附有二维码和微信号的宣传海报和展架，配置专门的营销人员现场指导到店消费者使用手机扫描二维码。消费者扫描二维码并关注商家公众账号即可收到一条确认信息，在此之前商家需要提前设置好被添加自动回复。凭借信息在埋单的时候享受优惠。为防止顾客消费之后就取消关注的情况出现，商家还可以在第一条确认信息中说明后续的优惠活动，使得顾客能够持续关注并且经常光顾。

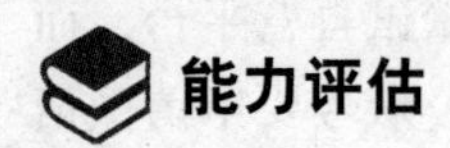

评估项目一：案例分析

贴近用户的网络营销——宝洁

1837 年，美国的英格兰移民威廉·波克特（William Procter）与爱尔兰移民詹姆斯·甘保（James Gamble）一心要往西部寻求发展机会。他们成立了一家开始时专门生产销售肥皂和蜡烛的公司，以两个人的姓氏相合作为公司的名称，即 Procter&Gamble，简写为 P&G；1850 年，“星月争辉”的标志成为公司非正式的商标。这就是宝洁公司当年的雏形。

宝洁营销活动始终是和三个要素结合在一起的：信息流、资金流和物流，这三个环节的流畅运行才形成了整个商业系统的良性循环，理想化的网络营销正是借助网络实现了这一点。作为著名的跨国公司，宝洁深知网络营销的重要性。公司在网站建设上下了很大的功夫，努力使自己的网站与产品相协调配套。从公司的主页上既可以体会到其悠久的历史，又能够感受到浓郁的现代气息，而且主页的色彩非常和谐，与公司著名品牌“Safeguard”（舒肤佳）相得益彰。

1. 网络营销对象分析

宝洁公司经过仔细调查，将自己的网络营销对象定义为以下三个主要方面：

①以中青年为主，迎合其追随时尚潮流的心态；

②满足不同年龄段消费者的需要，不断开发新产品；

③满足不同收入阶层的需要，不断拓展顾客群体的深度和广度。

2. 网络营销市场开拓

宝洁公司认为，网络营销要解决的前提是如何解决信誉问题。要使消费者相信公司的产品、相信公司的宣传，都必须依靠良好的商业信誉。公司品牌的公信力在网络上就是无价的资本，尤其在网络市场并不发达的中国，消费者在网上一般都只购买知名品牌或自己所熟悉的品牌。在这方面，由于宝洁公司一贯注意品牌形象，在市场上已经有了较高声誉和良好口碑，所以发展网络营销具有很大优势。在此基础上，宝洁公司大力开拓以下市场：

①中青年消费市场；

②大中学生市场；

③中等收入阶层市场；

④具有较高文化水准的职业层市场。

3. 网络营销的分渠道销售

网络营销的弹性很大，可以由浅入深，由简到全，可以是一个网页，也可以是一个门户站点；可以做简单的广告，也可以做到建立客户关系的管理系统，定向地分发一些电子邮件给目标客户，一直到条件具备的时候建立一个供应链管理系统。网络营销的最大优势就是能够直接面向客户定向地服务、快速反应，相对成本又比较低。根据网络营销的特点，宝洁公司确定了自己的销售渠道：

宝洁公司—一级分销商（大批发商）—二级分销商（中小批发商）—零售商—消费者；

宝洁公司—宝洁网站—消费者

4. 宝洁的网络营销宗旨

宝洁公司一贯以人为本，以顾客为上帝，倡导网络市场营销的“5C”宗旨：

①Customer（客户至上宗旨）：以客户为上帝，一切从客户的需要出发，让客户更方便地使用公司的产品；

②Creative（创造性宗旨）：适应网络时代需要不断创新的要求，充分发挥网络市场营销手段的多样性和灵活性；

③Constructive（建设性宗旨）：通过创新使营销现状得到更好的改观，并针对现有营销环节中的缺陷进行有效、合理的调整；

④Change（多变性宗旨）：针对消费者需求的变化，公司不断地推陈出新，变换网络营销的内容及网页版式，并一直更新技术、完善服务以适应市场挑战。

⑤Confidence（自信宗旨）：公司全体员工对自己的产品充满了自信，在进行网络营销的过程中将最好的产品和最好的服务提供给广大消费者，并以对自己产品的高度自信来打动消费者。

5. 宝洁的网络营销活动

（1）“冲击头屑的航母”——新海飞丝大型晚会在深圳明斯克航母举行

2000 年 10 月，宝洁公司以其著名的洗发水品牌“海飞丝”，在深圳从俄罗斯购买的“明斯克”号航空母舰上隆重举行了一场名为“冲击头屑的航母”的大型晚会，庆祝其又一突破性技术成果——全新配方的海飞丝在中国市场的全面推出。在网站上，除了对此次活动进行介绍外，还向消费者解释了新海飞丝的四种不同配方，并邀请著名歌星王菲作为产品的形象代表，这就为新配方海飞丝的市场推广做了生动的宣传。

（2）“佳洁士”倡议全国人民开展笑容绽放活动，支持北京申办奥运会

2000 年 10 月，宝洁公司以享有“世界口腔护理专家”美誉的佳洁士品牌，与北京奥申

委官员、学生代表和热心市民五百多人在北京天坛祈年殿前，向北京市民和全国人民发出热烈倡议——“笑容绽放、企盼奥运”，号召全国人民绽放最灿烂的笑容，展现中华民族的风采，向全世界展示中国北京申办2008年奥运会的迫切心情和坚定信念。在宝洁公司的网页上，专门开辟了此项活动的介绍内容，将“佳洁士”品牌与申办奥运会联系在一起，从而收到了良好的网络宣传效果。

(3)“帮宝适”发起“婴幼儿互动保健ABC”项目

宝洁公司以世界闻名的婴儿用品品牌——“帮宝适”和中国优生优育协会共同发起了“摇篮工程——婴幼儿互动保健ABC”项目。该项目以“关心婴幼儿健康、推动摇篮工程发展”为主旨，意在向全社会推广、普及一系列更加科学、健康的育儿观念和方法以提高婴幼儿的生命质量，完善婴幼儿的个性培养。该项目将在北京、上海、广州等十大城市同时开展。公司还主动向旨在关心婴幼儿健康发展的“摇篮工程”捐赠了人民币200万元，为中国婴幼儿的健康成长奉献了一片爱心，同时也提高了公司的社会形象。

(4)“舒肤佳”开展“共筑新世纪健康长城”活动

2000年年底，宝洁公司与中国卫生部携手，在长城的居庸关脚下举行了“共筑新世纪健康长城”活动的启动仪式，给正在全国范围内广泛进行的社区基础健康教育活动又增添了新的内容。从美国专程赶来的宝洁公司董事长John Pepper代表公司属下的知名香皂品牌——“舒肤佳”向卫生部捐资200万元人民币，用于公众健康教育材料的制作和宣传。他表示，这座新世纪的健康长城将为中国人民提高健康水平、抵御不良生活习惯的侵袭起到积极的作用，宝洁公司愿意与中国人民共创健康美好的崭新世纪。

(5) 建立互动性的网络商务美容公司

2000年11月，宝洁公司抓住电子商务和网络营销迅速发展的有利时机，推出了一个互动性的网络商务美容公司（网址：http://www.reflect.com）。在该网站上，宝洁公司大大增强了与消费者沟通的交互性，对消费者的意见和建议及时作出反应。公司还在介绍和推广自己的产品之外为客户提供其他各种多样化的服务。例如，公司作为发明者介绍了通过美国FDA检验的防治骨质疏松症的新药——Actonel。在与Aventis制药集团共同营销这一新药品的同时，公司还针对骨质疏松症提出了一系列的专门建议，为客户的选择提供了一定的依据。

6. 宝洁网络营销所面临的问题

(1) 方便性问题

与欧美等发达国家网络化程度较高、基础设施建设完善的情况不同，中国的网络建设尚处于起步阶段，上网人数相对较少，公司进行网络营销的作用面较窄。与传统的市场营销相比，宝洁公司的网络营销在方便性方面有所欠缺。

(2) 时间性问题

在公司进行网络营销的过程中，从提交网上订单到收货有一个“时间差”，近年来的快捷递送业务无论从费用还是速度方面来说都不能令人满意。另外，中国辽阔的地域和经济发展的不均衡性使得商品配送异常困难，这就对公司的物流配送与营销环节提出了更高的要求。

(3) 交互性问题

中国的市场经济，尤其是网络经济才刚刚起步，消费者普遍保留着相当浓厚的传统消费心态，习惯于在有形市场内对商品进行自我选择。因此，如何逐步解除消费者对网络营销的疑虑，逐步由传统的购物方式向网络营销和网络购物的方向迈进，就成为宝洁公司需要解决的一个重要问题。同时，公司也面临着不断更新技术水平以及时回应消费者需求或意见的问题。

(4) 机会性问题

目前中国的网络营销规模决定了网络市场的商机是相对有限的，而且目前网络人口的构成也使得宝洁公司不可能将网络营销作为自己推广商品的主要渠道。只有较少部分商品能够上网销售，其他商品仍然只能通过传统的营销渠道进行销售。如果过分依赖网络营销，那么公司的产品、特别是新产品的销售将遇到很大的困难。

(5) 可信性问题

由于网络营销的虚拟现实性，即使是宝洁这样知名度高、信誉卓著的企业，仍然面临着消费者的网络信任问题，如果在这一环节发生偏差，将严重影响公司的声誉。在公司建立网站和发展网络营销的过程中，网站的知名度、服务质量等各个方面的因素都是一种品牌的营造。建立并维护网站的良好声誉在公司进行网络营销时是一个应该引起高度重视的问题。当然，也存在着公司对消费者的网络信任问题需要解决，即必须确认网络所反映的客户需求的真实性。这是宝洁公司网络营销现阶段所面临的难点之一。

(6) 支付结算问题

在中国实施电子商务最大的困难之一，就是信用消费和在线结算与现实情况之间存在着不小的差距。目前中国银行卡众多，而且相互之间难以兼容；网络交易速度过慢且经常断线；银行与公司之间的资金划转过程环节较多。这些问题都对宝洁公司网络营销的支付结算环节构成了不小的障碍，以至于公司目前仍然采取传统支付方式与现代支付方式相结合的折中方案，在一定程度上影响了网络营销的顺利发展。

（资料来源：http://www.100guanli.com/Detail.aspx?id=299976）

思考：

①宝洁公司所定义的网络营销对象是什么？在此基础上，公司着重开拓了哪些主要市场？

②简要叙述宝洁公司分渠道销售的网络营销模式。

③宝洁公司的网络营销目前还面临着哪些主要问题？应如何解决？

评估项目二：营销实践练习

1. 实训目的

要求学生会对目标市场进行分析，掌握发展、培养忠诚顾客的技巧。

2. 实训组织

①把全班分成若干小组（8人为一组），选出一名组长负责领导其组员进行资料搜集。

②教师在访问前对学生进行调查访问的基础技巧方法培训。

③目标选择本地一家商场，实训结束后形成书面报告。

3. 实训要求

组员分工协作，最后共同对资料进行整理、分析，同时制作20分钟的PPT讲演稿。

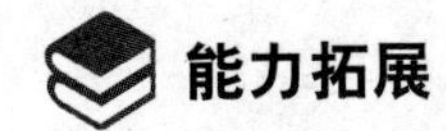

能力拓展

1. 实训目的

帮助与学生开阔思路，去接受新的知识，培养学生的创新素质

2. 所需材料

茶杯、茶碟、咖啡（也可以是茶或水）、用来接溢出来的水的托盘

3. 实训要求

①在发言开始时，把下面这个故事讲给与会人员听。这是一段禅宗的公案，是一个流传了几个世纪之久的意味深长的人生故事。

日本高僧南院（Nan - in）法师接待了一位来研究禅宗的大学教授。闲谈片刻后，南院法师随即上茶招待客人。他把客人的杯子斟满后，还继续茶杯里倒茶。教授盯着溢出来的茶水，终于忍不住了，叫道："杯子太满了，再也装不进去茶了。"

南院法师说："你就像这杯茶一样，头脑里装满了自己的判断、见解和推测。如果你不倒空你的杯子，我怎么向你揭示禅的真谛呢?"

②替代游戏：

等到有一位自认为无所不知的与会人员站出来说，他以前听过你要讲的内容时，再开始讲这个故事。把它当作一则寓言，供所有人进行反思。（这需要高超的技巧，还可能要冒得罪至少一个人的风险）

③不是把故事叙述出来，而是把道具摆出来，然后请一位助手（另一位发言者或一位与会人员）帮你演出这出短剧。如果表演到位的话，这种意料之外的真实感会对与会人员产生巨大影响。

讨论题：

①这与你的发言有什么关系?

②谁有过与禅师类似的经历？谁有过与教授类似的经历？感觉如何?

③在这些角色中突出体现了哪些基本的观念?

参考文献

[1] 加里·阿姆斯特朗，菲利普·科特勒. 市场营销管理（亚洲版）[M]. 北京：中国人民大学出版社，2016.

[2] 菲利普·科特勒，加里·阿姆斯特朗. 市场营销：原理与实践（第16版全新版）[M]. 楼尊，译. 北京：中国人民大学出版社，2016.

[3] 迈克尔·J·贝克. 市场营销百科 [M]. 李桓，译. 沈阳：辽宁教育出版社，1998. 11.

[4] 何永祺，张传忠，蔡新春，等. 市场营销学（第五版）[M]. 沈阳：东北财经大学出版社，2016.

[5] 吴仪. 世界贸易和投资指南 [M]. 北京：经济管理出版社，1994.

[6] 郭国庆. 市场营销通论（第四版）[M]. 北京：中国人民大学出版社，2011.

[7] 纪宝成. 市场营销学教程（修订本）[M]. 北京：中国人民大学出版社，1995.

[8] 吴健安. 市场营销学（修订本）[M]. 合肥：安徽人民出版社，1999.

[9] 于建原. 营销管理 [M]. 成都：西南财经大学出版社，1999.

[10] 陈信康，邓永成. 国际市场营销教程 [M]. 上海：上海财经大学出版社，1999.

[11] 徐鼎亚. 市场营销学 [M]. 上海：复旦大学出版社，1999.

[12] 吴健安，郭国庆，钟育赣. 市场营销学 [M]. 北京：高等教育出版社，2000.

[13] 郝旭光. 新编市场营销 [M]. 成都：西南财经大学出版社，2000.

[14] 秦波. 国际市场营销学 [M]. 西安：西安交通大学出版社，2000.

[15] 陈启杰. 现代国际市场营销学 [M]. 上海：上海财经大学出版社，2000.

[16] 杨勇. 市场营销：理论、案例与实训 [M]. 北京：中国人民大学出版社，2006.

[17] 张学勤，李建峰. 市场营销实务 [M]. 北京：北方交通大学出版社，2006.

[18] 王纪忠. 市场营销 [M]. 北京：北京大学出版社，2006.

[19] 范忠. 市场营销学 [M]. 西安：西北大学出版社，2003.

[20] 李志荣. 市场营销——理论与实务 [M]. 北京：经济科学出版社，2006.

[21] 李建峰. 市场营销基础实务 [M]. 北京：电子工业出版社，2007.

[22] 曹刚，等. 国内外市场营销案例集 [M]. 武汉：武汉大学出版社，2003.

[23] 卡尔·麦克丹尼尔，查尔斯·W·兰姆，小约瑟夫·F·海尔. 市场营销——案例与实践 [M]. 上海：上海人民出版社，2013.

[24] 钟旭东. 市场营销学——现代的观点 [M]. 上海：格致出版社，2013.